JN119852

Q&Aと解説でわかる

立体買換と事業用資産の買換えの税務

税理士・不動産鑑定士
松本 好正 著

一般財団法人 大蔵財務協会

は し が き

　このたび「立体買換えと特定事業用資産の買換えの税務」を発刊する運びとなりました。

　初版での本のタイトルは「等価交換と事業用資産の買換えの税務」でしたが、等価交換を所得税法第58条の交換と勘違いする方もいたため、「等価交換」を「立体買換」に改めました。

　さて、特定の事業用資産の買換え制度のことですが、本制度は、昭和38年度の税制改正で創設され、工場移転等による産業立地の災害等のため、個人が事業の用に供している特定資産を譲渡しその代金で買換資産を取得した場合に適用が認められ、課税繰延割合の計算はないものの、現行制度に近いものでした。その後、社会経済状況の変化に合わせた幾多の改正があり現行制度に至っています。

　また、立体買換え（等価交換）の制度は、昭和55年度の税制改正において創設されたもので、都市再開発や立体化・高層化による既成市街地等における土地の有効活用を税制面から後押しする形で創設されました。更に、昭和59年の税制改正において、新たに民間再開発事業の施行のために土地等を譲渡し、その再開発事業により建築された中高層耐火建築物及びその敷地の共有持分を取得する場合にも同様に買換えの特例が適用できることになりました。

　このような経緯から、これらの買換え特例は、その適用要件の多くが土地政策ないし国土政策に係る他の法令に関連したものが多く、社会経済生活の変化に応じて改正が幾度となく行われてきており、そういった意味では最も社会情勢を反映している税法といえるかもしれません。

　最近の改正では、平成24年（平成24年４月１日より適用）に行われ

た措置法第37条第1項九号《現行六号：所有期間が10年を超える国内事業用資産を譲渡した場合》の改正が重要で、買換資産として認められる土地等は300㎡以上で、かつ、特定施設の敷地として利用されるものに限るとされました。

また、平成27年度の改正では、集中地域以外の地域（都心部以外の地域）から中心地（都心部）に移転する場合の譲渡所得の計算方法が変わり、繰延割合がこれまでの80％から70％又は75％に変更になりました。

これら一連の改正は、要件を厳しくするもの又は税負担が増えるものばかりであるため、最初から適用を諦めている方もいるかも知れませんが、適用の仕方によっては未だ同制度を利用する価値は十分にあります。

現行法、買換資産として土地は、300㎡でかつ特定市施設の用に供しなければなりませんが、例えば、土地だけを買換取得し、取得した土地の上に法人が建物を建築するようなケースではどうでしょうか。このような場合でも、土地等は特定施設の用に供していることになるので要件を満たしていることになります。これによって、建物の建築費を圧縮することなく減価償却費を経費に計上することができます。

その他、隣地にある特定施設のための駐車場として取得した場合、買換資産を借入金で取得した場合に買換資産として認められるかなど、本書では実務において直面する様々なケースを想定し分かりやすくQ＆A形式で解説しています。

そして、最も活用する機会が多いであろう六号買換え（10年超所有している事業用資産）については、かなりの紙面を割いて詳細な設例を設けております。

また、立体買換え（等価交換）制度は、バブル経済崩壊後、当時と

比べるとその件数自体は少なくなりましたが、最近では、防災上の問題等から耐震化ビルへの買換えや都市開発要件の緩和などによる駅前の再開発が見直されており、今後、再開発事業などが増えていくことが予想されます。本書では、これらの点を踏まえ、税制優遇が受けられる2つの立体買換え交換事業（特定民間再開発事業施行のための買換え及び中高層の耐火共同住宅建設のための買換え）について、これまで馴染みの薄かった方にも理解できるよう分かりやすく、かつ、詳細に解説しました。

　執筆に際しては、買換制度の存在意義はなくなったと最初から諦めるのではなく、個々に起こる様々な状況に応じて活用の場がないかということを念頭においていますので、本書をご一読いただき、その結果、措置法第37条を選択したという声が聞ければ喜ばしい限りです。

　初版から約5年が経過し、研修会、相談会などで受けた質問や実務での経験をQ＆Aに追加しましたので内容はより充実したものになったと自負しております。

　本書が、税務に携わる税務職員、税理士等の方々のほか、不動産業者、建設関係の方々のお役に立てれば幸甚です。

　最後に、本書刊行の機会を与えていただいた大蔵財務協会編集局の皆様には心から謝意を表します。

　令和2年12月吉日

税理士・不動産鑑定士　松本　好正

目　次

**第2編　特定事業用資産の買換え（交換）の特例
実務Q＆A**

第5編　指定地域一覧表

〔措置法第37条関係〕

第1編

特定事業用資産の買換え(交換)の特例制度の概要

I 特定の事業用資産の買換えの特例

1 はじめに

　租税特別措置法（以下、「措置法」といいます。）第37条で規定する特定の事業用資産の買換えの特例は、昭和45年1月1日より施行されている制度で、個人が事業の用に供している特定の資産（土地、建物及び構築物）を譲渡し、所定の期間内（原則として、譲渡した日の属する年の前年から翌年末までの期間）に特定の資産（土地、建物、構築物及び機械など）を取得して、その取得の日から1年以内に当該取得資産を事業の用に供する場合に選択により適用することのできる制度です。

　この制度の適用が認められた場合、譲渡対価の額と同額、又はそれ以上の額の買換資産を取得した場合には、譲渡対価の額の20％〜30％相当額に対して課税が行われる一方で、譲渡対価の額の70％〜80％相当額は課税が繰り延べられます。

　また、譲渡対価の額より低い価額で買換資産を取得した場合には、譲渡対価の額から買換資産の額の70％〜80％相当額を控除した残額に課税が行われる一方で、譲渡対価の額から買換資産額の20％〜30％相当額を控除した残額は、課税が繰り延べられます。

　なお、本件特例の適用を受けた買換資産は、その後、減価償却費の額を計算する場合や、その買換資産を譲渡したときの取得費は、実際の取得金額を基にするのではなく、譲渡した資産の取得費を引き継ぐことになります。

　一方で、本件特例の適用を受けた買換資産は、譲渡資産の取得時期

を引き継がないので、買換え後その買換資産を短期間（譲渡した年の1月1日において所有期間が5年以下）で譲渡した場合には、短期譲渡所得として高い税率で譲渡所得税が課税されることになります。

なお、本件特例の適用を受ける場合には、措置法第31条の2《優良住宅地の造成等のために土地等を譲渡した場合の長期譲渡所得の課税の特例》の適用を受けることはできません。

特定の事業用資産の買換えの特例の制度は前述のとおりですが、平成24年及び平成27年に大幅な改正が行われ適用要件が年々厳しくなってきていると同時に課税の繰延額も縮少してきています。

したがって、必ずしも本件特例を適用することが課税上有利に働くとも限りませんので適用を誤らないよう配慮が必要となります。

ちなみに措置法第37条の最近の主な改正事項を挙げると次のとおりです。

〔最近の改正事項〕

(1)　平成24年税制改正（平成24年4月1日より施行）

平成24年の税制改正で九号（現行六号、以下同じです。）の買換特例の改正が行われ、買換資産として認められる土地等の範囲が厳しくなりました。

（改正後の九号買換えの対象資産の範囲）

譲渡資産	買換資産
国内にある土地等、建物又は構築物で、譲渡した年の1月1日における所有期間が10年を超えるもの	国内にある土地等（政令で定める「特定施設」の敷地の用に供されるもの等で、その面積が300㎡以上のものに限る。）、建物、構築物又は機械及び装置

⑵　平成27年税制改正

　平成27年の税制改正においても、九号の買換特例について次の改正が行われ、買換資産の範囲が狭くなるとともに、一定の買換えについては、課税繰延割合が75％又は70％まで引き下げられることになりました。

①　買換特例の対象となる買換資産から機械装置が除外されました。

②　九号買換の特例の適用を受ける場合で、次のようなケースにおいては、課税繰延割合が80％から75％又は70％までに引き下げられ、課税される割合が上がりました。

譲渡資産	買換資産	繰延割合
集中地域以外の地域に^(注)ある資産	東京23区を除く集中地域の資産	75％
	東京23区の資産	70％

(注)　集中地域とは、具体的には、平成27年8月1日における次に掲げる区域をいいます（地域再生法5④五イ、同法令5）。
　⑴　首都圏整備法第2条第3項に規定する既成市街地
　　　東京都の特別区の存する区域及び武蔵野市の区域並びに三鷹市、横浜市、川崎市及び川口市の区域のうち首都圏整備法施行令別表に掲げる区域を除く区域（巻末資料497ページ参照）
　⑵　首都圏整備法第2条第4項に規定する近郊整備地帯
　　　首都圏整備法第24条第1項の規定により指定された区域（巻末資料506ページ参照）
　⑶　近畿圏整備法第2条第3項に規定する既成都市区域
　　　大阪市の区域及び近畿圏整備法施行令別表に掲げる区域（巻末資料500ページ参照）
　⑷　首都圏、近畿圏及び中部圏の近郊整備地帯等の整備のための国の財政上の特別措置に関する法律施行令別表に掲げる区域（名古屋市の一部、巻末資料504ページ参照）

　なお、この新しい課税繰延割合の適用については、平成27年8月10日以後の買換えから適用されます。

(3)　平成29年度の税制改正

> イ　既成市街地等の内から外への買換の特例（一号）について、
> 次の改正が行われました（旧措法37①表一、措令25⑦）。

①　譲渡資産から事務所として使用されている建物（その附属設備
を含みます。）及びその敷地の用に供されている土地等が除外さ
れました。

②　買換資産から立地適正化計画に記載された都市機能誘導区域以
外の地域内にある誘導施設に係る土地等、建物（その附属設備を
含みます。）及び構築物が除外されました。

> ロ　市街化区域又は既成市街地等の内から外への農業用資産の買
> 換え及び認定農業者又は認定就農者が農用地利用集積計画の定
> めるところにより行う農用地区域内にある土地等の買換えが、
> 特例の対象となる買換えから除外されました（旧措法37①表二
> 及び七）。

> ハ　日本船舶から一定の日本船舶への買換えに係る措置について、
> 次の改正が行われました（旧措通37①表八）。

①　譲渡資産及び買換資産から漁業の用に供される船舶が除外され
ました（旧措法37①表八）。

②　譲渡資産となる船舶のうち建設業又はひき船業用のものについ
て、進水の日から譲渡の日までの期間の上限が40年（改正前：45
年）に引下げられました（措令25⑭）。

③　買換資産となる沿海運輸業の用に供される船舶（総トン数が
2,000トン以上の船舶に限ります。）に係る環境への負荷の低減に

係る要件について、バルバスバウ又はバルブレス船首船型を有していることとする要件が追加されるとともに、推進関係機器、推進効率改良装置又は推進効率改良型船型を有していることとする要件における推進効率改良型船型からバルバスバウが除外されました（平29.3国土交通告303）。

ニ　災害関連規定を常設化することとされ、次の措置が常設化されました。

特定非常災害の被害者の権利利益の保全等を図るための特別措置に関する法律（以下「特定非常災害特別措置法」といいます。）第2条第1項の規定により特定非常災害として指定された特定非常災害に基因するやむを得ない事情により、取得指定期間内に買換資産の取得をすることが困難となった場合において、その取得指定期間の初日からその取得指定期間の末日後2年以内の一定の日までの期間内に買換資産の取得をする見込みであり、かつ、納税地の税務署長の承認を受けたときは、「取得指定期間」を「取得指定期間の末日後2年以内の日であって税務署長が承認の際に認定した日」まで延長することができることとされました（措法37⑧）。

①　承認手続

取得指定期間の延長について税務署長の承認を受けようとする個人は、取得指定期間の末日の属する年の翌年3月15日（同日がその者の義務的修正申告書の提出期限後である場合には、その提出期限）までに、申請者の氏名及び住所、特定非常災害に基因するやむを得ない事情の詳細、買換資産の取得予定年月日及びその認定を受けようとする年月日、その他参考となるべき事項を記載した申請書に、その特定非常災害に基因するやむを得ない事情

により買換資産の取得をすることが困難であると認められる事情を証する書類を添付して、税務署長に提出しなければならないこととされています。ただし、税務署長においてやむを得ない事情があると認める場合には、その書類を添付することを要しないこととされています（措規18の5⑦）。

②　延長後の取得期限

延長後の取得期限は、取得指定期間の末日の翌日から起算して2年以内の日で買換資産の取得をすることができる日として税務署長が認定した日とされています（措令25㉓）。この場合の税務署長が認定した日は、税務署長が承認の際に認定した日とされています（措規18の5⑧）。

> （注）　「東日本大震災の被災者等に係る国税関係法律の臨時特例に関する法律（以下「震災税特法」といいます。）」の措置と同様、この取得指定期間の延長の特例の適用を受けた後に、買換資産の取得をすることが困難である場合に該当するものとして取得指定期間の延長をすることはできません。

(4)　令和2年度の税制改正

> イ　既成市街地等の内から外への買換の特例（一号）について、次の改正が行われました（措令25⑦㉖）。

①　譲渡資産から工場、作業場その他これらに類する施設が相当程度集積している区域として国土交通大臣が指定する区域内にある事業所として使用されている建物（その附属施設を含みます。以下同じです。）及びその敷地の用に供されている土地等が除外されました（令2.3国土交通告491）。

②　上記①の改正に伴い、この特例の適用を受ける場合に確定申告書に添付すべき書類について、次の場合の区分に応じそれぞれ次のとおりとされました（措規18の５④）。

ⅰ　譲渡資産の所在地が、横浜市、川崎市、堺市、神戸市、尼崎市又は西宮市の区域内である場合

> その所在地が、国土交通大臣が指定する区域以外の既成市街地等内である旨を、その所在地を管轄する市町村長が証する書類

ⅱ　譲渡資産の所在地が、大田区又は大阪市の区域内である場合

> その所在地が、国土交通大臣が指定する区域以外の地域内である旨を、その所在地を管轄する特別区の区長又は市町村長が証する書類

ロ　航空機騒音障害区域の内から外への買換えの特例（二号）について、次の改正が行われました（措法37①、37の3②、措令25④⑤、25の2②⑥）。

① 譲渡資産が次の区域内にある場合の課税の繰延べ割合が70％（改正前：80％）に引き下げられました。

  i　令和2年4月1日前に特定空港周辺航空機騒音対策特別措置法第4条第1項に規定する航空機騒音障害防止特別地区となった区域

  ii　令和2年4月1日前に公共用飛行場周辺における航空機騒音による障害の防止等に関する法律第9条第1項に規定する第二種区域となった区域

  iii　防衛施設周辺の生活環境の整備等に関する法律第5条第1項に規定する第二種区域

② 上記①の改正に伴い、この措置の適用を受ける場合に確定申告書に添付すべき書類について、特定空港として指定された空港の設置者又は特定飛行場の設置者が、その所在地が航空機騒音障害防止特別地区又は第二種区域に該当することとなった日を証する書類が追加されました（措規18の5⑤一イ、ロ）。

ハ　都市機能誘導区域の外から内への買換えに係る措置が制度の対象から除外されました（旧措法37①表四、旧措規18の5④五、⑤三）。

ニ　密集市街地における防災街区の整備の促進に関する法律に規
定する防災再開発促進地区のうち危険密集市街地内における防
災街区整備事業に関する都市計画の実施に伴う土地等の買換え
の特例（五号）について、次の改正が行われました。

①　危険密集市街地内にある土地等、建物又は構築物で、その土地
等又はその建物若しくは構築物の敷地の用に供されている土地等
の上に耐火建築物又は準耐火建築物で一定の建築物を建築するた
めに譲渡をされるものであることとする譲渡資産の要件について、
危険密集市街地内に建築される建築基準法第53条第3項第1号イ
に規定する耐火建築物等又は同号ロに規定する準耐火建築物等で
あることにつき、その建物の建築主の申請に基づき都道府県知事
が認定した建築物を建築するために譲渡をされるものであること
とされました（措令25⑫）。

> （注）　上記の「耐火建築物等」とは、耐火建築物又はこれと同等以
> 上の延焼防止性能（通常の火災による周囲への延焼を防止する
> ために壁、柱、床その他の建築物の部分及び防火戸その他の一
> 定の防火設備に必要とされる性能をいいます。）を有するもの
> （建築基準法53③一イ）をいい、「準耐火建築物等」とは、準耐
> 火建築物又はこれと同等以上の延焼防止性能を有する建築物で
> 耐火建築物等以外のもの（建築基準法53③一ロ）をいいます。

②　危険密集市街地の指定に係る国土交通大臣が定める基準につい
て、避難困難性が高い地域（その区域の面積、その区域内の幅員
4m以上の道路及び幅員4m未満の道路のそれぞれの延長並びに
その区域内にある地震に対する安全性が不足している建築物の数
を勘案して算出される地震時等において区域内の住民等が区域外
へ避難することのできる確率がおおむね97％未満である地域をい

います。）が除外されました（平26.3国土交通告429）。

　この改正により、危険密集市街地は、不燃領域率がおおむね40％未満の地域として国土交通大臣が指定する区域となりました。

> **（注）　不燃領域率**
> 　　不燃領域率について、国土交通省告示が改正され、その区域内にある一定規模以上の道路又は公園、緑地、広場その他の空地の面積及びその区域内にある耐火建築物等（改正前：耐火建築物）の建築面積の合計のその区域内にある全ての建築物の建築面積の合計に対する割合を勘案して算出されるその区域内の延焼防止上有効な部分の面積の合計のその区域の面積に対する割合とされました（平26.3国土交通告428）。

> ホ　日本船舶から日本船舶への買換えに係る特例（七号）について、次の改正が行われました（措令25⑭⑮）。

①　譲渡資産のうち建設業又はひき船業の用に供されている船舶について、その進水の日からその譲渡日までの期間が、35年（改正前：40年）未満であるものに限定されました（措令25⑭二）。

②　買換資産のうち海洋運輸業の用に供される船舶及び沿海運輸業の用に供される船舶について、船齢（その進水の日から取得の日までの期間をいいます。）が、所得税法の規定により定められた法定耐用年数以下であることとの要件が追加されました（措令25⑮）。

> ヘ　適用関係

①　前記イ、ロ、ニ①及びホの改正は、個人が令和２年４月１日以後に譲渡資産（それぞれの特例適用資産に限ります。）の譲渡をし、かつ、同日以後に買換資産の取得をする場合における譲渡資

産の譲渡について適用し、個人が、同日前に譲渡資産の譲渡をした場合及び同日以後に譲渡資産の譲渡をし、かつ、同日前に買換資産の取得をした場合におけるこれらの譲渡については従前どおりとされています（改正法附則63⑨、改正措令附則10②）。

② 前記ニ②の改正は、令和2年4月1日から施行されています（令2.3国土交通告495附則）。なお、この改正についての経過措置は設けられていませんので、同日以後に危険密集市街地として国土交通大臣の指定を受ける場合に適用されます。

③ 前記ハの改正は、個人が令和2年4月1日前に行った譲渡資産（特例適用資産に限ります。）の譲渡については従前どおりとされています（改正法附則63⑩）。

ト 適用期限

措置法第37条の適用期限が、令和5年12月31日（三号の譲渡資産が過疎地域の外から内への買換え及び五号の危険密集市街地内における防災街区整備事業に関する都市計画の実施に伴う土地等の買換えの特例は令和3年3月31日、六号の所有期間が10年を超える国内にある土地等及び建物等から国内にある一定の土地等、建物等の買換えの特例は令和5年3月31日）まで延長されました（措法37①③④、37の4）。

2　特定の事業用資産の買換えの特例の対象となる買換えの種類

　特定の事業用資産の買換えの特例の適用を受けることができる買換えの種類は、次のものが定められています。

特例の対象となる買換え	一定の地域からの移転を推進させるためのもの	一号	既成市街地等内（東京、大阪、名古屋などの地域をいいます。）から既成市街地等外への買換え
		二号	飛行場の航空機騒音障害区域内から航空機騒音障害区域以外への買換え
	一定の地域への誘致を促進させるためのもの	三号	過疎地域以外から過疎地域内にある特定資産の買換え
	既成市街地での土地の有効活用を図るためのもの	四号	土地等を計画的かつ効率的に利用するための施策の実施に伴って行われる既成市街地等内での買換え
	密集市街地等における建物を耐火建物等に推進させるためのもの	五号	密集市街地における防災街区の整備の促進に関する法律に規定する防災再開発促進地区のうち危険密集市街地内における防災街区整備事業に関する都市計画に基づく買換え
	長期保有事業用資産の新しい資産への買換えを促進させるためのもの	六号	所有期間が10年を超える国内にある土地等、建物又は構築物から国内にある一定の土地等、建物又は構築物への買換え
	日本船舶への買換えを促進させるためのもの	七号	日本船舶から一定の要件を満たす日本船舶への買換え

3　特定の事業用資産の買換えの特例の適用要件

　措置法第37条の特定の事業用資産の買換えの特例（以下、この章では「本件特例」といいます。）は、個人が事業の用に供する資産を譲渡した場合において、原則として、その譲渡の日の属する年の12月31日までに、一定の資産を取得し、かつ、１年以内に事業の用に供した場合（供する見込みを含みます。）に認められ、譲渡対価のうち、一

定額について譲渡があったものとして譲渡所得の計算を行うことができる制度です。本件特例の適用を受けるためには、次に掲げる要件の全てを満たす必要があります（措法37）。

(1) 対象となる資産

本件特例は、事業の用に供している資産（土地及び土地の上に存する権利（以下「土地等」といいます。）及び建物（附属施設を含みます。）又は構築物又は船舶（以下「建物等」といいます。））が対象となり、機械装置は除かれています。

また、これら資産が棚卸資産及び雑所得の基因となる土地等である場合は、譲渡資産の対象から外れます（措令25①）。

(2) 所有期間

原則として、譲渡した年の1月1日における所有期間が5年以下である土地等の譲渡（措置法第28条の4《土地の譲渡に係る事業所得等の課税の特例》第3項各号に掲げる土地等の譲渡に該当することについて一定の証明がなされたものを除きます。）については、本件特例は適用できません。

ただし、平成10年1月1日から令和5年3月31日までの間の譲渡した土地等については、平成10年1月1日以後に譲渡資産の譲渡をし、かつ、同日以後に買換資産を取得する場合には、所有期間が5年以下であっても本件特例の適用を受けることができます（措法37⑤⑫）。

(3) 適用期間

本件特例の適用期間は、原則として、昭和45年1月1日から令和5年12月31日までとなっていますが、以下(4)の三号（過疎地域以外から

過疎地域への買換え）及び五号（密集市街地における建物を耐火建築物に推進させるための買換え）については令和3年3月31日まで、六号（所有期間が10年を超える土地等、建物又は構築物から国内にある一定の土地等、建物又は構築物の買換え）については令和5年3月31日に延長されています。

⑷　譲渡資産及び買換資産の「地域・事業の種類」の範囲

　特定の事業用資産の買換えの適用が認められる買換えの形態は、下記の「譲渡資産」の欄に掲げる特定の資産を譲渡し、その譲渡資産に対応する「買換資産」の欄に掲げる特定の資産を取得した場合であり、譲渡資産と買換資産が一対となっています（措法37①）。

　なお、譲渡又は取得した土地等及び建物等が、措置法第37条で規定する譲渡資産又は買換資産に該当するか否かを判定する場合において、例えば、その譲渡又は取得した土地等が次の各号に掲げる地域又は区分にあるか否かは、その土地等及び建物等を譲渡した時又は取得した時の現況によります（措通37-8、9）。

〔一号買換え（既成市街地等内にある事業用資産で所有期間が10年を超えるものを譲渡し、一定の地域にある事業用資産に買換える場合）〕

譲　渡　資　産	業　種
譲渡資産は、既成市街地等内にある事業所で工場、作業所、研究所、営業所、倉庫その他これらに類する施設（福利厚生施設を除きます。）として使用されている建物（その附属設備を含みます。）又はその敷地の用に供されている土地等で、譲渡の日の属する年の1月1日において所有期間が10年を超えるものに限られます。 　なお、工場、作業所、その他これらに類する施設が相当程度集積している区域として国土交通大臣が指定する区域内にある建物等及びその敷地の用に供されている土地等は、対象から除外されています。	全ての事業

適 用 要 件 等
1　「既成市街地等」とは、次に掲げる区域をいいます（措法37①一）。 　なお、譲渡した年の10年前の年の翌年1月1日以後に公有水面埋立法による竣功認可のあった埋立地の区域を除きます（措令25⑥）。 　(1)　首都圏整備法第2条第3項に規定する既成市街地（巻末資料497ページ参照） 　(2)　近畿圏整備法第2条第3項に規定する既成都市区域（巻末資料500ページ参照） 　(3)　首都圏、近畿圏及び中部圏の近郊整備地帯等の整備のための国の財政上の特別措置に関する法律施行令別表に掲げられている区域（巻末資料504ページ参照） 2　工場、作業所、その他これに類する施設が相当程度集積している区域として国土交通大臣が指定する区域とは、大田区、横浜市、川崎市、大阪市、堺市、神戸市、尼崎市及び西宮市の一部の区域とされています（令2.3国交交通告91）。

買　換　資　産	業　種
買換資産は、既成市街地等以外の地域内（日本国内に限ります。）にある次に掲げる資産に限られます。 (1)　土地等 (2)　建物、構築物又は機械及び装置 　さらに、業種によって買換資産には要件が付加されています。 イ　農業又は林業（以下、「農林業」といいます。）の用に供される買換資産は、市街化区域以外の地域にあるものに限られています。 ロ　農林業以外の用に供される買換資産は、次に掲げる区域内にあるものに限ります。 　①　市街化区域のうち都市計画法第7条第1項ただし書の規定により区域区分を定めるものとされる区域 　②　首都圏整備法第2条第5項、近畿圏整備法第2条第5項及び中部圏開発整備法第2条4項に規定する都市開発区域（市街化調整区域と定められた区域を除きます。） ハ　なお、都市再生特別措置法第81条第1項の規定により立地適正化計画を作成した市町村の当該立地適正計画に記載された都市機能誘導区域以外の地域内にある立地適正計画に記載された誘導施設に係る土地等、建物及び構築物を除きます。	全ての事業

適　用　要　件　等
1　「市街化区域」とは、都市計画法第7条第1項に規定する市街化区域をいい、既に市街地を形成している区域及びおおむね10年以内に優先的、かつ、計画的に市街化を図るべき区域をいいます。 2　「区域区分」とは、一つの都市計画を「市街化区域」と「市街化調整区域」に区分することをいいます。 3　「都市開発区域」とは、国土交通大臣が既成市街地への産業及び人口の集中を緩和し、人口の適正な配置を図るために既成市街地及び近郊整備地帯以外の地域で工業都市、住居都市その他の都市として発展させることを指定した区域をいいます。

〔二号買換え（航空機騒音障害区域内にある事業用資産を譲渡し、同区域外の事業用資産と買換える場合）〕

譲　渡　資　産	業　種
譲渡資産は、航空機騒音障害区域^(注)内にある土地等、建物又は構築物に限られます。 　なお、譲渡した土地等の取得日が平成26年4月1日又はその土地等のある区域が航空機騒音障害区域となった日のいずれか遅い日以後だった場合（相続、遺贈又は贈与による取得を除きます。）には、対象から除外されます。	全ての事業

適　用　要　件　等
「航空機騒音障害区域」とは、次の区域をいいます（措法37①二）が、各種の法律の規定により事業用資産を買い取られ又は補償金を受領する場合に限られます。 　イ　特定空港周辺航空機騒音対策特別措置法第4条第1項に規定する航空機騒音障害防止特別地区 　ロ　公共用飛行場周辺における航空機騒音による障害の防止等に関する法律第9条第1項に規定する第2種区域（別表1 513ページ参照） 　ハ　防衛施設周辺の生活環境の整備等に関する法律第5条第1項に規定する第2種区域（別表1 515ページ参照）

買　換　資　産	業　種
買換資産は、航空機騒音障害区域以外の地域内にある次に掲げる資産に限られます。 (1)　土地等 (2)　建物、構築物又は機械及び装置 　なお、農業又は林業の用に供されるものにあっては、航空機騒音障害区域及び市街化区域以外の地域内にあるものに限られます。	全ての事業

適　用　要　件　等
「航空機騒音障害区域」は、譲渡資産の適用要件等を参照ください。

〔三号買換え（過疎地域以外の地域にある事業用資産を譲渡し、同地域の事業用資産と買換える場合）〕

譲　渡　資　産	業　種
譲渡資産は、過疎地域以外の地域内にある土地等、建物又は構築物に限られます。 　なお、既成市街地等内にあるものにあっては、事務所、事業所、工場、作業場、研究所、営業所、倉庫その他これに類する施設として使用されている建物（福利厚生施設を除きます。）又はその敷地の用に供されている土地等に限られます。	全ての事業

適　用　要　件　等
1　「過疎地域」とは、過疎地域自立促進特別措置法第2条第1項に規定する地域をいいます（措法37①三、措令25⑩）（巻末資料517ページ参照）。 　　ただし、過疎地域に係る市町村の廃置分合又は境界変更に伴い、新たに過疎地域に該当することとなった区域及び市街化調整区域を除きます。 2　「既成市街地等」とは、一号買換えを参照ください。

買　換　資　産	業　種
買換資産は、過疎地域にある次の資産に限られます。 (1)　土地等 (2)　建物、構築物又は機械及び装置	全ての事業

適用要件等
「過疎地域」は、譲渡資産の適用要件を参照ください。

19

〔四号買換え（既成市街地等にある事業用資産を譲渡し、都市計画法で定めた施策の実施に伴って買換える場合）〕

譲　渡　資　産	業　種
譲渡資産は、既成市街地等及びこれに類する区域内にある土地等、建物又は構築物に限られます。	全ての事業
適　用　要　件　等	

1　「既成市街地等」については、一号買換えを参照ください。
2　「これに類する区域」とは、都市計画として都市再開発法第2条の3第1項二号に掲げる地区若しくは同条第2項に規定する地区の定められた市又は道府県庁所在の市の区域の都市計画区域のうち最近の国勢調査の結果による人口集中地区の区域（既成市街地等を除きます。）をいいます（措令25⑪）（巻末資料520ページ参照）。

買　換　資　産	業　種
買換資産は、既成市街地等及びこれに類する区域内にある次に掲げる資産で、土地の計画的かつ効率的な利用に資する施策の実施に従って取得をされるものに限られます。 ⑴　土地等 ⑵　建物、構築物又は機械及び装置	全ての事業
適　用　要　件　等	

1　「既成市街地等」については、一号買換えを参照ください。
2　「これに類する区域」は、譲渡資産の適用要件等を参照ください。
3　「土地の計画的かつ効率的な利用に資する施策」とは、都市再開発法による市街地再開発事業に関する都市計画とし、その施行される土地の区域の面積が5,000㎡以上であるものに限ります（措令25⑪）。
4　「施策によって取得するもの」とは、建物（附属設備を含みます。）のうち、次に掲げる建物等（その敷地の用に供されている土地等を含みます。）をいいます（措令25⑪）。
　①　中高層の耐火建築物（地上4階以上の耐火建築物）以外の建物
　②　住宅用に供される部分が含まれる建物（住宅用部分に限ります。）

〔五号買換え（危険密集市街地内にある事業用資産を譲渡し、耐火建築物等を建築するための買換えの場合）〕

譲　渡　資　産	業　種
譲渡資産は、防災再開発促進地区のうち危険密集市街地内にある土地等、建物又は構築物でこれら土地等の上に耐火建築物又は準耐火建築物で一定のものを建築するために譲渡されるものに限られます。	全ての事業
適　用　要　件　等	
「防災再開発促進地区」とは、密集市街地における防災街区の整備の促進に関する法律（以下、「密集市街地防災促進法」といいます。）第3条第1項一号に規定する地区をいいます（措法37①五）。 　「危険密集市街地」とは、防災再開発促進地区のうち地震その他の災害が発生した場合に著しく危険な地区として国土交通大臣が指定する地区をいいます（措令25⑫）。 　「一定のもの」とは危険密集市街地内に建築される耐火建築物又は準耐火建築物であることについて、建築基準法第2条十六号に規定する建築主の申請に基づき都道府県知事が認定したものをいいます（措令25⑫）。	

買　換　資　産	業　種
買換資産は、危険密集市街地内にある次に掲げる資産で、密集市街地防災促進法による防災街区整備事業に関する都市計画の実施に伴い、同計画に従って取得されるものに限られます。 (1)　土地等 (2)　建物又は構築物	全ての事業
適　用　要　件　等	
「危険密集市街地」は、譲渡資産の適用要件等を参照ください。	

〔六号買換え（国内にある事業用資産で所有期間が10年を超えるものを譲渡し、一定の事業用資産に買換える場合）〕

譲　渡　資　産	業　種
譲渡資産は、国内にある土地等、建物又は構築物で譲渡の日の属する年の１月１日において、所有期間が10年を超えるものに限られます。	全ての事業

買　換　資　産	業　種
買換資産は、次に掲げる国内資産に限られます。 （1）　土地等 （2）　建物、構築物 　なお、土地等の範囲は次のいずれかに掲げるもので、その面積が300㎡以上のものに限られます。 ①　事務所、工場、作業場、研究所、営業所、店舗、倉庫、住宅その他これに類する施設（福利厚生施設に該当するものを除きます。以下「特定施設」といいます。）の敷地の用に供されるもの（その特定施設に係る事業の遂行上必要な駐車場の用に供されるものを含みます。） ②　駐車場の用に供されるもので、建物又は構築物の敷地の用に供されていないことにつき、やむを得ない事情がある場合	全ての事業

適　用　要　件　等
「駐車場の用に供されるもので、建物又は構築物の敷地の用に供されないことについてやむを得ない事情がある場合」とは、次に掲げる手続その他の行為が進行中であることについて、一定の書類により明らかにされた場合をいいます（措令25⑬）。 　①　都市計画法第29条第１項又は第２項の規定による許可手続 　②　建築基準法第６条第１項に規定する建築確認等の手続 　③　文化財保護法第93条第２項に規定する発掘調査 　④　建築物の建築に関して定める条例の手続（建物又は構築物の敷地の用に供されていないことが当該手続を理由とするものであることにつき国土交通大臣が証明したものに限ります。）

〔七号買換え（一定の船舶を譲渡し、新しい船舶に買換える場合）〕

譲　渡　資　産	業　種
譲渡資産は、日本船舶（船舶法第1条に規定する日本船舶に限ります。）のうち、船舶の区分に応じて進水の日から譲渡の日までの期間が（以下「船齢」といいます。）次に定める期間に満たないものに限られます（措令25⑭）。 　なお、日本船舶であっても漁業（水産動植物の採捕又は養殖の事業をいいます。）の用に供されているものを除きます。 (1)　海洋運輸業又は沿海運輸業の用に供される船舶　　25年 (2)　建設業又は曳き船の用に供されている船舶　　　　35年	全ての事業

適　用　要　件　等
海洋運輸業とは、日本の港と日本以外の地域の港の間又は、日本以外の地域の各港間において船舶により人又は物を運送する事業をいいます。 　沿海運輸業とは、日本の各港間において船舶により人又は物を運送する事業をいいます（措令25⑭）。 　①平成29年12月31日までに譲渡した場合又は②平成29年12月31日までに漁船法第27条の規定により、農林水産大臣に対して試験の依頼をした者が平成30年1月1日より令和2年9月30日までに譲渡した場合には、漁業の用に供されるものについても本件特例の対象となります（平成29年改正附則⑱）。

買　換　資　産	業　種
買換資産は、以下の船舶に限られます（措令25⑮）。 (1)　新船舶の場合 　　建造後、未だ事業の用に供したことのない船舶は、環境への負荷の低減に対する船舶として、国土交通大臣が財務大臣と協議して指定するもの (2)　中古船舶の場合 　　買換船舶の進水の日から取得日までの期間（船齢）が耐用年数（所得税法の規定により定められている年数をいいます。）以下であり、かつ、その期間が譲渡船舶の進水の日から譲渡日までの期間に満たないもののうち、環境への負荷の低減に資する船舶として国土交通大臣が財務大臣と協議して指定するもの	全ての事業

(5) 事業の範囲

本件特例の対象となる譲渡資産及び買換資産は、原則として、事業の用に供するものに限られますが、この「事業」には、事業用のほか事業に準ずるものも含まれます（措法37①、措令25②）。

イ 「事業に準ずるもの」の範囲

「事業に準ずるもの」とは、(イ)事業と称するに至らない不動産又は船舶の貸付けその他これに類する行為で、(ロ)相当の対価を得て継続的に行われるものをいいますが、これら2つの要件については、次のように取り扱われます（措通37－3）。

(イ) 「不動産又は船舶の貸付けその他これに類する行為」

本件特例の対象となる不動産や船舶の賃貸その他これに類する行為とは、資産の賃貸その他の使用に関する権利の設定（以下「貸付け等」といいます。）に限られます。したがって、雑所得を生ずべき業務の用に供する行為は、その業務が減価償却資産（不動産及び船舶を除いた資産）の賃貸その他その使用に関する権利の設定を除き、これに該当しないことになります。一方で、業務が賃貸その他その使用に関する権利の設定であれば、不動産又は船舶に限らず機械装置その他の減価償却資産の賃貸その他その使用に関する権利の設定もこれに該当します。

(ロ) 「相当の対価を得て継続的に行うもの」

「相当の対価を得て継続的に行うもの」とは、相当の所得を得る目的で継続的に対価を得て貸付け等の行為を行うことをいい、その判定は次によります。

① 「相当の対価」については、その貸付け等をしている資産の減価償却費の額（その資産が過去に「措置法第37条の規定に係る特

定の事業用資産の買換えの特例」の適用を受けた資産である場合には、引き継いだ取得価額を基として計算した減価償却費の額）、固定資産税その他の必要経費を回収した後において、なおも相当の利益が残るような対価を得ているかどうかにより判定し、その貸付け等をした際にその対価を一括して受領し、その後、一切対価を受領しない場合には、継続的に対価を得ていることにはあたらないものとされています。

　また、その貸付け等をした際に一時金を受領し、かつ、継続的に対価を得ている場合には、一時金の額と継続的に受けている対価の額とを総合して「相当の対価」に該当するかどうかを判定します。

②　「継続的に貸付け等の行為」を行っているかどうかについては、原則として、その貸付け等に係る契約の効力の発生した時の現況において、その貸付け等が相当期間継続して行われることが予定されているかどうかによって判定します。

（参考判例）

　新たに賃貸する賃料として年間20万円は、本件土地の取得価格の約３％にしかならず、銀行定期預金金利に比しても著しく低廉であって、この年額20万円の賃料が、租税特別措置法施行令（昭和44年政令第86号による改正前のもの）25条の６第１項の継続的な貸付と認めることはできない（大阪高裁、昭和55.10.29判決、最高裁第二小法廷昭和60.4.5判決も同様に判示）。

□　譲渡資産を事業の用に供したかの判定

特定の事業用資産の買換えの特例は、原則として事業用資産を譲渡

した場合に適用されますが、譲渡資産及び買換資産を事業の用に供したかどうかは、次によって判定することができます（措通37－21）。

　なお、措置法通達37－21は、買換資産を事業の用に供したか否かの判定ですが、譲渡資産が事業の用に供していたか否かの判定についても同通達を適用することにより判定できます。

事業の用に供したかどうかの判定	(1)	土地の上にその所有者（個人）が事業の用に供する目的で建物、構築物等の建設をする場合において、その建物、構築物等がその個人の事業の用に供されていないときは、その土地は、事業の用に供したものに該当しません。
	(2)	空閑地（運動場、物品置場、駐車場等として利用している土地で、特別の施設を設けていないものを含みます。）である土地、空家である建物等は、その個人の事業の用に供したものに該当しません。 　ただし、特別の施設を設けていない場合であっても、物品置場、駐車場等として常時使用している土地等で、その個人の事業の遂行上通常必要なものとして合理的であると認められる程度のものは、事業の用に供したものとして扱われます。
	(3)	工場等の用地としている土地であっても、その工場等の生産方式、生産規模等の状況からみて必要なものとして合理的であると認められる部分以外の部分の土地は、事業の用に供したものに該当しません。
	(4)	農場又は牧場等として使用している土地であっても、その農場又は牧場で行っている耕作、牧畜等の行為が社会通念上農業、牧畜業等に至らない程度のものであると認められる場合におけるその土地又は耕作能力、牧畜能力等から推定して必要以上に保有されていると認められる場合におけるその必要以上に保有されている土地は、事業の用に供したものに該当しません。
	(5)	植林されている山林を相当の規模にわたって取得し、社会通念上林業と認められる程度に至る場合のその土地は、事業の用に供したものとして扱われますが、例えば、雑木林を取得して保有しているに過ぎず、林業と認められるに至らない場合のその土地（山林）は、その者の事業の用に供したものに該当しません。
	(6)	事業に関連して貸付ける次のものは、相当の対価を得ていない場合であっても事業の用に供したものに該当します。 ①　工場、事業所等の作業員社宅、売店等として貸付けているもの ②　自己の商品等の下請工場、売買特約店等に対し、その商品

> 等について加工販売等をするために必要な施設として貸付けているもの

　また、次のような資産は、事業の用に供していた資産に該当しません（措通37－21（注））。

① 　本件の特例の適用を受けるためのみの目的で一時的に事業の用に供したと認められる資産

② 　たまたま運動場、物品置場、駐車場等として利用し、又はこれらの用のために一時的に貸付けていた空閑地

八　事業用と事業用以外の用に供されている資産

　譲渡資産が事業用と事業以外の用に供されている場合には、事業の用に供されていた部分のみが本件特例の対象となります。

　したがって、例えば、店舗併用住宅（その敷地等を含みます。）のように店舗と居住用の用に供されている場合には、店舗部分のみが本件特例の対象となり居住用部分は対象とならないことになります。

　ただし、その事業の用に供されていた部分がおおむね90％以上である場合には、その資産の全てを「事業の用に供しているもの」とすることができます（措通37－4）。

　なお、事業用部分と非事業用部分は、原則として、面積比などの合理的な方法により按分することとされています。

　買換資産を事業用とそれ以外の用に供する場合も同様です。

　ちなみに、措置法通達37－4では、事業用と事業用以外の区分について、面積比によることしか触れられていませんが、具体的な事業用部分と非事業用部分の区分の判定は、措置法通達31－3の7《店舗兼住宅等の居住部分の判定》に準じて行うことが相当と考えられます。

二　生計を一にする親族の事業の用に供している資産

　特定の事業用資産の買換えの特例は、本来、資産の所有者が自らの事業の用に供していたものを譲渡し、かつ、その譲渡者が適用対象となる買換資産を取得する場合に適用が認められますが、譲渡資産がその所有者と生計を一にする親族の事業の用に供されており、かつ、その事業が所得税法第56条《事業から対価を受ける親族がある場合の必要経費の特例》に規定する不動産所得、事業所得又は山林所得を生ずべき事業であるときは、その譲渡資産はその所有者にとっても事業の用に供されていたものに該当するものとして本件特例の対象とすることができます（措通37－22、33－43）。

　なお、買換えにより取得する資産について、同様の事情がある場合（生計を一にする親族の事業用資産として取得する部分）も同じ取扱いにより買換資産に該当することになります。ただし、七号に係る船舶の場合を除きます。

(6)　譲渡の形態等

　本件特例の対象となる事業用資産の譲渡とは、一般的な売買（譲渡）契約（「当事者の一方がある財産権を相手方に移転することを約し、相手方がこれに対してその代金を支払うことを約することによって、この効力が生ずる」）のことをいい、次の①から⑦に掲げる「譲渡」については、本件特例の適用が受けられる譲渡資産の「譲渡」の範囲から除かれます（措法37①、措令25③）。

　ただし、譲渡所得の対象となる不動産の貸付けは、譲渡に含まれます。

①	収用等による譲渡（措置法33）
②	交換処分等による譲渡（措置法33の2）
③	換地処分等による譲渡（措置法33の3）
④	贈与による譲渡
⑤	交換による譲渡
⑥	出資による譲渡
⑦	代物弁済（金銭債務の弁済に代えて譲渡するものに限ります。）による譲渡

ポイント

　上記①から③までの譲渡に該当する場合には、これらの譲渡について「収用等の場合の課税の特例」（措法33 ～ 33の4）の適用を受けない場合でも、特定の事業用資産の買換えの特例の適用を受けることができません（措通37－1）。

(7)　買換資産の取得の形態等

　本件特例の対象となる事業用資産の取得とは、売買の方法により資産を取得する場合のほか、建設又は製作した場合が含まれます。

　ただし、次に掲げる「取得」については、特例の適用が受けられる買換資産の「取得」の範囲から除かれています（措法37①、措令25③）。

①	贈与による取得
②	交換による取得
③	現物分配によるもの
④	所有権移転外リース取引によるもの
⑤	代物弁済（金銭債務の弁済に代えて取得するものに限ります。）による取得
⑥	既に有する資産に行った改良又は造作

イ　資本的支出

　既に有する資産について改良、改造等を行った場合には、当該改良、

改造等は、原則として措置法第37条第1項に規定する買換資産の取得に当たらないとされていますが、次に掲げる改良、改造等が同条第3項に規定する期間内（先行取得の期間）又は第4項に規定する買換資産の取得指定期間内に行われる場合には、その改良、改造等のために要した費用は買換資産の取得価額に含めることができるとされています（措通37-15）。

① 新たに取得した買換資産について事業の用に供するためにする改良、改造等の費用（ただし、買換資産の取得の日から1年以内に行われるものに限ります。）

② ①のほか、例えば、建物の増改築又は構築物の拡張若しくは延長等をする改良、改造等で実質的に新たな資産を取得したのと同様と認められる場合

　また、次に掲げるような宅地等の造成のために費用を支出した場合において、その金額が相当の額に上り、実質的に新たに土地を取得した場合と同様の事情があると認められるときは、当該宅地等造成費について、その完成時に新たな土地の取得があったものとみなして、当該費用の額を買換資産の取得価額に含めることができるとされています（措通37-16）。

　なお、ここでいう宅地等には、農地も含まれると解されています。

① 自己の有する水田、池沼の土盛り等をして宅地等の造成をするための費用

② 自己の有するいわゆるがけ地の切土をして宅地等の造成をするための費用

③ 公有水面の埋立てをして宅地等を造成するための費用

□　買換資産の土地等の面積要件

　「特定の事業用資産の買換えの特例」では、土地需要の抑制という土地政策目的の観点から買換資産として土地等を取得する場合には、その土地等の面積は、譲渡資産の土地等の面積の5倍という面積制限が設けられており、これを超える部分の面積に相応する部分は、買換資産に該当しないこととされています（措法37②、措令25⑯）。

　この面積制限は、措置法第37条第1項の表の各号ごとに計算することとされていますが、例えば、同項の表の第一号に該当する買換資産として2つ以上の土地等を取得した場合において、これらの土地等の合計面積が譲渡した土地等の面積の5倍を超えている時、取得した2つの土地等の面積を任意に選択できるのかという疑問が生じます。

　このような場合には、2つ以上の買換資産を取得した場合の取得価額の計算方法についての定め（措令25の2②、37の3-1、37の3-2）と同様の考え方により計算するのが合理的であること及び買換資産の一部分のみを買換資産とすることはできないとされていることから、当該取得した土地等のいずれも同等の割合で面積制限を超える部分が生じたとして次のように各土地の面積を計算します。

〔算式〕

買換資産として取得した個々の土地等の面積 × $\dfrac{\text{譲渡した土地等の面積の5倍に相当する面積}}{\text{買換資産として取得した土地等の面積の合計}}$

〔設例1〕 買換資産（土地等）を同一年中に2つ以上取得する場合

事業用資産（A土地）を譲渡した後、買換資産としてB土地及びC土地を取得しました（六号適用）。

買換資産として取得したB土地及びC土地の面積は、面積制限を超えているため、超えている部分に相当する部分は買換資産に該当しないことになりますが、この場合のB土地及びC土地の買換資産の価額を教えてください。

① 譲渡資産　A土地　面積　400㎡　譲渡価額　8,000万円
　　　　　　　　　　　　　　　　　　　（@20万円）

② 買換資産　B土地　面積 2,000㎡　取得価額　8,000万円
　　　　　　　　　　　　　　　　　　　（@4万円）

　　　　　　C土地　面積　500㎡　取得価額　3,000万円
　　　　　　　　　　　　　　　　　　　（@6万円）

（答） 買換資産の土地の面積の合計額（2,500㎡）が譲渡土地等の面積の合計額（400㎡）の5倍を超えていますので、ご質問のケースは、取得した土地等のいずれも同等の割合で面積制限を超える部分が生じているものとして次のとおり計算します。

B土地　$2,000㎡ \times \dfrac{400㎡ \times 5倍}{2,500㎡} = 1,600㎡$

ⓐ$40,000円 \times 1,600㎡ = 6,400万円$

C土地　$500㎡ \times \dfrac{400㎡ \times 5倍}{2,500㎡} = 400㎡$

ⓐ$60,000円 \times 400㎡ = 2,400万円$

上記のとおり、面積制限はB土地が1,600㎡（取得価額6,400万円）、

Ｃ土地が400㎡（取得価額2,400万円）となり、買換資産として認められる価額は、その合計額の8,800万円となります。２つ以上の買換資産を取得した場合、取得価額が高いＣ土地から先に選択することはできません。

〔設例２〕　買換資産を年を異にして取得する場合

> 事業用資産Ａ土地を譲渡した後、買換資産として同年中にＢ土地及び翌年中にＣ土地を取得しました（六号適用）。
>
> 買換資産として取得したＢ土地及びＣ土地の面積は、面積制限を超えているため、超えている部分に相当する部分は買換資産に該当しないことになりますが、この計算方法を教えてください。
>
> ①　譲渡資産　　Ａ土地　面積　70㎡　譲渡価額　9,800万円
>
> 　　　　　　　　　　　　　　　　　　　　　　　　（＠140万円）
>
> ②　買換資産
>
> 　・譲渡の日の属する年に取得
>
> 　　Ｂ土地　面積150㎡　取得価額　4,500万円（＠30万円）
>
> 　・譲渡の日の属する年の翌年に取得
>
> 　　Ｃ土地　面積350㎡　取得価額　2,450万円（＠７万円）
>
> 　　建物　　　　　　　　取得価額　2,000万円

（答）　取得した買換資産が年を跨がっていた場合、例えば、事業用資産を譲渡した日の属する年と譲渡した日の年の翌年に買換資産（土地等）を取得した場合において、買換資産として取得した土地等の合計面積が面積制限を超えることとなるときには、**設例１**と同様に、取得した土地等のいずれにも同等の割合で面積超過部分が生ずるものとして計算します。

$$B 土地 \quad 150㎡ \times \frac{70㎡ \times 5 倍}{500㎡} = 105㎡$$

ⓐ30万円 × 105㎡ = 3,150万円

$$C 土地 \quad 350㎡ \times \frac{70㎡ \times 5 倍}{500㎡} = 245㎡$$

ⓐ7万円 × 245㎡ = 1,715万円

　上記のとおり、面積制限はB土地が105㎡（取得価額3,150万円）、
C土地が245㎡（取得価額1,715万円）となります。2つ以上の買換
資産を取得した場合、取得価額が高いB土地から先に選択すること
はできません。

(8)　買換資産の取得期限

　買換資産は、原則として、資産を譲渡した年の前年中、譲渡資産を
譲渡した年又は譲渡した年の翌年中に取得しなければならないとされ
ていますが、やむを得ない事情がある場合にはその延長又はそれより
前の取得も認められています。

　なお、譲渡した年に買換資産を取得した場合には特に問題はありま
せんが先行取得又は翌年以降に買換資産を取得する場合の手続きは、
次のイ及びロのとおりです。

イ　買換資産を先行取得する場合

(イ)　買換資産を前年に取得する場合

　　買換資産を先行取得する場合には、買換資産を取得した年の翌年
　3月15日までに、その資産は措置法第37条の適用を受ける買換資産
　である旨及び次に掲げる事項を記載した「先行取得資産に係る買換
　えの特例の適用に係る届出書」（以下、「先行取得に係る届出書」と

いいます。37ページ参照）を納税地の所轄税務署長に提出した場合に限り、特例の適用対象となる買換資産と認められます（措法37③、措令25⑱）。

① 届出者の氏名・住所

② 取得資産の種類・規模（土地等の場合にはその面積）、所在地、用途、取得年月日又は取得価額

③ 譲渡予定資産の種類

④ その他参考となるべき事項

(ロ)　**買換資産を前々年に取得する場合**

　買換資産を先行取得する場合とは、原則的には、譲渡した年の前年に取得する場合をいいますが、買換資産が工場、事務所、その他の建物、構築物又は機械及び装置で事業の用に供するもの（以下「工場等」といいます。）の敷地である場合において、工場等の敷地の用に供するための宅地の造成並びにその工場等の建設及び移転に要する期間が、通常1年を超えると認められる事情その他これに準ずる事情があるときには、その譲渡の日の属する年の前年以前2年の期間内に支出した費用額について先行取得に係る届出書を提出することを条件として買換資産とすることができます（措法37③、措令25⑰⑱）。

　なお、上記の「その他これに準ずる事情がある場合」とは、真に譲渡者の責に帰しがたいような事情により資産の譲渡が遅延した次に揚げるようなケースをいい、結果的に先に取得していた資産の取得の日が、譲渡した日の属する前々年中となってしまう場合が該当します（措通37-26の2）。

① 借地人又は借家人が容易に立退きに応じないため譲渡ができな

かったこと。

② 譲渡するために必要な広告その他の行為をしたにもかかわらず
容易に買手がつかなかったこと。

③ 上記①又は②に準ずる特別な事情があったこと。

ちなみに、先行取得した資産について、措置法第19条各号《特別
償却等》に掲げる特別償却等の特例の適用を受けている場合（措置
法第13条及び第13条の２までの規定による割増償却は除きます。）
には、その資産が買換資産の要件を充たしていても、本件特例の買
換資産とすることはできないとされています（措通37－26の３）。

先行取得資産に係る買換えの特例の適用に関する届出書

<table>
<tr><td rowspan="3">税務署受付印</td><td rowspan="3">届出者</td><td>住　所</td><td colspan="2">〒</td><td></td></tr>
<tr><td>フリガナ</td><td></td><td rowspan="2">電話</td><td>（　　）</td></tr>
<tr><td>氏　名</td><td>㊞</td><td></td></tr>
</table>

＿＿＿＿＿＿＿税務署長

令和＿＿年＿＿月＿＿日提出

私が昨年取得した下記の資産については、｛租税特別措置法　第37条第3項／震災特例法　第12条第3項｝の規定の適用を受けたいので届出します。

記

1　取得した資産（先行取得資産）

種　　　類			
規　　　模			
所　在　地			
用　　　途			
取得年月日	年　月　日	年　月　日	年　月　日
取得価額	円	円	円

2　譲渡予定資産

種　　　類	

3　その他参考となる事項

関与税理士		㊞	電話番号	

<table>
<tr><td rowspan="2">この欄には書かないでください。</td><td rowspan="2">税務署整理欄</td><td>通信日付印の年月日</td><td>確認印</td><td>名簿番号</td></tr>
<tr><td>　年　月　日</td><td></td><td></td></tr>
</table>

（資6－73－1－A4統一）
R1.11

（注）この届出書が資産を取得した年の**翌年3月15日**までに提出されない場合は、租税特別措置法第37条第3項・震災特例法第12条第3項の規定の適用は受けられません。

先行取得資産に係る買換えの特例の適用に関する届出書

1　この届出書は、特定の事業用資産の買換えの場合の譲渡所得の課税の特例の適用を受けようとする場合において、譲渡資産を譲渡する年の前年以前に取得（建設又は製作を含みます。）した資産について、租税特別措置法第37条第3項又は震災特例法第12条第3項の規定の適用を受ける旨を届け出るために使用します。

　（注）　租税特別措置法第37条第3項又は震災特例法第12条第3項の規定は、この届出書により届け出た資産に限り適用が認められ、届出のない資産についてはこの規定の適用がないことにご注意ください。

2　これらの規定の適用を受けるためには、この届出書を、届け出ようとする資産を取得した年の**翌年3月15日**までに納税地の所轄税務署長に提出しなければなりません。

3　各欄は次により記載してください。
　なお、記載しきれない場合には別葉に記載してください。
　(1)　文面中の〔　〕欄については、該当する文字を○で囲んでください。
　(2)　「種類」については、土地、借地権、建物、構築物、船舶、機械及び装置などと記載してください。
　(3)　「規模」については、例えば、土地等の場合には面積を、建物の場合には各階ごとの床面積を記載してください。
　(4)　「用途」については、事務所用、店舗（○○販売）、工場用（○○製造）などと具体的に記載してください。

ロ　買換資産を翌年以降に取得する場合

㈑　買換資産を翌年に取得する場合

　　買換資産の取得期限は、原則として譲渡した年の翌年までとされ
ていますが、買換資産を翌年中に取得する場合には、譲渡した年の
年末までに実際に買換資産を取得していないことになるので、措置
法第37条の譲渡所得の申告においては取得価額の見積額に基づいて
申告することになります。

　　その場合には、確定申告書に本件特例を適用する旨の記載をし、
買換資産の取得予定年月日及び取得価額の見積額に関する「買換
（代替）資産の明細書」（次ページ参照）の添付をする必要がありま
す（措法37④、措規18の５②）。

.... 税務署
令和......年....月....日提出

名簿番号	

買 換 （ 代 替 ） 資 産 の 明 細 書

住　　所			
フリガナ		電話番号	（　　　　）
氏　　名			

　交換・買換え（代替）の特例（租税特別措置法第33条、第36条の2、第37条、第37条の5又は震災特例法第12条）を受ける場合の、譲渡した資産の明細及び取得される予定の資産の明細について記載します。

1　特例適用条文

租税特別措置法
震災特例法
第........条　第........項

2　譲渡した資産の明細

所　在　地			
資産の種類		数　　量	㎡
譲渡価額	円	譲渡年月日	年　月　日

3　買い換える（取得する）予定の資産の明細

資産の種類		数　　量	㎡
取得資産の該当条項	1　租税特別措置法 （1）第37条第1項の表の （2）第37条の5第1項の表の 2　震災特例法 ・第12条第1項の表の	第　　号 第　7　号（23区・23区以外の集中地域・集中地域以外の地域） 第　1　号（中高層耐火建築物・中高層の耐火建築物） 第　2　号（中　高　層　の　耐　火　共　同　住　宅） 第　　号（　　　　　　　　　　　　　　　　　）	
取得価額の見積額	円	取得予定年月日	年　月　日
付　記　事　項			

（注）3に記載した買換（取得）予定資産を取得しなかった場合や買換（代替）資産の取得価額が見積額を下回っている場合などには、修正申告が必要になります。

関与税理士		電話番号	

（資6－8－4－A4統一）
R1.11

40

買換（代替）資産の明細書

1　使用目的

　この申請書は、交換・買換え（代替）の特例（租税特別措置法（以下「措置法」といいます。）第33条、第36条の２、第37条、第37条の５又は震災特例法第12条）の適用を受ける場合に、買換（代替）資産の取得が譲渡の年の翌年以後となるときに使用するものです。

2　記載要領等

⑴　「１　特例適用条文」の括弧内については、該当する文字を○で囲みます。

⑵　「３　買い換える（取得する）予定の資産の明細」欄の「取得資産の該当条項」欄については、措置法第37条、第37条の５又は震災特例法第12条の規定の適用を受ける場合に限り、該当する部分を○で囲むか、該当する号数を記載します。

　　なお、「２　震災特例法」の括弧内については、震災特例法第12条第１項の表の第１号の下欄に該当する場合に、「特定被災区域」又は「被災区域」のいずれかを記載します。

⑶　「３　買い換える（取得する）予定の資産の明細」欄の「付記事項」欄には、租税特別措置法施行令第22条第17項各号に掲げる場合に該当する事情などを記載します。

(ロ) 買換資産を翌々年以降に取得する場合

　買換資産が工場、事務所、その他の建物、構築物又は機械及び装置で事業の用に供するもの（以下「工場等」といいます。）の敷地である場合において、工場等の敷地の用に供するための宅地の造成並びに工場等の建設及び移転に要する期間が、通常１年を超えると認められる事情、その他これに準ずる事情があるため、やむを得ず譲渡の年の翌年中に買換資産を取得することが困難である場合には、「やむを得ない事情がある場合の買換資産の取得期限承認申請書」（44ページ参照）を所轄の税務署長に提出し、延長が認められた場合に限り、譲渡した年の翌年の12月31日以後２年以内で、税務署長が認定した日（以下、「取得指定期間」といいます。）まで買換資産の取得期限を延長することができます（措法37④、措令25⑰⑳）。

　なお、上記「その他これに準ずる事情がある場合」とは、買換資産について、次に掲げるような事情があるためやむを得ずその取得が遅延する場合が該当します（措置37－27の２）。

① 　法令の規則等により取得に関する計画の変更を余儀なくされたこと。

② 　売主その他の関係者との交渉が長引き容易にその取得ができないこと。

③ 　上記①又は②に準ずる特別の事情があること。

(ハ) 非常災害により取得指定期間内に取得することが困難な場合

　特定非常災害の被害者の権利利益の保全等を図るための特別措置に関する法律（以下「非常災害特別法」といいます。）第２条第１項の規定により「特定非常災害」として指定された非常災害に基因するやむを得ない事情により、買換資産を税務署長が認定した取得

指定期間内に取得をすることが困難となった場合において、当該取得指定期間の初日から当該取得指定期間の末日後2年以内の日で政令で定める日までの間に買換資産の取得をする見込みである場合には「買換資産等の取得期限等の延長承認申請書（特定非常災害用）」（46ページ）を納税地の所轄税務署長に提出し承認を受けることにより、当該初日から当該政令で定める日（取得指定期間の末日の翌日から起算して2年以内の日で買換資産を取得することができるものとして税務署長が認定した日とします。）までの期間が取得指定期間となり、事実上、取得指定期間の延長が認められます（措法37⑧、措令25㉓）。

ポイント　買換資産の取得期限について

買換資産の取得期限についてまとめると、次のようになります。

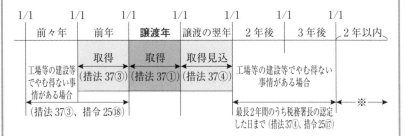

※　特定非常災害として指定された非常災害に基因するやむを得ない事情により、買換資産を取得指定期間内に取得することが困難となった場合において税務署長の認定を受けたときは、その取得期間が、その取得指定期間の末日から2年以内の日で税務署長の認定した日まで延長されます（措法37⑧、措令25㉓）。

やむを得ない事情がある場合の買換資産の取得期限承認申請書

	申請者	住　所	〒		電話	（　　　）
＿＿＿＿＿＿＿＿税務署長 令和＿＿年＿＿月＿＿日提出		フリガナ				
		氏　名		㊞		

租税特別措置法
震災特例法　第＿＿＿＿条＿＿＿＿第＿＿＿＿項に規定する譲渡所得の課税の

特例の適用における買換資産の取得期限について、下記の内容のとおり承認申請をします。

記

1 譲渡した資産の明細

所　在　地				
資産の種類		数　　量		㎡
譲渡価額	円	譲渡年月日	年　　月　　日	

2 代わりに買い換える（取得する）予定の資産の明細

資産の種類		数　　量		㎡
取得資産の 該当条項	1　租税特別措置法 （1）第37条第1項の表の （2）第37条の5第1項の表の 2　震災特例法 ・第12条第1項の表の	第＿＿号 第　7　号（23区・23区以外の集中地域・集中地域以外の地域） 第　1　号（中高層耐火建築物・中高層の耐火建築物） 第　2　号（中高層の耐火共同住宅） 第＿＿号（　　　　　　　　　　　　　　）		
取得価額の見積額	円	取得予定年月日	年　　月　　日	
		認定を受けよう とする年月日	年　　月　　日	
やむを得ない 事情の詳細				

関与税理士		㊞	電話番号	

この欄は書かないで
ください

税務署整理欄	整理番号	名　簿　番　号
		－　80　－　1　－

（資6－80－1－A4統一）
R1.11

やむを得ない事情がある場合の買換資産の取得期限承認申請書

1　使用目的

　この申請書は、租税特別措置法第37条第4項、第37条の5第2項又は震災特例法第12条第4項の規定により、譲渡をした日の属する年の翌年中に買換資産の取得をすることが困難であることについてやむを得ない事情があり、その取得期限の延長の承認を受けようとするために使用するものです。

2　記載要領等

(1)　$\begin{bmatrix} 租税特別措置法 \\ 震災特例法 \end{bmatrix}$ 欄については、該当する文字を○で囲みます。

(2)　「2　代わりに買い換える（取得する）予定の資産の明細」欄の「取得資産の該当条項」欄については、該当する部分を○で囲むか、該当する号数を記載します。

　　なお、「2　震災特例法」の括弧内については、震災特例法第12条第1項の表の第1号の下欄に該当する場合に、「特定被災区域」又は「被災区域」のいずれかを括弧内に記載します。

(3)　「2　代わりに買い換える（取得する）予定の資産の明細」欄の「やむを得ない事情の詳細」欄には、買換資産の取得期限の延長を受けることとなるやむを得ない事情その他参考となるべき事項を詳細に記載します。

(4)　この申請により、取得期限の延長の承認を受けた後に、再度の取得期限の延長の承認申請をすることはできませんので、ご注意ください。

買換資産等の取得期限等の延長承認申請書

【 特 定 非 常 災 害 用 】

税務署受付印

申請者	住　所	〒
	＿＿年分申告時の住所	
	フリガナ	電話（　　　）
	氏　名　　㊞	

＿＿＿＿＿＿＿＿税務署長

令和＿＿年＿＿月＿＿日提出

【特定非常災害用】

　　下記1の譲渡資産に係る譲渡所得につき、租税特別措置法第 ※ ＿＿＿＿条　　　第＿＿＿項の規定に基づき、下記2の買換（代替）資産の取得期限等の延長について承認申請をいたします。

記

1　譲渡資産に関する事項

所　在　地			
資産の種類		数　　量	㎡
譲渡価額	円	譲渡年月日	＿＿年＿＿月＿＿日

2　買換（代替）資産に関する事項

資産の種類		数　量	㎡	取得価額の見積額	円
取得資産の該当条項	租税特別措置法第37条の5第1項の表の		第_1_号（中高層耐火建築物・中高層の耐火建築物）		
			第_2_号（中高層の耐火建築物）		
既に提出済みの「買換（代替）資産の明細書」による取得予定年月日又は既に認定を受けている年月日			＿＿年＿＿月＿＿日		
取得予定年月日（認定を受けようとする年月日）			＿＿年＿＿月＿＿日		

3　特定非常災害として指定された非常災害に基因するやむを得ない事情により買換（代替）資産の取得をすることが困難であると認められる事情の詳細

＿＿
＿＿
＿＿

※の箇所については、裏面を参照して該当条項を記載してください。

関与税理士	㊞	電話番号	

R1.11

買換資産等の取得期限等の延長承認申請書

【 特 定 非 常 災 害 用 】

1　使用目的

　この申請書は、特定非常災害として指定された非常災害に基因するやむを得ない事情により買換（代替）資産を取得すべき期間内に取得をすることが困難となった場合に、租税特別措置法第33条第7項、第33条の2第5項、第36条の2第2項、第37条第8項、第37条の5第2項又は第41条の5第7項の規定により、その取得期限等の延長の承認を受けようとするために使用するものです。

2　記載要領等

(1)　申請が可能な方

　次表のいずれかに該当する場合で、かつ、特定非常災害として指定された非常災害に基因するやむを得ない事情により取得期限等内に買換（代替）資産の取得をすることが困難となった方です。

　なお、表面の※印の箇所については、※をご確認の上、該当条項を記載してください。

　また、この申請書は、次の申請期限までに申請してください。

買換えの特例等	適用条文〔※〕	申請期限
収用等に伴い代替資産を取得した場合の課税の特例 （措法33②）	租税特別措置法 第33条第7項	取得指定期間の末日の属する年の翌年3月15日（同日が修正申告書の提出期限後である場合は当該提出期限）まで
交換処分等に伴い資産を取得した場合の課税の特例 （措法33の2②）	租税特別措置法 第33条の2第5項	取得指定期間の末日の属する年の翌年3月15日（同日が修正申告書の提出期限後である場合は当該提出期限）まで
特定の居住用財産の買換えの場合の長期譲渡所得の課税の特例 （措法36の2②）	租税特別措置法 第36条の2第2項	取得期限の属する年の翌年3月15日まで
特定の事業用資産の買換えの場合の譲渡所得の課税の特例 （措法37④）	租税特別措置法 第37条第8項	取得指定期間の末日の属する年の翌年3月15日（同日が修正申告書の提出期限後である場合は当該提出期限）まで
既成市街地等内にある土地等の中高層耐火建築物等の建設のための買換えの場合の譲渡所得の課税の特例（措法37の5②）	租税特別措置法 第37条の5第2項	取得指定期間の末日の属する年の翌年3月15日（同日が修正申告書の提出期限後である場合は当該提出期限）まで
居住用財産の買換え等の場合の譲渡損失の損益通算及び繰越控除 （措法41の5①）	租税特別措置法 第41条の5第7項	取得期限の属する年の翌年3月15日まで

(2)　「2　買換（代替）資産に関する事項」について

　イ　「取得資産の該当条項」の欄は、租税特別措置法第37条の5第2項において準用する同法第37条第4項の規定の適用を受けている方について、該当する部分を○で囲んでください。

　ロ　「既に提出済みの「買換（代替）資産の明細書」による取得予定年月日又は既に認定を受けている年月日」の欄は、先に提出している「買換（代替）資産の明細書」による取得予定年月日又は租税特別措置法施行令第22条第17項第1号イ、同号ロ、租税特別措置法第37条第4項及び同法第37条の5第2項において準用する同法第37条第4項に規定する税務署長の承認を受けている場合のその認定日を記載してください。

　ハ　「取得予定年月日（認定を受けようとする年月日）」の欄は、取得をする予定の買換（代替）資産が、租税特別措置法第33条第2項若しくは同法第33条の2第2項に規定する代替資産又は同法第36条の2第1項、同法第37条第1項、同法第37条の5第1項若しくは同法第41条の5第7項に規定する買換資産である場合には、この申請により買換（代替）資産の取得期限等の延長の認定を受けようとする年月日（取得予定年月日）を記載してください。

(3)　「3　特定非常災害として指定された非常災害に基因するやむを得ない事情により買換（代替）資産の取得をすることが困難であると認められる事情の詳細」について

　買換（代替）資産の取得期限等の延長を受けることとなるやむを得ない事情その他参考となるべき事項を詳細に記載してください。

（注）この申請により、取得期限等の延長の承認を受けた後に、再度の取得期限等の延長の承認申請をすることはできませんのでご注意ください。

(9) 買換資産を事業の用に供すべき期限

　本件特例は、買換えによって事業用資産を取得しただけでは要件を満たしたことにはならず、その取得の日から１年以内に取得した者の個人（生計を一にする親族を含みます。）の事業の用に供した場合（１年以内に事業の用に供さなくなった場合を除きます。）に限り適用が認められます（措法37①）。

　したがって、本件特例の適用にあたっては、取得した買換資産を事業の用に供した日がいつであるかは重要なことですが具体的には、次のイ及びロのとおり判定します（措通37−23）。

イ　土地等

　土地等については、その使用の状況に応じ、それぞれ次に定める日によります（措通37−23）。

(イ)　取得した土地等の上に新たに建物及び構築物等を建設する場合

事業の用に供した日：当該建物及び構築物を事業の用に供した日

　土地の上に事業の用に供する建物及び構築物（以下「建物等」といいます。）の建設をする場合において、当該土地を取得しただけ又は、建物等の敷地の用に供しただけでは、当該土地等は事業の用に供したことにはなりません。

　この場合には、当該建物等を事業の用に供した日をもって当該土地等を事業の用に供した日と判定します。

　ただし、これを厳格に解すると土地等を取得した後、直ちに建物等の建設に着手しても、その建物等の建設期間が１年を超える場合には、その土地等は１年以内に事業の用に供しないことになり、買

換資産の対象に該当しないことになります。

このため、次に掲げるような特別の事情がある場合には、その建物等の建設に着手した日をもって当該土地を事業の用に供した日と判定することとされています。

ⅰ　その建物等の建設等に着手した日から３年以内に建設等を完了して事業の用に供することが確実であると認められる場合

ⅱ　当該建物等の建設に着手した日から３年超５年以内に建設等を完了して事業の用に供することが確実であると認められる場合（建物等の建設に係る事業の継続が困難となるおそれがある場合において、国又は地方公共団体が当該事業を代行することにより、事業の継続が確実であるものに限ります。）

⒪　取得した土地等の上に既に建物等が存する場合

事業の用に供した日：建物等を事業の用に供した日

取得した土地等の上に既に建物等が存する場合には、当該建物等が事業の用に供された日をもって、取得した土地等の事業の用に供した日とみなします。

ただし、その建物等がその土地等の取得日前からその者の事業の用に供されており、かつ、引き続きその用に供されるものである場合には、その土地等の取得の日が事業の用に供した日となります。

⒣　建物等の施設を要しない場合

事業の用に供した日：本来の目的の為に使用を開始した日

空閑地を取得しても原則的には、事業の用に供したと言うことはできませんが、特別の施設は設けてはいないものの物品置場、駐車場等として常時使用している土地で事業の遂行上、必要なものと認められるものについては、そのものの本来の目的のための使用を開始した日（その土地等がその取得の日前からその者において使用されているものである場合には、その取得の日）が事業の用に供した日となります。

ポイント　空閑地について

　空閑地が買換資産に該当しないことは言うまでもありませんが、例えば、運動場や物品置場、駐車場等の用に供する目的で利用している土地であっても特別の施設を設けていないと空閑地と同様にみなされ事業の用に供していないものと判断されるのではと危惧される方もいるかと思われます。

　ただし、特別の施設は設けていないものの、物品置場、資材置場として常時使用している土地で事業の遂行に通常必要なものとして合理的であると認められるものは、特別の施設がなくても事業の用に供していると扱われます（措通37－23）。

□　建物、構築物及び機械装置

事業の用に供した日：本来の目的の為に使用を開始した日

　建物等及び機械装置については、そのものの本来の目的のために使用を開始した日（その資産がその取得の日前からその者において使用されているものである場合には、その取得の日）が事業の用に供した日となります。

4　譲渡所得金額の計算方法

特定の事業用資産の買換えの特例の適用を受けたときの譲渡所得の算定方法は、買換資産の取得金額が譲渡資産の譲渡対価の額より高いか又は低いかによって異なります（措法37①、措令25④⑤）。また、措置法第37条の譲渡所得の計算では、買換資産の取得金額の金額を譲渡対価の額から控除して譲渡収入金額を計算するのではなく、買換資産の取得金額の80％相当額を控除します。ただし、平成27年度及び令和２年度の税制改正により、適用を受ける買換えの種類（二号又は六号）によっては、買換資産の取得金額の75％又は70％を控除する必要があり、この場合には次の算式の80％を75％又は70％として、20％を25％又は30％として計算します（措法37①⑩）。

(1)　**譲渡資産の譲渡価額 ＞ 買換資産の取得価額**

①	譲渡収入金額	譲渡資産の譲渡価額 － 買換資産の取得価額×80％ (注)
②	必要経費の額	$\left(\dfrac{譲渡資産}{の取得費}＋譲渡費用\right) \times \dfrac{①の金額}{譲渡資産の譲渡価額}$
③	譲渡所得金額	①譲渡収入金額 － ②必要経費の額

(注)　買換えの形態（二号又は六号）によって、75％又は70％として計算する場合があります。

(2)　**譲渡資産の譲渡価額 ≦ 買換資産の取得価額**

①	譲渡収入金額	譲渡資産の譲渡価額×20％ (注)
②	必要経費の額	（譲渡資産の取得費＋譲渡費用）×20％ (注)
③	譲渡所得金額	①譲渡収入金額 － ②必要経費の額

ポイント　課税繰延割合を75％又は70％として計算するケース

⑴　所有期間が10年を超える土地等及び建物等から国内にある一定の土地
　等又は建物等への買換え（措法37①六）

　　措置法第37条第１項六号《所有期間が10年超の事業用資産を譲渡
　した場合》の規定を適用する場合において、譲渡資産が地域再生法
　第５条第４項五号に規定する集中地域（地域再生法令５①〜③）以
　外の地域にあり、かつ、取得する（取得見込みの場合を含みます。）
　買換資産が東京23区（地域再生法令11）内にある場合には、前掲の
　算式の80％を70％として計算し、買換資産が東京23区を除く集中地
　域内にある場合には、前掲の算式の80％を75％として計算すること
　（平成27年度税制改正により）とされました（措法37⑩、措令25④
　⑤）。

　　また、これらの割合に応じ、買換資産の取得価額（引継価額）も
　同様に調整されます（措法37の３②、措令25の２②⑥）。

〔六号買換えの課税繰延割合〕

譲渡資産	買換資産	変更点
地域再生法第５条第４項五号に規定する集中地域以外にある資産	東京23区を除く集中地域にある資産	「80％」→「75％」 「20％」→「25％」
	東京23区内にある資産（地域再生法令11）	「80％」→「70％」 「20％」→「30％」

（注）　集中地域とは、具体的に次の地域をいいます（地域再生法令５）。
　　⑴　首都圏の既成市街地（巻末資料、497ページ参照）
　　⑵　首都圏の近郊整備地帯（巻末資料、506ページ参照）
　　⑶　近畿圏の既成都市区域（巻末資料、500ページ参照）
　　⑷　名古屋市の一部（巻末資料、504ページ参照）

⑵　航空機騒音障害区域の内から外への買換え（措法37①二）

　　措置法第37条第１項二号《航空機騒音障害区域の内から外への買

換）の規定を適用する場合において、譲渡資産が次の区域にある場合の課税の繰延割合が令和2年度の税制改正により80%から70%に引き下げられました（措法37①、37の3②、措令25④⑤、25の2②⑥）。なお、買換資産の取得価額（引継価額）も同様に調整されます。

イ　令和2年4月1日前に特定空港周辺航空機騒音対策特別措置法第4条第1項に規定する航空機騒音障害防止特別地区となった区域

ロ　令和2年4月1日前に公共用飛行場周辺における航空機騒音による障害の防止等に関する法律第9条第1項に規定する第二種区域となった区域

ハ　防衛施設周辺の生活環境の整備等に関する法律第5条第1項に規定する第二種区域

5　申告手続

特定の事業用資産の買換えの特例の適用を受ける場合には、対象となる事業用資産を譲渡した年の年分の所得税の確定申告書第三表（分離課税用）の「特例適用条文」欄に「措法37条」と記載するとともに、次の書類を確定申告書に添付して申告しなければなりません（措法37⑥⑨、措令25㉒）。

申告手続	所得税の確定申告書の第三表の「特例適用条文」欄に「措法37条」と記載します。		
	添付する書類	①	譲渡所得の内訳書（確定申告書付表兼計算明細書）「土地・建物用」
		②	買換資産の登記事項証明書その他の買換資産の取得を証する書類
		③	譲渡資産及び買換資産が特例の適用要件とされる特定の地域内にあることを証する市区町村長等の証明書

なお、確定申告書の提出がなかった場合又は本件特例の適用を受ける旨の記載若しくは書類等の添付がない確定申告書の提出があった場合においても、その提出又は記載若しくは添付がなかったことについ

て、税務署長がやむを得ない事情があると認めるときは、後から本件特例の適用を受ける旨を記載をした書類及び必要な添付書類を提出した場合に限り本件特例の適用を受けることができます（措法37⑦）。

ポイント　本特例の適用に当たっての注意点

(1)　買換資産の取得時期は、譲渡資産の取得時期を引き継がず、取得価額だけ引き継ぐことになります（措法37の3①）。

(2)　買換資産について、新築住宅等の割増住宅などの特例は適用できません（措法37の3③）。

(3)　資産を先行取得し、それを事業の用に供していた場合において、その資産を買換資産として本件特例の適用を受けた場合には、前年以前に必要経費として算入した減価償却費のうち、買換えによって圧縮された取得価額を基に計算した減価償却費との差額は、譲渡した年分の事業所得や不動産所得の総収入金額に含めます（措令25⑲）。

6　更正の請求及び修正申告

(1)　更正の請求

　買換資産を事業用資産を譲渡した年の翌年以降に取得する見込みであるとして本件特例の適用を受けていた場合において、①買換資産の「実際の取得価額」が「取得価額の見積額」を上回った場合、②取得する予定の買換資産の存する地域が実際に取得した買換資産の存する地域と異なることとなった場合又は、③東京都の特別区、集中地域（特別区を除きます。）若しくは集中地域以外の地域の区分が、買換資産を取得し、事業の用に供する見込みであった資産の地域の区分と異なることとなったことに伴い計算される譲渡所得の金額が当初申告より少なくなる場合には、買換資産を取得した日（買換資産を2つ以上取得する場合には、最後に取得した買換資産の取得日）から4か月以内に所轄税務署長に「更正の請求書」を提出して所得税の還付を受けることができます（措法37の2②）。

(2)　修正申告

　買換資産を事業用資産を譲渡した年の翌年以降に取得する見込みであるとして本件特例の適用を受けていた場合において、①買換資産の取得指定期間内に買換資産の取得をしなかった場合、②買換資産の「実際の取得価額」が「取得価額の見積額」を下回った場合、③実際に取得した買換資産の地域が取得予定であった買換資産の地域と異なることに伴い計算される譲渡所得の金額が大きくなる場合又は④買換資産の取得の日から1年以内に事業の用に供しない場合（供しなくなった場合も含みます。）には、買換資産の取得期限又は事業の用に供しなくなった日から4か月以内に「修正申告書」を提出しなければなりません（措法37の2①②）。

〔修正申告書の提出期限〕

	事　　由	期　　限
1	取得指定期間内に買換資産を取得しない場合	買換資産の取得期間を経過した日から4か月以内
2	買換資産の取得価額が見積額に満たない場合	
3	買換資産を取得した日^(注)から1年以内に事業の用に供しない（供しなくなった）場合	これらの事情に該当することとなった日から4か月以内

(注)　この場合の買換資産を取得した日とは、その買換資産を実際に取得した日をいいます。

> **ポイント　災害により買換資産を取得後1年以内に事業の用に供することができなかった場合**
>
> 　買換資産について、その取得の日から1年以内に事業の用に供しない場合又は供しなくなった場合においても、それが収用、災害、その他その者の責に帰せられないやむを得ない事情に基づき生じたものであるときは、「買換資産を事業の用に供しない（供しなくなった場合を含みます。）」場合に該当しないものとして取り扱われます（措通37の2－1）。
>
> 　なお、この取扱いは、所定の期間内に買換資産を現実に取得した場合に限って適用されるものですので、所定の期間内に買換資産を取得していない場合、又はその買換資産が不適格なものである場合には、この取扱いは適用されません。

7　買換資産の取得価額（引継価額）

　特定の事業用資産の買換えの特例の適用を受けて取得した買換資産の税法上の取得価額（買換資産を事業の用又は不動産賃貸業等の用に供した場合の減価償却費の計算や買換資産をその後、譲渡した場合の取得費）は、実際の取得費によるのではなく、譲渡資産の取得価額を引き継ぐこととされていますが、次の点に留意してください（措法37

の3)。

(1)　取得時期

　買換資産の取得時期は、その資産を実際に取得した時期となります。したがって、譲渡資産の取得価額は引き継ぎますが、取得時期は引き継ぎません。

(2)　取得価額（引継価額）

　買換資産の取得価額は、買換資産の実際の取得価額ではなく、次のⅰからⅲの区分に応じ、原則としてそれぞれに掲げる金額となります。

　なお、措置法第37条の譲渡所得の計算は、原則として、課税繰延割合を80％として計算しますが、平成27年度及び令和2年度の税制改正により、買換えの形態（二号又は六号）によっては、課税繰延割合を75％又は70％として計算する必要があり、この場合には、下記算式の80％を75％又は70％として、20％を25％又は30％として計算します（措法37の3①一、措令25の2⑤、詳細は、52ページを参照ください。）。

ⅰ　譲渡資産の譲渡価額 ＞ 買換資産の取得価額

$$\left(\begin{array}{l}譲渡資産の取得費\\＋譲渡費用\end{array}\right)\times\frac{買換資産の取得価額\times80\%}{譲渡資産の譲渡価額}+買換資産の取得価額\times20\%$$

ⅱ　譲渡資産の譲渡価額 ＝ 買換資産の取得価額

$$\left(\begin{array}{l}譲渡資産の取得費\\＋譲渡費用\end{array}\right)\times80\%+譲渡資産の譲渡価額\times20\%$$

ⅲ　譲渡資産の譲渡価額 ＜ 買換資産の取得価額

$$\left(\begin{array}{l}譲渡資産の取得費\\＋譲渡費用\end{array}\right)\times80\%+\left(買換資産の取得価額-譲渡資産の譲渡価額\right)\times80\%$$

〔設例1〕 引継価額の計算（譲渡金額 > 取得価額）

> 甲は、事業用資産（土地及び建物）を譲渡して、買換資産を取
> 得しましたが、この場合の買換資産の引継価額の計算方法を教え
> てください（課税繰延割合は80％）。
>
> (1) 譲渡資産（土地及び建物） 譲渡収入金額　6,000万円
>
> 　　　　　　　　　　　　　　　取得費　　　　　480万円
>
> (2) 譲渡費用（仲介料）　　　　　　　　　　　180万円
>
> (3) 買入資産の実際の取得費　　　　　　　　3,900万円
>
> 　　　　　　　　　　　（土地2,730万円、建物1,170万円）

(答)　ご質問のケースは、譲渡収入金額が買換資産の取得価額を上回
　　　っていますので、引き継がれる買換資産の取得価額は次のように
　　　計算して求めます。

$$\underset{\substack{\text{譲渡資産の}\\\text{取得費}}}{(480万円} + \underset{\text{譲渡費用}}{180万円)} \times \cfrac{\overset{\substack{\text{買換資産の}\\\text{取得価額}}}{3,900万円 \times 80\%}}{\underset{\text{譲渡収入金額}}{6,000万円}} + \underset{\substack{\text{買換資産の}\\\text{取得価額}}}{3,900万円 \times 20\%} = 11,232,000円$$

　　買換資産の引継価額は、11,232,000円と計算されましたが、土地と
建物への配分は次のとおりになります。

・土地の取得価額（引継価額）：$11,232,000円 \times \dfrac{2,730万円}{3,900万円} = 7,862,400円$

・建物の取得価額（引継価額）：$11,232,000円 \times \dfrac{1,170万円}{3,900万円} = 3,369,600円$

〔設例２〕　引継価額の計算（譲渡金額 ＜ 取得価額）

甲は、事業用資産（土地及び建物）を譲渡して、買換資産を取得しましたが、この場合の買換資産の引継価額の計算方法を教えてください（課税繰延割合は80％）。

(1)　譲渡事業用資産（土地及び建物）　譲渡収入金額　　5,000万円

　　　　　　　　　　　　　　　　　　取得費　　　　　　600万円

(2)　譲渡費用（仲介料）　　　　　　　　　　　　　　　150万円

(3)　買換資産の実際の取得費　　　　　　　　　　　　5,500万円

　　　　　　　　　　　　　（土地3,850万円、建物1,650万円）

(答)　ご質問のケースは、譲渡収入金額が買換資産の取得価額を下回っていますので、引き継がれる買換資産の取得価額は、次のように計算して求めます。

譲渡資産の　　　　　　　　　買換資産の
取得費　　　譲渡費用　　　　取得価額　　　譲渡収入金額
（600万円 ＋ 150万円）× 80％ ＋ 5,500万円 − 5,000万円 × 80％ ＝2,100万円

買換資産の引継価額は、2,100万円と計算されましたが、土地と建物への配分は次のとおりになります。

・土地の取得価額（引継価額）：$2,100万円 \times \dfrac{3,850万円}{5,500万円} = 1,470万円$

・建物の取得価額（引継価額）：$2,100万円 \times \dfrac{1,650万円}{5,500万円} = 630万円$

〔申告書の記載例1〕 課税繰延割合80%

　私（比嘉麻利）は、12年間所有した沖縄市上地内にある飲食店舗を令和元年2月10日に譲渡し、令和元年11月に同市内の泡瀬に新たに店舗（土地及び建物）を購入して既に事業の用に供しています。

　この不動産の譲渡所得にあたっては措置法第37条《特定の事業用資産の買換えの特例》第1項六号の適用を考えていますが、この場合の「確定申告書第三表」及び「譲渡所得の内訳書」の記載の仕方及び買換資産の引継価額の算定の仕方についても教えてください。

　なお、譲渡資産及び買換資産ともに特例要件は満たしています。

(1)　譲渡資産の価額：5,000万円（土地4,000万円、建物1,000万円）

(2)　譲渡日：令和元年2月10日

(3)　譲渡資産の取得日：昭和46年5月5日（昭和53年の相続）

(4)　譲渡資産の取得費：土地800万円、建物120万円

(5)　譲渡費用：163万円（仲介費＋印紙代）

(6)　買換資産の取得価額：4,800万円（土地3,000万円、建物1,800万円）

　　（注）　土地の地積は300㎡を超えています

(7)　買換資産の取得日：令和元年11月10日

譲 渡 所 得 の 内 訳 書

（確定申告書付表兼計算明細書）【土地・建物用】

【令和　1　年分】

名簿番号

提出　1　枚のうちの　1

　この「譲渡所得の内訳書」は、土地や建物の譲渡（売却）による譲渡所得金額の計算用として使用するものです。「譲渡所得の申告のしかた（記載例）」（国税庁ホームページ【www.nta.go.jp】からダウンロードできます。税務署にも用意してあります。）を参考に、契約書や領収書などに基づいて記載してください。
　なお、国税庁ホームページの「確定申告書等作成コーナー」の画面の案内に従って収入金額などの必要項目を入力することにより、この計算明細書や確定申告書などを作成することができます。

あ な た の

現 住 所 (前住所)	沖縄市山里3－○－○ (　　　　　　　　　　　　　)	フリガナ 氏 名	ヒ ガ マ リ 比 嘉 麻 利
電話番号 (連絡先)	098－000－0000	職 業	飲 食 業

※ 譲渡（売却）した年の1月1日以後に転居された方は、前住所も記載してください。

関 与 税 理 士 名
松本好正 　　　　　　　　（電話 03－000－0000）

---- 記 載 上 の 注 意 事 項 ----

○　この「譲渡所得の内訳書」は、一の契約ごとに1枚ずつ使用して記載し、「確定申告書」とともに提出してください。
　　また、譲渡所得の特例の適用を受けるために必要な書類などは、この内訳書に添付して提出してください。

○　長期譲渡所得又は短期譲渡所得のそれぞれごとで、二つ以上の契約がある場合には、いずれか1枚の内訳書の譲渡所得金額の計算欄（3面の「4」各欄の上段）に、その合計額を二段書きで記載してください。

○　譲渡所得の計算に当たっては、適用を受ける特例により、記載する項目が異なります。
●　交換・買換え（代替）の特例、被相続人の居住用財産に係る譲渡所得の特別控除の特例の適用を受けない場合
　　　　　……1面・2面・3面
●　交換・買換え（代替）の特例の適用を受ける場合
　　　　　……1面・2面・3面（「4」を除く）・4面
●　被相続人の居住用財産に係る譲渡所得の特別控除の特例の適用を受ける場合
　　　　　……1面・2面・3面・5面
　　　　　　　（また、下記の 5面 □ に○を付してください。）

○　土地建物等の譲渡による譲渡損失の金額については、一定の居住用財産の譲渡損失の金額を除き、他の所得と損益通算することはできません。

○　非業務用建物（居住用）の償却率は次のとおりです。

区 分	木 造	木 骨 モルタル	(鉄骨)鉄筋 コンクリート	金属造①	金属造②
償却率	0.031	0.034	0.015	0.036	0.025

（注）「金属造①」……軽量鉄骨造のうち骨格材の肉厚が3mm以下の建物
　　　「金属造②」……軽量鉄骨造のうち骨格材の肉厚が3mm超4mm以下の建物

5面 □

（令和元年分以降用）

R1.11

61

名簿番号 ⬚

1　譲渡（売却）された土地・建物について記載してください。

(1)　どこの土地・建物を譲渡（売却）されましたか。

所在地	所在地番	沖縄市上地2-○-○
	(住居表示)	

(2)　どのような土地・建物をいつ譲渡（売却）されましたか。

土地	☑宅　地　□田 □山林　□畑 □雑種地　□借地権 □その他（　　　）	(実測) ㎡ 250 (公簿等) ㎡ 245

建物	□居　宅　□マンション □店　舗　□事務所 ☑その他 （　　　　）	㎡ 80

利　用　状　況
□ 自己の居住用 （居住期間 　　年　月～　　年　月）
☑ 自己の事業用
□ 貸付用
□ 未利用
□ その他（　　　　）

売買契約日
令和 1 年 1 月 8 日

引き渡した日
令和 1 年 2 月 10 日

○ 次の欄は、譲渡（売却）された土地・建物が共有の場合に記載してください。

あなたの持分		共　有　者　の　住　所・氏　名	共有者の持分	
土地	建物		土地	建物
100 —— 100		(住所)　　　　　　(氏名)	——	——
		(住所)　　　　　　(氏名)	——	——

(3)　どなたに譲渡（売却）されましたか。

買主	住所 (所在地)	那覇市織名○○○-○
	氏名 (名称)	大嶺克成
	職業 業種	自営業

(4)　いくらで譲渡（売却）されましたか。

① 譲 渡 価 額
50,000,000 円

【参考事項】

代金の 受領状況	1 回目	2 回目	3 回目	未 収 金
	1 年 1 月 8 日	1 年 2 月 10 日	年　月　日	年　月　日(予定)
	5,000,000 円	45,000,000 円	円	円

お売りになった 理　　　由	□ 買主から頼まれたため ☑ 他の資産を購入するため □ 事業資金を捻出するため	□ 借入金を返済するため □ その他 　（　　　　　　　）

「相続税の取得費加算の特例」や「保証債務の特例」の適用を受ける場合の記載方法

○ 「相続税の取得費加算の特例」の適用を受けるときは、「相続財産の取得費に加算される相続税の計算明細書」（国税庁ホームページ【www.nta.go.jp】からダウンロードできます。なお、税務署にも用意してあります。）で計算した金額を3面の「2」の「②取得費」欄の上段に「㊙×××円」と二段書きで記載してください。
○ 「保証債務の特例」の適用を受けるときは、「保証債務の履行のための資産の譲渡に関する計算明細書（確定申告書付表）」（国税庁ホームページ【www.nta.go.jp】からダウンロードできます。なお、税務署にも用意してあります。）で計算した金額を3面の「4」の「Ⓑ必要経費」欄の上段に「㊺×××円」と二段書きで記載してください。
○ 4面を記載される方で、「相続税の取得費加算の特例」や「保証債務の特例」の適用を受ける場合には、税務署に記載方法をご確認ください。

3　面

2　譲渡（売却）された土地・建物の購入（建築）代金などについて記載してください。

(1)　譲渡（売却）された土地・建物は、どなたから、いつ、いくらで購入（建築）されましたか。

購入建築 価額の内訳	購入（建築）先・支払先 住所（所在地）	氏名（名称）	購入建築年月日	購入・建築代金又は譲渡価額の5%
土　地	昭和53年相続	比嘉重吉	昭46・5・5	8,000,000円
			・　・	円
			・　・	円
		小　計	（イ）	8,000,000円
建　物	青色申告決算書（事業所得用）の		・　・	1,200,000円
	未償却残高		・　・	円
			・　・	円
建物の構造　□木造 □木骨モルタル □（鉄骨）鉄筋 □金属造 □その他		小　計	（ロ）	1,200,000円

※　土地や建物の取得の際に支払った仲介手数料や非業務用資産に係る登記費用などが含まれます。

(2)　建物の償却費相当額を計算します。

建物の購入・建築価額（ロ）　　償却率　　経過年数　　償却費相当額（ハ）
□標準
　　　　円×0.9×　　　　　×　　　　＝　　　　円

(3)　取得費を計算します。

②取得費	（イ）＋（ロ）－（ハ）　円
	9,200,000

※　「譲渡所得の申告のしかた（記載例）」を参照してください。なお、建物の標準的な建築価額による建物の取得価額の計算をしたものは、「□標準」に☑してください。
※　非業務用建物（居住用）の（ハ）の額は、（ロ）の価額の95%を限度とします（償却率は1面をご覧ください。）。

3　譲渡（売却）するために支払った費用について記載してください。

費用の種類	支　払　先 住所（所在地）	氏名（名称）	支払年月日	支払金額
仲介手数料	沖縄市胡屋1-○	㈱シーサー不動産	1・2・10	1,620,000円
収入印紙代			・　・	10,000円
			・　・	円
			・　・	円
			・　・	円
		③譲渡費用		1,630,000

※　修繕費、固定資産税などは譲渡費用にはなりません。

4　譲渡所得金額の計算をします。

区分	特例適用条文	A 収入金額（①）	B 必要経費（②＋③）	C 差引金額（A－B）	D 特別控除額	E 譲渡所得金額（C－D）
短期 長期	所・㊡・震 37条の	円	円	円	円	円
短期 長期	所・措・震 条の	円	円	円	円	円
短期 長期	所・措・震 条の	円	円	円	円	円

※　ここで計算した内容（交換・買換え（代替）の特例の適用を受ける場合は、4面「6」で計算した内容）を「申告書第三表（分離課税用）」に転記します。
※　租税特別措置法第37条の9の特例の適用を受ける場合は、「平成21年及び平成22年に土地等の先行取得をした場合の譲渡所得の課税の特例に関する計算明細書」を併せて作成する必要があります。

整理欄

4 面

「交換・買換え（代替）の特例の適用を受ける場合の譲渡所得の計算」
この面（4面）は、交換・買換え（代替）の特例の適用を受ける場合にのみ記載します。

5　交換・買換（代替）資産として取得された（される）資産について記載してください。

物 件 の 所 在 地	種類	面積	用途	契約(予定)年月日	取得(予定)年月日	使用開始(予定)年月日
沖縄市泡瀬 1 −20−○	宅地	310 ㎡	事業用	令1.8.10	令1.11.10	令1.11.10
同　　上	建物	140 ㎡	〃	・〃・	・〃・	・〃・

※　「種類」欄は、宅地・田・畑・建物などと、「用途」欄は、貸付用・居住用・事務所などと記載してください。

取得された（される）資産の購入代金など（取得価額）について記載してください。

費用の内容	支払先住所（所在地）及び氏名（名称）	支払年月日	支 払 金 額
土　　地	那覇市泉崎 2 −○−○　　米濱伸二	・・	30,000,000 円
仲介料	北谷町美波 1 −○−○　　㈱北谷エステート	・・	990,000 円
印紙			6,250 円
建　　物	同　　上	・・	18,000,000 円
仲介料	同　　上	・・	594,000 円
印紙		・・	3,750 円
④　買換（代替）資産・交換取得資産の取得価額の合計額			49,594,000 円

※　買換(代替)資産の取得の際に支払った仲介手数料や非業務用資産に係る登記費用などが含まれます。
※　買換(代替)資産をこれから取得される見込みのときは、「買換(代替)資産の明細書」(国税庁ホームページ【www.nta.go.jp】
　　からダウンロードできます。なお、税務署にも用意してあります。)を提出し、その見込額を記載してください。

6　譲渡所得金額の計算をします。

「2面」・「3面」で計算した「①譲渡価額」、「②取得費」、「③譲渡費用」と上記「5」で計算した「④買換（代替）資産・
交換取得資産の取得価額の合計額」により、譲渡所得金額の計算をします。

(1) (2)以外の交換・買換え（代替）の場合［収用（所法58）・収用代替（措法33）・居住用買換え（措法36の2）・震災買換え（震法12）など］

区　分	特例適用	F 収 入 金 額	G 必 要 経 費	H 譲渡所得金額
収用代替	条　文	①−③−④	②×$\frac{F}{①-③}$	(F−G)
上記以外		①−④	(②+③)×$\frac{F}{①}$	
短　期・長　期	所・措・震 ＿＿条の＿＿	円	円	円

(2) 特定の事業用資産の買換え・交換（措法37・37の4）などの場合

区　分	特例適用	J 収 入 金 額	K 必 要 経 費	L 譲渡所得金額
① ≦ ④	条　文	①×20%（※）	(②+③)×20%（※）	(J−K)
① > ④		(①−④)+④×20%（※）	(②+③)×$\frac{J}{①}$	
短　期 （長　期）	措法 37条の＿＿	10,324,800 円	2,236,351 円	8,088,449 円

※　上記算式の20%は、一定の場合は25%又は30%となります。

令和 **0 1** 年分の 所得税及び 復興特別所得税 の 確定 申告書（分離課税用）

FA0037

第三表 （令和元年分以降用）

整理番号								一連番号				

住所・屋号　沖縄市山里3－○－○

フリガナ　ヒ　ガ　マ　リ
氏名　比　嘉　麻　利

特　例　適　用　条　文

	法		条	項	号
所法 措法 震法	○	37	条の	1	六
所法 措法 震法			条の		項　号
所法 措法 震法			条の		項　号

（単位は円）

収入金額

分離課税

短期譲渡	一般分	⑦	
	軽減分	⑦	
長期譲渡	一般分	⑦	10324800
	特定分	⑦	
	軽課分	⑦	
一般株式等の譲渡		⑦	
上場株式等の譲渡		⑦	
上場株式等の配当等		⑦	
先物取引		⑦	
山林		⑦	
退職		⑦	

所得金額

分離課税

短期譲渡	一般分	59	
	軽減分	60	
長期譲渡	一般分	61	8088449
	特定分	62	
	軽課分	63	
一般株式等の譲渡		64	
上場株式等の譲渡		65	
上場株式等の配当等		66	
先物取引		67	
山林		68	
退職		69	

税金の計算

総合課税の合計額（申告書B第一表の⑨）	⑨	0
所得から差し引かれる金額（申告書B第一表の㉕）	㉕	380000
⑨ 対応分	⑦	000
59 60 対応分	⑦	000
61 62 63 対応分	⑦	7708000
64 65 対応分	⑦	000
66 対応分	⑦	000
67 対応分	⑦	000
68 対応分	⑦	000
69 対応分	⑦	000

課税される所得金額

税金の計算

税額

70 対応分	⑦	
71 対応分	⑦	
72 対応分	⑦	1156200
73 対応分	⑧	
74 対応分	⑧	
75 対応分	⑧	
76 対応分	⑧	
77 対応分	⑧	
⑦から⑧までの合計（申告書B第一表の㊿に転記）	⑧	1156200

その他

株式等	本年分の64・65から差し引く繰越損失額	⑧	
	翌年以後に繰り越される損失の金額	⑧	
配当等	本年分の66から差し引く繰越損失額	⑧	
先物取引	本年分の67から差し引く繰越損失額	⑨	
	翌年以後に繰り越される損失の金額	⑨	

○ 分離課税の短期・長期譲渡所得に関する事項

区分	所得の生ずる場所	必要経費	差引金額（収入金額－必要経費）	特別控除額
長期一般	沖縄市上地2－○－○	2,236,351 円	8,088,449 円	円
差引金額の合計額		⑨	8,088,449	
特別控除額の合計額		⑨		

○ 上場株式等の譲渡所得等に関する事項

上場株式等の譲渡所得等の源泉徴収税額の合計額	⑨	円

○ 分離課税の上場株式等の配当所得等に関する事項

種目・所得の生ずる場所	収入金額	配当所得に係る負債の利子	差引金額
	円	円	円

○ 退職所得に関する事項

所得の生ずる場所	収入金額	退職所得控除額
	円	円

整理欄	A	B	C	申告等年月日			
	D	E	F	通算			
	取得期限 資産		入力	申告区分		特例期間	

（参考）　買換資産の引継価額

　買換資産の引継価額は、次のとおりになります。

1　買換資産の引継価額

(1)　譲渡資産の譲渡対価の額

　5,000万円

(2)　譲渡資産の取得費及び譲渡費用

　920万円＋163万円＝1,083万円

(3)　買換資産の取得費

　49,594,000円

(4)　引継価額の算定（譲渡収入金額＞買換資産の取得費）

〔算式〕

$$(\underset{\substack{\text{譲渡資産の}\\\text{取得費}}}{920万円}+\underset{\text{譲渡費用}}{163万円})\times\dfrac{\overset{\substack{\text{買換資産の}\\\text{取得価額}}}{4,959.4万円\times0.8}}{\underset{\text{譲渡収入金額}}{5,000万円}}+\underset{\substack{\text{買換資産の}\\\text{取得価額}}}{4,959.4万円}\times20\%$$

$$=18,512,448円$$

2　引継価額の土地と建物への配分

　買換資産の引継価額の合計額は17,917,440円と計算されましたが土地と建物の配分は次のとおり行います。

$$土地：18,512,448円 \times \dfrac{3,000万円}{4,800万円} = 11,570,280円$$

$$建物：18,512,448円 \times \dfrac{1,800万円}{4,800万円} = 6,942,168円$$

〔申告書の記載例2〕　課税繰延割合75%

> 　私（遠藤ゆき子）は、20年間所有してきた静岡県御殿場市のゴルフ練習場を令和元年に入り譲渡し、令和2年中に横浜市港北区の新横浜駅近くにあるゴルフ練習場を取得する予定です。譲渡申告にあたっては、措置法第37条《特定の事業用資産の買換の特例》第1項六号の適用を受けるつもりですが、次のような事業用資産（ゴルフ練習場）を取得する見込みの場合の「確定申告書第三表」及び「譲渡所得の内訳書」の記載の仕方及び買換資産の引継価額の計算について教えてください。
>
> 　なお、譲渡資産及び買換資産は、いずれも特例要件は満たしていますが、譲渡資産は、「集中地域以外」に所在し、買換資産は「集中地域」に所在しています。
>
> (1)　譲渡資産の価額：3億4,000万円
>
> (2)　譲渡日：令和1年10月15日
>
> (3)　譲渡資産の取得日：昭和62年3月4日（平成2年の相続）
>
> (4)　譲渡資産の取得費：土地8,200万円、構築物4,800万円
>
> (5)　譲渡費用：978万円（仲介料＋印紙代）
>
> 　　　買換資産の取得日（予定）：令和2年12月末
>
> (6)　買換資産の取得価額の見積額：3億5,000万円（土地2億8,000万円、構築物7,000万円）

譲 渡 所 得 の 内 訳 書

（確定申告書付表兼計算明細書）【土地・建物用】

【令和 _1_ 年分】

名簿番号

提出 _1_ 枚のうちの _1_

　この「譲渡所得の内訳書」は、土地や建物の譲渡（売却）による譲渡所得金額の計算用として使用するものです。「譲渡所得の申告のしかた（記載例）」（国税庁ホームページ【www.nta.go.jp】からダウンロードできます。税務署にも用意してあります。）を参考に、契約書や領収書などに基づいて記載してください。
　なお、国税庁ホームページの「確定申告書等作成コーナー」の画面の案内に従って収入金額などの必要項目を入力することにより、この計算明細書や確定申告書などを作成することができます。

あなたの

現住所 （前住所）	東京都港区赤坂3－○－○ （　　　　　　　　　　　　）	フリガナ 氏　名	エンドウ ユ キ コ **遠藤ゆき子**
電話番号 （連絡先）	03－418－0000	職　業	**会社役員**

※ 譲渡（売却）した年の1月1日以後に転居された方は、前住所も記載してください。

関 与 税 理 士 名
松本好正 （電話 03－000－0000）

記 載 上 の 注 意 事 項

○ この「譲渡所得の内訳書」は、一の契約ごとに1枚ずつ使用して記載し、「確定申告書」とともに提出してください。
　また、譲渡所得の特例の適用を受けるために必要な書類などは、この内訳書に添付して提出してください。

○ 長期譲渡所得又は短期譲渡所得のそれぞれごとで、二つ以上の契約がある場合には、いずれか1枚の内訳書の譲渡金額の計算欄（3面の「4」各欄の上段）に、その合計額を二段書きで記載してください。

○ 譲渡所得の計算に当たっては、適用を受ける特例により、記載する項目が異なります。
● 交換・買換え（代替）の特例、被相続人の居住用財産に係る譲渡所得の特別控除の特例の適用を受けない場合
　……1面・2面・3面
● 交換・買換え（代替）の特例の適用を受ける場合
　……1面・2面・3面（「4」を除く）・4面
● 被相続人の居住用財産に係る譲渡所得の特別控除の特例の適用を受ける場合
　……1面・2面・3面・5面
　（また、下記の 5面□ に○を付してください。）

○ 土地建物等の譲渡による譲渡損失の金額については、一定の居住用財産の譲渡損失の金額を除き、他の所得と損益通算することはできません。

○ 非業務用建物（居住用）の償却率は次のとおりです。

区　分	木　造	木　骨 モルタル	（鉄骨）鉄筋 コンクリート	金属造①	金属造②
償却率	0.031	0.034	0.015	0.036	0.025

（注）「金属造①」……軽量鉄骨造のうち骨格材の肉厚が3mm以下の建物
　　　「金属造②」……軽量鉄骨造のうち骨格材の肉厚が3mm超4mm以下の建物

5面□

（令和元年分以降用）

R1.11

68

| 2 面 | | 名簿番号 | |

1　譲渡（売却）された土地・建物について記載してください。

（1）どこの土地・建物を譲渡（売却）されましたか。

| 所在地 | 所在地番 | 静岡市御殿場市深沢○○○○ |
| | （住居表示） | |

（2）どのような土地・建物をいつ譲渡（売却）されましたか。

土地	☐ 宅地　☐ 田 ☐ 山林　☐ 畑 ☑ 雑種地　☐ 借地権 ☐ その他（　）	（実測）1200 ㎡ （公簿等）　㎡	利　用　状　況		売 買 契 約 日
			☐ 自己の居住用 （居住期間 　年 月～　年 月）		令和 1 年 8 月 8 日
建物	☐ 居宅　☐ マンション ☐ 店舗　☐ 事務所 ☐ その他 （　）	㎡	☑ 自己の事業用 ☐ 貸付用 ☐ 未利用 ☐ その他（ ゴルフ練習場 ）		引 き 渡 し た 日 令和 1 年 10 月 15 日

○ 次の欄は、譲渡（売却）された土地・建物が共有の場合に記載してください。

あなたの持分		共 有 者 の 住 所 ・ 氏 名		共 有 者 の 持 分	
土 地	建 物			土 地	建 物
100		（住所）　　　　（氏名）			
100		（住所）　　　　（氏名）			

（3）どなたに譲渡（売却）されましたか。

買主	住　所 （所在地）	鎌倉市七里ガ浜2-○-○		
	氏　名 （名称）	㈱湘南リゾート	職　業 （業　種）	不動産業

（4）いくらで譲渡（売却）されましたか。

①　譲　渡　価　額
340,000,000 円

【参考事項】

代 金 の 受領状況	1 回 目 1 年 8 月 8 日 30,000,000円	2 回 目 1 年 10 月 15 日 310,000,000円	3 回 目 年 月 日 円	未 収 金 年 月 日（予定） 円

お売りになった 理　由	☐ 買主から頼まれたため ☑ 他の資産を購入するため ☐ 事業資金を捻出するため	☐ 借入金を返済するため ☐ その他 （　）

「相続税の取得費加算の特例」や「保証債務の特例」の適用を受ける場合の記載方法

○ 「相続税の取得費加算の特例」の適用を受けるときは、「相続財産の取得費に加算される相続税の計算明細書」（国税庁ホームページ【www.nta.go.jp】からダウンロードできます。なお、税務署にも用意してあります。）で計算した金額を3面の「2」の「②取得費」欄の上段に「㊙×××円」と二段書きで記載してください。
○ 「保証債務の特例」の適用を受けるときは、「保証債務の履行のための資産の譲渡に関する計算明細書（確定申告書付表）」（国税庁ホームページ【www.nta.go.jp】からダウンロードできます。なお、税務署にも用意してあります。）で計算した金額を3面の「4」の「B必要経費」欄の上段に「㊙×××円」と二段書きで記載してください。
○ 4面を記載される方で、「相続税の取得費加算の特例」や「保証債務の特例」の適用を受ける場合には、税務署に記載方法をご確認ください。

69

2 譲渡（売却）された土地・建物の購入（建築）代金などについて記載してください。

(1) 譲渡（売却）された土地・建物は、どなたから、いつ、いくらで購入（建築）されましたか。

購入建築 価額の内訳	購入（建築）先・支払先 住所（所在地）	氏名（名称）	購入建築年月日	購入・建築代金 又は譲渡価額の5%
土　地	平成2年相続	松井　五郎	62・3・4	82,000,000 円
			・　・	円
			・　・	円
			小　計	(イ)82,000,000 円
建　物				円
構築物	青色申告決算書（事業用）の		・　・	48,000,000 円
	未償却残高		・　・	円
建物の構造	□木造 □木骨モルタル □(鉄骨)鉄筋 □金属造 □その他		小　計	(ロ)48,000,000 円

※ 土地や建物の取得の際に支払った仲介手数料や非業務用資産に係る登記費用などが含まれます。

(2) 建物の償却費相当額を計算します。

建物の購入・建築価額（ロ）　　償却率　　経過年数　　償却費相当額（ハ）
□標準
　　　　　円 ×0.9×　　　　　　　　＝　　　　　　　円

(3) 取得費を計算します。

② 取得費	(イ)+(ロ)-(ハ) 円 130,000,000

※ 「譲渡所得の申告のしかた（記載例）」を参照してください。なお、建物の標準的な建築価額による建物の取得価額の計算をしたものは、「□標準」に☑してください。
※ 非業務用建物（居住用）の（ハ）の額は、（ロ）の価額の95%を限度とします（償却率は1面をご覧ください。）。

3 譲渡（売却）するために支払った費用について記載してください。

費用の種類	支　払　先 住所（所在地）	氏名（名称）	支払年月日	支払金額
仲介手数料	鎌倉市長谷○-○-○	(株)大仏商事	1・10・15	9,720,000 円
収入印紙代			・　・	60,000 円
			・　・	円
			・　・	円
			・　・	円
			③ 譲渡費用	9,780,000

※ 修繕費、固定資産税などは譲渡費用にはなりません。

4 譲渡所得金額の計算をします。

区分	特例適用条文	A 収入金額 ①	B 必要経費 (②+③)	C 差引金額 (A-B)	D 特別控除額	E 譲渡所得金額 (C-D)
短期・長期	所・措・震 条の 37	円	円	円	円	円
短期・長期	所・措・震 条の	円	円	円	円	円
短期・長期	所・措・震 条の	円	円	円	円	円

※ ここで計算した内容（交換・買換え（代替）の特例の適用を受ける場合は、4面「6」で計算した内容）を「申告書第三表（分離課税用）」に転記します。
※ 租税特別措置法第37条の9の特例の適用を受ける場合は、「平成21年及び平成22年に土地等の先行取得をした場合の譲渡所得の課税の特例に関する計算明細書」を併せて作成する必要があります。

整理欄

4 面

> 「交換・買換え（代替）の特例の適用を受ける場合の譲渡所得の計算」
>
> この面（4面）は、交換・買換え（代替）の特例の適用を受ける場合にのみ記載します。

5　交換・買換（代替）資産として取得された（される）資産について記載してください。

物件の所在地	種類	面積	用途	契約(予定)年月日	取得(予定)年月日	使用開始(予定)年月日
横浜市港北区新横浜 3−○−○	土地	700㎡	事業用	2・6・末	2・6・末	3・3・末
同　上	構築物	480㎡		2・12・末	2・12・末	3・3・末

※　「種類」欄は、宅地・田・畑・建物などを、「用途」欄は、貸付用・居住用・事務所などと記載してください。

取得された（される）資産の購入代金など（取得価額）について記載してください。

費用の内容	支払先住所（所在地）及び氏名（名称）	支払年月日	支払金額
土　地	横浜市港北区新横浜3−○−○　　（株）新横倉庫	2・6・末	280,000,000 円
仲介手数料	横浜市中区元町3−○　　（株）元町不動産	・・	8,800,000 円
印紙代		・・	48,000 円
構築物	川崎市鶴見区生麦2−○−○　　（株）鶴見鉄鋼	2・12・末	70,000,000 円
仲介手数料	同　上		2,200,000 円
印紙代			12,000 円
④　買換(代替)資産・交換取得資産の取得価額の合計額			361,060,000 円

※　買換（代替）資産の取得の際に支払った仲介手数料や非業務用資産に係る登記費用などが含まれます。

※　買換（代替）資産をこれから取得される見込みのときは、「買換（代替）資産の明細書」（国税庁ホームページ【www.nta.go.jp】からダウンロードできます。なお、税務署にも用意してあります。）を提出し、その見込額を記載してください。

6　譲渡所得金額の計算をします。

「2面」・「3面」で計算した「①譲渡価額」、「②取得費」、「③譲渡費用」と上記「5」で計算した「④買換（代替）資産・交換取得資産の取得価額の合計額」により、譲渡所得金額の計算をします。

(1)　(2)以外の交換・買換え（代替）の場合〔交換（所法58）・収用代替（措法33）・居住用買換え（措法36の2）・震災買換え（震法12）など〕

区分	特例適用条文	F 収入金額	G 必要経費	H 譲渡所得金額 (F−G)
収用代替		①−③−④	$② \times \dfrac{F}{①−③}$	
上記以外		①−④	$(②+③) \times \dfrac{F}{①}$	
短期・長期	所・措・震 第　条の____	円	円	円

(2)　特定の事業用資産の買換え・交換（措法37・37の4）などの場合

区分	特例適用条文	J 収入金額	K 必要経費	L 譲渡所得金額 (J−K)
① ≦ ④		①×20%〔%〕	$(②+③) \times 20\%$〔%〕	
① > ④		(①−④)+④×20%〔注〕	$(②+③) \times \dfrac{J}{①}$	
短期 長期	措法 37条 の____	85,000,000 円	34,945,000 円	50,055,000 円

※　上記算式の20%は、一定の場合は25%又は30%となります。

令和 01 年分の 所得税及び 復興特別所得税 の 確定 申告書（分離課税用）

第三表（令和元年分以降用）

| 整理番号 | | | | | | | | 一連番号 | |

	特 例 適 用 条 文						
法		条			項		号
所法 措法 震法	◯	措法	3 7	条の		1	項 六 号
所法 措法 震法				条の		項	号
所法 措法 震法				条の		項	号

住所 屋号 **東京都港区赤坂3－◯－◯**

フリガナ エン ドウ ユ キ コ

氏名 **遠 藤 ゆ き 子**

（単位は円）

○第三表は、申告書Bの第一表・第二表と一緒に提出してください。

収入金額

分離課税	短期譲渡	一般分	㋠		
		軽減分	㋦		
	長期譲渡	一般分	㋳	8 5 0 0 0 0 0 0	
		特定分	㋴		
		軽課分	㋵		
	一般株式等の譲渡		㋶		
	上場株式等の譲渡		㋷		
	上場株式等の配当等		㋸		
	先物取引		㋩		
山 林			㋐		
退 職			㋑		

所得金額

分離課税	短期譲渡	一般分	59		
		軽減分	60		
	長期譲渡	一般分	61	5 0 0 5 5 0 0 0	
		特定分	62		
		軽課分	63		
	一般株式等の譲渡		64		
	上場株式等の譲渡		65		
	上場株式等の配当		66		
	先物取引		67		
山 林			68		
退 職			69		

税金の計算

総合課税の合計額（申告書B第一表の⑨）	⑨	0
所得から差し引かれる金額（申告書B第一表の㉕）	㉕	3 8 0 0 0 0
課税される所得金額	⑨対応分	70	0 0 0
	59⑩対応分	71	0 0 0
	61 62 63対応分	72	4 9 6 7 5 0 0 0
	64 65対応分	73	0 0 0
	66対応分	74	0 0 0
	67対応分	75	0 0 0
	68対応分	76	0 0 0
	69対応分	77	0 0 0

税金の計算

税額	70対応分	78	
	71対応分	79	
	72対応分	80	7 4 5 1 2 0 0
	73対応分	81	
	74対応分	82	
	75対応分	83	
	76対応分	84	
	77対応分	85	
78から85までの合計（申告書B第一表の㉛に転記）		86	7 4 5 1 2 0 0

その他

株式等の配当	本年分の64・65から差し引く繰越損失額	87	
	翌年以降に繰り越される損失の金額	88	
	本年分の66から差し引く繰越損失額	89	
先物取引	本年分の67から差し引く繰越損失額	90	
	翌年以降に繰り越される損失の金額	91	

○ 分離課税の短期・長期譲渡所得に関する事項

区分	所得の生ずる場所	必要経費	差引金額（収入金額－必要経費）	特別控除額
長期一般	御殿場市深沢 ◯◯◯◯	円 34,945,000	円 50,055,000	円
		差引金額の合計額	92	50,055,000	
		特別控除額の合計額	93		

○ 上場株式等の譲渡所得等に関する事項

| 上場株式等の譲渡所得等の源泉徴収税額の合計額 | 94 | 円 |

○ 分離課税の上場株式等の配当所得等に関する事項

種目・所得の生ずる場所	収入金額	配当所得に係る負債の利子	差引金額
	円	円	円

○ 退職所得に関する事項

所得の生ずる場所	収入金額	退職所得控除額
	円	円

整理欄	A	B	C	申告等年月日	
	D	E	F	通算	
	取得期間		入力	申告区分	
	資産			特例期間	

税務署

令和＿＿年＿＿月＿＿日提出

名簿番号

買 換 （ 代 替 ） 資 産 の 明 細 書

住　　　所	東京都港区赤坂3－〇－〇		
フリガナ	エンドウ　ユキコ	電話番号	（03）418－〇〇〇〇
氏　　　名	遠藤 ゆき子		

交換・買換え（代替）の特例（租税特別措置法第33条、第36条の2、第37条、第37条の5又は震災特例法第12条）を受ける場合の、譲渡した資産の明細及び取得される予定の資産の明細について記載します。

1　特例適用条文

租税特別措置法 / 震災特例法　第 37 条　第 1 項

2　譲渡した資産の明細

所　　在　　地	静岡県御殿場市深沢〇〇〇〇		
資産の種類	雑種地及び構築物	数　　量	1,200 ㎡
譲渡価額	340,000,000 円	譲渡年月日	令和 1 年 10 月 15 日

3　買い換える（取得する）予定の資産の明細

資産の種類	土地及び構築物	数　　量	700 ㎡
取得資産の該当条項	1　租税特別措置法　①第37条第1項の表の／（2）第37条の5第1項の表の　　2　震災特例法　・第12条第1項の表の	第 六 号／第 7 号（23区・23区以外の集中地域・集中地域以外の地域）／第 1 号（中高層耐火建築物・中高層の耐火建築物）／第 2 号（中高層の耐火共同住宅）／第＿＿号（　　　　　　　　　　）	
取得価額の見積額	361,060,000 円	取得予定年月日	2 年 12 月 末 日
付　記　事　項			

(注)　3に記載した買換（取得）予定資産を取得しなかった場合や買換（代替）資産の取得価額が見積額を下回っている場合などには、修正申告が必要になります。

関与税理士	松本税理士	電話番号	03－6410－〇〇〇〇

（資6－8－4－A4統一）
R1.11

73

（参考）　買換資産の引継価額

買換資産の引継価額は、次のとおりになります。

1　買換資産の引継価額

(1)　譲渡資産の譲渡対価の額

3億4,000万円

(2)　譲渡資産の取得費及び譲渡費用

1億3,000万円＋978万円＝1億3,978万円

(3)　買換資産の取得費

3億6,106万円

(4)　引継価額の算定（譲渡収入金額＜買換資産の取得費）

本件は、集中地域外の資産を譲渡し、集中地域内の資産を買換え取得していますので課税繰延割合は75％として計算します。

〔算式〕

（1億3,000万円＋978万円）×75％＋3億6,106万円－3億4,000万円

×75％＝210,895,000円

（「1億3,000万円」は譲渡資産の取得費、「978万円」は譲渡費用、「3億6,106万円」は買換資産の取得価額、「3億4,000万円」は譲渡収入金額）

2　引継価額の土地と建物への配分

買換資産の引継価額の合計額は221,824,000円と計算されましたが土地と構築物への配分は次のとおり行います。

土　　地：$210,895,000円 \times \dfrac{280,000,000円}{350,000,000円} = 168,716,000円$

構築物：$210,895,000円 \times \dfrac{70,000,000円}{350,000,000円} = 42,179,000円$

Ⅱ　特定の事業用資産の交換の特例

1　適用要件を充たす譲渡資産と取得資産の交換

　個人が、昭和45年1月1日から令和5年12月31日（措置法第37条第1項の表第三号及び第五号の適用を受ける場合は、令和3年3月31日とし、同表の第六号の適用を受ける場合には、令和5年3月31日とします。）までの間に措置法第37条の特定の事業用資産の買換えの特例の適用要件を充たす事業用資産と同法の適用要件を充たす買換資産とを交換した場合には、その交換の日において、それぞれの時価により交換譲渡資産を譲渡したものとみなし、また、交換取得資産については、買換えによって取得したものとみなして、特定事業用資産の買換えの特例と同様の方法により譲渡所得を計算することができます（措法37条の4）。

　なお、本件特例の適用を受ける場合には、措置法第31条の2《優良住宅地の造成等のために土地等を譲渡した場合の長期譲渡所得の課税の特例》の適用を受けることはできません。

2　特定事業用資産の交換の特例の適用要件

　措置法第37条の4の特定の事業用資産の交換の特例は、次に掲げる要件を充たす交換の場合に限り適用を受けることができます。

⑴　交換譲渡資産と交換取得資産

　交換譲渡資産及び交換取得資産は、措置法第37条に規定する「特定の事業用資産の買換えの場合の課税の特例」の適用要件を充たす譲渡

資産及び買換資産であること、すなわち、前記Ⅰで述べた措置法第37条の第1項一号から七号に掲げる事業用資産を交換譲渡し、同法各号に掲げる資産を交換取得した場合に限り、本件特例の適用を受けることができます。

　また、交換譲渡資産と交換取得資産以外の資産とを交換して交換差金を取得した場合において、当該交換差金で買換資産を取得した場合（交換譲渡資産と取得資産がともに特定の事業用資産の買換えの特例の適用を受けることができる場合のグループに属している場合に限られます。）には、交換差金を交換譲渡資産の譲渡対価とみなし本件特例の適用を受けることができます。

　ただし、この場合の交換譲渡資産の譲渡価額は、次のように計算します（措令25の3②）。

〔算式〕

$$\text{交換譲渡資産の譲渡価額} \times \frac{\text{交換差金}}{\text{交換差金 + 交換取得資産の価額}}$$

⑵　適用されない交換

　次のイ又はロに掲げる交換に該当する場合には、措置法第37条の4の特定の事業用資産の交換の特例は適用されません（措法37の4①）。

　　イ　土地等につき土地改良法による土地改良事業又は農振法第13条の2の事業が施行された場合において、当該土地等を交換によって取得する場合（措法33の2①二）

　　ロ　所得税法第58条の「固定資産を交換した場合の課税の特例」の適用を受ける場合（措令25の3①）

　なお、特定の事業用資産の交換の特例と所得税法第58条の固定資産

の交換の特例とのいずれにも該当する場合には、納税者がその申告等
の手続において選択した特例のみが対象となります。

(3)　交換取得資産の取得期限及び事業の用に供すべき期限

交換取得資産の取得期限及び事業の用に供すべき時期等は、前記Ⅰ
(8)(9)の措置法第37条の特定の事業用資産の買換えの特例の場合と同様
です。

(4)　適用期限

措置法第37条の4《特定の事業用資産を交換した場合の譲渡所得の
課税の特例》は、昭和45年1月1日から令和5年12月31日（措置法第
37条第1項の表第三号及び第五号の適用を受ける場合には、令和3年
3月31日とし、同表第六号の適用を受ける場合には、令和5年12月31
日）までの間に譲渡資産と買換資産を交換した場合に適用することが
できます。

3　譲渡所得金額の計算方法

特定の事業用資産の交換の特例の適用を受ける場合には、原則とし
て、交換譲渡資産の時価を譲渡収入金額（他資産との交換により交換
差金を取得し、同差金で買換資産を取得した場合には、交換譲渡資産
の譲渡価額×交換差金／交換差金＋交換取得資産の価額）とし、交換
取得資産の時価を買換資産の取得価額として、次の算式により譲渡所
得の金額を計算します。

この場合、交換譲渡資産の時価が交換取得資産の時価を上回る場合
には、交換差金を受領することになりますが特定事業用資産の交換の
特例の譲渡所得の計算においてはこの交換差金について特に考慮しま

せん。

　また、措置法第37条の譲渡所得の計算では、課税繰延割合を80％として計算しますが平成27年度及び令和2年度の税制改正により、適用を受ける買換えの形態（二号又は六号）によっては、課税割合を75％又は70％として計算する必要があり、この場合には次の算式の80％を75％又は70％として、20％を25％又は30％として計算します（措法37①⑩）。

(1)　交換譲渡資産の時価 ＞ 交換取得資産の時価（交換差金の受領）

①	譲渡収入金額	交換譲渡資産の時価－交換取得資産の時価×80％(注)
②	必要経費の額	$\left(\begin{array}{l}交換譲渡資\\産の取得費\end{array} ＋ 譲渡費用\right) \times \dfrac{①の金額}{交換譲渡資産の時価}$
③	譲渡所得の金額	①譲渡収入金額 － ②必要経費の額

(注)　買換えの形態（二号又は六号）により75％又は70％として計算する場合があります。

(2)　交換譲渡資産の時価 ≦ 交換取得資産の時価（交換差金の支払）

①	譲渡収入金額	交換譲渡資産の時価×20％(注)
②	必要経費の額	（交換譲渡資産の取得費＋譲渡費用）×20％(注)
③	譲渡所得の金額	①譲渡収入金額 － ②必要経費の額

(注)　買換えの形態（二号又は六号）により25％又は30％として計算する場合があります。

ポイント　課税繰延割合を75％又は70％として計算するケース

(1) 所有期間が10年を超える土地等及び建物等から国内にある一定の土地等又は建物等への買換え（措法37①六）

　　措置法第37条第1項六号《所有期間が10年超の事業用資産を譲渡した場合》の規定を適用する場合において、譲渡資産が地域再生法第5条第4項五号に規定する集中地域（地域再生法令5①～③）以外の地域にあり、かつ、取得する（取得見込みの場合を含みます。）買換資産が東京23区（地域再生法令11）内にある場合には、前掲の算式の80％を70％として計算し、買換資産が東京23区を除く集中地域内にある場合には、前掲の算式の80％を75％として計算すること（平成27年度税制改正により）とされました（措法37⑩、措令25④⑤）。

　　また、これらの割合に応じ、買換資産の取得価額（引継価額）も同様に調整されます（措法37の3②、措令25の2②⑥）。

〔六号買換えの課税繰延割合〕

譲渡資産	買換資産	変更点
地域再生法第5条第4項五号に規定する集中地域(注)以外にある資産	東京23区を除く集中地域にある資産	「80％」→「75％」 「20％」→「25％」
	東京23区内にある資産（地域再生法令11）	「80％」→「70％」 「20％」→「30％」

(注)　集中地域とは、具体的に次の地域をいいます（地域再生法令5）。
　　(1)　首都圏の既成市街地（巻末資料、497ページ参照）
　　(2)　首都圏の近郊整備地帯（巻末資料、506ページ参照）
　　(3)　近畿圏の既成都市区域（巻末資料、500ページ参照）
　　(4)　名古屋市の一部（巻末資料、504ページ参照）

(2) 航空機騒音障害区域の内から外への買換え（措法37①二）

　　措置法第37条第1項二号《航空機騒音障害区域の内から外への買換》の規定を適用する場合において、譲渡資産が次の区域にある場合の課税の繰延割合が令和2年度の税制改正により80％から70％に引き下げられました（措法37①、37の3②、措令25④⑤、25の2②⑥）。なお、買換資産の取得価額（引継価額）も同様に調整されます。

ロ　令和2年4月1日前に特定空港周辺航空機騒音対策特別措置法第4条第1項に規定する航空機騒音障害防止特別地区となった区域

ロ　令和2年4月1日前に公共用飛行場周辺における航空機騒音による障害の防止等に関する法律第9条第1項に規定する第二種区域となった区域

ハ　防衛施設周辺の生活環境の整備等に関する法律第5条第1項に規定する第二種区域

4　申告手続

　特定の事業用資産の交換の特例の適用を受ける場合には、対象となる事業用資産を交換した年の年分の所得税の確定申告書第三表（分離課税用）の「特例適用条文」欄に「措法第37条の4」と記載するとともに、次の書類を確定申告書に添付して申告しなければなりません（措法37の4、37⑥⑨、措令25㉒、措規18の5④～⑥⑨）。

申告手続		所得税の確定申告書の第三表の「特例適用条文」欄に「措法37条の4」と記載します。	
	添付する書類	①	譲渡所得の内訳書（確定申告書付表兼計算明細書）［土地・建物用］
		②	登記事項証明書その他交換取得資産の取得を証する書類
		③	交換譲渡資産及び交換取得資産が特例の適用要件とされる一定の地域内にあることを証する市区町村長等の証明書

　なお、確定申告書の提出がなかった場合等の取扱いについては、特定の事業用資産の買換えの特例と同様です（54ページ参照）。

5　更正の請求及び修正申告

　特定の事業用資産の交換の特例の適用を受けた後、特例の適用要件

に該当しなくなった場合、又は交換取得するとしていた交換取得資産の実際の取得価額が見積額と異なることとなった場合には、本件特例の適用を受けて申告した所得税の確定申告について更正の請求又は修正申告をすることになります。

　この場合の手続きは、特定の事業用資産の買換えの特例の場合と同様です（55ページ以降参照）。

6　交換取得資産の取得価額

　措置法第37条の4の特定の事業用資産の交換の特例の適用を受けて取得した交換取得資産の税法上の取得価額（交換取得資産を事業の用又は不動産賃貸業等の用に供した場合の減価償却費の計算や交換取得資産をその後、譲渡した場合の取得費の計算）は、実際の取得費によるのではなく、交換譲渡資産の取得価額を引き継ぐこととされていますが、次の点に留意してください（措法37の3）。

⑴　取得時期

　交換取得資産の取得時期は、その交換取得資産を実際に取得した時期となります。したがって、交換譲渡資産の取得価額は引き継ぎますが、取得時期は引き継げません。

⑵　取得価額

　交換取得資産の取得価額は、交換取得資産の実際の取得価額ではなく、次のイからハの区分に応じて、それぞれ次に掲げる金額となります。

　なお、原則的には下記のとおり、課税繰延割合を80％として計算しますが、平成27年及び令和2年度の税制改正により、買換えの形態

（二号又は六号）によっては、下記算式の80％を75％又は70％として、20％を25％又は30％として計算します。

イ　交換譲渡資産の時価 ＞ 交換取得資産の時価（交換差金の受領）

$$\left(\begin{array}{c}\text{交換譲渡資産の}\\\text{取得費＋譲渡費用}\end{array}\right)\times\dfrac{\text{交換取得資産の時価×80％}}{\text{交換譲渡資産の時価}}+\dfrac{\text{交換取得資}}{\text{産の時価}}\times20\%$$

ロ　交換取得資産の時価 ＝ 交換譲渡資産の時価

$$\left(\begin{array}{c}\text{交換譲渡資産の}\\\text{取得費＋譲渡費用}\end{array}\right)\times80\%+\dfrac{\text{交換譲渡資}}{\text{産の時価}}\times20\%$$

ハ　交換譲渡資産の時価 ＜ 交換取得資産の時価（交換差金の支払）

$$\left(\begin{array}{c}\text{交換譲渡資産の}\\\text{取得費＋譲渡費用}\end{array}\right)\times80\%+\dfrac{\text{交換取得資}}{\text{産の時価}}-\dfrac{\text{交換譲渡資}}{\text{産の時価}}\times80\%$$

（参考）　所得税法の固定資産の交換の特例と特定の事業用資産の交換
　　　　の特例との相違点

　所得税第58条の固定資産の交換の特例と措置法37条の4の特定の事業用資産の交換の特例の相違は次のとおりです。

所得税法第58条の交換の特例	特定の事業用資産の交換の特例
①　交換譲渡資産と交換取得資産は同種の資産でなければなりません。	①　事業の用に供していた特定資産と事業の用に供するための特定資産を交換すればよく、同種の資産に限定されていません。
②　交換譲渡資産は1年以上所有していたものでなければなりません。	②　交換譲渡資産は、原則として5年を超えて所有していたものでなければなりません。 　　ただし、平成10年1月1日から令和5年3月31日までの間の譲渡については、所有期間の制限はありません（一部を除きます。)。
③　交換取得資産は相手方も1年以上所有していたもので、交換のために取得したものでないこととされています。	③　相手方の所有期間及び取得目的の制限はありません。
④　交換取得資産は、相手方が販売の目的で所有していた資産（棚卸資産）でないこととされています。	④　交換取得資産は、不動産業者などが販売目的で所有している資産であっても、特定の事業用資産の要件を満たすものであればよいとされています。
⑤　交換取得資産は交換譲渡資産の譲渡直前の用途と同じ用途に供されなければなりません。	⑤　事業要件を満たしていることが必要であり、例えば、農地とアパートの交換でもよいこととされています。
⑥　交換差金が交換譲渡資産及び交換取得資産のいずれか高い価額の20%を超えないこととされています。	⑥　交換差金が20%を超えていても適用できます。
⑦　交換譲渡資産の取得価額と取得時期がそのまま交換取得資産に引継がれます。	⑦　取得価額は引継がれますが、取得時期は引継がれず、実際に交換により取得した日が取得日となります。

第2編

特定事業用資産の
買換え(交換)の特例
実務Q＆A

Q1 特定事業用資産の買換えの特例の適用 （譲渡資産等の所有期間）

特定の事業用資産の買換えの特例は、事業用土地等の譲渡は、原則として、その年の1月1日における所有期間が5年を超えるものが対象となっていると聞きましたが、所有期間が5年未満の短期所有の土地等の譲渡については適用することはできませんか。

Answer

措置法第37条で規定する特定の事業用資産の買換えの特例は、事業用資産のうち、土地等については、原則として、譲渡する年の1月1日において所有期間が5年を超えるもののみが対象とされています。

ただし、平成10年1月1日から令和5年3月31日までの期間に限り、平成10年1月1日以後に適用可能な譲渡資産（土地等）を譲渡し、かつ、同日以後に買換資産を取得する場合には、所有期間が5年以下の土地等であっても措置法第37条の適用を受けることができます（措法37⑫）。

なお、措置法第37条第1項一号及び六号の買換えについては、これとは別に適用要件として、譲渡資産の所有期間（譲渡する日の属する年の1月1日現在で判定）が10年超とされています。

適用関係 Q2	特定事業用資産の買換えの特例の適用期限

　措置法第37条で規定する特定の事業用資産の買換えの適用期限は、いつまでとなっていますか。

Answer

　措置法第37条で定める特定の事業用資産の買換えの特例は、原則として、昭和45年1月1日から令和5年12月31日までの間に事業の用に供している資産を譲渡した場合が適用要件の一つとなっています。

　ただし、措置法第37条第1項三号《過疎地域以外にある事業用資産を譲渡し、同地域内の事業用資産と買換える場合》及び五号《危険密集市街地内にある事業用資産を譲渡し、同地域内で耐火建築物等を建築するための買換え》は、譲渡期限が令和3年3月31日までとなっており、六号《国内にある事業用資産で所有期間が10年を超えるものを譲渡し、一定の事業用資産に買換える場合》は、令和5年3月31日となっています。

特定事業用資産の買換えの特例の適用対象となる譲渡

特定の事業用資産の買換えの特例は、事業用資産を譲渡した場合を前提としていますが、譲渡の形態に制限はありますか。

Answer

特定の事業用資産の買換えの特例が適用できる譲渡からは、収用交換等のほか贈与、交換、出資及び代物弁済による譲渡が除かれています。

これらに該当する場合には、所得税法上、譲渡所得として課税される場合でも特定の事業用資産の買換えの特例を適用することはできません。

解 説

特定の事業用資産の買換えの特例の適用にあたっては、次表に掲げる「譲渡」は、特例適用の対象となる「譲渡」の範囲から除外されています。

〔特例の対象とならない譲渡〕

1	収用・交換等による譲渡	① 措置法第33《収用等に伴い代替資産を取得した場合の課税の特例》
		② 措置法第33の2《交換処分等に伴い資産を取得した場合の課税の特例》
		③ 措置法第33の3《換地処分等に伴い資産を取得した場合の課税の特例》
2	贈与による譲渡	
3	交換による譲渡	
4	出資による譲渡	
5	代物弁済による譲渡	

1　収用交換等による譲渡

　収用交換等の場合の課税の特例（措法33 ～ 33の３）の適用を受けることができる場合には、これらの適用を受けない場合であっても、特定の事業用資産の買換えの特例の適用は受けることができません（措通37－１）。

　この取扱いは、一般的に「収用等、交換処分等又は換地処分等に係る課税繰延べの特例」は、「特定の事業用資産の買換えの特例」の適用要件に比べてゆるやかに定められていること等から、収用等、交換処分等又は換地処分等による譲渡については、①これらについて定める措置法第33条から第33条の３の規定を適用すれば十分であること、②課税の繰延割合の観点からも前者の方が有利であること、③その年中における収用交換による譲渡については、「収用交換等に係る課税の繰延」と「5,000万控除」のいずれか一方のみを選択すべきとされていることなどから適用を認めないこととされています。

2　贈与による譲渡

　「特定の事業用資産の買換えの特例」は、譲渡資産の対価をもって買換資産を取得する場合を想定し、このような場合に特例を認める趣旨で設けられています。したがって、対価の授受の伴わない贈与により資産を譲渡した場合又は取得した資産は、この特例の適用対象となる譲渡資産又は買換資産から除外されています（措法37①）。

　ところで、ここにいう「贈与」には、厳密な文理解釈からいえば、著しく低い価額により譲渡した場合に課税されるみなし譲渡（譲受者側からいえば低額譲受）は、贈与ではないので譲渡資産又は買換資産として認められることになります。

　しかし、上記で述べた本件特例の趣旨ないし所得税法第59条第１項

二号の低額譲渡についてのみなし譲渡課税又は相続税法第7条の低額譲受についてのみなし贈与課税の趣旨からみて、みなし譲渡（低額譲受）に係る資産のうちその時価と対価との差額に相当する部分は、実際に対価の支払いがあるわけではないから贈与とみるのが適当です。

したがって、この場合には、その譲渡資産のうち実際の譲渡価額に相当する部分のみが、本件特例の適用対象となる譲渡資産に該当することになりますが、時価と対価の差額は、本件特例の譲渡対価に含めることはできません。

もっとも、所得税法第59条第1項二号の低額譲渡についてのみなし譲渡課税の制度は、法人に対する低額譲渡しか対象としていませんので、この取扱いが現実に適用されるのは、法人に対する低額譲渡に限られます。

また、著しく低い対価で資産を取得した場合、取得資産のうち実際に支払った対価部分のみが本件特例の適用対象となる買換資産に該当することになり、時価と対価の差額は、本件特例の買換資産の価額に含めることはできません。

3 交換による譲渡

交換による譲渡の場合には、措置法第37条の特定の事業用資産の買換えの特例の適用を受けることはできませんが、他の交換の特例、例えば、措置法第37条の4《事業用資産を交換した場合の譲渡所得の課税の特例》や所得税法第58条《固定資産の交換の場合の譲渡所得の特例》の特例の適用要件を充たしていれば、それらの適用を受けることができる場合があります。

4　現物出資による譲渡

　出資には、法人の設立、又は出資に際して金銭を出資をすることに代えて、その所有する土地等及び建物等をその法人に譲渡するいわゆる変態現物出資も含まれることになります。

5　代物弁済としての譲渡

　この場合の代物弁済とは、金銭債務の弁済に代えて行うものに限られます。

Q 4　代物弁済による譲渡

甲は、事業の用に供していた土地及び建物（以下、「Ａ不動産」といいます。）を担保にして、乙法人から１億円を借りましたが、事業の経営がうまくゆかず、結局、甲は、この借金の返済にあたり、Ａ不動産を代物弁済に充てました。ただし、Ａ不動産の価値が約１億5,000万円であったことから清算金として5,000万円を受領しました。

この清算金で郊外に事業用不動産を購入した場合、Ａ不動産の譲渡に係る買換資産を取得したとして特定の事業用資産の買換えの特例の適用を受けることができますか。

Answer

Ａ不動産の譲渡は、代物弁済による譲渡ですから、原則として特定の事業用資産の買換えの特例の適用を受けることはできません。

ただし、清算金として受領した5,000万円については、金銭債務の弁済に代えて支払われたものではなくＡ不動産を譲渡した代金そのものですので、措置法第37条の適用は可能と考えます。

解　説

前問でも述べましたように、措置法第37条で規定する特定の事業用資産の買換えの特例は、すべての事業用資産の譲渡について認められるものではなく、収用、交換若しくは現物出資などの特定の譲渡については、本件特例の適用がないものとされています。

したがって、ご質問の場合の代物弁済による譲渡についても、金銭

債務の弁済に充てられるものについては、本件特例の対象となる譲渡から除外されるべきと考えられます。

　そもそも特定の事業用資産の買換えの特例は、譲渡資産の対価をもって買換資産を取得するというケースを想定していますので、明文上、譲渡代金による買換資産の取得、すなわち、直接的なひもつき関係までは規定していないものの、譲渡代金の授受を伴わない交換・贈与、代物弁済などによる譲渡については、本件特例の適用範囲から除外されたと考えられます。

　したがって、ご質問の場合もA不動産の代物弁済に相当する1億円については、本件特例の適用はできないと考えますが、清算金として受領した5,000万円分については、不動産の譲渡代金として実際に対価として受領していますので本件特例の適用は可能と考えます。

　甲は、これまでＡ土地をレンタル倉庫の敷地として乙に貸付け
ていましたが、賃貸借契約を終了し、新たに建物の所有を目的と
して丙に貸付けることしました。その際、権利金として3,000万
円を受領しましたが、この権利金の金額は、土地の価額（時価）
の1/2を超えているため、譲渡所得として申告する必要がありま
す。この受領した権利金で事業用資産を取得した場合に特定の事
業資産の買換えの特例の適用を受けることはできますか。

　なお、Ａ土地は、措置法第37条の適用要件は全て満たしていま
す。

Answer

　特定の事業用資産の買換えの特例は、税務上、譲渡として扱われる
ものでも特定の譲渡については特例対象となる「譲渡」から除外して
います。しかし、特例適用対象から除外される「譲渡」のうちに譲渡
所得として課税される不動産貸付けについては含まれていませんので、
受領した権利金で事業用資産を取得した場合、その他の適用要件を満
たすことを条件として措置法第37条の適用は可能と考えます。

解　説

　特定の事業用資産の買換えの特例は、譲渡資産の対価をもって買換
資産を取得する場合を想定し、このような場合にのみ特例の適用を認
めています。したがって、金銭等の対価の授受が伴わない贈与、交換、
出資、代物弁済等により譲渡所得として課税される場合には、本件特

例の適用対象から除外されています。

　一方で、権利金等の額が高額な場合で、土地の一部を譲渡したのと同様な効果が得られる借地権等の設定は、資産の譲渡があったものとして分離課税の譲渡所得の対象となります。この場合において、その対価を金銭等により受領していれば、土地等を譲渡した場合と同じですのでその対価で事業用資産を取得した場合には、措置法第37条の適用は可能と考えます。

　なお、土地等を貸付けて権利金などを収受した場合において、譲渡所得として課税されるケースは次のような場合です。

（参考）　譲渡所得として課税される不動産貸付

　譲渡所得として課税されることとなる権利金収入は、次の「⑴借地権等の設定」に掲げるような権利の設定（借地権に係る土地の転貸その他他人に土地を使用させる行為を含みます。）のうち受け取った権利金の額が「⑵対価の額の要件」に該当するものです（所法26、33、所令79、80、所基通33－13）。

⑴　借地権等の設定

① 　建物又は構築物の所有を目的とする地上権若しくは賃借権（以下「借地権」といいます。）の設定

② 　特別高圧架空電線を架設のための地役権の設定

③ 　特別高圧地中電線を敷設するための地役権の設定

④ 　ガス事業法第2条第11項に規定するガス事業者が高圧ガス用の導管を敷設するための地役権の設定

⑤ 　飛行場を設置するための地役権の設定

⑥ 　ケーブルカーやモノレールを敷設するための地役権の設定

⑦ 　砂防法第1条の砂防設備である導流堤などの設置を目的とする地役権の設定

⑧　都市計画法第4条第14項に規定する公共施設を設置するための地役権の設定

⑨　都市計画法第8条第1項四号の特定街区内で建築物を建築するための地役権の設定

⑩　借地権に係る土地の転貸その他他人に当該土地を使用させる行為

なお、上記②〜⑨については、建造物の設置を制限するものに限ります。

⑵　対価の額の要件

イ　「建物や構築物の全部の所有を目的とする借地権」や「地役権」の設定である場合

受領した権利金等の額が土地（転貸の場合には借地権）の時価の1/2を超えること。

なお、地下若しくは空間について上下の範囲を定めた借地権や地役権の設定又は導流堤や遊砂地若しくは河川法に規定する遊水池などの設置を目的とした地役権の設定である場合には、その土地の時価の1/4を超えること。

$$\text{その土地の時価（転貸の場合には借地権の時価）} \times \frac{1}{2} \left(\text{又は} \frac{1}{4}\right) < \text{権利金等の額}$$

（注1）　借地権又は地役権の設定の対価として支払いを受ける金額が当該設定により支払を受ける地代の年額の20倍に相当する金額未満である場合には、譲渡所得として課税しないとする規定（所令79③）がありますが、この場合は推定規定なので土地の時価の1/2を超えていることが立証されれば、そちらが優先されます。

（注2）　既に借地権の設定してある土地の地下に地下鉄などの構築物を建設させるためその土地を使用させるなど、土地の所有者及び借地権者とがともにその土地の利用を制限される場合で、ともに権利金などを受け取ったときは、その権利金などの合計額を基にして、上記の1/2（又は1/4）の判定を行います。

（注3）　借地権の設定などに際し、通常の金利よりも特に低い金利や無

利息で金銭を借りるなどの特別の経済的利益を受けるときは、その特別の経済的利益の額を加えたものを権利金などとみて、上記の1/2（又は1/4）の判定を行います。

ロ　「建物や構築物の一部の所有を目的とする借地権」の設定がある場合

受領した権利金等の額が次の算式で計算した金額を超えること。

$$\text{その土地の時価（転貸の}\atop\text{場合には借地権の時価）} \times \frac{\text{建物や構築物の}\atop\text{所有部分床面積}}{\text{建物や構築物の}\atop\text{全体の床面積}} \times \frac{1}{2} < \text{権利金等の額}$$

Q 6 借地権の返還により支払いを受けた対価

借地権者である甲は、借地上に建物を建て店舗として使用していましたが、その土地の所有者から借地権の返還の申出があり、立退料として5,000万円受領し、借地権を土地所有者に返還しました。

この場合において借地権の返還にあたり受領した対価で新しく事業用資産を買換えた場合、措置法第37条の適用は可能でしょうか。なお、建物は老朽化しており価値はありません。

Answer

受領した立退料のうち、借地権の対価に相当する額については、譲渡所得として課税されることになるので、該当する借地権が事業の用に供されていたのであれば、措置法第37条で規定する譲渡資産に該当します。

ご質問の借地権は、店舗の敷地だったということですから、措置法第37条で規定する事業用資産に該当するということができます。

解説

土地の上に存する権利を譲渡した場合には、土地を譲渡したのと同様に譲渡所得として課税されますので、当該土地の権利が措置法第37条の要件を充たしていれば、「特定の事業用資産の買換えの特例」の対象となります。ただし、借地権者がその土地をその所有者に返還する際に受領するいわゆる立退料については、次のような点に注意する必要があります。

(1)　土地の上に存する権利（例えば借地権）の土地所有者への返還が「譲渡」といえるかどうか

(2)　立退料は土地の上に存する権利の価額のみから構成されているかどうか

　他人の土地に権利を有している者（借地権者）が当該借地権を土地所有者へ返還する場合、①借地権等の譲渡があった後、混同により消滅したとする考え方、②借地権等の譲渡ではなく単なる消滅に過ぎないとする2つの考え方があります。

　しかし、いずれの考え方をとるにせよ、その借地権が譲渡所得の基因となる資産であることには変わりなく、その消滅した借地権の対価は譲渡所得の収入金額となるので、所得区分上においては、両者に差異はありません（所令95）。

　このように、その資産が譲渡所得の基因となる資産である限り、その資産の対価が「譲渡の対価」であると「消滅の対価」であるとを問わず、その対価は譲渡所得の収入金額とされるという所得税法上の考え方からすれば、「特定の事業用資産の買換えの特例」の適用上、前述した②の考え方に立って、「譲渡」の意味を厳格に解釈する必要はないと考えられます。すなわち、借地権等を第三者に譲渡し、その譲渡代金で買換資産を取得すれば本件特例の適用が認められるのに対し、その同じ資産（借地権等）を土地の所有者に返還して立退料の支払いを受けた場合には特例の適用が認められないとするのでは、課税上、公平を欠くといわざるを得ません。

　次に、その借地権の返還に伴って取得する立退料は、その全部が借地権の対価といえるのかという問題があります。すなわち、借地権の返還に伴って生ずる費用としては、借地権の対価のほか、建物の対価、

引越費用、営業補償、移転費用なども考えられますが、譲渡所得とされるのは、その受領した立退料のうち、借地権の対価と認められる部分に相当する金額に限られることになります。

　上記より、借地権者が借地権等を土地所有者に返還することにより立退料の支払いを受けた場合には、その立退料のうち借地権の価額に相当する金額のみ措置法第37条の適用が可能であるということができます。

適用関係
Q7　**みなし譲渡所得課税**

　甲は、賃貸用不動産（土地及び建物）をA法人に4,000万円で譲渡しようと考えていますが、この賃貸用不動産の時価は1億円であるため実際に当該金額で譲渡した場合には、みなし譲渡課税により、譲渡収入金額を1億円として課税されることになると思います。

　仮に、受領した4,000万円で事業用資産を取得した場合、課税される譲渡収入金額1億円について措置法第37条の適用を受けることは可能ですか。

Answer

　みなし譲渡として課税される場合でも、措置法第37条の適用の趣旨から、実際に対価として受領していない部分については、措置法第37条の適用は困難と考えられます。

　したがって、ご質問のケースでは、対価として受領した4,000万円部分については措置法第37条の適用が可能と考えます。

解　説

　特定の事業用資産の買換えの特例は、譲渡資産の対価をもって買換資産を取得した場合を前提としており、対価の授受を伴わない贈与により事業用資産を譲渡している場合には、特例の適用対象となる譲渡資産から除外されています（措法37①）。

　ところで、ここでいう「贈与」には、厳密な文理解釈からいえば、みなし譲渡所得として課税される低額譲渡の場合は含まれないと考え

られますが（したがって、譲渡資産として認められる。）、本件特例の趣旨及び所得税法第59条1項二号の低額譲渡に係るみなし譲渡課税の制度からみて、低額譲渡に係る資産のうちその時価と対価との差額に相当する部分は、この特例の適用上、贈与と同様に取り扱うのが相当であると考えます。

　したがって、事業用資産を法人に著しく低い価額で譲渡し、みなし譲渡の課税の適用を受けた場合には、その譲渡資産のうち、その譲渡価額とその譲渡資産の時価との差額に相当する部分は、贈与による譲渡があったものとして措置法第37条の適用対象から除外されます（措通37－5）。

　一方で、その譲渡資産のうち実際に対価として受領した部分の金額は、本件特例の趣旨から適用対象となる譲渡収入に該当するものとします。

事業の範囲	
Q 8	**事業に準ずるものとは**

　特定の事業用資産の買換えの特例は、純粋に事業の用に供されている資産を譲渡した場合だけでなく、事業に準ずるものの用に供されている資産を譲渡したときも適用できると聞きましたが、「事業に準ずるもの」とは、具体的にはどのようなものをいうのでしょうか。

Answer

　「事業に準ずるもの」とは、事業と称するに至らない不動産又は船舶の貸付けその他これらに類する行為で、相当の対価を得て継続的に貸付け等の行為を行っている場合をいいます（措通37－３）。

解　説

　特定の事業用資産の買換えの特例の適用にあたっては、真に事業の用に供している資産及び事業に準ずるものの用に供している資産を譲渡した場合に適用が認められます。このうち「事業に準ずるもの」とは、事業と称するに至らない不動産又は船舶の貸付けその他これらに類する行為で、相当の対価を得て継続的に行われるものをいうとされていますが、この具体的な判定は、次により行います（措法37①、措令25②、措通37－３）。

1　「不動産又は船舶の貸付けその他これに類する行為^{（注）}」とは、措置法第37条第１項の表の各号に掲げる資産の賃貸その他使用に関する権利の設定をいいます。

(注) 「不動産又は船舶の貸付けその他これに類する行為」とは、資産の賃貸その他その使用に関する権利の設定に限られますので、雑所得を生ずべき業務の用に供する行為にあっては、減価償却資産（不動産及び船舶を除きます。）の賃貸その他その使用に関する権利の設定を除いてこれに該当しないことになります。

一方で、それが賃貸その他その使用に関する権利の設定であれば不動産又は船舶に限らず、機械装置その他の減価償却資産の賃貸その他に関する権利の設定であっても、該当することになります。

2 「相当の対価を得て継続的に行う」とは、相当の所得を得る目的で継続的に対価を得て貸付け等の行為を行うことをいいますが、次の点に留意する必要があります。

(1) 相当の所得を得る目的で継続的に対価を得ているかどうかについては、次によります。

① 「相当の対価」については、その貸付け等をしている資産の減価償却費の額^(注)、固定資産税その他の必要経費を回収した後において、なお、相当の利益が生じるような対価を得ているかにより判定します。

(注) 減価償却費は、その資産が「措法第37条の特定の事業用資産の買換の特例」により取得した資産である場合には、引き継いだ取得価額を基として計算した減価償却費の額をいいます。

② 貸付け等をした際にその対価を一括して受け、その後一切対価を受けない場合には、継続的に対価を得ていることに該当しません。

③ 貸付け等をした際に一時金を受け、かつ、継続的に対価を得ている場合には、一時金の額と継続的に受ける対価の額とを合計して①の相当の対価であるかどうかを判定します。

> **ポイント　相当の対価を得て継続的に行われているかの判定**
>
> 　「特定の事業用資産の買換えの特例」は、資産の所有者が事業の用に供しているものを譲渡し、かつ、その者が事業の用に供する資産を取得する場合に適用されますが、この取扱いは、譲渡資産がその所有者以外の者の事業の用に供されているものである場合又は買換資産がその取得をした者以外の者の事業の用に供される場合であっても、事業を営んでいる者と資産の所有者が生計を一にする親族関係にあるときは、この特例の適用上、これらの資産は、その所有者にとっても、事業の用に供されていたもの又は事業の用に供するものとして取り扱うことができます。

(2)　継続的に貸付け等の行為を行っているかについては、原則として、その貸付け等に係る契約の効力の発生した時の現況において、その貸付け等が相当期間継続して行われることが予定されているかにより判定することになります。

相当の対価を得て継続的に行われているかの判定

特定の事業用資産の買換えの特例の適用対象となる譲渡資産は事業と称するに至らない不動産又は船舶の貸付その他これに類する行為で、「相当の対価を得て継続的に行う」ものも含まれていると聞きます。私は、7年前に特定の事業用資産の買換えの特例の適用を受けて取得した資産を次の条件等で自らが代表を勤める同族法人に貸付けていますが、「相当の対価を得て継続的に行う」に該当しているといえますか。

(1) 賃貸料（年額）　180万円

(2) 買換資産の取得価額　8,000万円（法定耐用年数40年）

(3) 引継価格　2,000万円

(4) 減価償却費の額　50万円（定額法・償却率0.025)

　※　引き継いだ取得価額を基として計算した減価償却費の額です。

(5) 修繕費　30万円

(6) 固定資産税（年額）　60万円

Answer

ご質問については、現行の不動産賃貸収入の金額が年間180万円あり、賃貸用不動産の減価償却費、固定資産税その他の必要経費を回収した後において、次のとおり利益が算出されますので「相当の対価を得て継続的に行う」場合に該当します。

（賃貸収入）		（減価償却費）		（修繕費）		（固定資産税）		（利益）
180万円	−	50万円	−	30万円	−	60万円	=	40万円

解 説

　まず、相当の対価を得ているか否かについては、その貸付け等の用
に供している資産の減価償却費の額、固定資産税その他の必要経費を
回収した後において、なおも相当の利益が出ているかにより判定する
こととされています。

　なお、減価償却費の額は、その減価償却資産について特定の事業用
資産の買換えの特例を受けて取得している場合には、その特例適用後
の取得価額（引継価格）を基礎として計算した減価償却費の額による
べきとされています（措通37－3⑵イ⑷）。

　したがって、ご質問の場合、年間の不動産賃貸収入金額（180万円）
から必要経費140万円（減価償却費50万円＋修繕費30万円＋固定資産
税60万円）を控除した後において40万円の利益を得ていますので、
「相当の対価を得ている場合」に該当すると考えられます。

　また、継続的に貸付け等の行為を行っているかどうかについては、
原則として、その貸付け等に係る契約の効力の発生した時の現況にお
いて、その貸付け等が相当期間継続して行われることが予定されてい
るかどうかにより判定することとされています（措通37－3⑵ロ）が、
ご質問の場合、貸付けの事実が既に7年間ありますので、「継続的に
貸付け等の行為を行う」の要件にも該当していると考えられます。

Q10 契約更新の場合の継続的に行われているかの判定

甲は、所有する土地に簡易なアスファルト舗装を行って時間貸駐車場として法人（第三者）に貸付けていますが、その契約期間は半年単位で、以後は半年ごとの自動更新になっています。

このような形態で約10年前から資材置場として賃貸し、利益をあげていますが、この土地を譲渡する場合、契約期間が短いことから相当の期間継続して貸付けることが予定されていないとして、特定の事業用資産の買換えの特例の適用が否認されることも考えられますか。

Answer

継続的に貸付け等の行為を行っているか否かは、その貸付け等に係る契約の効力の発生した時の現況によって判定しますが、ご質問の場合、簡易であれ設備を設けていること、過去からの実績、他に譲渡等を予定していた事実もないことから「継続的に貸付け等の行為を行っている」場合に該当するものと思われます。

解説

特定の事業用の買換えの特例の適用上、「事業に準ずるものの用に供されている」かの判定においては、相当の所得を得るために継続的に対価を得て貸付け等の行為を行う必要がありますが、「継続的に貸付等の行為が行われているか」の判定については、契約の効力の発生した時の現況においてその貸付け等が相当期間継続して行われることが予定されているかどうかにより判定するとされています（措通37−

3(2)ロ）。

　ところでご質問の所有している土地等を時間貸駐車場として他人に使用させるケースを考えた場合（事業所得を生ずべきいわゆる不動産業としての利用を目的とするものを除きます。）、一般的に長期間の契約を締結することは稀であり、土地利用者の都合により、1年未満のケースもよくあることです。

　したがって、その土地の利用契約期間が長期間ではないという理由だけで、継続的に貸付けることが予定されていなかったとして、本件特例の適用が否認されることはないと考えます。

　上記より、継続的に行われているかの判定にあたっては、それぞれの利用契約期間が短くても、貸付け等に係る契約の効力の発生した時の現況、すなわち、過去からの利用状況、土地の立地状況、設備の程度等を総合的に勘案し、相当期間継続して賃貸することが予定されていたものと認められる場合には、当該土地は措置法第37条に規定する事業用資産に該当すると考えます。

　逆説的に言うならば、関係者と意図的に長期間の賃貸借契約を締結していたとしても、契約効力発生時に短期賃貸借であることを当事者で認識しており、長期契約が意図的なものであれば相当の期間継続して貸付等を行うことが予定されていなかったということになります。

Q11 事業に含められる小規模な不動産貸付

特定の事業用資産の買換えの特例は、事業又は事業に準ずるものの用に供している資産を譲渡した場合において、適用が認められますが、対象となるものは店舗、事務所、工場、倉庫（敷地を含みます。）から、小規模な不動産貸付まで様々なものが含まれると思います。措置法第37条の適用を受けるにあたっての事業の定義について教えてください。

Answer

措置法第37条の適用を受けるための「事業」又は「事業に準ずるもの」の解釈について整理すると次のとおりになります。

用　途	具　体　例
自己の事業の用	農業、林業、漁業、鉱業、建設業、製造業、卸売業、小売業、金融業、運輸業、医療業など対価を得て継続的に行う事業
事業的規模の貸付け	不動産等の貸付けをアパートで10室、貸家で5棟規模で行っている場合
事業と称するに至らない不動産等の貸付け	事業的規模に該当していなくても次の要件を満たしている場合 ①　相当の対価を得ていること。 ②　継続的に行っていること。

解説

特定の事業用資産の買換えの特例の適用を受けるためには、事業の用に供していた資産又は、事業に準ずるものの用に供していた資産を譲渡した場合が前提です。

この事業には、小売業、サービス業、農業、製造業、医療業などが

ありますが、不動産貸付もその事業的規模として行われていれば、事業に含まれると考えます。

この事業の用の解釈で問題となるのは、事業に準ずるもの、すなわち、事業と称するに至らない不動産等の貸付けが事業として認められるか否かだと思いますが、これらの事業の概念について整理すると、次のようになります。

1　自己の事業の用に供している場合

自分が所有している土地等及び建物等を自らの事業用、例えば、店舗、事業所、倉庫、工場、資材置場、駐車場等として利用している場合（事業遂行上、客観的に必要と認められる部分に限ります。）には、これら土地等及び建物等は全て事業用資産に該当します。

なお、この場合には自らの行っている事業所得が赤字であっても事業用資産と認められます。

2　事業的規模で不動産を貸付けている場合

不動産を貸付けている場合、所得税法では、不動産貸付が事業的規模で行われているか否かによって所得金額の計算上の取扱いが異なるため、事業的規模で行われている場合とそうでない場合を区分しています。

ちなみに事業的規模とは、収入状況や管理状況等、社会通念上事業と称するに至る程度の規模かどうかにより判定されますが、形式的には貸間、アパートで10室、独立の貸家なら5棟以上といういわゆる「5棟10室基準」によって判定されます（所基通26－9）。

なお、不動産貸付が事業と判定された場合には、その不動産貸付から相当の利益を得ていない場合でも事業用資産と認められます。

3　事業と称するには至らない不動産の貸付け

　事業と称するに至らない不動産等の貸付けについては「業務」として扱われますが、こうした場合であっても

①　相当の対価を得ていること（その資産の減価償却費、固定資産税、その他の必要経費を差し引いても、なお相当な利益が出ている場合）

②　継続的に行っていること（貸付契約のとき、相当の期間継続して賃貸がされることが予定されている場合）

の2つの条件を満たしていれば、「事業に準ずるもの」として、本件特例の適用が受けられます（措令25）。

　なお、不動産等の貸付けをした際にその対価を一時に受け、その後一切対価を受けていない場合には、継続的に対価を得ていることには該当しません。

事業の範囲

Q12　貸家を空家にしてから譲渡した場合

　甲は、過去数十年に渡って貸付けていた木造アパートが老朽化したことから、この木造アパートとその敷地を譲渡し、その譲渡代金で事業用資産を取得し、特定の事業用資産の買換えの特例の適用を受けようと考えています。

　そこで、令和元年5月にアパートの入居者を立ち退かせた後、空家の状態で譲渡依頼を不動産仲介業者にしましたが、買手がなかなか付かず、結局、譲渡契約に至ったのは立退きから1年3か月後の令和2年8月でした。

　この場合、木造アパートとその敷地の譲渡について、「特定の事業用資産の買換えの特例」を適用することができますか。

Answer

　譲渡資産がその譲渡の時において、現に事業の用に供されていなかったとしても、その資産を譲渡するために事業の用に供することをやめて、その後、その資産を他の用途に転用することなく速やかに譲渡したことが明らかである場合には、その資産は事業用資産に該当するものと考えられます。

解説

　特定の事業用資産の買換えの特例が適用される譲渡資産については、措置法第37条第1項において、「……事業（事業に準ずるものとして政令で定めるものを含む。……）の用に供しているものの譲渡……」と規定されていることからすれば、その資産の譲渡時において、現に

事業の用に供されているものが対象となることはいうまでもありません。

　しかしながら、それまで事業の用に供されていた資産が譲渡時点に事業の用に供されていなかった場合において、その事業をやめたと同時に、従前までの事業用資産が非事業用資産に転化したと考えるのは相当ではなく、実際に事業の用に供することをやめたとしても、相当の期間内は未だ事業用資産としての性格を失うものではないと考えることが相当です。

　そして、この「相当の期間」については、個々の資産の状況に基づいて、事業用資産の性質、事業用を停止した理由、事業の用に供さなくなってからの期間、停止中における買換えの準備活動状況等を総合して、譲渡の時まで事業の用に供していたと見るのが相当であるか検討する必要があると考えます。

　ご質問の場合の譲渡資産である木造アパートは、譲渡の時において現に貸付けられていたものではなく、事業の用に供されていたわけではありません。

　しかし、入居者が立ち退いた後、他の用途に転用することなく速やかにその売却を不動産業者に依頼したものの、買手がなかなか付かなかったということですので、その事実が客観的に明らかであるならば、なおも事業用資産に該当するものとして取り扱われるものと考えられます（参考判例：昭和51.1.29名古屋高裁）。

事業の範囲

Q13　無償で貸付けて耕作させていた農地

　　甲は、平成25年末まで自ら耕作してきた農地について、高齢の
ため耕作をやめ、翌年から乙に当該農地を無償で貸付け、耕作し
てもらうことにしました（対価としてそこで採れた野菜をもらっ
ていました。）。

　　令和2年に入り、乙も耕作をやめることになったため、この農
地を譲渡し、その代金で他に所有していた土地にアパートを建築
することを考えています。

　　この場合、この農地の譲渡について、特定の事業用資産の買換
えの特例を受けることができますか。

Answer

　ご質問については、まず、譲渡された農地が事業の用に供されてい
た資産であるかを判定する必要がありますが、この農地は甲が自ら耕
作してきたわけではないので甲の事業用ということはできません。

　次に事業に準ずるものの用に供していたかについて判定すると、甲
は、農地を乙に無償で貸付けていたものであり「相当の対価」を得て
いたわけではないので事業に準ずるものの用に供していたということ
もできません。

　結果として、譲渡した農地について特定の事業用資産の買換えの特
例の適用を受けることはできません。

解　説

　特定の事業用資産の買換えの特例の適用が受けられる譲渡資産は、

自らの事業の用に供されているもののほか、事業と称するに至らない不動産等の貸付けで相当の対価を得て継続的に行うものの用に供されているものも含まれます。

　ご質問の場合には、甲は、農地を自ら耕作していたわけではないので事業の用に供していたということはできません。また、乙に無償で耕作させていたものであり、事業と称するに至らない不動産の貸付けにも該当しません。

　なお、単に資産を現在の状態を維持するために一時的に他人にその使用、管理を委ねたにすぎないようなケースについては、その資産を事業に準ずるものの用に供していたと扱うことはできません。

　したがって、甲が譲渡した農地は、措置法第37条の適用を受けられる譲渡資産に該当しないこととなります。

事業の範囲
Q14 金融業者が代物弁済により取得した不動産を賃貸している場合

> 貸金業を営む甲は、平成25年に代物弁済により取得した土地及び建物を取得直後から相当の対価をもって第三者に賃貸し利益をあげてきましたが、平成30年に入り、その土地及び建物を譲渡して新たに賃貸用不動産を取得する予定でいます。
>
> この場合、甲が賃貸してきた土地及び建物は、措置法第37条で規定する事業用資産に該当するでしょうか。

Answer

金融業者が担保権の実行により取得した資産を譲渡した場合には、その譲渡は貸金業務の関連として行われていることになるため、所得税法上は、その譲渡価額と取得価額の差額（値上がり益）は、譲渡所得ではなく、事業所得として課税されることになります。

ご質問のケースは、現在、貸付けている土地及び建物の取得原因が代物弁済による取得であってもその土地及び建物が一時的に賃貸されたものではなく、いわゆる賃貸用不動産として継続的に賃貸されていることから、この不動産を譲渡した場合には、譲渡所得として課税されることになると思われます。

したがって、この不動産は、措置法第37条で規定する「事業用資産」に該当するものと考えられます。

解説

金融業を営む個人が担保権の実行や代物弁済等により取得した土地・建物等を譲渡した場合におけるその譲渡による所得は、金融業か

ら生ずる事業所得に該当するものとされています（所基通27－4）。

　この取扱いは、貸金業者が貸金の回収として土地・建物を取得した後、その土地・建物を譲渡した場合には、これら一連の行為は貸金業務関連の行為として行われるのが通例であることから規定されたものであり、また、この場合の土地・建物は棚卸資産又はこれに準ずる資産に該当すると考えられることによるものです。

　しかしながら、取得した土地・建物が長期の契約で第三者に貸付けられ、いわゆる賃貸用不動産として継続的に使用されていると認められる場合には、その土地・建物は、棚卸資産又はこれに準ずる資産から固定資産に転化したものとして、事業用資産と同様に取り扱うのが相当と考えられます。

　したがって、ご質問のような利用状況にある土地及び建物は、事業用資産に該当するものとして措置法第37条の適用が可能と考えられます。

　ちなみに、所得税法の取扱いでも取得した家屋や土地を長期的な契約で貸付けた場合には、不動産所得の基因となる資産に転用したものと扱われ、貸付け等に係る所得は、不動産所得として扱うこととされています。

事業の範囲 Q15 不動産業者が所有している不動産を譲渡した場合

　私は、不動産売買業を営んでいますが、父から相続により取得した土地及び家屋を約10年前から第三者に貸付けています。

　今年に入り、家屋の老朽化から、この土地及び家屋を一括譲渡して、ビルの建築資金に充てたいと考えていますが、この場合、特定の事業用資産の買換えの特例の適用を受けられますか。

Answer

　特定の事業用資産の買換えの特例では、棚卸資産その他これに準ずる資産は除くと規定されています。ご質問の不動産は、あなたが不動産売買業を営んでいるとは言え固定資産（棚卸資産及び雑所得の基因となる土地・建物等に該当しない資産）に該当すると思われますので、他の特例適用要件を満たす限り特定の事業用資産の買換えの特例の適用は可能と考えられます。

解説

　措置法第37条では特例の対象となる事業用資産について、棚卸資産（所法2①十六）その他これに準ずる資産（雑所得の基因となる土地及び土地の上に存する権利）は除くと規定しています（措法37①、措令25①）。したがって、不動産売買業者が所有している棚卸資産（販売用資産—事業所得を生ずべき事業に係る商品、製品、半製品、仕掛品、原材料等）及び棚卸資産に準じる資産である土地・建物等を譲渡した場合には、特定の事業用資産の買換えの特例の適用を受けることはできないことになります。

しかし、不動産売買業を営んでいる者が所有している土地等及び建物等の全てが棚卸資産に該当するということではなく、例えば、不動産業者自身の店舗又は事務所の用に供されている土地等及び建物等や、他に貸付けている土地等及び建物等を譲渡した場合には、それらの資産が販売目的で所有しているもので、一時的に使用し又は他に貸付けているものでない限り、特定の事業用資産の買換えの特例の適用対象となると考えられます。

　また、不動産売買業を営んでいる者が具体的な使用計画に基づき使用することを予定して相当の期間所有していることが明らかである土地等及び建物等は、そもそも棚卸資産には該当しませんので、措置法第37条の適用対象資産に該当することになります（措通37－2）。

　したがって、ご質問の所有している土地・建物等を譲渡してビルの建築資金に充てる場合には、他の特例適用の要件を満たす限り、特定の事業用資産の買換えの特例の適用を受けることができる資産に該当するものと思われます。

　なお、次の点に留意する必要があります。

(1)　具体的な使用計画に基づき使用することを前提として相当の期間所有している資産は、棚卸資産に該当しませんが、その資産が事業の用（事業に準ずる場合を含みます。）に供されていなければ、そもそも事業用資産には該当しません。

(2)　事業の用に供されている固定資産である土地等及び建物等の譲渡による所得であっても、それが「営利を目的とした継続的な譲渡による所得」（所法33②一）として事業所得又は雑所得に該当する場合には、その譲渡による所得は措置法第37条の対象となりません。

事業の範囲

Q16　一時的に貸付けた場合

　甲は、所有していた更地をＡ社から買いたいとの申出を受け売買交渉を始めましたが、時間がかかることが予想されたため、いつでも解約できることを条件として、Ｂ社に資材置場として貸付けました。

　その後、約１年半の交渉期間を経て、この土地をＡ社に譲渡することになりましたが、この土地は、措置法第37条に規定する事業用資産（事業に準ずるもの）に該当しているといえますか。

Answer

　本件土地のＢ社への賃貸は、相当の期間継続して貸付けることを予定したものではなく、譲渡契約が成立するまでの一時的なものにすぎません。このことは、相当の対価を得ることを目的として継続的に貸付けを行っている場合に該当しないことは明らかですので、本件土地は事業用資産に該当しないことになります。

解　説

　措置法第37条は、原則として、事業の用に供されている資産が対象であり、事業以外の用に供されている資産については、事業に準ずるものとして「不動産等の貸付けその他これに類する行為で相当の対価を得て継続的に行われるもの」のみが対象とされています。

　この場合において、継続的に貸付けが行われているかは、原則としてその貸付け等に係る契約の効力の発生した時の現況において、その貸付け等が相当期間継続して行われることが予定されているかによっ

て判定します。

　ご質問のケースでは、①本件土地を第三者に貸付けた時、既に売買の交渉が始まっていること、②本件土地の賃貸借契約は譲渡することを前提としていつでも解約できる条件が付されていたことなどを考慮すると、本件土地は、相当の長期間継続して賃貸することを予定したものではなく、本件譲渡が成立するまでの間、一時的に第三者に賃貸したにすぎないものと認めるのが相当です。

　このことは、事業と称するに至る不動産等の貸付けに該当するとはいえないことは勿論のこと、また、措置法施行令第25条２項に規定する相当の対価を得て継続的に行う事業に準ずるものにも該当しないことから、本件土地は、措置法第37条に規定する事業の用に供していた資産に該当すると認めることはできないと考えます。

事業の範囲 Q17 ワンルームマンション等の事業用資産の判定

　甲は、平成25年にワンルームマンション２戸を取得し、その後継続して賃貸の用に供してきましたが、令和元年６月にこれら２戸のマンションを譲渡しました。

　このマンションは、通常の家賃相場で貸付けていましたが、当該マンションの取得は借入金によっていたため、この借入金に係る利子を必要経費に算入すると不動産所得は赤字となり、平成25年以降、当該マンションに係る不動産所得は赤字が続いていました。

　ところで、このマンションは、措置法第37条に規定する事業用資産に該当するといえますか。

Answer

　マンションを取得する際の借入金の利子を必要経費に計上することにより不動産所得が赤字となったとしても、その家賃が当該マンションの所在する地区における通常の家賃相場によって貸付けられている場合には、その賃貸が継続的に行われている限り、事業用資産に該当すると考えます。

解説

　措置法第37条第１項で規定する「事業に準ずるもの」については、「相当の対価を得て継続的に行うもの」とされていますが（措令25②）、この場合の「相当の対価」については措置法通達37－３において、必要経費を回収した後において、なお相当の利益が生ずるような対価で

あるかどうかによって判定することとされています（措通37－3）。

　ただし、この規定は、借入金利子のような特別経費をも控除した後に、なおも所得金額が残ることまでを求めているのではないと解されます。

　それは、例えば、同一のマンションを借入金で取得した者と自己資金で取得した者がいた場合で、その両者が同一の家賃で賃貸していたときに、自己資金で取得した者の不動産所得が黒字で借入金で取得した者の不動産所得が赤字である場合に、前者は事業用資産に該当し、後者は事業用資産に該当しないと判定することは相当でないと考えられるからです。

　したがって、この場合の必要経費を回収した後の相当の利益の計算にあっては、借入金の利子等の特別なものは必要経費の額に含めないで計算することが相当と考えられます。

　ただし、ワンルームマンションの賃貸が、第三者に譲渡するまでの一時的なものであったり、その家賃の額が当該物件の所在地域の通常の賃貸料より低く、このために利益が算出されないといった場合には、事業用資産には該当しないと判定されることになると思われます。

事業の範囲

Q18　青空駐車場の場合

　父が所有している土地は、それまで空地のまま放置されていましたが、近隣の住人から舗装やフェンスなどの設置は必要ないので駐車場として貸して欲しいと頼まれました。

　そこで父は、その土地を近隣の相場で貸付けることにしましたが、将来この土地を譲渡しようとするとき、「特定の事業用資産の買換えの特例」の適用を受けることはできますか。

Answer

　仮に駐車場として貸付けている土地であっても特別の施設（アスファルト舗装フェンスなど）を設けていないものは、更地と同様に扱われますので事業用資産に該当しません。

解　説

　特定の事業用資産の買換えの特例は、事業の用（事業に準ずるものを含みます。）に供している資産を譲渡した場合に限り適用が認められますので、更地（未利用地）の場合には、事業の用に供している資産とは認められないので事業用資産には該当しません。例えば、仮に個人が所有する土地を運動場、物品置場、駐車場等として利用している土地であっても、特別な施設を設けていなければ、原則として空閑地とみなされそこに事業性はないと判断される傾向が強いです（措通37－21(2)）。

　したがって、ご質問の土地は、特別の施設を設けず更地の状態で賃貸していることから、事業用資産には該当しないことになります。

ただし、特別な施設を設けていない土地等であっても、建築業者、運送業者及びタクシー業者などのように自らの事業の遂行上必要な土地として資材置場や駐車場等として常時使用している場合には、事業用資産に該当すると考えます。

事業の範囲 Q19　共有者のうち一人だけが家賃の申告を行っている場合の事業用資産の判定

　甲は、乙と共同相続した賃貸不動産の家賃収入について、乙の了解のもとに全てを受領し、かつ、不動産所得の申告についても全て甲のものとして申告しています。

　このたび、甲及び乙は、この賃貸不動産を譲渡し、譲渡代金を相続分に応じて配分しましたが、この代金で乙が事業用資産を取得した場合（要件は満たしているものとします。）、乙は措置法第37条の適用を受けることができるでしょうか。

Answer

　乙は自分の持分に係る不動産賃貸収入の確定申告はしていませんが、賃貸用不動産を所有していますので、乙が譲渡代金で事業用不動産を買換取得した場合には他の要件を充たしていることを条件として措置法第37条の適用を受けることができます。

　この場合、不動産所得の申告をしていなかったという事実は、事業用資産の判定に影響を及ぼしません。

解 説

　資産から生じる収益を享受する者の判定について、所得税基本通達12－１は、「……その資産の真実の権利者が誰であるかにより判定すべきであるが、それが明らかでない場合はその資産の名義者が真実の権利者であるものと推定する。」と規定しています。

　本件の場合、甲及び乙は、賃貸不動産を共同相続しているので、当該不動産の真実の権利者（所有権者）は、甲及び乙であることから、

賃貸不動産から生ずる家賃についてもその持分に応じて甲及び乙に配分すべきと考えます。したがって、実際に家賃の全てを甲一人が受領し、その不動産所得の申告を甲一人で行ったとしても、そのことをもって所得税法上、乙が家賃収入を申告しなくてもいいという事にはなりません。

　上記、所得税法上の考え方より、乙は、相続により取得した不動産を取得し、貸し付けていたことになるので、この賃貸不動産を譲渡した場合には、乙についても措置法第37条の適用を受けることができます。

　なお、乙の持分に応じた家賃収入については、遡って所得税の申告をすべきであり、一方で、甲は乙に自分の持分を超えた家賃相当額（必要経費を控除した家賃相当額をいいます。）を返還する必要があります。

　そして、仮に甲が乙に家賃を返還しない場合には、乙から甲に当該家賃相当分の贈与が行われたとして贈与税が課されることになります。

事業の範囲

Q 20 農地を宅地に造成した後、譲渡した場合

　私は、市街化区域内の土地で農業を営んでおりましたが、この
たび、農地を宅地に造成した後、譲渡しようと考えています。

　この農地は、私が父から約15年前に相続により取得したもので、
全体としては4,000㎡ありますが、不動産業者のアドバイスもあ
り全て造成して譲渡することにしました。

　このケースのように、農地を宅地に造成した後、譲渡した場合
について、特定の事業用資産の買換えの適用を受けることができ
ますか。

Answer

　農地を宅地に造成した後、譲渡した場合には、農業の用に供してい
た土地の利益と農地を宅地に変更したことによる利益を区分し、前者
については、譲渡所得として措置法第37条の規定の適用を受けること
が可能と考えられます。

解　説

　もともと固定資産であった農地に宅地造成等の工事を施して付加価
値を付けて譲渡した場合には、原則として、宅地造成工事等の行為に
よりその資産は固定資産から、棚卸資産又は棚卸資産に準ずる資産に
転化したものとして取り扱われます。ただし、次のいずれかに該当す
る場合には、造成工事後においてもその土地は、なおも固定資産に該
当するものとして扱って差し支えないとされています（所基通33－4）。

1　区画形質の変更又は水道その他の施設の設置に係る土地の面積
　（その土地の所有者が2人以上いる場合には、その合計面積）が小
　規模（おおむね3,000㎡以下の場合をいいます。）であるとき

2　区画形質の変更又は水道その他の施設の設置が土地区画整理法、
　土地改良法等の法律の規定に基づいて行われたものであるとき

　また、宅地造成工事の内容が上記の規定（所基通33-4）に該当し
ない場合であっても、その区画形質の変更若しくは施設の設置又は建
物の建設（以下、「区画形質の変更等」といいます。）の目的となった
土地が極めて長期間にわたって（おおむね10年以上をいいます。）連
続して所有されていたものであるときは、その宅地造成等の加工行為
に着手する時点までの資産の増加益に対応する部分の所得は、譲渡所
得として、その後の値上り益及び加工利益に相当する部分の所得は、
事業所得又は雑所得として区分して課税するとされています（所基通
33-5）。

　なお、この場合におけるその土地等の譲渡に要した費用の額は、す
べて事業所得又は雑所得の金額の計算上必要経費に算入することにな
ります（所基通33-5）。

　ところで、ご質問の場合には、所得税基本通達33-4《固定資産で
ある土地に区画形質の変更等を加えて譲渡した場合の所得》及び33-
5《極めて長期間保有していた土地に区画形質の変更等を加えて譲渡
した場合の所得》に該当すると考えられることから、農地を造成して
速やかに譲渡している場合には、宅地造成前の農地（素地）の価額相
当については、他の適用要件を充たすことを条件に特定の事業用資産
の買換えの特例の適用を受けることができると考えられます（措法37、
措通37-18）。

事業の範囲

Q21　廃業後に事業用資産を譲渡した場合

　私の父は、個人病院を経営していましたが、令和元年10月死亡しました。私を含めた相続人は全て、医師以外の職業についているため、父の死亡後は病院を閉鎖し、病院の建物及びその敷地を長男である私が相続した上で譲渡することを考えています。

　この譲渡代金により新たに賃貸住宅を取得した場合において、病院として利用していた建物及びその敷地の譲渡について、特定の事業用資産の買換えの特例の適用は可能でしょうか。

Answer

　特定の事業用資産の買換えの特例は、譲渡資産の所有者が自ら事業の用に供していた当該事業用資産を譲渡した場合又は資産の所有者が事業を行っている者と生計を一にする親族である場合で当該事業者の事業の用に供していた資産を譲渡した場合に適用が認められますが、ご質問の場合には、亡父が事業を行っていたという事はともかく、そもそも、旧病院を相続により取得したあなた自身が事業を行っていたわけではありませんので、措置法第37条の適用を受けることはできません。

解　説

　特定の事業用資産の買換えの特例は、資産の所有者が自ら事業の用に供していたものを譲渡した場合又は資産の所有者と生計を一にする親族の事業に供されていたものを資産の所有者が譲渡した場合に適用があることとされています（措法37①、措通37－22、33－43）。

ご質問の場合には、亡くなったお父さんは、譲渡する土地及び建物を事業の用（病院）に供していたものの、あなたが相続により取得した後は、その土地及び建物をあなたの事業又はあなたと生計を一にする親族の事業の用に供していませんので、この土地と建物を譲渡した場合において特定の事業用資産の買換えの特例を適用することはできません。

事業の範囲

Q22　事業の用に供していたかの判定基準

　措置法第37条で規定する特定の事業用資産の買換えの特例は、譲渡資産が事業の用に供している場合に限り適用することができますが、事業の用に供していたか否かの判定基準は何かありますか。

Answer

　特定の事業用資産の買換えの特例の適用にあたり譲渡資産が事業の用に供していたか（事業に準ずるものも含みます。）どうかの判定は、次によることとされています（措通37－21）。この措置法通達37－21《買換資産を当該個人の事業の用に供したことの意義》は、買換資産を事業の用に供したか否かの判定基準として規定されていますが、譲渡資産が事業の用に供していた資産であるかを判定するについても同様です。

⑴　土地の上にその者の建物、構築物等が存していたとしても、当該建物、構築物等が事業の用に供されていないときは、当該土地も、事業の用に供していたものに該当しません。

⑵　空閑地（運動場、物品置場、駐車場等として利用している土地で特別の施設を設けていないものを含みます。）である土地、空き屋である建物等は、事業の用に供したものに該当しません。

　ただし、特別の施設は設けていないものの、物品置場、駐車場等として常時使用している土地で事業の遂行上通常必要なものとして

合理的であると認められるものは事業の用に供していたものに該当します。

(3) 工場等の用地として利用している土地であっても、当該工場等の生産方式、生産規模等の状況からみて合理的な範囲で必要なものとして認められる部分以外の土地は、事業の用に供していたものに該当しません。

(4) 農場又は牧場等としている土地であっても、その農場又は牧場等で行っている耕作、牧畜等の行為が社会通念上、農業、牧畜業等に至らない程度のものであると認められる場合における当該土地又は耕作能力、牧畜能力等から推定して必要以上に土地を保有していると認められる場合における当該土地は、事業の用に供していたものに該当しません。

(5) 植林されている山林を相当の面積にわたって取得し、社会通念上林業と認められる程度に至る場合における当該土地は、事業の用に供していたものに該当しますが、例えば、雑木林を取得して保有しているに過ぎず、林業と認めるに至らない場合における当該土地は、事業の用に供していたものに該当しません。

(6) 自己の事業に関連して貸付ける次のものは、相当の対価を得ていない場合であっても、事業の用に供していたものとします。
① 工場、事業所等の作業員社宅、売店等として従業員又は第三者に貸付けているもの
② 自己の商品等の下請工場、販売特約店等に対し、当該商品等について加工、販売等をするために必要な施設として貸付けている

　もの

(7)　次に掲げるような資産は、仮に形式上、事業の用に供していたものであっても、措置法第37条の適用に際しては事業の用に供していた資産に該当しません。

　①　措置法第37条の適用を受けるためのみの目的で一時的に事業の用に供したと認められる資産

　②　たまたま運動場、物品置場、駐車場等として利用し、又はこれらの用のために一時的に貸付けていた空閑地

Q23 事業用資産と認められる山林

甲は、東京の郊外で農業を営んでいますが、このたび郊外に所有する山林 1 ha の全てを譲渡し、その代金で自己の所有地にアパートを建築する予定でいます。

この山林を譲渡した場合において、特定の事業用資産の買換えの適用を受けることは可能でしょうか。

Answer

あなたが行っている山林経営が社会通念上、林業と称する程度の規模で営まれていない場合には、その林地は事業の用に供している資産に該当しませんので、措置法第37条の適用を受けることはできません。

解 説

特定の事業用資産の買換えの特例の適用にあたり、「事業の用に供している資産」とは、山林業にあっては、山林所有者が山林の伐採又は譲渡を営利の目的として反復継続的に行い、社会通念上、山林業と称するに足りる状況にある場合における山林素地その他の固定資産が該当すると考えられます。すなわち、山林所得を生ずべき事業とは、山林の輪伐のみによって通常の生活費を賄うことができる程度の規模において行う山林経営をいうものとされています（所基通45-3）ので、所有している資産が山林素地である場合は、これに対し植林や造林等の経営管理が継続的になされているものが該当すると考えられます（昭48.5.30千葉地裁）。

ご質問の場合、生立していた立木の種類や、経営管理の程度が明ら

かではありませんが、農業が主たる業であり山林経営はその地積（1
ha）からみて、事業的規模で行っているとはいえないと考えられます。

　したがって、ご質問の山林の譲渡については、特定の事業用資産の
買換えの対象にはならないと思われます。

ポイント　山林経営における事業的規模の判断

　所得税法では、山林所得を生ずべき業務を区分しており、①事業的
規模で営み、毎年継続的に山林所得が生ずるような「山林所得を生ず
べき業務」とし、②その他の場合の「山林所得を生ずべき業務以外の
業務」としています。前者の事業的規模で行われている山林の経営と
は、どの程度のものを言うのかについては、例えば、山林の伐採又は
譲渡による収入だけで1年間の生活費を賄うためには、1ha程度の面
積の山林を伐採又は譲渡をしなければならないものとした場合、山林
の伐採及び譲渡に至るまでは、植林からおおよそ50年程度要しますの
で、最低50ha程度の面積の山林を保有していなければ、毎年同程度の
山林を輪伐して同規模の山林経営を続けていくことはできないことに
なります。

　そうすると、50ha以上の規模で山林経営を行っていなければ、山林
の輪伐のみによって通常の生活費を賄うことができないことになるの
で1ha程度の規模では、事業的規模で山林経営を行っているとはいえ
ないということになります（所基通45−3）。

Q24 砂利を採取していた土地を譲渡した場合

　私は、砂利採取業を20年以上営んでいましたが、この度、砂利採取をしていた土地（山林及び原野）の砂利の採取量が少なくなってきたことからこの土地を譲渡し、その代金で新たな事業用資産を取得することを考えています。

　なお、この砂利の採取に基づく収入は、事業所得として毎年申告していますが、砂利を採取していた土地の譲渡所得について、特定の事業用資産の買換えの特例の適用を受けることができますか。

Answer

　砂利の採取後の土地等を譲渡したとしても、その土地自体が事業の用に供されていませんので、特定の事業用資産の買換えの特例の適用を受けることはできません。

解説

　事業の用に供している土地とは、その土地そのものを事業の用に供していることをいいます。

　したがって、土地等に埋蔵されている砂利等の土石の採取をしていたとしても、その土地自体を事業の用に供しているとはいえませんので、特定の事業用資産の買換えの特例の適用を受けることはできません（措法37）。

事業の範囲

Q25 土地区画整理事業の施行地区内の土地の「事業用資産」の判定

　甲は、パーキング場として利用していたＡ土地について、土地区画整理事業の施行による仮換地の指定が近々に行われると聞いたため、令和元年10月、駐車場業をやめました。しかし、実際に仮換地の指定を受けたのは令和２年２月であり、その仮換地について使用収益を開始することができるのは、令和３年の１月とされており、現在は、従前の土地だけでなく仮換地も事業の用に使用することはできません。

　甲は、このＡ土地を譲渡して他の事業用資産に買い換えたいと思っていますが、措置法第37条の適用は可能ですか。

Answer

　前提として、仮換地の指定があった土地を譲渡できるか否かについて検討の余地がありそうですが、仮に譲渡できるとした場合、Ａ土地は現在、事業の用に供していないことから、事業用資産に該当しないことになります。ただし、このような状態になったのは、甲の任意によって生じたものとは言え、土地区画整理法の規定により、いわば強制的に生じたものに近いことから従前の宅地等が何の用途にも供されていないという事実のみをもって、本件特例の適用上、譲渡資産としての適格性を有しないと判断することは相当ではありません。

　そこで、このような特別の事情がある場合には、仮換地の指定による使用収益停止後における一定期間又は仮換地の指定前における一定期間については、従前の宅地等は、事業の用に供している資産に該当するものとして、本件特例の適用を認めるとされています。

解 説

　特定の事業用資産の買換えの特例の適用を受けることができる譲渡資産は、譲渡のときにおいて事業（事業と称するに至らない不動産又は船舶の貸付けその他これに類する行為で相当の対価を得て継続的に行われるものを含みます。）の用に供している資産であることが要件とされています。

　しかし、土地区画整理法による土地区画整理事業の施行地区内にある従前の土地（当該土地又は土地の上に存する権利を含むものとし、以下「従前の宅地等」といいます。）を譲渡した場合において、次のいずれかに該当するときは、その従前の宅地等は、現に事業の用に供されていなくても措置法第37条規定する事業の用に供している資産に該当するものとして取り扱うことができます（措通37－21の２）。

(1)　従前の宅地等の所有者が、仮換地又は一時利用地を事業の用に供している場合

(2)　(1)に掲げる場合のほか、以前まで事業の用に供していた従前の宅地等がその事業の用に供さなくなった日から１年以内に仮換地の指定があった場合（仮換地の指定後においてその事業の用に供さなくなった場合を含みます。）において、その事業の用に供さなくなった日からその仮換地の指定の効力発生の日（その効力発生の日と別にその仮換地について使用又は収益を開始することができる日が定められている場合には、その日）以後１年以内又は一時利用地の指定通知に係る使用開始の日以後１年以内にその従前の宅地等を譲渡した場合（仮換地又は一時利用地をその事業の用以外の用に供する

建物又は堅固な構築物の敷地の用に供している場合を除きます。）

　したがって、ご質問の場合には上記(2)に該当しますから、譲渡した
A土地は事業用資産として取り扱われます。

> **ポイント　土地区画整理事業施行区域内の土地**
>
> 　土地区域整理法による土地区画整理事業においては、当該事業の施行者は、換地処分を行う前に土地の区画形質の変更又は公共施設の新設若しくは変更に係る工事のため必要がある場合又は換地計画に基づき換地処分を行うため必要がある場合には、土地区画整理事業の施行地区内の宅地について仮換地を指定することができるものとされています（土地区画整理法98①）。
>
> 　そして、この仮換地の指定があった場合には、①従前の宅地について権原に基づき使用収益することができる者は、仮換地の指定の効力発生の日から換地処分の公告がある日までの期間については、従前の宅地について使用収益をすることができないものとされ、②仮換地の指定の効力発生の日（仮換地に使用収益の障害となる物件が存する場合その他特別の事情があるため、施行者が仮換地の指定の効力発生の日とは別に、仮換地について使用収益を開始することができる日を定めた場合には、その日）から、換地処分の公告がある日までの期間については、仮換地について、従前の宅地について有する使用収益と同じ使用収益ができるものとされています（土地区画整理法99①）。
>
> 　すなわち、土地区画整理事業の施行地区内の宅地について仮換地の指定があった場合には、仮換地の指定の効力発生の日以後は、従前の宅地について有する使用収益権能は停止され、この使用収益権能は仮換地上に移行し、従前の宅地については処分権能のみが残存することとなります。
>
> （注）　一般に「仮換地」の譲渡といわれるものは、法律的には「従前地」の譲渡のことをいいます。従前の宅地を譲渡することにより、その譲渡者が仮換地上に有していた使用収益権能は、譲受者に自動的に移転することになります。

Q26 店舗併用住宅の不動産（建物及び敷地）

甲は、１階を店舗、２階を居住の用に供していた建物及びその敷地を売却しようと考えています。

ところで、措置法第37条は、譲渡資産が事業の用に供されている場合にのみ適用が受けられると聞いていますが、甲が所有している不動産のように、事業用と事業以外の用に供しているものを譲渡した場合にも適用が可能でしょうか。

ちなみに、１階店舗部分の延床面積は60㎡であり、２階居住用部分の延床面積は、65㎡となっています。

Answer

ご質問の場合は、不動産の譲渡代金のうち、事業の用に供されている１階部分に対応する敷地については、措置法第37条の適用を受けることができますが、２階部分に対応する敷地は事業用ではありませんので本件特例を適用することはできません。

解 説

措置法第37条第１項では、個人が所有する事業用資産のうち各号に掲げる資産を譲渡した場合にその適用があると規定しています。

ところで、譲渡資産が事業用と事業以外の用と併用されている場合にも、措置法第37条の適用があるのかについて疑念が生じます。

そこで、譲渡資産が事業用と事業以外の用とに併せて供されている場合の措置法第37条の適用については、その事業の用に供されていた部分のみを「事業の用に供しているもの」として取り扱うものとされ

ています（措通37－4）。

　また、その事業の用に供されていた部分が、おおむね90％以上である場合には、その資産の全部を「事業の用に供しているもの」として取り扱って差し支えないこととされています。

　したがって、ご質問の場合は、事業の用に供されている1階の部分を「事業の用に供しているもの」として、措置法第37条の適用を受けることができます。

　なお、事業用部分と非事業用部分の区分の方法については、措置法通達等で具体的に明らかにしていませんが、原則として、床面積比により判定することとなっていますので、ご質問のケースでは床面積割合により按分し、譲渡代金の48％$\left(\dfrac{60\text{㎡}}{125\text{㎡}}\right)$が特例適用対象となります。

　ちなみに、2階部分の居住用部分に対応する敷地については、居住用不動産の譲渡所得の課税の特例の適用が可能と考えます。

事業の範囲 Q27 工場等として使用されている部分の面積の算定

措置法第37条第１項の表一号上欄に規定する「建物」は、工場、作業場、研究所、営業所、倉庫その他これらに類する施設（福利厚生施設を除きます。以下「工場等」といいます。）として使用されている必要があると聞きました。例えば、１棟の建物に工場等として使用されている部分とその他の部分とがある場合には、工場等として使用されている建物の部分の床面積の計算はどのようにしますか。

Answer

１棟の建物のうちに工場等として利用されている部分とその他の部分とがある場合には、次の算式により計算される部分を工場等として使用されている部分として特定の事業用資産の買換えの特例を計算します（措通37-11の７）。

〔算式〕

$$
\begin{array}{l}
\text{当該建物のうち} \\
\text{工場等として専} \\
\text{ら使用されてい} \\
\text{る部分の床面積} \\
\text{（A）}
\end{array}
+
\begin{array}{l}
\text{当該建物のうち工場} \\
\text{等として使用されて} \\
\text{いる部分とその他の} \\
\text{部分とに併用されて} \\
\text{いる部分の床面積の} \\
\text{合計額}
\end{array}
\times
\dfrac{\text{（A）}}{\text{（A）}+\begin{array}{l}\text{その他の部分とし}\\\text{て専ら使用されて}\\\text{いる部分の床面積}\end{array}}
$$

解 説

措置法第37条の「特定の事業用資産の買換えの特例」は、国土利用政策、土地政策の観点から認められてきたものですが、当該制度はい

144

ったん実現した値上り益の課税の繰延べを認める制度です。

措置法第37条第1項の各号は事業用の建物を譲渡した場合も特例の対象に含めるとしていますが、一号で建物とは、工場、作業場、研究所、営業所、店舗、倉庫その他これらに類する施設の用に供されている建物とされており、福利厚生施設の用に供されている建物は特例の適用対象から除外されています（措令25⑦）。

ところで、1棟の建物の一部を工場等として使用し、その残余部分を他の用途（例えば、福利厚生施設）に使用しているようなケースはよくあります。そのような場合には、1棟の建物の廊下部分などは工場等とその他の用途の併用に供されていることが多いと思いますが、このような場合に特例の適用対象となる譲渡資産範囲の判定をどのように行うべきか疑義が生じます。

措置法通達では、こうした場合の工場等として使用している面積は、上記算式どおり行うとしています。なお、この判定は譲渡時の現況により行うことになります。

また、1つの譲渡資産が事業の用と事業以外の用とに供されていた場合（店舗併用住宅のようなケース）に、事業の用に供されていた部分がおおむね90％以上であるときは、その資産の全部を「事業の用に供しているもの」として差し支えないこととする規定（措通37－4）がありますが、1棟の建物のうちの「工場等として使用されている部分」が前記算式によって算定される場合には、工場等として使用されていた部分がおおむね90％以上であってもその建物の全部を「工場等として使用されている建物」とすることはできません（措通37－11の7）。すなわち、共用部分を含めて90％以上となっても、その資産の全てを事業の用とみなすことはできないということです。

Q 28 工場等として使用される建物の敷地

措置法第37条に規定する特定の事業用資産の買換えの特例では、事業用の土地等（七号を除きます。）も対象となっていますが、例えば、1棟の建物に工場等として使用されている部分とその他の部分とがある場合には、当該土地等のうち工場等として使用されている部分の面積をどのように算定しますか。

Answer

1棟の建物のうちに工場等として利用されている敷地部分とその他の用途に供されている敷地部分がある場合における工場等として使用されている建物等の敷地の判定は、次の算式により計算した面積とします（措通37－11の8）。

〔算式〕

当該土地等のうち工場等の敷地として専ら供されている部分の面積 ＋ 当該土地等のうち工場等の敷地として使用されている部分とその他の部分とに併用されている部分の面積の合計額 × $\dfrac{\text{当該建物の床面積のうち措通37－17の7の算式により計算した工場等として使用されている部分の床面積}}{\text{当該建物の床面積}}$

(注) 譲渡した土地等が工場等として使用されている建物の「敷地」に該当するかどうかは、社会通念に従い、当該土地等が当該建物と一体として利用されているか否かによりその範囲を判定します。

事業の範囲

Q 29　生計を一にする親族の事業用不動産を譲渡した場合

　私が所有する土地及び建物を使用して妻が美容院を経営していますが、美容院の売上が減少していることもあり、この土地及び建物を譲渡して、その代金で賃貸用のアパートに買い換えようと考えています。

　この土地及び建物の譲渡申告にあたり、特定の事業用資産の買換えの特例が受けられるでしょうか。

　なお、事業所得の申告は妻が行っており、私はその事業専従者となっています。

Answer

　譲渡した不動産の所有者が事業を営んでいない場合でも生計を一にする親族（妻）の事業の用に供していた場合には、その譲渡資産（不動産）は特定の事業用資産の買換えの特例の適用を受けることができます。

解 説

　特定の事業用資産の買換えの特例は、原則的には資産の所有者自らが事業（事業に準ずるものを含みます。）の用に供している資産を譲渡して、その者が事業の用に供する資産を買い換えた場合に適用されることになっています（措法37①）。

　しかし、譲渡資産の所有者自身が事業の用に供していない場合であっても、その譲渡資産の所有者と生計を一にする親族関係にある者が事業の用に供しているときは、その譲渡資産は、所有者にとっても事

業の用に供されていたものとして取り扱うこととされています（措通33－43、措通37－22）。

　したがって、ご質問の場合には、あなたご自身で事業を行ってはいませんが生計を一にする妻が事業を行っていることから、譲渡予定の土地及び建物等は、特定の事業用資産の買換えの特例の適用を受けることができます。

　また、取得した資産について同様な事情がある場合にも、この特例の適用がある買換資産とすることができるとされています（措通33－43、37－22）。

　なお、「親族の範囲」については次問を、また、「生計を一にする」についてはQ30を参照してください。

事業の範囲

Q30　親族の範囲

譲渡資産がその所有者の事業の用に供されていない場合であっても、資産の所有者と生計を一にする親族の事業の用に供している場合には、その譲渡資産について措置法第37条の適用が可能と聞きましたがこの「親族」の範囲を教えてください。

Answer

「親族」とは、民法第725条《家族の範囲》に規定する親族をいいますが、具体的には、６親等内の血族、配偶者及び３親等内の姻族をいうとされています。

（参考）　親族の範囲

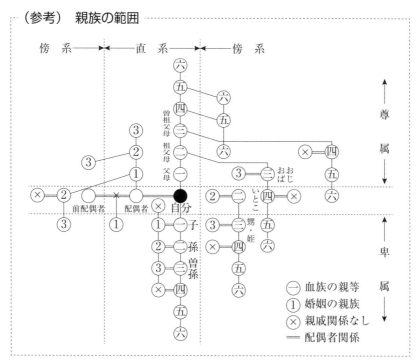

Q31 生計を一にするとは

譲渡資産がその所有者の事業の用に供されていない場合であっても、資産の所有者と生計を一にする親族の事業の用に供している場合には、その譲渡資産又は買換資産について措置法第37条の適用が可能と聞きましたが「生計を一にする」とは、どのような状態をいうのでしょうか。

Answer

「生計を一にする」とは、措置法等に規定がないため所得税基本通達に定めるところにより判断することが相当と思われます。

すなわち、「生計を一にする」とは、必ずしも一方が他方を扶養する関係にあることをいうものではなく、また、必ずしも同一の家屋に起居（同居）していることを必要とするものでもありません。

ただし、一般的には、それぞれ次のように判定することになります（所基通2－47）。

1　勤務、修学、療養等の都合上他の親族と日常の起居を共にしていない場合であっても、次に掲げる場合に該当するときには、これらの親族は生計を一にするものとされます。

(1)　当該他の親族のもとで起居を共にしていない親族が、勤務、修学等の余暇には当該他の親族のもとで起居を共にすることを常例としている場合

(2)　これらの親族間において、常に生活費、学資金、療養費等の送金が行われている場合

2　親族が同一の家屋に起居している場合（通常は、日常生活の資金
等を共通にしていると考えられます。）には、明らかに独立した生
活を営んでいると認められる場合を除き、これらの親族は生計を一
にしているものとされます。

事業の範囲

Q32 借地権者と底地の所有者が生計を一にする親族だった場合

　特定の事業用資産の買換えの特例は、譲渡資産及び買換資産をともに事業の用に供することが必要ですが、譲渡資産又は買換資産の所有者だけでなく生計を一にする親族が事業の用に供していた場合でも適用可能と聞いています。

　次のように、借地権を乙（夫）、底地を甲（妻）が所有しており、その敷地上で夫が店舗を建てて営業していた場合、この一体不動産を譲渡した時に甲及び乙は措置法第37条を適用することはできますか。

乙（夫）建物	⇒ 乙が店舗等として使用
乙（夫）（借地権）	※乙は借地権を第三者から取得し、その後も地代の支払いを継続している
甲（妻）（底地）	

Answer

　ご質問の一体不動産を譲渡した場合において、店舗として使用されているものは、乙（夫）が所有している建物と借地権であり、甲（妻）が所有している底地部分は事業の用に供されていることにはならないので、甲の譲渡対価については措置法第37条の適用を受けることができません。

解 説

　特定の事業用資産の買換の特例は、事業を営んでいる者とその事業に供している資産の所有者が生計を一にする親族関係にあるときは、資産の所有者が事業の用に供しているものとして取り扱うことができる（措通37-22）とされています。したがって、ご質問のように店舗として使用されている建物又はその敷地（借地権）の所有者乙（夫）と土地（底地）の所有者甲が生計を一にする親族関係にあるときは、「特定の事業用資産の買換えの特例」の適用上、甲が所有する土地（底地）についても措置法第37条に規定する譲渡資産に該当することになると考えることができます。

　ところで措置法第37条は、事業の用に供している建物等又はその敷地の用に供されている土地等が対象ですが、借地権の場合には、「その敷地の用に供されている土地等」とは、工場等として使用されている建物を所有する者が有する土地等をいいます。

　この場合の「その敷地の用に供されている土地等」とは、特例の適用対象となる「工場等として使用されている建物」を所有する者が有する土地又は借地権をいうのであり、ご質問のように乙（夫）が借地権付建物を第三者から購入し、その建物を店舗として使用している場合には、「工場等として使用されている建物の敷地の用に供されている土地等」とは乙（夫）の有する借地権のことをいい、甲（妻）の所有する土地（底地）はこれに該当しないことになります。

　したがって、店舗に係る事業用資産としては、建物及び借地権が該当します。

　一方で、妻が所有している底地（貸地）ですが、仮に乙（夫）が甲に地代を支払っていたとしても所得税法上、生計を一にする配偶者そ

の他親族に支払う地代は、事業所得の計算上、必要経費に計上することはできません。また、受領した側も所得として課税されないこととされています（所法56）。

　したがって、仮に乙（夫）が甲（妻）に地代相当額を支払っていたとしても、その支払いに対し所得税法上、事業性が認められないことから、底地に対して本件特例を適用することは困難と考えます。

特例の選択

Q 33　譲渡資産が2つ以上ある場合の選択

　甲は、昭和60年に取得した店舗ビル（未償却残高2,000万円）とその敷地（取得価額8,000万円）を本年に2億円（建物4,000万円、敷地1億6,000万円）で売却し、翌年中に中古ビル（土地1億3,000万円、建物5,000万円）を1億8,000万円で取得する予定でいます。

　甲は、貸ビルの譲渡申告にあたり特定の事業用資産の買換えの特例の適用を受けたいと思っていますが、適用を受ける場合には、必ず譲渡した土地及び建物を適用しなければなりませんか。

　また、買換資産として取得した土地及び建物についても必ず取得した土地及び建物を適用しなければいけませんか。

Answer

　同一年中に措置法第37条第1項各号に掲げる資産を2つ以上譲渡した場合には、申告者がその適用を選択した譲渡資産について措置法第37条第1項各号の適用を受けることができるとされています。

　したがって、ご質問の場合には、甲の選択により①譲渡した土地及び建物の全部、②譲渡した土地のみ、③譲渡した建物のみのいずれかを譲渡資産として本件特例の適用を選択することができます。

　この点は、買換資産についても同様です。

　ただし、甲の選択により特例対象となる譲渡資産を選択できるといっても、土地の一部又は建物の一部という選択はできません。

解 説

　同一年中に措置法第37条第1項の各号に掲げる資産を2以上譲渡した場合には、納税者がその適用を選択した譲渡資産について「特定の事業用資産の買換えの特例」の適用を受けることが認められています（措通37-19）。

　すなわち、譲渡した土地及び建物の全部についてこの特例の適用を受けることもできますし、土地のみ若しくは建物のみについて本件特例の適用を受けることもできます。

　ただし、建物の一部又は土地の一部というように、一つの譲渡資産の一部分のみを譲渡資産として本件特例の適用を受けることはできません。

　そして、2つ以上の資産について本件特例の適用を受ける場合には、措置法第37条第1項の各号ごとに特例計算を行うこととなります。

　また、1つの資産についてのみ本件特例の適用を受ける場合には、その資産についてのみ特例計算を行い、他の資産については通常の譲渡所得の計算を行うこととなります。

　具体的な譲渡所得の計算（課税繰延割合が80％のケース）は、次のとおりです。

1　譲渡資産及び買換資産の全てに本件特例の適用を受ける場合

〔土地及び建物〕

　（一体の収入金額）　　（買換資産の取得費）　　　　　（譲渡資産に係る取得費）

$$2\text{億円} - (1\text{億}8{,}000\text{万円} \times 80\%) - (2{,}000\text{万円} + 8{,}000\text{万円}) \times$$

（課税長期譲渡所得金額）

$$\frac{2\text{億円} - (1\text{億}8{,}000\text{万円} \times 80\%)}{2\text{億円}} = 2{,}800\text{万円} \cdots\cdots 特例対象$$

2　譲渡した土地及び買換資産の全てに本件特例の適用を受ける場合

〔土地〕

（土地の収入金額）　　（譲渡資産に係る取得費）　　（課税長期譲渡所得金額）

1億6,000万円×20％ － 8,000万円×20％ ＝ 1,600万円……特例対象

〔建物〕

（建物の収入金額）　　（建物の取得費）　　（課税長期譲渡所得金額）

4,000万円 － 2,000万円 ＝ 2,000万円　　　……一般譲渡

3　譲渡した建物及び買換資産の全てに本件特例の適用を受ける場合

〔建物〕

（建物の収入金額）　　　（建物の取得費）　　　（課税長期譲渡所得金額）

4,000万円 × 20％ － 2,000万円 × 20％ ＝ 400万円……特例適用

〔土地〕

（土地の収入金額）　　（土地の取得費）　　（課税長期譲渡所得金額）

1億6,000万円 － 8,000万円 ＝ 8,000万円　　　……一般譲渡

4　譲渡資産の全て及び買換資産の土地について本件特例の適用を受ける場合

〔土地及び建物〕

（一体収入額）　　　　（買換資産の取得費）　　　　　（譲渡資産に係る取得費）

$$2億円 － （1億3,000万円×80％） － （2,000万円＋8,000万円） ×$$

$$\frac{2億円－（1億3,000万円×80％）}{2億円} ＝ 4,800万円　　……特例対象$$

Q34 譲渡資産の一部について特例の適用をすることの可否

甲は、事業の用に供していた土地及び建物を1億円（土地7,000万円、建物3,000万円）で譲渡し、その対価で賃貸用不動産（土地及び建物）を5,000万円で購入しました。

措置法第37条の適用にあたっては、土地の譲渡対価額の一部5,000万円部分のみを適用することを考えています。

このように、譲渡資産の一部についてのみ特例の適用をすることは可能ですか。

Answer

特定の事業用資産の買換えの特例の適用にあたり、措置法第37条第1項各号に掲げる資産を2つ以上譲渡した場合には、申告者が選択した譲渡資産について措置法第37条第1項各号の適用を受けることができるとされていますが、譲渡資産の一部分のみを特例の対象とすることはできません。したがって、仮に土地の譲渡価額について特定の事業用資産の買換えの特例の適用を考えているのであれば、土地の対価額（7,000万円）のすべてについて適用することになります。

解 説

同一年中に措置法第37条1項の各号に掲げる資産を2つ以上譲渡した場合には、納税者が適用を選択した譲渡資産について、特定の事業用資産の買換えの特例の適用を受けることが認められています。

ただし、建物の一部又は土地の一部というように1つの譲渡資産の一部分のみを譲渡資産として本件特例の適用を受けることはできません。

買換資産

Q35　買換資産の取得の形態

　特定の事業用資産の買換えの特例の適用にあたっては、税務上、譲渡として扱われるものでも①贈与による譲渡、②交換による譲渡、③出資による譲渡、④代物弁済による譲渡は、特例対象から除外されています。ところで買換資産の「取得」に関しても同様な規定はありますか。

Answer

　買換資産「取得」については、次に掲げるものは特例の適用が受けられる買換資産の「取得」の範囲から除かれています（措置法37①、措置法令25③）。

　したがって、このような形態で取得した資産については、買換資産の対象にはなりません。

⑴　贈与による取得

⑵　交換による取得

⑶　所有権移転外リース取引によるもの

⑷　代物弁済（金銭債務の弁済に代えてするものに限ります。）による取得

買換資産が特定の地域に属しているかの判定時期

　甲は、令和2年2月に集中地域外にあった店舗及び敷地を譲渡し、同年7月に買換資産として集中地域内にある店舗及び敷地を取得して営業を開始しました。

　ところが同年9月に、集中地域の見直しが行われ、買換資産の所在する地域一帯が集中地域外に変更されました。

　このような場合、措置法第37条第1項の六号による譲渡所得の申告は集中地域外にある資産を取得したものとして行うべきですか。

Answer

　買換資産の取得後にその所在する地域の指定の変更があったとしても、買換資産が特定の地域内にあるかどうかの判定は、取得時の現況によって判定しますので、取得した後、集中地域外に指定されたことをもって譲渡所得の計算の仕方（課税繰延割合を75％から80％に変更）を変更する必要はありません。

解　説

　特定の事業用資産の買換えの特例の適用上、その対象となる譲渡資産及び買換資産については、措置法第37条第1項の各号に規定する一定の地域内にあることが要件とされていますので、本件特例の適用にあたっては、その譲渡資産及び買換資産がどの地域にあるか確認する必要があります。

　また、措置法第37条第1項六号の計算では、集中地域外にある事業

用資産を譲渡して、集中地域内の買換資産を取得した場合、課税繰延割合を75％（買換資産が23区内にある場合には、70％）として譲渡所得の計算を行います。

ところで、この特定の地域の指定は恒久的なものではなく、行政庁の判断によって地域の指定が取り消されたり又は変更となったりしますので、その地域の判定の時期が問題となります。

このような場合において、譲渡資産及び買換資産がそれぞれ特定の地域内にあるかどうかの判定は、その譲渡時及び取得時の現況によることとされています（措通37－8）。

したがって、例えば、土地等を譲渡した時点においてその譲渡した土地等が、措置法第37条第1項の各号に規定する所定の地域内に所在していない場合には、たとえその譲渡後において地域指定の変更等により、確定申告の時点においてはこれに該当することとなったときでも、その譲渡した土地等は特例の適用対象となる譲渡資産には該当しないことになります。また、土地等を取得した時点において、その取得した土地等が当該各号に規定する所定の地域内に所在している場合には、たとえその後において地域指定の変更等があったことにより、所定の地域要件を充たさなくなっても、その取得した土地等は、この特例の適用対象となる買換資産に該当します。

措置法第37条の適用に際し、資産を「譲渡した時」又は「取得した時」がいつであるかは、所得税基本通達36－12《山林所得又は譲渡所得の総収入金額の収入すべき時期》又は33－9《資産の取得の日》の取扱いにより判定するとされています。

Q37 買換資産の取得価額の範囲

甲は、令和元年1月に事業用資産を譲渡しましたが、その代金で、自己が他に所有している土地の上にあった貸家を取り壊して賃貸用マンションを新築するつもりです。

甲は、上記の事業用資産の譲渡について措置法第37条の適用を考えていますが、甲が支払った次の費用は、買換資産の取得価額に算入することができますか。

(1) 借家人に支払った立退料

(2) 所有権保存登記に要した登録免許税等の費用

(3) 不動産取得税

Answer

ご質問の、甲が支払った各費用は、いずれも買換資産の取得価額に算入することはできません。

ただし、不動産所得金額の計算上必要経費に算入することはできます。

解説

措置法第37条の適用にあたり、買換資産は原則として事業用資産を譲渡した前年、譲渡した年中又は譲渡した年の翌年中に取得しなければなりませんが、甲が支払った費用を買換資産の取得原価に含めることができるか否かは次のとおりです。

(1)の立退料については所得税基本通達37-23により、不動産所得の必要経費に算入するとされていますので、買換資産の取得価額に含ま

れません。

(2)の登録免許税については、例えば、店舗や事務所などの不動産の所有権保存のため、又は抵当権設定のために支出するものは、業務上の維持管理費用に属するものであり、取得価額に構成するものではないので事業所得又は不動産所得の必要経費に算入することになります（所基通37－5）。

(3)については、業務の用に供される資産に係る固定資産税、登録免許税、不動産取得税、地価税、事業所税等については各種所得の金額の計算上必要経費に算入され、買換資産の取得価額に算入することはできません（所基通37－5）。

ちなみに、相続等により取得した業務用資産の登記費用等についても、支出した年分の必要経費に算入することになります。

なお、上記(2)及び(3)については、業務の用に供される資産に係るものであることから必要経費に算入し、取得価額に含めないこととされています。一方で、これらの支出が非業務用資産に係るものである場合には、これら資産の取得価額に算入することとなり、将来、譲渡した場合に取得費として譲渡収入金額から控除することができます（所基通38－9）。

Q38 貸家の取壊し費用

貸しアパートとして利用していた不動産を譲渡し、この代金で他に所有する土地の上に新たに共同住宅を建築するつもりです。この譲渡申告に当たっては、措置法第37条の適用を考えていますが、新築予定の共同住宅の敷地には古家があり取り壊す必要がありますか。取壊し費用は、買換資産の取得価額に含めることはできますか。

Answer

古アパートの取壊し費用は、買換資産である共同住宅の建築に要する費用ではないため、買換資産の取得価額に含めることはできません。

解 説

古アパートに係る取壊し費用を買換資産の取得価額に含めることができるか否かについて争われた裁決（平成30年1月30日）があり、その要旨は次のとおりです。

特定の事業用資産の買換え特例を定めた措置法第37条第1項に規定する買換資産の「取得価額」は結局のところ、所得税法第38条に規定する「資産の取得に要した金額」と同義であると解するのが相当であり、「資産の取得に要した金額」とは、「当該資産の客観的価格を構成すべき取得代金の額のほか、仲介手数料等当該資産を取得するための付随費用の額も含まれるが、他方、当該資産の維持管理に要する費用等居住者の日常的な生活費ないし家事費に属するものはこれに含まれないと解するのが相当」としました。

そして、取壊し費用については、

(1)　取得費用は、買換資産とする共同住宅の建設予定地にあった古家等を取り壊すための支出であって買換資産の価値を変動させるものではないから買換資産の客観的価格を構成すべき取得代金ではないことは明らかである。

(2)　また、取得費用は買換資産である建物の取得に通常要するものではないことから、これに要した費用は、買換資産を取得するための付随費用ということもできない。

　したがって、取壊費用について買換資産の取得価額に含めることはできないとされました。

Q39 中古資産を取得し改造した場合

甲は、令和元年10月に事業用資産（平成5年取得）を譲渡し、その年の確定申告においては、措置法第37条を適用して翌年中にアパートを取得する予定として「買換（代替）資産の明細書」を添付して提出しました。

そして、令和2年7月に中古の建物を買い入れ、これを改造して11月からアパートとして賃貸しています。

この場合、この改造に要した金額を、買換資産（中古建物）の取得価額に加えることはできますか。

Answer

新たに取得した買換資産について、事業の用に供するためにその取得の日から1年以内に行った改良、改造等に要した金額は、特定事業用資産の買換えの特例対象の買換資産の取得価額に含めることができます。ただし、当該改良、改造等が先行取得期間又は取得指定期間内に行われたものに限ります。

ご質問については、中古建物（アパート）を新たに取得したということですが、取得の日から1年以内に行った改造等のうち、年末までに支払われたものは買換資産の取得原価に含めることができます。

また、既に有する資産について行った改良・改造等は、原則として、資産の取得には該当しませんが、改造等を行った結果、床面積が増えるなど、実質的に新たな資産を取得したのと同様であれば買換資産の取得原価に含めることができます。

解 説

　既に有する資産について改良、改造等を行った場合には、その改良、改造等は、原則として、措置法第37条に規定する買換資産の取得にはあたりませんが、次に掲げる改良、改造等が措置法第37条第3項《譲渡の年の前年又は前年以前2年の期間》又は第4項《譲渡の年の翌年又は税務署長から承認を受けた期間》に規定する年中、又は期間内に行われる場合には、その改良、改造等は同法で規定する買換資産の取得にあたるものとして扱われます（措通37-15）。

(1)　新たに取得した買換資産について事業の用に供するために行う改良、改造等に係る費用（その取得の日から1年以内に行われるものに限られます。）

　　この場合、新たに取得した買換資産については、新築に限るとの制限は規定されていません。

(2)　既に所有している資産に行った改良、改造等であっても、例えば、建物の増改築又は構築物の拡張等をする場合のように実質的に新たな資産を取得したものと同様と認められる改良、改造等に係る費用

買換資産

Q 40 従来から所有していた建物の改装費と増築費用

甲は、30年前に取得した郊外にある営業店舗及びその敷地を譲渡し、その代金で既に事業の用に供している本店の改装と拡張のための増築を行いました。

この営業店舗及びその敷地の譲渡申告にあたっては、措置法第37条の適用を考えていますが、この改装及び増築に要した費用は、資本的支出に該当するものと考えられることから、措置法第37条に規定する買換資産の取得があったものとして取り扱うことができますか。

Answer

実質的に新たな資産の取得があったと認められる事務所の増築については、措置法第37条に規定する買換資産の取得にあたるものとして同項の規定を適用することができると考えますが、従来から所有していた本店の単なる改良と認められる改装費については買換資産として扱うことはできないと考えます。

解 説

特定の事業用資産の買換えの特例は、特定の事業用資産を譲渡し、その譲渡の日から一定の期間内に特定の資産を買換資産として取得し、事業の用に供した場合に適用があるものであり、ここでいう買換資産の取得には、他から購入した場合のほか建設及び製作による取得が含まれますが、原則的には、既に所有している資産について行った改良や改造等は含まれません。

　しかし、同じ改良や改造等であっても、建物の増築や構築物の拡張等の工事のように数量的増加を伴うものがあり、そのような増改築については、部分的な資産の取得があったとみることが相当と考えられます（措通37－15⑵）。

　上記取扱いにより、ご質問の本店の増築部分に要した費用については、買換資産の取得とみることが相当ですが、店舗改装費については、実質的に新たに資産を取得したものと認められないため買換資産とみることはできません。

所有している土地等に係る造成費用相当額

　甲は、事業用資産を譲渡しましたが、その代金で従前から所有している田を埋め立てて宅地造成した後、そこに飲食店舗を建てて事業を始める予定でいます。

　この場合に店舗の建築費は、買換資産に該当すると思いますが、宅地造成費用についても買換資産に該当しますか。

Answer

　土地等を造成するために支出した費用については、その造成費用等の金額が相当高額になり、実質的に新たな土地を取得したと同様の事情があるものと認められる場合には、その造成が完成した時に新たな土地の取得があったものとし、当該費用の額を買換資産の取得原価として措置法第37条の適用が可能と考えます。

解説

　固定資産について行った資本的支出が買換資産の取得に該当するかについては、措置法通達37－15《資本的支出》により判定しますが、宅地造成等に要する費用の支出については、同通達を適用して、一般の資本的支出と同様に判定することが適当ではない場合もありえます。

　そこで、次に掲げるような宅地等の造成のために費用を支出した場合において、その金額が相当の額に上り、実質的に新たな資産を取得したことと同様の事情があるものと認められるときは、その造成工事の完成時に新たな土地の取得があったものとして、その造成費用の額を買換資産の取得原価として措置法第37条の規定の適用が可能とされ

ています（措通37－16）。

　なお、この場合における宅地等には、農地も含まれます。

(1)　自己の有する水田、池沼の土盛り等をして宅地等の造成をするための費用

(2)　自己の有するいわゆるがけ地の切土をして宅地等の造成をするための費用

(3)　公有水面の埋立てをして宅地等を造成するための費用

買換資産

Q42　リース資産を買換資産とすることの可否

　甲は個人で不動産仲介業を営んでいますが、リース会社よりＡ機械設備を賃借しました。このリース契約の内容は、所得税法第67条の２に規定する所有権移転リース取引に該当し、売買があったものと取り扱われることとなります。

　この場合、甲はＡ資産を実際には売買により取得したのではありませんが、特定の事業用資産の買換えの特例の際の買換資産の対象とすることができますか。

Answer

　リース料は、本来、賃借等に係る費用なので買換資産の取得原価に含めることはできませんが、所有権移転リースの場合、売買があったものと同様に扱われますのでＡ機械を特定の事業用資産の買換えの特例の買換資産とすることができます。

　なお、所有権移転外リース取引によるものは、買換えの対象から除外されています。

解　説

　特定の事業用資産の買換えの特例は、特定の事業用資産を譲渡した者が、所定の期間内に特定の資産（買換資産）を取得して、それを事業の用に供した場合に適用があります。

　ところで、所得税法第67条の２の規定では、一定の要件に該当するリース取引に係る資産については、賃貸人から賃借人への引渡しのときに、売買が行われたものと取り扱うこととされています。したがっ

て、措置法第37条の適用においても、所得税法の規定により売買により取得したものと取り扱われるリース資産は、買換資産の取得に該当するものとして取り扱うことが相当と考えられます。

ちなみに、取得原因が所有権移転外リースによる場合には、買換資産の対象から除外されています。

（参考）所得税法第67条の2《リース取引に係る所得の金額の計算》

1　居住者がリース取引を行った場合には、そのリース取引の目的となる資産（以下この項において「リース資産」という。）の賃貸人から賃借人への引渡しの時に当該リース資産の売買があつたものとして、当該賃貸人又は賃借人である居住者の各年分の各種所得の金額を計算する。

2　居住者が譲受人から譲渡人に対する賃貸（リース取引に該当するものに限る。）を条件に資産の売買を行った場合において、当該資産の種類、当該売買及び賃貸に至るまでの事情その他の状況に照らし、これら一連の取引が実質的に金銭の貸借であると認められるときは、当該資産の売買はなかったものとし、かつ、当該譲受人から当該譲渡人に対する金銭の貸付けがあったものとして、当該譲受人又は譲渡人である居住者の各年分の各種所得の金額を計算する。

3　前2項に規定するリース取引とは、資産の賃貸借（所有権が移転しない土地の賃貸借その他の政令で定めるものを除く。）で、次に掲げる要件に該当するものをいう。

　一　当該賃貸借に係る契約が、賃貸借期間の中途においてその解除をすることができないものであること又はこれに準ずるものであること。

　二　当該賃貸借に係る賃借人が当該賃貸借に係る資産からもたらされる経済的な利益を実質的に享受することができ、かつ、当該資

産の使用に伴って生ずる費用を実質的に負担すべきこととされて
いるものであること。

4　前項第2号の資産の使用に伴って生ずる費用を実質的に負担すべ
きこととされているかどうかの判定その他前3項の規定の適用に関
し必要な事項は、政令で定める。

ポイント　所有権移転外リースとは

　所有権移転外リース取引とは、平成20年4月1日以後に締結される
契約に係る法人税法上のリース取引（以下、「リース取引」といいま
す。）のうち、次のいずれにも該当しないものをいいます。

(1)　リース期間の終了時又は中途において、そのリース取引に係る契
約において定められているリース取引の目的とされている資産（以
下、「リース資産」といいます。）が無償又は名目的な対価の額でそ
のリース取引に係る賃借人に譲渡されるものであること。

(2)　リース期間の終了後、無償と変わらない名目的な再リース料によ
って再リースをすることがリース契約において定められているもの
であること。

(3)　リース期間の終了時又は中途においてリース資産を著しく有利な
価額で買い取る権利が賃借人に与えられているものであること。

(4)　賃借人の特別な注文によって制作される機械装置のようにリース
資産がその使用可能期間中その賃借人によってのみ使用されると見
込まれるものであること又は建築用足場材のようにリース資産の識
別が困難であると認められるものであること。

(5)　賃貸人に対してリース資産の取得資金の全部又は一部を貸し付け
ている金融機関等が、賃借人から資金を受け入れ、その資金をして
その賃借人のリース取引等の債務のうちその賃借人の借入金の元利
に対応する部分の引受けをする構造になっているものであること。

(6)　リース期間がリース資産の法定耐用年数に比して相当短いもの
（賃借人の法人税の負担を著しく軽減することになると認められる
ものに限ります。）であること。

　なお、「リース期間がリース資産の法定耐用年数に比して相当短いもの」とは、リース期間がリース資産の法定耐用年数の70％（法定耐用年数が10年以上のリース資産については60％）に相当する年数（1年未満の端数切捨て）を下回る期間であるものをいいます。

買換資産

Q43 買換資産を借入金により取得した場合の措置法第37条の適用と借入金利子の必要経費算入

甲は、令和2年1月に事業用不動産を譲渡しましたが、その譲渡代金の一部を株式に投資しました。一方で、甲は、銀行から借り入れて自己所有地上に賃貸用の共同住宅を同年中に建築し12月より貸付けています。この場合、甲は、借入金により取得した賃貸用の共同住宅を買換資産として措置法第37条の適用を受けることができますか。

また、措置法第37条の適用が可能である場合、買換資産に係る借入金の利子を不動産所得の金額の計算上、必要経費に算入することはできますか。

Answer

ご質問のように買換資産を借入金により取得した場合であっても、建築した共同住宅が買換資産の要件を充たしており、1年以内に事業の用に供したのであれば、措置法第37条の適用は可能と考えます。

また、借入金が買換資産である賃貸用の共同住宅の取得に充てられていることが明らかであり、かつ、買換資産が不動産所得の基因となる貸付けの業務の用に供されているときは、借入金の利子を不動産所得の金額の計算上、必要経費に算入することができると考えます。

解 説

措置法第37条の適用要件としては、事業用資産を譲渡して、その代金で譲渡日の属する年の12月31日までに買換資産を取得し、かつ、その取得日から1年以内に買換資産を事業の用に供したとき又は供する

見込みであるときと規定されているだけであって、事業用資産の譲渡代金をもって直接的に買換資産を取得することまでは適用要件とはされていません。したがって、譲渡代金ではなく、借入金により買換資産を取得した場合であっても買換資産を取得している事実に変わりはないので措置法第37条の適用は可能と考えます。

また、借入金により取得した資産が措置法第37条の適用を受けることが可能である買換資産に該当する場合であっても、現実に借入金が買換資産の取得に充てられていて、譲渡資産の譲渡代金が直接取得に充てられていないことが明らかであり（例えば、譲渡代金がそのまま預金口座に残っているなど）、買換資産を不動産所得の基因となる貸付けの業務の用に供している場合には、その借入金の利子は不動産所得を生ずべき業務について生じた費用と考えられることから、譲渡した事業用資産の不動産所得の金額の計算上、必要経費に算入することができると考えます。

買換資産

Q44 固定資産を交換により取得し、その際に交換差金を支払った場合の買換資産とすることの可否

　甲は、Ａ土地とＣ土地とを交換し、その交換の際に1,000万円を支払ってＣ土地を取得しました。このＡ土地とＣ土地の交換に際しては、措置法第37条の４《特定の事業用資産を交換した場合の譲渡所得の課税の特例》又は所得税法第58条《固定資産の交換の場合の譲渡所得の特例》の規定の適用を受けていません。

　一方で、甲は、Ｂ事業用土地を第三者に譲渡しています。

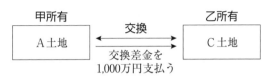

※　甲はＣ土地を取得後事業の用に供します。

　このようなケースで甲が交換差金で取得したＣ土地について、買換資産の要件を充たしていた場合、措置法第37条の適用は可能ですか。

Answer

　事業用資産を交換により取得し、その際に交換差金を支払っている場合には、その交換により取得した資産（以下「交換取得資産」といいます。）のうちその交換差金に対応する部分は、買換えにより取得した資産として取り扱うことができます。

　したがって、ご質問のケースでは、その交換取得資産（Ｃ土地）が措置法第37条第１項の表の各号に下欄に掲げる買換資産のいずれかに

該当する場合には、交換取得資産のうちその交換に伴って支出した交換差金（1,000万円）部分を買換資産として、本件特例を適用することができます（措通37－17）。

解　説

　措置法第37条第１項の表の各号の上欄に掲げる資産に該当する資産（以下「交換譲渡資産」といいます。）と当該各号の下欄に掲げる資産に該当する資産（以下「交換取得資産」といいます。）とを交換した場合には、当該交換取得資産は、「特定の事業用資産の買換えの特例」の適用対象資産となります（措法37の４二）が、一方で、交換により取得した資産は、「特定の事業用資産の買換えの特例」の適用上、買換資産とすることができないこととされています（措法37①）。

　したがって、所得税法第58条及び措置法第37条の４の適用を受けない交換で、かつ、その交換に際し交換差金を支出している場合には、措置法第37条の「特定の事業用資産の買換えの特例」の買換資産の対象になるのではと思えます。一方で、買換資産を交換により取得した場合には、買換資産の対象に含めないとされていることから、交換取得資産はその全部が買換資産とならないと考えられますが、交換に際して交換差金を支出しているにもかかわらず、その支出した交換差金部分についてまで買換資産の適格性を否認することは実情に即さない面があります。

　なお、交換によって資産を譲渡した場合には、その交換が交換譲渡資産と交換取得資産との交換であるときは、その交換について本件特例が適用されることは当然ですが、その交換が措置法第37条の４の交換の適用要件を充たさない場合でもその交換に伴い交換差金を取得している場合で、その交換差金により適格な買換資産を取得すれば、そ

179

の交換差金部分については特例の適用があるものとされており（措法37の4一）、交換譲渡資産と交換取得資産の交換を特例の適用を受けずに行った場合において、その交換に際して支出した交換差金を交換取得資産（買換資産）の取得に充てたとすることができないとするならば譲渡の場合と取得の場合とで「特定の事業用資産の買換えの特例」の適用上、アンバランスが生じることになります。

このような点から、資産の交換（措置法第37条の4又は所得税法第58条の規定の適用を受ける場合を除きます。）に伴って交換差金を支出している場合には、その交換取得資産のうち交換差金に対応する部分は、買換えによって取得したものとして取り扱い、これに見合う適格な他の譲渡資産がある場合には、その譲渡資産の買換資産とすることができるものとされています。

〔設　例〕

(1)　交換により譲渡した資産等
・交換譲渡資産（措法37①一該当資産）　　　53,000千円
・交換取得資産（措法37①六該当資産）　　　78,000千円
・支出した交換差金　　　　　　　　　　　　25,000千円
(2)　売買により譲渡した資産
・譲渡資産（措法37①六該当資産）　　　　　30,000千円

① 交換譲渡資産と交換取得資産は、措置法第37条第1項の表の同じ号に該当しないから、これについては特定の事業用資産の買換えの特例の適用はできません。また、交換譲渡資産と交換取得資産との

価格差が高い方の価額の20％を超えているため、所得税法第58条の
適用もできません。

②　しかし、売買により譲渡した資産と交換により取得した資産は、
同表の同じ号に該当するから、売買により譲渡した譲渡資産30,000
千円に係る譲渡所得の計算については、交換により取得した資産
78,000千円のうち、支出した交換差金25,000千円に対応する部分を
買換資産として、「特定の事業用資産の買換えの特例」の適用を受
けることができます。

買換資産を2つ以上取得した場合の譲渡所得の計算

甲は、市街化区域内にある事業用不動産（譲渡の日の属する年の1月1日において所有期間が10年を超えています。）を譲渡し、その譲渡代金で過疎地域内にある店舗及びその敷地と市街化区域内の商業ビルを取得したいと考えています。

この場合、取得する予定の店舗と商業ビルのいずれも買換資産として特定の事業用資産の買換えの特例を適用することができると思いますが譲渡所得の計算方法を教えてください。

Answer

取得する予定の過疎地域の店舗及び市街化区域内の商業ビルのいずれも特定の事業用資産の買換えの特例の買換資産として認められます。

ご質問のケースの譲渡所得の計算は、課税繰延割合が同じであることから、その譲渡資産の譲渡価額の合計額及び買換資産の取得価額の合計額を基として行います。

解 説

特定の事業用資産の買換えの特例の適用にあたり、譲渡資産又は買換資産が措置法第37条第1項の各号に掲げる資産の2つ以上に該当する場合において、その譲渡資産又は買換資産を2つ以上に区分してその区分したところに基づいて同法に規定する譲渡資産又は買換資産との対応関係を決めることができることとされています（措通37-19の2（注）1）。

したがって、ご質問のように譲渡の日の属する年の1月1日におい

て所有期間が10年を超える市街化区域内にある事業用不動産を譲渡し、過疎地域内にある店舗及びその敷地と市街化区域内の商業ビル及びその敷地を取得するような場合には、その譲渡した事業用不動産を任意に各地域の買換資産に対応するものに区分して、次のように特例の適用を受けることができます（措通37－19の2）。

(1)　その譲渡した事業用不動産の一部については、これを措置法第37条第1項の三号の譲渡資産とし、その取得する店舗及びその敷地を同号の買換資産とする。

(2)　その譲渡した事業用不動産の他の一部については、これを同法第1項六号の譲渡資産とし、その取得する商業ビル及びその敷地を同号の買換資産とする。

　この場合の譲渡所得の計算は、その譲渡資産の譲渡価額の合計額及び買換資産の取得価額の合計額を基として行います。

　ちなみに措置法第37条1項六号の譲渡所得の計算では、譲渡資産が集中地域外にあり買換資産が集中地域、東京23区、それ以外の地域にある場合には、課税繰延割合が異なることから、それぞれ区分して行います。また、それぞれの譲渡資産が短期所有のものと長期所有のもので税率が異なる場合にも、それぞれ区分して計算します。

Q46 同時に取得した土地等及び建物等のうち 建物等のみを買換資産とする場合

　私は令和元年１月、既成市街地等内にある事業用不動産を譲渡しましたが、この譲渡代金で既成市街地等外にＡ土地及びＢ土地の２筆の土地をそれぞれ別の者から取得し、さらにその土地の上にそれぞれ建物を建築して事業の用に供しています。

　私は、この事業用不動産の譲渡について措置法第37条の適用を受けたいと考えていますが、この場合に、次のような選択は可能でしょうか。

　なお、取得した土地の面積はそれぞれ300㎡以上で、譲渡した土地の面積の５倍以内です。

　(1)　Ａ土地を買換資産とせず、その上に建築した建物とＢ土地及びその上の建物を買換資産とすること

　(2)　Ａ土地の１／２を買換資産とし、その他Ｂ土地及び建築した建物は全て買換資産とすること

Answer

　(1)のような選択は可能です。また、(2)は、措置法第37条の規定では買換資産の一部のみを買換資産とすることは認められていませんから、Ａ土地を特定の事業用資産の買換えの特例の買換資産とするならば、Ａ土地の全部を買換資産としなければなりません。

解 説

　特定の事業用資産の買換えの特例の適用にあたって、譲渡資産又は買換資産が２以上ある場合には、どの資産について特例を適用するか

は納税者の選択によります（措通37 − 19）。

　したがって、ご質問の(1)の場合のようにA土地を買換資産として選択しないでA土地上の建物、そしてB土地及び建物を買換資産と選択することは可能です。

　この場合、A土地を買換資産としないことにより、その上に建設した建物も買換資産に該当しないことになるのではないかという疑問が生じますが、建物等を買換資産とする場合には必ずその敷地となる土地等も取得することが要件で、土地及び建物を同時に買換資産と選択した場合に限るという要件があるわけではありませんので、A土地を買換資産として本件特例の適用を受けるかどうかは問わないこととされています。

　したがって、ご質問の場合もA土地を買換資産として特例の適用を受けなくとも、A土地の上に建築した建物を完成の日から1年以内に事業の用に供されている限り特例の対象となります。

　なお、(2)のように買換資産の一部のみを買換資産とする選択は、措置法第37条第2項の買換土地等の面積制限（買換土地等の面積は、原則として譲渡土地等の面積の5倍以内）の規定により結果的に一部しか買換資産と認められないような場合を除き、意図的に選択することはできません（措通37 − 19(注)書）。

買換資産の選択

Q47 買換えの特例の適用を受けなかった土地の上に建設した建物を買換資産とすることの可否

　甲は、本年1月に事業用不動産（土地及び建物）を5億円で譲渡しました（土地の面積は、150㎡です。）が、この代金で土地を取得しその上に商業施設を建築して特定の事業用資産の買換えの特例の適用を受けようと考えています。

　買換資産は、翌年2月にA土地（750㎡）を2億円で、また、B土地（400㎡）を1億円で取得する予定ですが、この場合にA土地の面積が750㎡であることから買換資産の土地の面積制限（譲渡土地等の面積の5倍）に達することになり、B土地については、買換資産とすることはできません。

　この場合に、B土地の上に建設する賃貸マンションを買換資産とすることができるでしょうか。

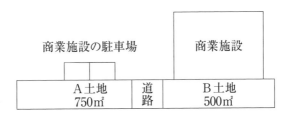

Answer

　新しく建築する商業施設の敷地（土地）を買換資産としない場合でも、その上に建築する商業施設だけを買換資産として選択することは可能です。

　したがって、ご質問の場合には、A土地及び商業施設を買換資産として選択することができます。

解　説

　ご質問の場合、新しく建築される商業施設の敷地であるＢ土地が、土地等の面積制限の関係で買換資産とすることができないことから、その上に建設する商業施設も買換資産とすることはできないのではないかという疑問を持ったのだと思います。

　この点に関して措置法第37条では建物等を買換資産とする場合、その敷地となる土地等の取得も必要であり、かつ、その土地等は、買換資産として必ず選択しなければならないとする要件が付されているわけではありません。

　したがって、ご質問のＢ土地の上に建築される商業施設については、商業施設を取得した日から１年以内に事業の用に供するのであれば、買換資産とすることができます。

　なお、従前（平成３年度の税制改正前）までの取扱いでは、買換資産として取得する建物、構築物又は機械及び装置（以下「建物等」といいます。）は、土地等の取得に伴い取得する場合に限り買換資産に該当するものとされていましたが、平成３年度の改正により土地等の取得に伴い取得する場合に限るという要件が廃止され、例えば、建物、構築物等の減価償却資産のみを取得した場合であっても特例の適用対象となる買換資産に該当すると改正されています。

　また、Ａ土地は、駐車場として使用される場合には、原則的には買換資産に該当しませんが、特定施設に係る事業の遂行上必要な駐車場ですので買換資産に該当します。

買換資産(土地等)

Q48 譲渡資産に土地等がない場合の土地等の面積制限

甲は、生計を一にする父(乙)から無償で借りた(使用貸借)土地上に建物を所有し、当該建物において理容業を営んできましたが、利用者が激減したため、この土地及び建物を一括して譲渡し、それぞれが取得する譲渡代金でそれぞれ事業用の不動産を取得する予定でいます。

この場合、甲及び乙がともに新たに土地及び建物を取得した場合には、いずれも買換資産として措置法第37条の適用を受けることができるでしょうか。

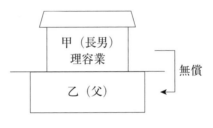

Answer

甲が買換資産として取得する土地及び建物のうち建物部分については買換資産とすることができますが、土地については買換資産とすることはできません。

また、乙は、取得する土地及び建物ともに買換資産とすることができます。

解説

1　甲について

　特定の事業用資産の買換えの特例においては、土地に対する仮需要を抑制する趣旨で、買換資産として土地を取得する場合には、その土地の面積は譲渡資産である土地の面積の5倍までとされており、それを超える面積に対応する部分は、買換資産に該当しないこととされています（措法37②、措令25⑯）。

　この面積制限は、譲渡資産に土地等が含まれていない場合であっても適用されることになりますが、ご質問の場合には、甲は土地等を譲渡していないことから、0㎡に5倍を乗じたとしても0㎡となり、結果として、土地等を取得した場合、全て面積制限を超えることとなりますので、土地等を買換資産とすることは認められません。

2　乙について

　生計を一にする親族が事業の用に供していた資産については、その所有者にとっても事業の用に供していたこととして取り扱われます（措通37－22、同33－43）ので乙が所有する土地についても本件特例の適用は可能です。

　したがって、乙は、事業用資産として土地等を所有していたことになりますが、譲渡資産に土地等が含まれている場合には、買換資産としての土地等の面積は譲渡土地等の面積の5倍以内と規定されており、それを超える面積に対応する部分は、買換資産とすることはできません。

　一方で、買換えによって取得する建物については特に制限がないので、譲渡した土地及び建物の面積がいくらであっても、買い換える建物は全てを買換資産とすることができます。

買換資産（土地等）

Q49 借地権又は底地に係る面積制限

借地人甲は、地主乙からA土地を賃借して、その土地上に建物を建てて青果業を営んでいましたが、契約更新時において、地主乙から借地権の返還を求められ、立退料として8,000万円を受領することを条件として借地権を地主に返還しました。

甲は、この立退料で事業用の土地及び建物を取得する予定でいますが、この場合において買換取得する土地等の面積制限はどのように考えたらいいですか。

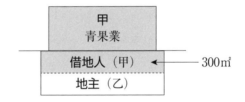

Answer

特定の事業用資産の買換えの特例では、買換資産が土地等である場合には、面積の上限規定があり、譲渡土地等の面積の5倍までとされていますが、事業用資産が借地権だった場合には、借地権の面積を基礎として計算することとなります。

解 説

譲渡資産が借地権等又は借地権の設定されている土地である場合において、措置法第37条第2項で規定する買換土地等の面積制限は、その借地権の設定されている土地の面積（いわゆる借地権者の利用でき

190

る土地の面積）によるのか、それとも、共有地の場合のように、その土地の面積にその借地権割合又は底地の割合を乗じて計算した面積によるべきかという問題があります。

これについては、その借地権等の目的となっている土地又はその借地権等の設定されている土地の面積を基礎として譲渡土地等及び買換土地等の面積の計算をすることとされています（措通37－11の6）。

ご質問の場合には、譲渡した借地権の面積は300㎡となりますので、買換土地の面積の上限は1,500㎡となります。

買換資産(土地等)

Q50 共有地に係る面積制限

　甲、乙及び丙の兄弟は、数年前に父から相続により取得したアパートとその敷地を共有していましたが、今回このアパートと敷地を譲渡することとし、その譲渡代金で個々に事業用不動産(土地及び建物)を取得する予定でいます。

　この場合の買換土地等の面積制限は、どのように考えたらいいですか。

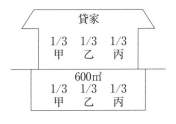

Answer

　特定の事業用資産の買換えの特例では、買換資産に土地等が含まれている場合の買換土地の面積の上限は、譲渡土地等の面積の5倍とされていますが、譲渡した事業用資産(土地等)が共有であった場合の譲渡土地等の面積は、譲渡土地等の面積に各人の共有持分の割合を乗じて計算した面積を基礎として、買換資産である土地等の面積の上限を計算することとなります。

解 説

　譲渡土地等が共有地である場合における買換土地等の面積の上限の計算は、譲渡土地等の全体の面積に各人の共有持分の割合を乗じて計

算した面積を基礎として、当該面積の5倍までとされています。

　これについて、土地の共有持分の効果は、その共有地全体に及ぶものであることから、全体の面積によるべきであるとする考え方と、共有地の場合その土地の共有者は、その全体の土地のうちその共有持分の割合に応ずる部分につきその土地を利用する権限があるにすぎず、共有地の面積にその共有持分の割合を乗じて計算した面積がその共有持分に係る面積であるとする考え方がありますが、措置法第37条の計算においては、後者の考え方によることとされています（措通37－11の4）。

Q51 土地区画整理事業の施行地区内の土地を取得した場合

甲は、10年超所有していた店舗及びその敷地（200㎡）を譲渡し、買換資産として郊外のＡ土地1,200㎡を取得して、さらにその上に店舗を建築する予定です。

ところで、取得したＡ土地は、土地区画整理法による土地区画整理事業の施行区域内にあって仮換地の指定がされているため、使用収益が停止されており事業の用に供することができません。

一方で、仮換地面積は、800㎡でこれについては使用収益が可能なため事業の用に供しています。この場合、取得したＡ土地の面積は1,200㎡で譲渡した土地の面積の５倍を超えていますが、その超える部分は、買換資産には該当しませんか。

Answer

Ａ土地は土地区画整理事業の施行に伴う仮換地の指定を受けているため、それ自体を使用収益することができません。したがって、Ａ土地が措置法第37条で規定する買換資産に該当するか否かは、Ａ土地と仮換地を一体のものとして仮換地等の使用収益の状態によって判定することとされています（措通37−21の３）。

また、仮換地の指定がなされている場合の買換土地の面積の上限は、仮換地の面積が譲渡土地の面積の５倍を超えるか否かによって判定します。ご質問の場合は、1,000㎡が上限とされるので全てを買換資産とすることができます。

解 説

　特定の事業用資産の買換えの特例は、買換資産をその取得の日から
1年以内に特定の事業の用に供したとき、又は供する見込みであると
きに適用されますが、土地区画整理法（新都市基盤整備法及び大都市
地域住宅等供給促進法において準用する場合を含みます。）又は土地
改良法による仮換地等の指定がされている土地等を買換資産として取
得した場合において、当該土地を買換資産として認めるかの判定につ
いては、次のように仮換地により判定するとされています（措通37－
21の3）。

(1)　その従前の宅地等（ご質問でいう、取得したA土地）を措置法第
　　37条に規定する事業の用に供したかどうかは、その従前の宅地等に
　　係る仮換地等をその事業の用に供したかどうかによる。

(2)　措置法第37条第2項に規定する買換資産の面積が譲渡した土地等
　　の面積の5倍を超えるかどうかは、買換資産である従前の宅地等
　　（取得した土地等）に係る仮換地の面積による。

　ご質問の場合、上記(1)及び(2)により判定しますと、取得したA土地
は仮換地の指定を受けていることから、仮換地先の状況に基づいて措
置法第37条に規定する買換資産に該当するか否か（土地等の面積制限
を超えていないか又は事業の用に供したか否か）を判定することにな
ります。

Q52 土地の造成費についての面積制限

　現在所有している土地に造成等を行った場合でも、その造成費の内容及び金額等からみて実質的に新たな土地の取得をしたものと認められるようなものについては、その造成費等を土地の取得原価とみなして買換資産とすることができると聞きました。

　ところで、この場合、土地等の面積制限を超える土地等に行った造成費について、超える部分に対応する造成費も買換資産として認められますか。

Answer

　土地の造成費を新たな買換資産を取得したものとして特定事業用資産の買換えの特例の適用を受ける場合には、原則として、土地の面積制限の規定は適用しません。ただし、造成の対象となる土地が譲渡の日前、おおむね10年以内に取得している場合は除きます。

解 説

　特定の事業の用に供している土地を譲渡した場合において、「特定の事業用資産の買換えの特例」（措法37）の適用を受ける場合には、その買換資産とする土地については、原則として、譲渡した土地の面積の5倍までに限られています（措法37②、措令25⑯）。

　これは、無制限に土地を買換資産として取得することを認めると、土地の仮需要による地価の高騰を招くおそれがあることから、買換資産とする土地については面積制限が設けられています。

　ところで、措置法通達37-16《土地造成費等》の取扱いにより、現

在所有している土地について行った造成等であっても、その造成費用
等からみて実質的に新たな土地の取得をしたものと同様の事情がある
ものと認められるようなものについては、その造成費等を土地の取得
価額とみなして、買換資産とすることが認められています。

　そこで、このように土地の造成費等を買換資産の取得として措置法
第37条の適用を受ける場合にも、取得する土地の面積制限の適用があ
るかどうかという疑問が生じます。

　この点については、もともとこの面積制限の規定が土地の仮需要の
抑制にあることからすれば、現に所有している土地について造成等を
行ったような場合についてまで面積制限を適用することは、いわば資
本的支出という質の問題について面積制限という量の規制を加えるこ
とになり、制度の趣旨からみても妥当とは言えません。

　そこで、土地の造成費等を新たな買換資産を取得したものとして措
置法第37条の適用を受ける場合には、原則として面積制限の規定は適
用しないこととされています（措通37－11の３）。

　ただし、造成の対象となる土地が比較的最近に取得されたものであ
る場合には、これを利用して実質的に面積制限の規定を免れるような
事態が生じ、課税上弊害の生ずることも考えられますので、その造成
の対象となる土地が、譲渡した土地の譲渡の日前概ね10年以内に取得
されたものである場合には、この取扱いの適用がないこととし、概ね
10年前から保有する長期保有土地につき造成等を行った場合に限り、
その造成費等について面積制限の適用をしないこととされています。

　なお、公有水面の埋立てによる土地の取得は、まさに土地の取得そ
のものであり、従前から所有する土地につき造成等を加える場合とは
本質的にその事情が異なるので、規定どおり面積制限が適用されます。

買換資産（土地等）

Q53 | 2以上の土地等を買換資産とする場合の面積制限と取得価額

甲は、事業用資産（土地500㎡及び建物）を3億円で譲渡しましたが、その買換資産として次の事業用土地を取得しました。

この事業用資産の譲渡については、特定の事業用資産の買換えの特例の適用を受けるつもりですが、買換資産として認められる土地の面積及び金額について教えてください。

所在	面積	取得価額	単価
A土地	800㎡	1億5,000万円	15万円／㎡
B土地	1,200㎡	1億3,200万円	11万円／㎡
C土地	1,200㎡	7,200万円	6万円／㎡
合　計	3,200㎡	3億5,400万円	―

Answer

ご質問によると買換えにより取得した事業用資産（土地）の面積の合計額は、譲渡した土地の面積の5倍を超えていますので、これを超える部分の土地の面積に相応する部分は、買換資産に該当しないことになります。

このように買換資産として複数の土地等を取得した場合において、これら土地等の合計面積が面積制限を超えるときは、当該取得した土地等のいずれも同等の割合で面積制限を超える部分が生ずるものとして計算します。

〔算式〕

$$（A土地〜C土地）\times \frac{譲渡資産である土地等の面積の5倍に相当する面積}{買換資産として取得した土地等の合計面積}$$

所　在	取得面積	買換対象	買換資産対象金額
Ａ土地	800㎡	625㎡	93,750,000円
Ｂ土地	1,200㎡	937.5㎡	103,125,000円
Ｃ土地	1,200㎡	937.5㎡	56,250,000円
合計	3,200㎡	2,500㎡	253,125,000円

解　説

　買換資産（土地等）として取得した複数の土地等の面積の合計額が、譲渡した土地等の面積の５倍を超えている場合には、超過部分は、それぞれの土地から構成されているものとして土地等の上限面積及び取得価額を次のとおり計算することになります（措法37②、措令25⑯、措通37−10、37の３−２）。

1　Ａ土地のうち買換資産となる部分の面積及び取得価額

$$800㎡ \times \frac{(500㎡ \times 5 = 2,500㎡)}{800㎡ + 1,200㎡ + 1,200㎡} = 625㎡$$

$$625㎡ \times 15万円／㎡ = 9,375万円$$

2　Ｂ土地のうち買換資産となる部分の面積及び取得価額

$$1,200㎡ \times \frac{(500㎡ \times 5 = 2,500㎡)}{800㎡ + 1,200㎡ \times + 1,200㎡} = 937.5㎡$$

$$937.5㎡ \times 11万円／㎡ = 103,125千円$$

3　Ｃ土地のうち買換資産となる部分の面積及び取得価額

$$1,200㎡ \times \frac{(500㎡ \times 5 = 2,500㎡)}{800㎡ + 1,200㎡ + 1,200㎡} = 937.5㎡$$

$$937.5㎡ \times 6万円／㎡ = 5,625万円$$

Q54 買換資産を２年に渡って取得する場合の面積制限

　　私は、事業用資産（Ａ土地70㎡）を譲渡しましたが、買換資産として譲渡の年にＢ土地（150㎡）、その翌年にＣ土地（350㎡）を取得しました。この結果、買換資産として取得した土地等の合計面積が面積制限（350㎡）を超えることになりましたがこの場合も、取得した土地等のいずれも同等の割合で面積制限を超える部分が生ずるものとして計算しますか。

〔買換資産〕

〈譲渡年に取得〉

　　Ｂ土地　面積　150㎡　取得価額4,500万円（@30万円）

〈譲渡年の翌年に取得〉

　　Ｃ土地　面積　350㎡　取得価額3,500万円（@10万円）

Answer

　買換資産を２年に渡って取得した場合に買換資産として取得した土地等の合計面積が面積制限を超えるときも超過部分はいずれの土地等に同等の割合で生じているものとして計算します。

　ご質問のケースでは、面積制限は、次のとおりＢ土地105㎡（取得価額3,150万円）、Ｃ土地245㎡（取得価額1,715万円）となり、買換資産（Ｂ土地及びＣ土地）の取得金額は、4,865万円となります。

$$\text{Ｂ土地}　150㎡ \times \frac{70㎡ \times 5}{500㎡} = 105㎡　3,150万円（930万円）$$

$$\text{Ｃ土地}　350㎡ \times \frac{70㎡ \times 5}{500㎡} = 245㎡　2,450万円（910万円）$$

買換資産の取得期限

Q55 買換資産の取得期限

> 甲は、令和2年に入り事業の用に供していた土地を譲渡しましたが、特定の事業用資産の買換えの特例の適用を考えています。ところで、買換資産はいつまでに取得しなければなりませんか。
> また、買換資産については先行取得も認められているようですが、これについても教えてください。

Answer

措置法第37条の適用にあたり買換取得する資産の取得期限は、原則として、事業用不動産を譲渡した年中及びその前年中若しくは翌年中とされていますが、買い換える資産の状況によっては、譲渡の年の前年以前2年（前々年）以内中又は譲渡の年の翌年以降3年以内の期間中に取得した場合にも買換資産とすることができます。

解 説

特定の事業用資産の買換えの特例の適用を受けるためには、買換資産を一定の期間に取得する必要がありますが、その買換資産を取得すべき期限については、次のように規定されています。

なお、一定の期間内に買換資産を取得してもその資産を取得した日から1年以内に事業の用に供しない場合又は供さなくなった場合には、本件特例の適用を受けることはできなくなります（措法37の2①）。

1 同年中の取得（譲渡した日の属する年中）

措置法第37条は、譲渡代金で買換資産を取得することを前提として

いますので、事業用資産を譲渡した日の属する年の12月31日までに取得した場合には、買換資産として認められます（措法37①）。

　なお、事業用不動産を譲渡した日より前に買換資産を取得した場合でも、同一年中に譲渡と買換取得が行われている場合には同年中に買換資産を取得したものとして取り扱われます。

2　先行取得（譲渡年分より前に取得）

　事業用資産を譲渡した日の属する年の前年中に買換資産を取得した場合であっても、その取得した日から1年以内に事業（事業に準じるものを含みます。）の用に供したときは、その先行取得した資産を買換資産として特例の適用を受けることができます（措法37③）。

　また、この場合において、工場等の建設に要する期間が通常1年を超えることその他やむを得ない事情がある場合（工場等の敷地の用に供するための宅地の造成並びにその工場等の建設及び移転に用する期間が通常1年を超えると認められる事情その他これに準じる事情がある場合をいいます。）には、最長、譲渡の日の属する年の前年以前2年（前々年）以内に取得した資産も買換資産とすることができます（措令25⑰）。

　なお、先行取得した資産を買換資産とする場合には、資産を取得した年の翌年の3月15日までに「先行取得資産に係る買換えの特例の適用に関する届出書」（37ページ参照）を税務署に提出する必要があります（措令25⑱）。

3　見込取得（譲渡年分の翌年以後に取得）

　事業用資産を譲渡した日の翌年中に買換資産を取得する見込みである場合には、買換資産の取得価額の見積額をもって確定申告を行う場

合のみ、措置法第37条の適用を受けることができます（措令37④）。

　また、買換資産の対象が工場等の建設などで、それに要する期間が通常1年を超えることその他やむを得ない事情がある場合には、譲渡した日の属する年の翌年以降3年以内の期間の範囲内で、税務署長の認定を受けた日までの期間に買換資産を取得する見込みであるときは、特定の事業用資産の買換えの特例の適用を受けることができます（措令25⑰）。

　なお、譲渡の年の翌年以降に買換資産を取得する見込みの場合には「買換（代替）資産の明細書」（40ページ参照）を確定申告書に添付する必要があり、一方、譲渡の年の翌年以降2年間のうちに買換資産を取得する見込みの場合には、「やむを得ない事情がある場合の買換資産の取得期限承認申請書」（44ページ参照）を提出して税務署長の承認を得る必要があります（所令25⑳）。

　上記1から3を図示すると次のようになります。

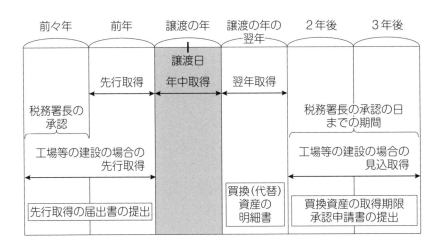

Q56 買換資産の取得日（契約ベースか引渡しベースか）

甲は、平成30年7月に目黒区内にある事業用資産を譲渡しましたが、この譲渡に係る平成30年分の譲渡所得の申告においては、平成31年12月31日までに買換資産を取得する見込みで取得価額の見積額により措置法第37条を適用して申告しました。

その後、買換資産（2か所）を次のとおり取得しましたが、これらの資産は、措置法第37条の買換資産の取得期限までに取得したことになりますか。

(1) 武蔵野市内にある中古建物及びその敷地を令和元年11月15日に契約し、引渡しは令和2年1月25日に受けました。

(2) 自己の有する宅地の上に、賃貸用アパートを建築する建築請負契約を令和元年12月10日に締結し、令和2年5月25日に引渡しを受ける予定です。

Answer

甲は事業用資産を平成30年に譲渡していますので原則として、翌年の令和元年12月31日までに買換資産を取得しなければなりません。この場合の買換資産の取得について、(1)については、契約ベースで取得したことにすれば期限内の取得になりますが、(2)については、建物が完成し引渡された日をもって取得した日としますので期限内に取得したことにはなりません。

したがって、(1)のケースは期限内に取得したことになりますが、(2)のケースは期限内に取得したことになりません。

解 説

　買換資産の取得時期の判定について、措置法通達等で明確に示されているものはありませんが、所得税基本通達では資産の取得について次のように定められています（所基通33－9）。

① 他から取得した資産については、所基通36－12に準じて判定した日とする。

② 自ら建設、製作又は製造（以下、「建設等」といいます。）をした資産については、当該建設等が完了した日とする。

③ 他に請け負わせて建設等をした資産については、当該資産の引渡しを受けた日とする。

　措置法第37条で規定する買換資産の取得時期についても、上記通達と異なる取扱いをする理由はないことから、同通達に基づいて判定することが相当です。

　したがって、ご質問の(1)の場合については、中古の建物及びその敷地の売買契約が令和元年11月15日に締結されていることから、上記の①により、契約効力発生の日を取得の日とすれば、期限内に取得したことになります。

　しかし、(2)の場合には、上記の③に該当しますので、建築請負契約は買換資産の取得期限内に締結しているものの、その引渡しは受けていないことから、期限内に取得したことにはなりません。

（参考）所基通36-12《山林所得又は譲渡所得の総収入金額の収
　　　　入すべき時期》

　　山林所得又は譲渡所得の総収入金額の収入すべき時期は、山林所得
又は譲渡所得の基因となる資産の引渡しがあった日によるものとする。
ただし、納税者の選択により、当該資産の譲渡に関する契約の効力発
生の日（農地法第3条第1項《農地又は採草放牧地の権利移動の制限》
若しくは第5条第1項本文《農地又は採草放牧地の転用のための権利
移動の制限》の規定による許可を受けなければならない農地若しくは
採草放牧地（以下この項においてこれらを「農地等」という。）の譲
渡又は同項第三号の規定による届出をしてする農地等の譲渡について
は、当該農地等の譲渡に関する契約が締結された日）により総収入金
額に算入して申告があったときは、これを認める。

(注1)　山林所得又は譲渡所得の総収入金額の収入すべき時期は、資産の譲渡
　　　の当事者間で行われる当該資産に係る支配の移転の事実（例えば、土地
　　　の譲渡の場合における所有権移転登記に必要な書類等の交付）に基づい
　　　て判定をした当該資産の引渡しがあった日によるのであるが、当該収入
　　　すべき時期は、原則として譲渡代金の決済を了した日より後にはならな
　　　いのであるから留意する。
(注2)　農地等の譲渡について、農地法第3条又は第5条に規定する許可を受
　　　ける前又は届出前に当該農地等の譲渡に関する契約が解除された場合
　　　（再売買と認められるものを除く。）には、国税通則法第23条第2項の規
　　　定により、当該契約が解除された日の翌日から2月以内に更正の請求を
　　　することができることに留意する。

買換資産の取得期限

Q57 先行取得した資産を買換資産とする 場合の届出書

甲は、事業を拡大するため、令和元年に新しい事業用資産を取得しましたが、当初は、古くなった他の事業用資産を同年中に売却し、その代金を充てるつもりでした。しかし、古くなった資産の買手がなかなか見つからないため売却は令和２年中になりそうです。

ところで、令和元年中に先行取得した資産を翌年に譲渡する事業用資産の買換資産の対象とする場合の手続きを教えてください。

Answer

令和２年に予定されている古い事業用資産の譲渡申告（措置法第37条の適用を受けるもの）において、令和元年に取得した事業用資産を買換資産として選択するのであれば、翌年（ご質問の場合では令和２年）の３月15日までに「先行取得資産に係る買換えの特例の適用に関する届出書」（37ページ参照）を提出する必要があります。

解 説

事業用資産を譲渡した個人が、その譲渡をした年の前年中（買換資産が工場等などで、その建設に要する期間が通常１年を超えることその他やむを得ない事情がある場合には、前々年中）に事業用資産を取得（建設又は製作を含みます。）した場合にも、当該資産を特定の事業用資産の買換えの特例に係る買換資産とすることができます（措法37③）。

ただし、譲渡の年の前年以前に取得した資産を買換資産として選択

207

するためには、その資産を取得した日の属する年の翌年３月15日までに、所定の事項を記載した「先行取得資産に係る買換えの特例の適用に関する届出書」を提出する必要があります（措令25⑱）。

　なお、この届出書が提出されていない場合には、たとえ先行取得した年の翌年に事業用資産を譲渡することができたとしても、その先行取得資産を特定の事業用資産の買換えの特例の適用に係る買換資産として認めることはできません。

Q58 買換資産の先行取得の延長が認められる場合

特定の事業用資産の買換えの特例の規定では、買換資産を譲渡した年の以前2年以内に先行取得した場合も認められると聞いています。この要件を教えてください。

Answer

先行取得の延長が認められる場合とは、買換資産の対象が工場などでその建設に要する期間が通常1年を超えること、その他やむを得ない事情がある場合（工場等の敷地の用に供するため宅地の造成並びにその工場等の建設及び移転に用する期間が通常1年を超えると認められる事情その他これに準ずる事情がある場合をいいます。）をいい、最長、譲渡の日の属する年の前年以前2年（前々年）以内に取得した資産についても買換資産とすることができます（措令25⑰）。そして、上記で述べる「その他これに準ずる事情がある場合」とは、真にその譲渡者の責に帰しがたいような事情によりやむを得ずその事業用資産の譲渡が遅延した場合をいい、具体的には次のとおりです（措通37-26の2）。

⑴　借地人又は借家人が容易に立退きに応じないため譲渡ができなかったこと。

⑵　譲渡するために必要な広告その他の行為をしたにもかかわらず容易に買手がつかなかったこと。

⑶　⑴又は⑵に準ずる特別な事情があったこと。

上記事由により、やむを得ず譲渡が遅延したことにより、先に取得した資産が結果的に譲渡した日の属する年の前々年中に取得することになった場合には、買換資産とすることができます。

Q 59 前年分の買換資産の超過分を来年分の買換資産とすることの可否

甲は今年の初めに事業用資産を 3 億円で譲渡するとともに、その代金で 4 億円の建物を取得し、措置法第37条の適用を受けました。

甲は、来年も事業用資産を 1 億円で譲渡するつもりですが、上記の買換資産（4 億円）のうち、超過分の 1 億円（4 億円－ 3 億円）を来年分の買換資産として措置法第37条の適用をすることは可能ですか。

Answer

「特定の事業用資産の買換えの特例」の対象となる買換資産については、買換資産の先行取得も認められており、譲渡資産を譲渡した日の属する年の前年中（工場等の敷地の用に供するための宅地の造成並びに当該工場等の建設及び移転に要する期間が通常 1 年を超えると認められる事情その他これに準ずる事情がある場合には、譲渡資産を譲渡した日の属する年の前々年中）に取得した資産も買換資産とすることができることとされています（措法37③）。

ところで、譲渡資産の譲渡の日の属する年の前年以前に取得した資産を当該譲渡資産に係る買換資産とすることができる場合において、事業用資産の譲渡が 2 年にわたって行われ、当該買換資産の取得価額が最初の年に譲渡した譲渡資産の収入金額を超えるとき当該買換資産のうちその超える金額に相当する部分は、更に次の年に譲渡した譲渡資産の買換資産とすることができるかどうかという疑問が生じます。

この点に関し、当該買換資産の取得価額が当該最初の年に譲渡した

譲渡資産の収入金額を超えるときは、当該買換資産のうちその超える金額に相当する部分は、更に当該譲渡の日の属する年の翌年以後における譲渡資産の買換資産とすることができるとされています（措通37-26）。

　ちなみに、平成3年度税制改正により、事業用資産を譲渡した日の属する年の前年以前に買換資産を先行取得した場合には、買換資産を取得した年の翌年3月15日までに、当該資産は買換えの特例の適用を受ける資産である旨及び次に掲げる事項を記載した届出書（37ページ参照）を税務署長に提出した場合に限り、買換え特例の適用対象となる買換資産とすることができることとされています（措令25⑱）。

①　届出者の氏名及び住所
②　取得資産の種類、規模、所在地、用途、取得年月日及び取得価額
③　譲渡予定資産の種類
④　その他参考となるべき事項

　したがって、ご質問のケースでは、あなたが買換資産を取得した年の翌年3月15日までに先行取得した旨の届出書を提出した場合に限り、来年に予定されている事業用資産の譲渡に係る買換資産とすることができます。

　なお、この取扱いは、買換資産の先行取得期間を延長するものではありませんので、この対象となる買換資産は、常に事業用資産の譲渡をした年の前年中（工場用地造成などの特別の事情がある場合には、前々年中）に取得したものでなければなりません。

Q60 翌年中に買換資産を取得する場合の手続等

　特定の事業用資産の買換えの特例は、譲渡した事業用資産の譲渡代金で事業用資産等を新たに購入することが前提とされています。

　これに関連して、買換資産を譲渡の年の翌年以降に取得する場合には、翌年中に取得するケースとそれ以降の年（譲渡の年の2年後又は3年後）に取得するケースが考えられますが、このうち、翌年中に買換資産を取得する見込みであるとして確定申告を行う場合の手続きを教えてください。

Answer

　事業用資産を譲渡した年に新たに買換資産を取得することができなかったときは、原則として、譲渡した年の翌年の12月31日までに買換資産を取得すれば措置法第37条の適用を受けることができます。

　この場合には、買換資産を譲渡をした年の翌年中に取得する見込みであるとして、譲渡した年分の確定申告をする際に「買換（代替）資産の明細書」（40ページ参照）を添付して税務署長に提出します。

　この「買換（代替）資産の明細書」には、取得する予定の買換資産についての取得予定年月日、取得価額の見積額、買換資産の該当条項のいずれに該当するかを記載します。

　こうした手続きを行うことにより譲渡所得の計算は、この買換資産の取得価額の見積額に基づいて行うことになります。

　その後、譲渡の年の翌年中に買換資産を実際に取得したときは、取得価額などの領収書等の証拠書類を税務署に提出して精算することに

なりますが、実際に要した買換資産の取得価額が見積額と異なり、譲渡所得に係る所得税額に変動が生じたときは、次のとおり更正の請求又は修正申告をすることになります。

(1) 実際の取得価額が見積額より大きいため譲渡所得金額が減少する場合

　事業用資産を取得した日（翌年の12月31日までのうちで、最終の支出日）から4か月以内に更正の請求をすることができます。

(2) 実際の取得価額が見積額より少ないため譲渡所得金額が増加する場合

　この場合には修正申告が必要です。修正申告と納税は、事業用資産を譲渡した年の翌年12月31日から4か月以内に行う必要がありますが、この期限内に修正申告書を提出し納税も済ませれば、過少申告加算税及び延滞税はかかりません。

(3) 買換資産の取得価額が見積額と同額の場合

　買換資産を見積額で取得したことを証明する領収書、登記事項証明書などを提出すると共に、取得時において事業の用に供していない場合には、1年以内に事業の用に供する旨の誓約書等を提出します。

Q61 買換資産取得が「買換(代替)資産の明細書」と異なる場合

甲は、平成30年5月に所有期間が10年を超える農地を譲渡しましたが、その代金で翌年にゴルフ練習場を取得するつもりでしたので、平成30年分の所得税の確定申告では、措置法第37条第1項六号の適用を受ける旨を記載して買換資産についての取得予定日及び取得価額の見積額などを記載した「買換(代替)資産の明細書」を添付して提出しました。

しかし、平成31年に入り適当なゴルフ練習場が見つからなかったので当初計画を断念し賃貸用不動産を購入して買換資産に充てようと考えています。

この場合、「買換(代替)資産の明細書」に記載した買換資産と異なる資産を取得することとなりますが、特定の事業用資産の買換えの特例の適用を受けることができるでしょうか。

Answer

ご質問のように、「買換(代替)資産の明細書」に記載した買換資産(ゴルフ練習場)とは異なる資産を取得したとしても、年末の期限までに取得した賃貸用不動産が措置法第37条で定める買換資産の要件を満たしていれば、買換資産として認められます。

解説

特定の事業用資産の買換えの特例の適用を受けるためには、原則として、買換資産を事業用資産を譲渡した日の属する年中及びその前年中又は翌年中に取得する必要がありますが、譲渡した日の属する年の

翌年中に買換資産を取得する場合には、未だ取得していないため買換資産の取得見込額により申告することになります。

そして、この場合には、措置法第37条の適用を受けようとする旨の記載をした申告書に、買換資産についての取得予定日、当該買換資産の取得価額の見積額及び当該買換資産が措置法第37条第1項の各号のいずれに該当するかの別その他の明細を記載した「買換（代替）資産の明細書」を添付して提出することで、本件特例の適用を受けることができます（措法37①④）。

ところで、実際に取得した資産が「買換（代替）資産の明細書」に記載していたものと異なる場合において、当初申告したとおり、本件特例の適用が認められるのかという問題がありますが、譲渡資産が措置法第37条第1項の各号のいずれかに該当するかについて見直しを行い、実際に取得した資産が見直された各号のその買換資産の要件を満たしているのであれば本件特例の適用は可能です（措通37－28）。

したがって、ご質問の場合には、措置法第37条第1項六号に該当するものとして確定申告を済ませたものですが、実際に取得した資産も六号に規定する買換資産に該当しているのであれば、当初予定した買換資産と異なる資産を取得したとしても本件特例の適用を受けることができます。

なお、この取扱いは、買換資産を譲渡した年の翌年末までに取得しているから変更が認められているのであり、仮に、買換資産の取得期限の延長申請により取得期限の延長が認められた買換資産については、変更は認められません。

Q62 取得期限の承認申請の手続

特定の事業用資産の買換えの特例は、譲渡した事業用資産の譲渡代金で事業用資産を新たに購入することが要件とされています。

これに関連して、買換資産を譲渡の年の翌年以降に取得する場合には、翌年中に取得するケースとそれ以降の年（譲渡の年の2年後又は3年後）に取得するケースが考えられますが、譲渡の年の2年後又は3年後に買換資産を取得する見込みであるとして確定申告を行う場合の手続きを教えてください。

Answer

特定の事業用資産の買換えの特例の適用を受けるためには、買換資産を取得しなければなりませんが、この買換資産の取得期間は、原則として譲渡した年の前年から翌年までの3年間とされています。

したがって、買換資産をこの期間内に取得しないときは原則として本件特例は受けることができません。

しかし、この買換資産の取得期限までに買換資産を取得できない場合であっても、やむを得ない事情がある場合には買換資産の取得期限の延長を申請することができます。

このやむを得ない事情とは、次のいずれかのケースに当てはまる場合をいいますが、一部はQ58の長期先行取得が認められる事情と同じです（措令25⑰、措通37-27の2）。

(1) 工場の移転や建設などにかかる期間が通常1年を超えること。

(2) 法令の規制等により取得計画の変更をしなければならなくなったこと。

⑶　売主、その他の関係者との交渉が長引き、簡単に資産の取得ができないこと。

⑷　⑴から⑶までの事情に準じた事実があること。

　なお、このやむを得ない事情がある場合には、譲渡をした年分の確定申告をする際に、「買換(代替)資産の明細書」と合わせ「やむを得ない事情がある場合の買換資産の取得期限承認申請書」（以下「取得期限承認申請書」といいます。）（44ページ参照）を税務署長に提出する必要があります（措法37④⑥、措令25⑱、措規18の５⑥）。

　また、確定申告において、翌年中に買換資産を取得するとして「買換(代替)資産の明細書」を提出していた場合において、その後、後発的にやむを得ない事情が生じたときに取得期限の延長が認められるかについては、法令上、明確な定めがありませんが、本来の取得期間である譲渡の年の翌年中にそのやむを得ない事情が生じた時以後、速やかに「取得期限承認申請書」を提出すれば、取得期限の延長が認められると考えます。

Q63 資金繰りが悪化し買換資産を取得できない場合

甲は、平成30年に事業用の不動産（土地及び建物）を譲渡しましたが、措置法第37条の適用を受けるため、令和元年中に買換資産を取得する見込みとして、取得価額の見積額により申告を済ませました。ところが令和元年に入り資金繰りが悪化し取得期限内に買換資産を取得することが困難となりました。

甲は、買換資産を取得する意思をもっていますが買換資産の取得期限の延長は認められるでしょうか。

Answer

事業用資産を譲渡した者の個人的理由（資金繰り等）により取得期限内に買換資産を取得できなかった場合には、取得期限の延長承認申請書を税務署長に提出しても、買換資産の取得期限の延長は認められません。

解 説

特定の事業用資産の買換えの特例の適用上、買換資産の取得期間は、原則として、その譲渡資産の譲渡の日の属する年の前年1月1日からその年の翌年12月31日までの間と定められています（措法37①③④）。

しかし、買換資産の対象が工場の建設などで工場等の敷地の用に供するための宅地の造成並びにその工場等の建設及び移転に要する期間が通常1年を超えると認められる事情その他これに準ずる事情があるためやむを得ずその取得が遅延する場合には、税務署長の承認を受けてその期間を最長譲渡の日の属する年の翌年の12月31日以後2年を経

過する日まで延長することができます（措法37④かっこ書）。

　そして、上記で述べる「その他これに準ずる事情があるためにやむを得ずその取得が遅延する場合」とは次の(1)から(3)の事情をいうとされています（措通37－27の2）。

(1)　法令の規制等によりその取得に関する計画の変更を余儀なくされたこと。

(2)　売主その他の関係者との交渉が長引き容易にその取得ができないこと。

(3)　前記(1)又は(2)に準ずる特別な事情があること。

　したがって、ご質問の場合のように自分の事業の運転資金がショートし、そのために買換資産を取得できないという事情は、上記(1)から(3)の事情に該当しませんので、買換資産の取得期限の延長は認められません。したがって、取得期限（令和元年12月31日）の翌日から4か月以内に買換資産の取得ができなかったとして、修正申告書を提出する必要があると考えます（措法37の2②二）。

ポイント　先行取得資産の取得期間

　先行取得資産は、原則として、譲渡の年の前年に取得することとされていますが、工場等の敷地の用に供するための宅地の造成並びに当該工場の建設及び移転に要する期間が通常1年を超えると認められる事情等がある場合には、譲渡の年の前々年に取得した場合でも、先行取得資産として認めています。

　この先行取得資産は、届出をすれば無条件で認められるもので買換資産の取得期間の延長承認申請とは異なります。

Q64 買換資産の取得期限の延長のやむを得ない事情（マンション建設）

> 甲は、事業の用に供していた土地を譲渡し、その代金で賃貸用のマンションを建築する予定ですが、この買換資産とするマンションは、完成までに2年を要すると建設業者にいわれています。
>
> このような場合、税務署長に「やむを得ない事情がある場合の買換資産の取得期限承認申請書」を提出すれば、税務署長は取得期限を2年間延長することを認めるでしょうか。

Answer

買換資産となるマンションの建設に要する期間が1年を超える場合には、やむを得ない事情に該当しますので、買換資産の取得期限の延長は認められると考えます。

解説

買い換える建物等の建築の期間が建設工法等の技術性に鑑みて1年を超えると認められる場合には、やむを得ない事情に該当するものと考えられます。

特に買換資産がこれから建築する高層マンション等であるような場合には、建築期間が長期間にわたることが当然と考えられますので、やむを得ない事情があるものとして取得期限の延長が認められることになると思われます（措法37④）。

買換資産の取得期限

Q 65 　譲渡の年の翌年に買換資産の取得期限の延長承認申請書を提出する場合

　甲は、平成30年中の譲渡所得について、措置法第37条の特定の事業用資産の買換えの特例を適用するとして申告しましたが、買換資産については、翌年中に買換資産を取得する見込みであるとして「買換（代替）資産の明細書」を確定申告書に添付しています。

　その後、買換取得する予定だったビルの建設を始めところ遺跡が発掘され建設期間が延びそうです。そこで、令和元年6月に「やむを得ない事情がある場合の買換資産の取得期限承認申請書」を税務署長に提出するつもりですが、取得期限の延長は認められますか。

Answer

　譲渡した年の翌年中に買換資産を取得する見込みであるとして確定申告を済ませていた場合において、当初予定していた取得期間中（翌年中）にやむを得ない事情が生じたため買換資産を翌年の12月31日までに取得できないこととなった場合には、当該期限までに「やむを得ない事情がある場合の買換資産の取得期限承認申請書」（44ページ参照）を税務署長に提出することにより買換資産の取得期限の延長が認められるものと考えられます。

解　説

　買換資産の取得期限は、次のとおりとされています（措法37①③④）。

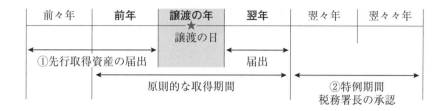

前々年	前年	譲渡の年 ★ 譲渡の日	翌年	翌々年	翌々々年

①先行取得資産の届出　　　　　　　　　　　届出

原則的な取得期間　　　　　　　　②特例期間 税務署長の承認

　上記②の特例期間中に取得する買換資産について、取得期限の延長の承認を得るためには、買換資産の対象が工場等であり、その工場等の敷地の造成並びに工場等の建設及び移転に要する期間が通常1年を超えると認められる事情その他これに準ずる事情があるために、譲渡の日の属する年の翌年中に買換資産を取得することが困難であることが要件とされています（措法37③④かっこ書き）。この場合、いったん、譲渡の日の属する年の翌年中に買換資産を取得する見込みであるとして確定申告を済ませた者は、その後、事情変更による買換資産の取得期限の延長は税法上は認められていないとも考えられます。

　しかし、真にその譲渡資産の譲渡の日の属する年の翌年中に買換資産を取得する意思をもって、「買換(代替)資産の明細書」を添付して確定申告を済ませた者（譲渡人）が、譲渡の年の翌年中に買換資産の取得に着手したものの、その者の責めに帰すべからざる後発的な事情により取得期間内に買換資産を取得することができなくなった場合において、全く取得期限の延長を認めないとするならば譲渡人に過度な負担を強いることになります。

　したがって、当初予定していた取得期間中（翌年中）にやむを得ない事情が生じたのであれば、譲渡の年の翌年末までに「やむを得ない事情がある場合の買換資産の取得期限延長承認申請書」を提出することにより税務署長が承認した期間まで取得期限の延長が認められると考えられます。

買換資産の取得期限

Q66　工場等の建設に着手してから3年以内に事業の用に供されない場合

　私は、工場の用に供していた土地を平成30年2月に譲渡し、その代金で同年10月に土地（更地）を取得しましたが、さらに、その土地の上に工場等を建築するつもりです。なお、その工場は建設着手から2年以内に竣工する予定で、完成後はすぐに稼動させるため工場等の建築費を買換資産として「取得期限の延長承認申請書」を添付して、措置法第37条の確定申告を行いました。

　その後、工場については平成31年1月に着工し、令和2年12月に完成したのですが、事業を取り巻く環境が悪化したことにより工場の稼動は大幅に遅れて、結局、工場の建設工事に着手してから3年以内に事業の用に供することはできませんでした。

　この場合、特定の事業用資産の買換えの特例の適用を受けた土地について、どのように取り扱われることになりますか。

Answer

　工場がその建設等に着工した日から3年以内に事業の用に供されない場合には、期限内に取得していた土地等も事業の用に供していないと扱われるので特定の事業用資産の買換えの特例に係る買換資産とすることはできないことになります。したがって、ご質問の場合には、修正申告書を提出する必要があります。

解　説

　特定の事業用資産の買換えの特例は、その取得した買換資産を、その取得の日から1年以内に事業の用に供した場合（当該期間内に事業

の用に供さなくなった場合を除きます。）に限り適用を受けることができるとされています（措法37①、37の2②二）。

　買換資産として土地等を取得し、その土地の上に事業の用に供するための建物又は構築物（以下「建物等」といいます。）を建築する場合におけるその土地等を事業の用に供したかどうかの判定は、基本的にはその建物等を事業の用に供した日とされています。しかし、この取扱いを厳格に解すると土地等を取得した後、直ちに建物の建築に着手しても建築期間が1年を超えるような場合には、当該土地等は、その取得の日から1年以内に事業の用に供しないこととなり、本件特例の適用が受けられないことになります。そこで、土地等の上に建物等の建設する場合には、建築着手した日から3年以内に、建築を完了して建物等を事業の用に供することが確実であると認められるときは、その建物等の建築に着手した日をもって、その土地等を事業の用に供した日と判定するとされています（措通37－23(1)イかっこ書）。

　しかし、この取扱いは、建物等の建築に着工した日から3年以内にその建築が完了し、当該建物等が事業の用に供されることを前提としていますので、建物等の建築に着手した日から3年以内にその建物等が事業の用に供されない場合には、その土地も取得の日から1年以内に事業の用に供しなかったものとして本件特例は適用できなくなります。

　ご質問のケースは、工場等がその建築に着工した日から3年以内に事業の用に供されないということですので、その工場の土地は、その取得の日から1年以内に事業の用に供されないこととなり、特定の事業用資産の買換えの特例の適用を受けられないことになります（措通37の2－2）。なお、この場合の修正申告書の提出期限及び納付期限は、工場等の建築に着工した日から3年を経過した日の4か月以内となります（措通37の2－2）。

買換資産の取得期限

Q67　取得期限の延長対象ではない買換資産の取得期限の延長

　甲は、工場等を譲渡し、その対価で新たに土地を取得してその上に工場を建築する予定でいますが、工場の建設に期間を要するため２年間（譲渡の年の翌々年まで）の取得期限の延長の承認を得て措置法第37条の申告を済ませています。しかし、実際には工場等を譲渡した年の翌年末になっても敷地の取得すらできずにいます。

　この場合、既に買換資産の取得期間の延長の承認を受けていますので、土地等の取得についても建物同様２年間の期限の延長の期間内に取得すれば、特定の事業用資産の買換えの特例の適用を受けることができるでしょうか。

Answer

　税務署長が行う買換資産の取得期間の延長の承認は、買換資産である工場等の取得事情に基づいて個々に行われたものであり、その土地等については、新たに造成等を要するなどの特別の事情が生じない限り、取得期限の延長は認められません。

解　説

　買換資産の取得期間の延長の承認は、個々の買換資産の取得の事情に基づいてそれぞれ個々に行うこととされていますので、例えば、工場の建設に２年を要する場合であっても、その敷地については、造成等に要する期間が１年を超えるなどの特別の事情がない限り買換資産の取得期限の延長は認められないこととされています（措通37−27）。

Q68　取得指定期間に特定非常災害に基因して買換資産の取得が困難になったとき

　私は、10年超所有していた事業用資産を令和元年6月に譲渡し、その申告では、特定の事業用資産の買換の特例の適用を受けました。その際、買換資産については、譲渡した年の翌年（令和2年中）に取得することが困難であったため、税務署長の承認を受け、買換資産の取得期限が翌々年（令和3年）の年末に延長されました（取得指定期間）。

　ところが、令和2年7月の大雨（特定非常災害）の影響により、建築中であった建物が土砂崩れにあい取得指定期間までに買換資産を取得することが困難となってしまいました。この場合、さらに取得期限を延長することは可能ですか。

Answer

　特定非常災害に基因するやむを得ない事情により、取得指定期間内に買換資産の取得をすることが困難となった場合において、その取得指定期間の初日からその取得指定期間の末日後2年以内の一定の日までの期間内に買換資産の取得をする見込みであり、かつ、納税地の税務署長の承認を受けたときは、取得指定期間を「取得指定期間の末日後2年以内の日であって税務署長が承認の際に認定した日」まで延長することができます（措法37⑧）。

　したがって、ご質問のケースでは、特定非常災害に基因するやむを得ない事情により買換資産を取得指定期間内に取得することが困難な状況となったわけですから、新たに税務署長に取得指定期間の延長申請をすることができると考えます。この延長後の取得期限は、取得指

定期間の末日の翌日から起算して２年以内の日で買換資産の取得をすることができるものとして税務署長が認定した日とされています（措令25㉓）。

　なお、特定非常災害に基因するやむを得ない事情による取得指定期間の延長は、平成29年度の税制改正により設けられてものです。その創設の趣旨は次のとおりです。

　「災害を受けられた方（被災者）に対しては、国税通則法、災害減免法や各税法において、申告、納付期限の延長や、税の減免など、災害一般に適用される様々な特例措置が講じられています。その上で、阪神・淡路大震災及び東日本大震災の際には、特別立法により、追加的な税制上の対応を行ってきました。このように、災害に関する税制上の措置については、災害一般に適用される様々な措置を講じた上で、被害に応じてきめ細やかに対応するとの考え方の下、被害の状況や規模などを踏まえ、災害ごとに税制上の対応を検討してきたところです。

　近年、災害が頻発していることも踏まえ、被災者の不安を早期に解消するとともに、税制上の対応が復旧や復興の動きに遅れることがないようにする観点から、平成29年度税制改正において、特別立法によって措置された災害関連規定のうち、

①　被害の状況や規模などにかかわらず災害一般に適用することが相当なもの

②　被災者生活再建支援法などの下、他の支援策が講じられている場合に適用することが相当なもの

について、予め規定を整備しておく必要があることから、措置法第37条第８項の規定が追加されました。」

Q69 取得指定期間延長の手続

特定非常災害に基因するやむを得ない事情により、取得指定期間内に、買換資産を取得することが困難な状況となった場合の取得指定期間の延長の申請手続について教えてください。

Answer

特定非常災害に基因するやむを得ない事情により取得指定期間内に買換資産を取得することが困難になった場合には、取得指定期間の延長が認められています（措令37⑧）が、この場合の手続は次のとおりです。

取得指定期間の延長について税務署長の承認を受けようとする個人は、取得指定期間の末日の属する年の翌年3月15日（同日がその者の義務的修正申告書の提出期限後である場合には、その提出期限）までに、申請者の氏名及び住所、特定非常災害に基因するやむを得ない事情の詳細、買換資産の取得予定年月日及びその認定を受けようとする年月日、その他参考となるべき事項を記載した申請書（46ページ参照）に、その特定非常災害に基因するやむを得ない事情により買換資産の取得をすることが困難であると認められる事情を証する書類を添付して、税務署長に提出しなければならないこととされています。

ただし、税務署長において、やむを得ない事情があると認める場合には、その書類を添付することを要しないこととされています（措規18の5⑦）。

この場合に認められる延長後の取得期限は、取得指定期間の末日の翌日から起算して2年以内の日で買換資産の取得をすることができる

ものとして税務署長が認定した日とされています（措令25㉓）。この場合の税務署長が認定した日とは、税務署長が承認の際に認定した日のことをいいます（措規18の５⑧）。

　なお、この取得指定期間の延長の特例の適用を受けた後に、措置法第37条第４項の規定に基づく買換資産の取得をすることが困難である場合に該当するものとして取得指定期間の延長を更にすることはできません。

Q70 譲渡をした者が買換資産を取得しないで死亡した場合

甲の父は、令和元年6月、事業の用に供していた土地・建物を譲渡し、その代金で買換資産として賃貸住宅を建築するため、同年8月に建設業者と工事請負契約を締結しましたが、同年9月に突然死してしまいました。

なお、賃貸住宅の工事はそのまま継続し、令和2年6月に建物が完成しそれ以後は私が相続して貸付けています。

このような場合、亡父が譲渡した土地・建物に関して措置法第37条の適用を受けることができますか。

Answer

事業用資産を譲渡した者が、買換資産を取得しないまま死亡した場合であっても、一定の要件に該当するときは、措置法第37条の適用を受けることができます。

ご質問の場合は、買換資産となる建物の工事請負契約が亡父の死亡日前に締結され、定められた期間内に相続人が当該建物を取得し、賃貸を開始していますので措置法第37条の適用は可能と考えます。

解 説

特定の事業用資産の買換えの特例の適用を受けるためには、原則として、事業用資産を譲渡した者が買換資産を取得し、かつ、その取得した者がその買換資産を事業の用に供する必要があります(措法37①)。

しかし、事業用資産を譲渡した者が、買換資産を取得しないまま死亡した場合であっても、その者が死亡前に買換資産の取得に関する売

買契約又は請負契約を締結している場合など、譲渡者の死亡前に買換資産が具体的に確定しており、かつ、その相続人が所定の期間内にその買換資産を取得し、取得した日から１年以内に事業の用に供したとき（その譲渡をした者と生計を一にしていた親族の事業の用に供した場合を含みます。）は、その死亡した譲渡者のその譲渡に係る譲渡所得の計算上、特定の事業用資産の買換えの特例の適用を受けることができるとされています（措通37－24）。

　この取扱いは、事業用資産を譲渡した者が死亡する前において、買換資産が具体的に確定していたかが重要となります。したがって、買換資産の取得について、措置法第37条の適用を受けようとする旨を記載した申告書に、買換資産についての取得予定年月日、当該買換資産の取得価額の見積額及び当該買換資産が措置法第37条第１項の各号のいずれに該当するかの別その他の明細を記載した「買換（代替）資産の明細書」を添付して提出していたとしても、その者の死亡日までに買換資産が具体的に確定していない場合には、たとえ相続人が被相続人の遺志に基づいて所定の期間内に買換資産を取得し、その資産を事業の用に供したとしても、措置法第37条の適用を受けることは困難です。

　ご質問の場合、賃貸住宅の建築に関する工事請負契約が、亡父の死亡前に締結されており、かつ、所定の期間内に相続人が買換資産を取得しその後、賃貸を開始していますので、亡父の譲渡所得の計算上、措置法第37条の適用を受けることができます。

Q71 買換資産を事業の用に供した日

　特定の事業用資産の買換えの特例の適用を受けて取得した買換資産は、その取得の日から１年以内に事業の用に供することとされていますが、買換資産を事業の用に供した日は、どのように判定するのでしょうか。

Answer

　買換資産を事業の用に供した日の判定は、買換資産の種類ごとにそれぞれその使用の状況に応じて判定することとされています。

解 説

　特定の事業用資産の買換えの特例は、その取得した買換資産を、その取得の日から１年以内に事業の用に供した場合に限り適用を受けることができるとされています（措法37①、37の２①、②二）。

　この買換資産を事業の用に供した日とは、次により判定することとされています（措通37−23）。

1　土地等の場合

　土地等については、その使用の状況に応じて、それぞれ次に定める日によります。

(1)　新たに建物、構築物（以下「建物等」といいます。）の敷地の用に供する場合は、その建物、構築物を事業の用に供した日

　　　ただし、次に掲げる場合には、その建物等の建設等に着手した日をもって当該土地等を事業の用に供した日と判定することとしてい

ます（措通37－23）。

① 当該建物、構築物等の建設等に着手した日から３年以内に建設等を完了して事業の用に供することが確実であると認められる場合

② 当該建物、構築物等の建設等に着手した日から３年超５年以内に建設等を完了して事業の用に供することが確実であると認められる場合（当該建物、構築物等の建設等に係る事業の継続が困難となるおそれがある場合において、国又は地方公共団体が当該事業を代行することにより当該事業の継続が確実であるものに限ります。）

(2) 既に土地等の上に建物、構築物等が存するものの場合は、その建物、構築物等を事業の用に供した日

　　ただし、その建物、構築物等がその土地等の取得日前からその者の事業の用に供されており、かつ、引き続きその用に供されるものである場合には、その土地等を取得した日

(3) 建物、構築物等の施設を要しない場合には、そのものの本来の目的のための使用を開始した日

　　ただし、その土地等がその取得日前からその者において使用に供されているものである場合には、その取得の日

2　建物、構築物並びに機械及び装置の場合

　建物、構築物並びに機械及び装置については、そのものの本来の目的のための使用を開始した日によることになります。

　ただし、その資産がその取得日前からその者において使用されていた場合（例えば、その資産を借りていた場合など）には、その取得の日によることになります。

Q72 買換資産を事業の用に供していることの具体例

特定の事業用資産の買換えの特例の適用を受けるための要件に買換資産を取得した日から1年以内に事業の用に供した場合又は供する見込みである場合というものがあります。

この場合において、買換資産を事業の用に供したかの判定について具体例はありますか。

Answer

買換資産を事業の用に供したかどうかの判定は、取得した資産の種類ごとにそれぞれの態様に応じて次のとおり判定することとされています。

解説

特定の事業用資産の買換えの特例の適用を受けるためには、買換資産をその取得の日から1年以内に事業の用に供した場合又は供する見込みである場合に限られていますが、この場合において、その買換資産を事業の用に供したかの判定は、次により行うこととされています（措法37①、措通37-21）。

⑴ 土地の上にその者の建物、構築物等の建設等をする場合においても、その建物、構築物等が事業の用に供されていないときにおけるその土地は、事業用資産の用に供したものに該当しません。

⑵ 空閑地（運動場、物品置場、駐車場等として利用されている土地であって、特別の施設を設けていないものを含みます。）である土地、空き家である建物等は、事業の用に供したものには該当しませ

ん。ただし、特別の施設を設けていないものの、物品置場、駐車場等として常時使用している土地で事業の遂行上通常必要なものとして合理的であると認められる程度のものは、この限りではありません。

(3)　工場等の用地として利用されている土地であっても、その工場等の生産方式、生産規模等の状況からみて必要なものとして合理的であると認められる部分以外の部分の土地については、事業の用に供したものに該当しません。

(4)　農場又は牧場等として利用されている土地であっても、その農場又は牧場等で行っている耕作、牧畜等の行為が社会通念上農業、牧畜業等に至らない程度のものであると認められる場合には、その土地又は耕作能力、牧畜能力等から推定して必要以上に保有されている土地については、事業の用に供したものに該当しません。

(5)　植林されている山林を相当の面積にわたって取得し、社会通念上林業と認められる程度に至る場合におけるその土地は、事業の用に供したものに該当しますが、例えば、雑木林を取得して保有しているに過ぎず、林業と認められるに至らない場合のその土地は、事業の用に供したものに該当しません。

(6)　事業に関連して貸付ける次に該当するものは、相当の対価を得ていない場合であっても、事業の用に供したものとして取り扱われます。

イ　工場、事業所等の作業員社宅、売店等として貸付けているもの

ロ　自己の商品等の下請工場、販売特約店等に対し、その商品等について加工、販売等をするために必要な施設として貸付けているもの

(7) 事業の用に供していたとは認められないもの

次に掲げるような資産については、仮に前記(1)〜(6)により事業の用に供していると判断されても事業の用に供していた資産には該当しません。

イ　措置法第37条《特定の事業用資産の買換えの場合の譲渡所得の課税の特例》の適用を受けるためのみの目的で一時的に事業の用に供したものと認められる資産であるとき

ロ　たまたま運動場、物品置場、駐車場等として利用し、また、これらの用のために一時的に貸付けたと認められた空閑地であるとき

事業開始日 Q73　買換資産を事業の用に供した時期の判定（賃貸マンションの入居が遅れた場合）

　甲は、特定の事業用資産の買換えの特例の適用を受けるため、買換資産の取得期限内に賃貸用マンションを新築しました。

　マンションは全部で10室で、新築後引渡しを受けると同時に仲介業者に入居者募集のための広告宣伝を依頼していますが、引渡しから1年を経過した現在も未だ3室が空室となったままです。

　ところで、買換資産を取得した日から1年以内に事業の用に供しなかった場合には、この特例の適用が受けられないと聞いていますが、上記賃貸用マンションのうちの空室の3室に相当する部分は、本件特例の適用が受けられないのでしょうか。

Answer

　空室となっている3室については、新築後も継続的に入居者募集の広告宣伝等が行われており、かつ、その3室は入居の申込みがあればいつでも入居できるような状況にあると考えられるので、当該3室についても事業の用に供しているものとして本件特例の適用が受けられるものと考えられます。

解説

　特定の事業用資産の買換えの特例は、取得期限内に取得した買換資産をその取得の日から1年以内に事業の用に供しない場合、又は供しなくなった場合には適用することができません（措法37①、37の2①、②二）。

　ここでいう事業の用に供することとは、買換えによって取得した資

産を本来の目的のために使用開始することをいいますので、ご質問の場合、3室については未だ入居者がいませんから、その部分は事業の用に供したことにはならないとも考えられます。

　しかし、①新築したマンションの引渡しを受けていること、②入居者募集の広告宣伝の依頼がされていること、③入居の申込みがあればいつでも入居が可能なこと及び④現にそのマンションの大半が賃貸の用に供されていることからすれば、他の7室と同様に事業の用に供されているものとして本件特例の適用が受けられるものと考えられます。

事業開始日

Q74　買換資産を事業の用に供した時期の判定（土地等の上に存する建物等）

　甲は、令和元年5月に古くなった工場とその敷地を譲渡し、その譲渡代金で同年11月に新たに工場の敷地を取得するとともに、令和2年1月に工場建設に着工しました。

　ところで、この工場は、完成するまでは約2年の期間を要するため、延長承認を受けており操業開始の時期は、令和4年4月以降の予定です。

　この場合、工場敷地として取得した土地は、いつの時点で事業の用に供されたことになるのでしょうか。

Answer

　取得した土地等の上に工場等を建設する場合であって、その完成が建築工事に着手した日から3年以内であって、かつ、事業の用に供されることが確実であると認められる場合には、工場の建設等に着手した日をもって買換資産を事業の用に供した日と判定されます。

　したがって、ご質問のケースは令和2年3月に工場等の敷地は事業の用に供したこととして取り扱うことができます。

解　説

　買換資産が土地等である場合において、その土地等の上に新たに建物、構築物等を建設等するような場合には、原則として新しく建設等された建物、構築物等が事業の用に供された日をもってその土地等が事業の用に供された日とされます（措通37-23(1)イ）。

　したがって、このような場合には土地を取得してすぐに建物の建設

に着手した場合であっても、その建物の建設期間が通常1年を超える
ようなときには、当該土地等はその取得の日から1年以内に事業の用
に供することができないので買換資産に該当しないこととなり、特例
の適用が困難になり不合理な結果となります。

　そこで、土地等の上に建物等を建設する目的で土地等を取得した場
合において建物等の建築に着手した日から3年以内に建物等が完成し
て、その建物等を事業の用に供することが確実であると認められると
きには、その建設等に着手した日をもってその土地等を事業の用に供
した日とする取扱いが定められています（措通37－23(1)イかっこ書）。

　なお、この取扱いによる場合には、その建物等の建築に着手した日
から3年以内に建物等が完成し、かつ、同年内に事業の用に供するこ
とが条件とされていますので、当該期間内に事業の用に供することが
できなかった場合には、その土地等はその取得の日から1年以内に事
業の用に供しなかったとして本件特例は適用されないこととなります。

　この場合、土地等を買換資産として特例の適用を受けていた場合に
は、当該3年を経過した日から4か月以内に措置法第37条の2の規定
により修正申告書を提出しなければなりません（措通37の2－2）。

譲渡所得の計算

Q75　譲渡所得の金額の計算

　特定の事業用資産の買換えの特例を受けた場合の譲渡所得の計算方法を教えてください。

　なお、平成27年及び令和 2 年の措置法の改正により、措置法第37条第 1 項二号及び六号は課税繰延割合を70％又は75％として計算するようですが、これについても教えてください。

Answer

　特定の事業用資産の買換えの特例の適用を受けた場合の譲渡所得の金額の計算は、譲渡価額と買換資産の取得価額の大小によって次のとおりとされています。

⑴　**譲渡資産の譲渡価額の場合 ＞ 買換資産の取得価額**

①	譲渡収入金額	譲渡資産の譲渡価額－買換資産の取得価額×80％
②	必要経費の額	$\left(\begin{array}{c}譲渡資産\\の取得費\end{array}+譲渡費用\right) \times \dfrac{①の金額}{譲渡資産の譲渡価額}$
③	譲渡所得の金額	①譲渡収入金額－②必要経費の額

⑵　**譲渡資産の譲渡価額 ≦ 買換資産の取得価額**

①	譲渡収入金額	譲渡資産の譲渡価額×20％
②	必要経費の額	（譲渡資産の取得費＋譲渡費用）×20％
③	譲渡所得の金額	①譲渡収入金額－②必要経費の額

　なお、課税繰延割合（80％）は、平成27年及び令和 2 年の税制改正により、一部の譲渡事業用資産（二号又は六号）について変更（75％又は70％）されています。

〔平成27年の改正〕

　平成27年の措置法改正により、平成27年8月10日以後に現在の措置法第37条第1項六号（改正当時は九号）の規定《所有期間が10年超の事業用資産を譲渡した場合》の適用を受ける場合には、譲渡資産が地域再生法第5条第4項四号に規定する集中地域以外の地域にあり、かつ、取得する（取得見込みの場合を含みます。）買換資産が東京23区を除く集中地域内にある場合には、前掲の算式の80％を75％とし、買換資産が東京23区内にある場合には、前掲の算式の80％を70％とし、かつ、20％を25％又は30％として計算します（措法37①⑩、措令25④⑤、25の2②⑥）。

〔現行六号買換えの課税繰延割合〕

譲渡資産	買換資産	変更点
地域再生法第5条第4項第四号に規定する集中地域以外(注)にある資産	東京23区を除く集中地域内にある資産	「80％」→「75％」 「20％」→「25％」
	東京23区内にある資産	「80％」→「70％」 「20％」→「30％」

(注)　集中地域とは、地方活力向上地域（産業及び人口の過度の集中を防止する必要がある地域及びその周辺地域）であって地域再生法の施行令第3条で定めるものをいいます。
　(1)　首都圏整備法第2条第3項に規定する既成市街地
　　　東京都の特別区の存する区域及び武蔵野市の区域並びに三鷹市、横浜市、川崎市及び川口市の区域のうち首都圏整備法施行令別表に掲げる区域を除く区域（巻末資料497ページ参照）
　(2)　首都圏整備法第2条第4項に規定する近郊整備地帯
　　　首都圏整備法第24条第1項の規定により指定された区域（巻末資料506ページ参照）
　(3)　近畿圏整備法第2条3項に規定する既成都市区域
　　　大阪市の区域及び近畿圏整備法施行令別表に掲げる区域（巻末資料500ページ参照）
　(4)　首都圏、近畿圏及び中部圏の近郊整備地帯等の整備のための国

　　の財政上の特別措置に関する法律施行令別表に掲げる区域（名古
　　屋市の一部、巻末資料504ページ参照）

〔令和２年の改正〕

　令和２年度の税制改正により、令和２年４月１日以後に措置法第37
条第１項二号《航空機騒音障害区域の内から外への買換え》の規定を
受ける場合には譲渡資産が次の区域内にある場合には、前掲の算式の
80％を70％とし、20％を30％として計算します（措法37①、37の３②、
措令25④⑤、25の２②⑥）。

①　令和２年４月１日前に特定空港周辺航空機騒音対策特別措置法第
　　４条第１項に規定する航空機騒音障害防止特別地区となった区域
②　令和２年４月１日前に公共用飛行場周辺における航空機騒音によ
　　る障害の防止等に関する法律第９条第１項に規定する第二種区域と
　　なった区域
③　防衛施設周辺の生活環境の整備等に関する法律第５条第１項に規
　　定する第二種区域

Q76　譲渡収入金額 ＞ 買換資産の取得価額

　甲は、令和 2 年中に23区内にある賃貸用住宅として利用している建物及びその敷地を 5 億円で一括譲渡し、その代金の一部 4 億円で甲が所有する土地の上に賃貸用ビルを建築することを予定していますが、この譲渡について、措置法第37条第 1 項六号《所有期間が10年超の事業用資産を譲渡した場合》の適用を考えています。

　この譲渡について、特定の事業用資産の買換えの特例の適用を受けた場合の譲渡所得の金額の計算方法について教えてください。

　なお、譲渡した賃貸用不動産の状況は次のとおりです。

(1)　土地の取得費：平成14年 5 月取得　　　　　　　2,800万円

(2)　建物の取得費：平成15年 2 月完成　　　　　　　3,500万円

　　　　　　　　　　　（譲渡時点の未償却残高　400万円）

(3)　仲介手数料　　　　　　　　　　　　　　　　　1,800万円

Answer

　ご質問の場合は、譲渡代金の一部を買換資産の取得に充てるということなので、譲渡所得の金額は、次の算式により 1 億6,200万円となります。

①	譲渡収入金額	5 億円－（ 4 億円×80％）＝ 1 億8,000万円
②	必要経費の額	(3,200万円＋1,800万円)×①／ 5 億円＝1,800万円
③	譲渡所得の金額	①－②＝ 1 億6,200万円

　ちなみに、ご質問のケースは、六号を適用するケースであるため、課税繰延割合を75％又は70％として計算することも考えられますが、譲渡資産が集中地域（東京23区）にあるため、原則どおり課税繰延割合は80％として計算します。

譲渡所得の計算

Q77　譲渡収入金額 ≦ 買換資産の取得価額

甲は、令和2年中に渋谷区にある店舗として利用している建物及びその敷地を2億円で一括譲渡し、その代金の全てで甲が所有する土地の上に商業ビルを建築することを予定していますが、この譲渡について、措置法第37条第1項六号《所有期間が10年超の事業用資産を譲渡した場合》の適用を考えています。

この譲渡について、特定の事業用資産の買換えの特例の適用を受けた場合の譲渡所得の金額の計算方法について教えてください。

なお、譲渡した店舗及び敷地の状況は次のとおりです。

(1)　土地の取得費：平成13年9月取得　　　　　　　2,000万円

(2)　建物の取得費：平成14年3月完成　　　　　　　2,500万円

　　　　　　　　　　（譲渡時の未償却残高　200万円）

(3)　仲介手数料　　　　　　　　　　　　　　　　800万円

Answer

ご質問の場合は、譲渡代金の全てを買換資産の取得に充てるということなので、譲渡所得の金額は、次の算式により3,400万円となります。

①	譲渡収入金額	2億円×20％＝4,000万円
②	必要経費の額	（2,200万円＋800万円）×20％＝600万円
③	譲渡所得の金額	①－②＝3,400万円

ちなみに、ご質問のケースは、六号を適用するケースであるため、課税繰延割合を75％又は70％として計算することも考えられますが、譲渡資産が集中地域（東京23区）にあるため、原則どおり課税繰延割合は80％として計算します。

Q78 課税繰延割合が75%である場合

甲は、平成30年9月に静岡市内の店舗及びその敷地を3億円で一括譲渡し、その代金の全てで横浜市内の商業ビルを取得する予定でいますが、この譲渡について、措置法第37条第1項六号《所有期間が10年超の事業用資産を譲渡した場合》の適用を考えています。

この譲渡について、特定の事業用資産の買換えの特例の適用を受けた場合の譲渡所得の金額の計算方法について教えてください。

なお、譲渡した店舗及び敷地の状況は次のとおりです。

(1) 土地の取得費：昭和60年9月取得　　　　　　　8,000万円

(2) 建物の取得費：昭和61年3月完成　　　　　　　4,000万円

　　　　　　　　　　　　　　（譲渡時の未償却残高　300万円）

(3) 仲介手数料　　　　　　　　　　　　　　　　　900万円

Answer

ご質問の場合には、譲渡資産が地域再生法第5条第4項四号に規定する集中地域（以下、「集中地域」といいます。）以外の静岡市内にあり、買換資産が集中地域（横浜市）にありますので、譲渡所得金額の算出上、課税繰延割合は75%となり、譲渡所得金額は次のとおり5,200万円となります。

(1)	譲渡収入金額	3億円×25%＝7,500万円
(2)	必要経費の額	（8,300万円＋900万円）×25%＝2,300万円
(3)	譲渡所得の金額	7,500万円－2,300万円＝5,200万円

Q79　短期保有資産と長期保有資産とがある場合等の買換資産の選択

　特定の事業用資産の買換えの特例は、事業用資産が土地等であった場合、所有期間が 5 年を超える土地等であることが要件とされていますが、令和 5 年 3 月31日までに譲渡した土地等については、所有期間が 5 年以下の土地等であっても特例の適用が認められます。

　仮に、市街化区域内の下記の事業用土地を譲渡して、買換資産（8,000万円）を取得する場合には買換差金が生じますがこの買換差金は、短期保有資産（ A 宅地）又は長期保有資産（ B 宅地）に係るものとして申告しますか。なお、共に六号を適用します。

(1)　譲渡資産の譲渡価額

　　A 宅地（所有期間 2 年）　　6,000万円

　　B 宅地（所有期間 6 年）　　4,000万円

(2)　買換資産の取得価額　　　　8,000万円

Answer

　ご質問の事業用資産（ A 土地及び B 土地）の譲渡について措置法第 37 条を適用する場合の譲渡所得の計算は、それぞれの資産の譲渡のときの価額比により按分して計算して行います。

　したがって、買換差金（譲渡資産の譲渡価額と買換資産の取得価額との差額）の金額が B 宅地（長期所有農地）の譲渡から生じたものとして計算することは許されず、 A 宅地及び B 宅地の譲渡時の価額比によって特例計算を行います。

解 説

　譲渡資産の譲渡価額が買換資産の取得金額より大きい場合（買換差金が生ずる場合）の譲渡所得の金額は、既に説明したとおり次の算式により計算することとなります。

〔譲渡資産の譲渡価額の場合 ＞ 買換資産の取得価額〕

①	譲渡収入金額	譲渡資産の譲渡価額−買換資産の取得価額×80％
②	必要経費の額	$\left(\dfrac{譲渡資産}{の取得費}+譲渡費用\right) \times \dfrac{①の金額}{譲渡資産の譲渡価額}$
③	譲渡所得の金額	①譲渡収入金額−②必要経費の額

　ところで、譲渡所得に対する税額の算出方法は、その譲渡所得が分離短期譲渡所得、分離長期譲渡所得、総合短期譲渡所得又は総合長期譲渡所得のいずれに該当するかによって異なりますので、譲渡資産が２以上あり、かつ、買換えに伴って生じた買換差金（譲渡資産の収入金額が買換資産の取得価額を超える場合のその超過額）があるときは、その買換差金がいずれの譲渡資産から生じたものであるかを判定しなければなりません。

　このような場合には、買換差金の額は、譲渡したそれぞれの資産の譲渡額の価額（契約等によりそれぞれの資産の譲渡による収入金額が明らかであり、かつ、その額が適正であると認められる場合には、それぞれの収入金額）の比により按分して計算した金額をそれぞれの資産に係る買換差金とすることとされています（措通37−25）。

　ご質問の場合、A宅地に係る措置法第37条の譲渡収入金額及びB宅地に係る措置法第37条の譲渡収入金額は次のとおり2,160万円、1,440万円とすることが相当です。

　また、買換資産の取得価額（引継価額）も同比率により配分して計

248

算することが相当です。

1　譲渡資産の譲渡価額

(1)　買換差金の価額（一体としてみた場合の措置法第37条適用上の譲渡収入金額）

$$（6,000万円＋4,000万円－8,000万円×0.8）＝3,600万円$$

(2)　A宅地に係る措置法第37条の譲渡収入金額

$$3,600万円 \times \frac{6,000万円}{1億円}＝2,160万円$$

(3)　B宅地に係る措置法第37条の譲渡収入金額

$$3,600万円 \times \frac{4,000万円}{1億円}＝1,440万円$$

2　買換資産の取得価額（引継価額）

(1)　A宅地に係る取得価額

$$8,000万円 \times \frac{6,000万円}{1億円}＝4,800万円$$

(2)　B宅地に係る取得価額

$$8,000万円 \times \frac{4,000万円}{1億円}＝3,200万円$$

買換資産の耐用年数

　特定の事業用資産の買換えの特例の適用を受けて取得した買換資産が減価償却資産である場合に、減価償却費の額を計算するときの耐用年数は、譲渡した事業用資産の経過年数を引き継ぎますか。

Answer

　特定の事業用資産の買換えの特例の適用を受けて取得した買換資産の取得価額は、譲渡資産の取得価額が引き継がれることになりますが、買換資産の減価償却費の額を計算するときの買換資産の耐用年数は、その買換資産について定められている法定の耐用年数を採用します。

解　説

　特定事業用資産の買換えの特例の適用を受けて取得した買換資産が減価償却資産である場合の減価償却費の額の計算は、収用交換等により取得した代替資産の減価償却費の額の計算に準じて行うことになります（措通37の3－5、33－49）。

　すなわち、買換資産の耐用年数は、特例の適用を受けた譲渡資産とは関係なく、その買換資産について「減価償却資産の耐用年数等に関する省令」において定められた耐用年数により、減価償却費の計算を行うこととなります。

減価償却 Q81　先行取得した買換資産について既に行った減価償却費の調整

　私は、令和元年６月に１億円で鉄筋コンクリート造のマンションを新築し、同年７月から貸付けを開始していますが、この賃貸収入に係る不動産所得の金額の計算にあたり、減価償却費の計算は、新築した建築費（耐用年数47年）を基として次のように行っています。

$$1億円 \times 0.022 \times \frac{6}{12} = 1,100,000円$$

　ところで、特定の事業用資産の買換えの特例は、譲渡した日の属する年の前年中に取得した資産についてもこれを買換資産とすることができると聞いていますので、このマンションを令和２年に譲渡する予定の事業用資産の買換資産にしようと思っています（先行取得の届出は済ませています。）。

　仮に令和２年中に事業用資産を１億5,000万円（取得費及び譲渡費用の合計額は800万円）で予定どおり譲渡することができ、措置法第37条の適用を受けたとした場合、既に済ませた前年（令和元年）分の減価償却費の計算はどのように取り扱われますか。

　なお、課税繰延割合は80％です。

Answer

　特定の事業用資産の買換えの特例を受ける場合には、買換資産の取得価額は、実際の取得価額ではなく譲渡資産の取得価額が引き継がれることになります。ところで、先行取得した買換取得資産に係る減価償却費について、実際の取得価額に基づいて計算を行っていたため前

251

年分の減価償却費の金額が過大計上になる場合には、その過大となった部分の金額を、事業用資産を譲渡した年分（ご質問の場合には、令和2年分）の不動産所得の収入金額に計上することにより調整します。

解 説

　特定の事業用資産の買換えの特例の適用を受けた場合の買換資産の減価償却費の計算の基となる価額（取得価額）は、譲渡資産の取得価額等を引き継いだ価額によるとされています（措法37の3①、措令25の2④⑤⑥）。

　一方で、事業用資産を譲渡する以前に取得した買換資産（先行取得資産）の減価償却費は、実際の取得価額に基づいて計算されていますので引継価額を基に計算した減価償却費に比べて過大になっており、この部分の差額を調整する必要があります。

　この場合、過大計上となった減価償却費の金額の調整は、前年の不動産所得（又は事業所得）の金額を遡って修正するのではなく、事業の用に供している資産を譲渡した年分の不動産所得（又は事業所得）の収入金額に加算する方法で行うこととされています（措令25㉕）。

　ご質問について整理すると次のようになります。

1　買換資産に引き継がれる取得価額

　買換資産に引き継がれる取得価額は、「譲渡資産の譲渡価額＞買換資産の取得価額」であるため、次により求めます。

$$\underset{\substack{（取得費と譲渡\\費用の合計額）}}{800万円} \times \frac{\underset{\substack{（買換資産の\\取得価額）}}{1億円 \times 80\%}}{\underset{（譲渡資産の収入金額）}{1億5,000万円}} + \underset{\substack{（買換資産の\\取得金額）}}{1億円} \times 20\% = 24,266,666円$$

2　引き継がれた取得価額を基に計算した令和元年分の減価償却費

$$24,266,666円 \times 0.022 \times \frac{6}{12} = 266,933円$$

3　令和2年分の不動産所得の収入金額に加算される減価償却費の超過額

$$1,100,000円 - 266,933円 = 843,067円$$

　なお、事業用資産を譲渡した日の属する年の前年以前に取得した資産（先行取得資産）を特定の事業用資産の買換えの特例に係る買換資産として選択する場合には、この資産につき特別償却及び割増償却の規定（措置法第13条第1項及び第13条の2を除きます。）の適用を受けていないことが前提ですので仮に先行取得の届出を行っていても、措置法第19条に規定する特別償却又は割増償却の適用を受けていた場合には、買換資産とすることはできません（措法37③、37の3②、措通37-26の3）。

Q82 事業用資産の買換えの特例の適用と割増償却

一定の要件に該当する新築貸家住宅を取得した場合には、不動産所得の計算上、通常の減価償却費に加えて一定の割増率による償却費を必要経費として算入することができる特例があると聞きました。

私は、昨年、特定の事業用資産の買換えの特例を適用して貸家住宅を新築（取得）し賃貸していますが、新築貸家住宅の割増償却の計算の特例の適用を受けることができますか。

Answer

特定の事業用資産の買換えの特例の適用を受けて取得した賃貸住宅については、新築の場合であっても、その不動産所得の金額の計算上「新築貸家住宅等の割増償却」の計算の特例の適用を受けることはできません。

解 説

家屋を賃貸することにより得た所得は、所得税法上「不動産所得」として課税されますが、この不動産所得は、各年分ごとに家賃や権利金等の収入金額から、その収入を得るために要した建物の減価償却費、固定資産税及び修繕費等の必要経費の額を控除して算出することになっています。

この場合、必要経費の一つである減価償却費の額は、所得税法第49条《減価償却資産の償却費の計算及びその償却の方法》の規定に従って計算することになりますが、例えば、定額法の場合、事業の用に供

している建物、構築物、機械装置などの取得価額に財務省令で定める
耐用年数に応じた償却率を乗じて計算した金額とされています。

　ところで措置法では、所得税法の規定とは別に特定の機械や設備を
購入した時に通常の償却額に加えて取得価額に一定割合を乗じて計算
した金額を普通の減価償却費に加算できる特別償却を認めています。
また、これと同様に、納めるべき所得税額から一定額を特別に控除す
ることができる特別控除も認めています。

　しかし、特定の事業用資産の買換えの特例を適用して取得した買換
資産については、措置法第19条に規定する特別償却又は特別控除の規
定の適用はできないこととされています（措法37の3③）。

〔適用ができない特別償却又は特別控除〕

根拠法	内　　　容
10条の2	エネルギー環境負荷低減推進設備等を取得した場合の特別償却又は所得税額の特別控除
10条の3	中小事業者が機械等を取得した場合の特別償却又は所得税額の特別控除
10条の4	地域経済牽引事業の促進区域内において特定事業用機械等を取得した場合の特別償却又は所得税額の特別控除
10条の4の2	地方活力向上地域において特定建物等を取得した場合の特別償却又は所得税額の特別控除
10条の5の2	特定中小事業者が経営改善設備を取得した場合の特別償却又は所得税額の特別控除
10条の5の3	特定中小事業者が特定経営力向上設備等を取得した場合の特別償却又は所得税額の特別控除
10条の5の4	給与等の引上げ及び設備投資を行った場合等の所得税額の特別控除
11条	特定設備等の特別償却
12条	特定地域における工業用機械等の特別償却
13条	障害者を雇用する場合の機械等の割増償却
14条	特定都市再生建築物等の割増償却
15条	倉庫用建物等の割増償却

先行取得資産について特別償却の規定の適用を受けている場合

甲は、湾岸で倉庫業を営んでいますが、交通の便のよいＢ倉庫を昨年の８月に取得しました。その資金の捻出のため、今年、他に所有するＡ倉庫をマンション業者に譲渡し、措置法第37条の適用を受けることを考えています（先行取得の届出は済ませています。）。

ところでＢ倉庫は、既に事業の用に供しており、措置法第19条《倉庫用建物等の割増償却》を適用して不動産所得の申告を済ませていますが、この場合、Ｂ倉庫を買換資産とすることは可能ですか。

Answer

譲渡資産の譲渡をした日の属する年の前年以前に取得した資産につき、措置法第19条各号《特別償却等》に掲げる規定の適用を受けている場合には、当該資産が措置法第37条第３項に規定する要件に該当するものであっても、買換資産として認めることはできません。

解 説

「特定の事業用資産の買換えの特例」では、事業用資産を譲渡をした日の属する年の前年中（やむを得ない事情がある場合には、前々年）に取得した資産についても買換資産（先行取得の届出をする必要があります。）とすることができることとされています（措法37③）。

ところで、この譲渡資産の譲渡前に取得したいわゆる先行取得資産が減価償却資産で事業等の用に供されていたときは、事業所得の金額

の計算上、その資産の減価償却費相当額は必要経費に算入されます。

　したがって、譲渡をした日の属する年の所得税の計算上、その先行取得資産を買換資産として「特定の事業用資産の買換えの特例」を適用した場合には、その買換資産に引き継がれた取得価額を基として減価償却費の額を計算することになりますので、既に必要経費として事業所得金額の計算上控除されていた減価償却費の額と必然的に開差が生じますが当該差額は譲渡があった年の事業所得等の収入金額に算入することとされています（措令25⑲）。

　ところで、「特定の事業用資産の買換えの特例」の適用を受けた場合には、買換資産については、措置法第19条に規定する特別償却及び特別控除の規定は適用できないとされています（措法37の３③）。

　さらに、先行取得資産が減価償却資産である場合において、その資産について、措置法第19条に規定する特別償却又は特別控除の規定を適用しているときは、その先行取得資産は買換資産とすることはできないとされています。

Q84 収用交換等の課税の特例と特定の事業用資産の買換えの特例

飲食店を営む甲は、令和2年中に港区の店舗（敷地を含みます。）及び目黒区の店舗（敷地を含みます。）をそれぞれ異なる公共事業のために買い取られ対価補償金を取得しました。

この申告について、港区の敷地については収用等の場合の5,000万円控除の特例の適用を受け、目黒区の敷地については特定の事業用資産の買換えの特例の適用を受けたいと考えていますが、これらの特例の適用は認められますか。

Answer

事業用譲渡資産について、措置法33条〜第33条の3の規定の適用を受けることができる場合には、これらの規定の適用を受けない場合であっても、特定の事業用資産の買換えの特例の適用を受けることはできません。

したがって、港区の店舗及び目黒区の店舗は、いずれも特定の事業用資産の買換えの特例は適用できません。

解 説

措置法第33条《収用等に伴い代替資産を取得した場合の課税の特例》、同法第33条の2《交換処分等に伴い資産を取得した場合の課税の特例》及び同法第33条の3《換地処分等に伴い資産を取得した場合の課税の特例》で規定する「課税の繰延べの特例」及び同法第33条の4《収用交換等の場合の譲渡所得等の特別控除》と特定の事業用資産の買換えの特例とを比較しますと、前者の方が地域制限や面積制限が

ないなど全般的にみて後者よりもその適用要件がゆるやかに定められています。

　したがって、収用等、交換処分等又は換地処分等による譲渡については、これらの譲渡について定められている課税の繰延べの特例を適用すれば十分であり、特定の事業用資産の買換えの特例との選択適用を認める必要がないと考えられることから、措置法第33条から第33条の3までの規定による課税の繰延べの特例又は、収用交換等の場合の5,000万円控除の特例の適用ができる収用、交換等は特定の事業用資産の特例の適用の対象となる譲渡から除かれています（措法37①、措通37－1）。

　また、事業用資産の買換えの特例とは異なりますが同年中にそれぞれ異なる2以上の公共事業のために収用等、交換処分等による譲渡があった場合には、これら譲渡の全部について収用代替の課税の繰延べの特例の適用を受けるか、5,000万円の特別控除の特例の適用を受けるかを選択することとされています（措法33の4）。ご質問の場合には、特定事業用資産の買換えの特例の適用を選択する余地はなく、収用等、交換処分等又は換地処分等の場合の課税の繰延べの特例か、又は5,000万円の特別控除の特例を選択して適用することとなります。

Q 85 同一資産を措置法第33条の代替資産と措置法第37条の買換資産とする場合の各特例の適用

甲は、本年にこれまで営業を続けてきた店舗及び敷地が収用等に係り、対価補償金として5,000万円を受領しましたが、この代金で店舗併用住宅（約１億円）を他に所有する土地に建設する予定です。

しかし、対価補償金だけでは、建築資金が不足していたので、同年中に農業の用に供していた農地を不動産業者に6,000万円で譲渡しました。

なお、これらの譲渡した宅地及び農地の所有期間は、いずれもその譲渡の年の１月１日において10年を超えていました。

この場合、建設する予定の店舗併用住宅を代替資産及び買換資産とすることで、譲渡所得の計算上、宅地の譲渡については、収用等に伴い代替資産を取得した場合の課税の特例、農地の譲渡については、事業用資産の買換えの特例の適用を受けることができますか。

Answer

収用等に係る代替資産及び特定の事業用資産の買換えの特例に係る買換資産を、同一の資産である店舗併用住宅としても、それぞれの譲渡資産について、措置法第33条及び措置法第37条の特例の適用を受けることができます。

解 説

譲渡資産について、措置法第33条から第33条の４までの規定の適用

を受けることができる場合には、これらの規定の適用を受けないときにおいても、措置法第37条の規定の適用を受けることはできません（措法37①、措通37－1）。

したがって、店舗の敷地の譲渡については、措置法第33条の規定の適用は受けられますが、措置法第37条の適用は受けられません。

一方で、農地の譲渡は、措置法第37条第1項六号の譲渡資産に該当することから、同法の適用を受けることができることとなります。

また、同一の資産であっても、その建築した建物の取得価額に達するまで、収用等の対価補償金及び事業用資産の譲渡代金のいずれを充当するかは、納税者の選択によることができますので、結果として、取得する建物が同じ1棟の建物であっても、収用等に伴い代替資産を取得した場合の課税の特例及び特定の事業用資産の買換えの特例の適用を受けることができ個々に譲渡所得の計算を行うことになります（措法33、37）。

そして、代替資産又は買換資産となる建物の取得価額について、いずれかの特例を適用した部分は、譲渡資産の取得価額が引き継がれることになるため、それぞれの引き継ぎ価額の計算式に当てはめて計算します。

また、取得時期については収用等と事業用資産の買換では取扱いが異なります。すなわち、措置法33条の適用を受けた場合には、措置法第33条の6第1項において譲渡資産の取得時期を代替資産等の取得時期とする規定があることから取得時期を引き継ぎますが、措置法第37条の適用を受けた部分は、措置法第33条の6第1項のような規定がないことからその建物の実際の取得時期によることとなります（措法33の6①、37の3、措令22の6②③）。

保証債務の特例と特定の事業用資産の買換えの特例

甲は、本年1月に東京都区内に所有する店舗及びその敷地を3億円で譲渡し、まず、静岡市内に2億2,000万円で事務所及びその敷地を取得しました。そして、その残金で他の買換資産を取得しようと探していたところ、甲が保証人となっていたA社が倒産し、債権者から保証額1億円の弁済を求められました。

甲は、譲渡代金の残額8,000万円と手持ちの預金2,000万円でその保証債務を履行しましたが、A社に残余財産はほとんどなく同社に対する求償権の行使はできません。

この場合に、措置法第37条と所得税法第64条第2項は、どちらを先に適用することになるのでしょうか。

Answer

ご質問の場合には、まず、措置法第37条《特定の事業用資産の買換えの特例》を適用し、その後、所得税法第64条第2項《保証債務の特例》を適用することになります。

解 説

譲渡所得の計算について固定資産の交換の特例や特定の事業用資産の買換えの特例の適用を受け、譲渡所得のうち一部について課税の繰延べが行われている場合において、その譲渡代金の一部が回収不能になったときや保証債務の履行に充てられたときの譲渡所得の計算は、交換又は買換えの特例等を適用した後に所得税法第64条の規定を適用するのか、それとも、所得税法第64条の規定を先に適用して、その回

収不能額等に対応する譲渡所得がないものとした後、交換又は買換えの特例の計算をするのかは、法文上必ずしも明らかではありません。

　そこで所得税基本通達64－3の2では、ご質問の場合のように所得税法第64条の規定と措置法第37条の適用が競合関係にある場合には、まず特定の事業用資産の買換えの特例を優先して適用するものとしています。

　このような取扱いとするのは、固定資産の交換や特定の事業用資産の買換えの特例は、事業用資産の譲渡が行われたことを前提に買換資産の対応部分に譲渡がなかったものとする税法上の擬制のもとに課税の繰延べが行われるのに対し、譲渡代金の回収不能や保証債務の履行の特例は、資産の譲渡はあったが譲渡代金の回収不能額等については譲渡がなかったものとする規定であることから、実際に対価を収受しているものの税法上で譲渡がなかったものとする固定資産の交換又は特定の事業用資産の買換えの特例の適用に優先させ、次いで譲渡があったことを前提として譲渡代金の回収不能額等の部分の金額を譲渡所得から減額する保証債務等の履行の特例を適用します。

　したがって、まずは特定の事業用資産の買換えの特例を適用するものと考えます。

Q87　求償権不能部分の金額が譲渡があったとされる収入金額を超える場合

次のケースにおける譲渡所得の金額がなかったとされる金額について教えてください。

1　譲渡資産の金額等

	事業用不動産	その他不動産
譲渡価額	1,000	2,000
取得費・譲渡費用	200	500

2　買換資産　700

3　譲渡所得金額

〔措法37条適用不動産〕

① 譲渡収入金額

1,000 － 700 × 0.8 = 440

② 必要経費等

200 ×440/1,000 ＝88

③ 譲渡所得金額

440 － 88 = 352

〔その他不動産〕

2,000 － 500 = 1,500

4　事業所得金額　760

5　事業用不動産の譲渡価額についてのみ生じた保証債務の履行に伴う求償権放棄部分　600

Answer

買換えの特例の適用を受ける事業用資産に係る譲渡対価のうち、所

得税法第64条第2項の適用により保証債務の履行に伴う求償権の行使
ができなくなった部分の金額が、措置法第37条の規定により、譲渡が
あったとされる部分の収入金額を超える場合には、求償権不能とされ
る金額は、買換特例による譲渡収入金額まで減額し、それを超える部
分の金額は回収不能額には含まれないことになります。

　ご質問のケースにおける譲渡所得金額は、次のとおりです。

1　譲渡所得の金額の計算上なかったとみなされる金額

　保証債務の履行に伴う譲渡がなかったとされる金額は、次の金額の
うち、最も低い金額となります（所基通64-2の2、64-3の2）。

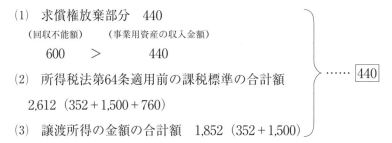

　(1)　求償権放棄部分　440
　　　（回収不能額）　　（事業用資産の収入金額）
　　　　600　　　＞　　　　440
　(2)　所得税法第64条適用前の課税標準の合計額
　　　2,612（352＋1,500＋760）
　(3)　譲渡所得の金額の合計額　1,852（352＋1,500）

　……　440

2　譲渡所得の金額

　措置法第37条の譲渡所得の計算において、事業用資産の譲渡対価の
額がなかったことになるため0となります。

　(1)　措置法37条の適用不動産
　　　352　-　440　＝　0
　(2)　その他の不動産
　　　1,500

Q 88 居住用財産を譲渡した場合の3,000万円控除の特例と特定の事業用資産の買換えの特例

次の図のような利用状況にある家屋及びその敷地を譲渡した場合、2階部分（従前の居住用部分）とそれに対応する敷地については居住用財産を譲渡した場合の3,000万円控除の特例の適用を受け、併せて1階部分とそれに対応する敷地については特定の事業用資産の買換えの特例の適用を受けることができますか。

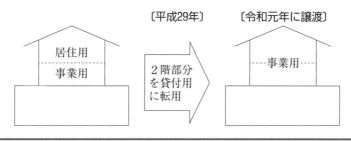

Answer

ご質問の場合は、不動産を譲渡した時の利用状況が事業用ですので、居住用不動産を譲渡した場合に適用することができる措置法第35条と特定の事業用資産の買換えの特例を併せて適用することはできません。

解 説

譲渡した資産が特定の事業用資産の買換えの特例の適用を受けられる資産であるかどうかは、その資産の譲渡の時における利用状況により判定されます。そして、措置法第37条の適用を受ける選択をした譲渡資産については、その資産の一部分のみを抜き出して、特例を適用することはできません。

ご質問のケースは、平成29年に建物所有者が、それまで住んでいた

２階部分を引き払い、以後賃貸の用に供していますので譲渡時において家屋の全部が事業の用に供されていると判定することができます。したがって、譲渡時において居住の用に供していたとみる余地はありません。

ただし、この家屋の２階部分は、居住の用に供されなくなってから３年を経過する日の属する年中に譲渡されていますので、従前において居住の用に供されていた家屋及び敷地の部分について居住用財産を譲渡した場合の3,000万円控除の特例を適用することもできます（措通35－１）。すなわち、居住の用に供されなくなった日以後３年後の年末までに当該不動産を譲渡した場合には、措置法第35条の特例の適用が可能となるわけですが、この期間は、空き家でもいいし、賃貸に供することも可能です。

ご質問のケースでは、所有者が平成29年に２階部分から退去していますが、当該部分は所有者の「居住用財産」であったことから、２階部分及びそれに対応する敷地については措置法第35条の適用が可能となります。

なお、その場合には、従前の事業用部分（１階部分）について特定の事業用資産の買換えの特例を適用することはできません。それは、譲渡時の家屋の利用状況は、全てが事業用であるから一部のみを事業用資産として選択することはできないからです（Ｑ26とはケースが異なります。）。

Q89 取得費に加算される相続税額がある場合の譲渡所得の計算

甲は、令和元年に亡父から相続により取得した建物とその敷地を令和2年に譲渡しましたが、譲渡所得の計算にあたっては相続税額の取得費加算の特例（措法39）の適用を考えています。

ところで、甲が譲渡した建物とその敷地は事業用資産であり、相続前から譲渡時まで事業の用に供しているため、特定の事業用資産の買換えの特例も適用する予定ですが、この場合の譲渡所得はどのように計算しますか。

なお、相続財産の譲渡は、今回が初めてで、譲渡資産及び買換資産の明細は次のとおりです。

1　譲渡した事業用資産の明細（繰延課税割合は80％です。）

資産	譲渡価額	取得費・譲渡費用	相続税評価額
建物	5,000万円	2,000万円	600万円
土地	1億円	600万円	8,000万円

2　買換資産の取得価額

　　土地及び建物合わせて1億5,000万円

3　相続税の申告に関する事項

　　甲の相続税額　　　　　　　　　2,000万円

　　〃　相続税の課税価額の合計額　　2億円

Answer

相続により取得した資産を相続税の申告期限後、3年以内に譲渡した場合には、譲渡した資産の相続した財産の総額に占める割合に相当する相続税額について、譲渡所得の計算上、取得費に加算することが

できます。この場合において、併せて特定の事業用資産の買換えの特例の適用を受ける場合には、次のとおり計算します。

(1)　特定の事業用資産の買換えの特例を適用した場合の譲渡収入金額の計算

甲は、事業用資産を1億5,000万円で譲渡し、同額の買換資産を取得していますので、譲渡収入金額は次のようになります。

150,000千円×20％＝30,000千円

⇒建物と土地の譲渡収入金額の合計額

(2)　建物と土地のそれぞれの譲渡益の計算

一体不動産としての譲渡収入金額を土地及び建物に配分してそれぞれの譲渡益を計算します。

〔建物〕

（全体の譲渡収入）　（建物の譲渡対価）（全体の譲渡対価）

30,000千円　×　50,000千円／150,000千円＝10,000千円

⇒建物の譲渡収入金額

10,000千円－20,000千円×0.2＝6,000千円

⇒建物の譲渡所得

〔土地〕

（全体の譲渡収入）　（土地の譲渡対価）（全体の譲渡対価）

30,000千円　×　100,000千円／150,000千円＝20,000千円

⇒土地の譲渡収入金額

20,000千円－6,000千円×0.2＝18,800千円

⇒土地の譲渡所得

(3) 建物と土地に係る相続税額の取得費加算額の計算

　取得費に加算される金額は、譲渡資産に対応する相続税相当額とされているため（措令25の16①）、当該資産の譲渡について課税繰延の特例を適用する場合には、当該資産のうち、譲渡があったとされる部分に対応する相続税相当額についてのみ取得費に加算することができます（措通39－6）。

〔建物〕

$$20,000\text{千円}\times\frac{(\overset{\left(\substack{\text{建物の相続}\\\text{税評価額}}\right)}{6,000\text{千円}}\times\overset{\left(\substack{\text{建物の譲渡}\\\text{収入金額}}\right)}{10,000\text{千円}}\diagup\overset{\left(\substack{\text{建物の}\\\text{譲渡対価}}\right)}{50,000\text{千円}})}{\underset{\text{（相続税の課税価額）}}{200,000\text{千円}}}=120\text{千円}$$

　　　　　　　　　　　⇒建物の取得費に加算される相続税額

〔土地〕

$$20,000\text{千円}\times\frac{(\overset{\left(\substack{\text{土地の相続}\\\text{税評価額}}\right)}{80,000\text{千円}}\times\overset{\left(\substack{\text{土地の譲渡}\\\text{収入金額}}\right)}{20,000\text{千円}}\diagup\overset{\left(\substack{\text{土地の}\\\text{譲渡対価}}\right)}{100,000\text{千円}})}{\underset{\text{（相続税の課税価額）}}{200,000\text{千円}}}=1,600\text{千円}$$

　　　　　　　　　　　⇒土地の取得費に加算される相続税額

(4) 相続税額の取得費加算を考慮した譲渡所得の計算

〔建物〕

　（譲渡所得）　　（相続税額の取得費加算額）　　　（建物の譲渡所得金額）

　6,000千円 －　　　　120千円　　　＝　　5,880千円

〔土地〕

　（譲渡所得）　　（相続税額の取得費加算額）

　18,800千円 －　　1,600千円　　　＝　　17,200千円

申告手続 Q90 措置法第37条の適用を受けようとする場合の申告書に添付する証明書

　措置法第37条の特定の事業用資産の買換えの特例の適用を受けるにあたり、確定申告書に添付する必要がある証明書を教えてください。

Answer

　措置法第37条で規定する「特定の事業用資産の買換えの特例」のうちには、譲渡資産又は買換資産の所在地が特定された地域内又は地域外になければならないという制限が設けられているものがあります。そのためこの買換えの特例の適用を受けようとするときは、譲渡資産又は買換資産の所在地が特定された地域内又は地域外にあるかどうか証明する必要がありそのための証明書を確定申告書に添付しなければならないとされています（措法37⑥、措規18の５④～⑥）。

　この譲渡資産又は買換資産の所在地に関する証明書を必要とするのは、次表に掲げる譲渡資産又は買換資産に限られており、譲渡資産又は買換資産の全てについて証明書の添付が要求されているわけではありません。

　すなわち、措置法第37条の規定の適用を受けようとする場合において、同条第６項に定める書類の添付は、措置法規則第18条の５第４項各号及び第５項各号《買換え証明書》に掲げる資産（同項六号に掲げる資産にあっては、駐車場の用に供される土地等で措置法第37条第１項六号に規定するやむを得ない事情があるものに限ります。）について買換えの規定の適用を受けようとするときに限り必要とされることから、その添付を要求されていない譲渡資産又は買換資産については、

271

その所在地に関する証明書を確定申告書に添付しなくても、本件特例の適用が認められます。

〔事業用資産の買換え証明書の区分一覧表〕

買換えの態様	証明対象資産	証明書の発行者	証明の内容
〈措法37①一〉 既成市街地等内（事務所等用の建物（貸付けを除く。）又はその敷地である土地等に限る。）から既成市街地等以外への買換え	譲渡資産 イ　三鷹市等の区域^(注1)内にあるものに限る。 ロ　横浜市、川崎市、堺市、神戸市、尼崎市又は西宮市の区域内にある場合 ハ　大田区又は大阪市内にある場合	譲渡資産の所在地を管轄する市町村長	譲渡資産の所在地が既成市街地等内である旨 〔措規18の5④一〕 国交大臣の指定する区域外の既成市街地である旨を証する書類 国交大臣の指定する区域外である旨を証する書類
	買換資産 イ　三鷹市等の区域内にある買換資産	買換資産の所在地を管轄する市町村長	イ　買換資産が農林業以外の事業の用に供されるものである場合 買換資産の所在地が、既成市街地等以外の地域並びに市街化区域のうち都市計画法第7条第1項ただし書の規定により区域区分を定めるものとされている区域、首都圏整備法第2条第5項又は近畿圏整備法第2条第5項に規定する都市開発区域又は中部圏開発整備法第2条第4項に規定する都市開発区域（都市計画法第7条第1項の市街化調整区域と定められた区域を除く。以下「特定区域」という。）内である旨を証する書類 〔措規18の5④二イ(1)〕 ロ　買換資産が農林業の用に供されるものである場合 　買換資産の所在地が、既成市

272

買換えの態様	証明対象資産	証明書の発行者	証　明　の　内　容
			街地等以外の地域及び市街化区域以外の地域内である旨を証する書類〔措規18の５④二イ(2)〕
	ロ　三鷹市等の区域以外の地域内にある買換資産	買換資産の所在地を管轄する市町村長	イ　買換資産が農林業以外の事業の用に供されるものである場合　買換資産の所在地が特定区域内である旨を証する書類〔措規18の５④二ロ(1)〕ロ　買換資産が農林業の用に供されるものである場合　買換資産の所在地が、市街化区域以外の地域内である旨を証する書類〔措規18の５④二ロ(2)〕
〈措法37①二〉航空機騒音障害区域から航空機騒音障害区域以外への買換え	譲渡資産イ　特定空港周辺航空機騒音対策特別措置法の航空機騒音障害防止特別地区内にある譲渡資産	特定空港の設置者	譲渡資産を特定空港周辺航空機騒音対策特別措置法第８条第１項若しくは第９条第２項の規定により買い取ったものである旨又は譲渡資産に係る補償金を同法第９条第１項の規定により支払ったものである旨を証する書類〔措規18の５⑤一イ〕
	ロ　公共用飛行場周辺における航空機騒音による障害の防止等に関する法律の第二種区域内にある譲渡資産	特定飛行場の設置者	譲渡資産を公共用飛行場周辺における航空機騒音による障害の防止等に関する法律第９条第２項の規定により買い取ったものである旨又は譲渡資産に係る補償金を同条第１項の規定により支払ったものである旨を証する書類〔措規18の５⑤一ロ〕
	ハ　防衛施設周辺の生活環境の整備等に関する法律の第二種区域内にある譲渡資産	譲渡資産の所在地を管轄する地方防衛局長（譲渡資産の所在地が東海防衛支局の管轄区域内である場合には、東海防衛支局長）	譲渡資産を防衛施設周辺の生活環境の整備等に関する法律第５条第２項の規定により買い取ったものである旨又は譲渡資産に係る補償金を同条第１項の規定により支払ったものである旨を証する書類〔措規18の５⑤一ハ〕

買換えの態様	証明対象資産	証明書の発行者	証　明　の　内　容
	買換資産	買換資産の所在地を管轄する都道府県知事又は地方航空局長若しくは地方防衛局長（東海防衛支局長）	買換資産の所在地が航空機騒音障害区域以外の地域内である旨を証する書類〔措規18の5⑤二〕
〈措法37①三〉過疎地域以外から過疎地域内への買換え	譲渡資産	譲渡資産の所在地を管轄する市長村長	譲渡資産の所在地が過疎地域以外の地域内である旨を証する書類〔措規18の5④三〕
	買換資産	買換資産の所在地を管轄する市長村長	買換資産の所在地が過疎地域内である旨を証する書類〔措規18の5④四〕
〈措法37①四〉既成市街地等及び一定の区域内での土地の計画的、効率的な利用に資する施策の実施に伴う買換え	譲渡資産イ　既成市街地等（三鷹市等の区域内に限る。）内にある譲渡資産	譲渡資産の所在地を管轄する市長	譲渡資産の所在地が既成市街地等内である旨を証する書類〔措規18の5⑤三イ〕
	ロ　都市計画区域（既成市街地等内である場合及び既成市街地等以外の地域内で、かつ、その全域が都市計画区域となっている市の区域内である場合を除く。）内にある譲渡資産	譲渡資産の所在地を管轄する市長村長総務大臣	譲渡資産の所在地が都市計画区域内である旨を証する書類〔措規18の5⑤三ロ〕譲渡資産の所在地が人口集中地区の区域内である旨を証する書類〔措規18の5⑤三ロ〕
	ハ　既成市街地等以外の地域内で、かつ、その全域が都市計画区域となっている市の区域内にあ	総務大臣	譲渡資産の所在地が人口集中地区の区域内である旨を証する書類〔措規18の5⑤三ハ〕

買換えの態様	証明対象資産	証明書の発行者	証　明　の　内　容
	る譲渡資産		
	買換資産 イ　既成市街地等（三鷹市等の区域内に限る。）内にある買換資産	買換資産の所在地を管轄する都道府県知事	買換資産の所在地が市街地再開発事業の施行地域内である旨を証する書類（買換資産の所在地が指定都市の区域内であり、かつ、市街地再開発事業（第一種市街地再開発事業に限る。）の施行者が個人施行者、組合又は再開発会社である場合には、買換資産の所在地を管轄する市長の買換資産の所在地が当該市街地再開発事業の施行地域内である旨を証する書類） 〔措規18の5⑤四〕
		買換資産の所在地を管轄する市長	買換資産の所在地が既成市街地等内である旨を証する書類 〔措規18の5⑤四イ〕
	ロ　人口集中地区の区域内にある買換資産	買換資産の所在地を管轄する都道府県知事	買換資産の所在地が市街地再開発事業の施行地域内である旨を証する書類（買換資産の所在地が指定都市の区域内であり、かつ、市街地再開発事業（第一種市街地再開発事業に限る。）の施行者が個人施行者、組合又は再開発会社である場合には、買換資産の所在地を管轄する市長の買換資産の所在地が当該市街地再開発事業の施行地域内である旨を証する書類） 〔措規18の5⑤四〕
		総務大臣	買換資産の所在地が人口集中地区の区域内である旨を証する書類 〔措規18の5⑤四ロ〕
〈措法37①五〉防災街区整備事業に関する都市計画に基づく危険密集市街地内での買換え	譲渡資産	譲渡資産の所在地を管轄する都道府県知事	譲渡資産（譲渡資産が建物又は構築物である場合には、当該建物又は構築物の敷地の用に供されている土地等）の上に建築される耐火建築物又は準耐火建築物につき、建築主の申請に基づき認定を受けていることを証する書類 〔措規18の5⑤五〕

買換えの態様	証明対象資産	証明書の発行者	証明の内容
	買換資産	買換資産の所在地を管轄する都道府県知事	買換資産の所在地が譲渡資産の所在地を含む危険密集市街地内である旨及び買換資産の所在地が防災街区整備事業の施行地区内である旨を証する書類〔措規18の5⑤六〕
〈措法37①六〉国内にある土地等、建物又は構築物で所有期間が譲渡の日の属する年の1月1日において10年を超えるものから、国内にある一定の土地等、建物、構築物又は機械装置への買換え	買換資産○　やむを得ない事情により駐車場の用に供されるもの		イ　開発許可申請書の写し又は公共施設の管理者等との協議に関する書類の写しロ　建築確認申請書の写しハ　埋蔵文化財の記録の作成のための発掘調査の実施の指示に係る書類ニ　国土交通大臣の、建物又は構築物の敷地の用に供されていないことが建築物の建築に関する条例の規定に基づく手続きを理由とするものであることを証明したことを証する書類の写し〔措規18の5①、⑤七〕
	譲渡資産・買換資産○　所在地が熊谷市等の区域（注2）内である場合	譲渡資産の所在地を管轄する市長買換資産の所在地を管轄する市長	次のいずれかの書類イ　譲渡資産の所在地が地域再生法に規定する集中地域内である旨を証する書類〔措規18の5⑥一イ〕ロ　買換資産の所在地が地域再生法に規定する集中地域以外の地域内である旨を証する書類〔措規18の5⑥一ロ〕
	譲渡資産○　所在地が熊谷市等の区域内である場合（買換資産の所在地が集中地域（熊谷市等の区域を除く。）内である場合に限る。）	譲渡資産の所在地を管轄する市長	譲渡資産の所在地が地域再生法に規定する集中地域内である旨を証する書類〔措規18の5⑥二〕

買換えの態様	証明対象資産	証明書の発行者	証　明　の　内　容
	買換資産 ○　所在地が熊谷市等の区域内である場合（上記ロに掲げる場合及び譲渡資産の所在地が集中地域（熊谷市等の区域を除く。）内である場合を除く。）	買換資産の所在地を管轄する市長	買換資産の所在地が地域再生法に規定する集中地域以外の地域内である旨を証する書類 〔措規18の５⑥三〕

(注１)　「三鷹市等の区域」とは、三鷹市、横浜市、川崎市、川口市、京都市、堺市、守口市、東大阪市、神戸市、尼崎市、西宮市、芦屋市又は名古屋市の区域をいう。

(注２)　「熊谷市等の区域」とは、熊谷市、飯能市、木更津市、成田市、市原市、君津市、富津市、袖ケ浦市、相模原市、常総市、京都市、堺市、守口市、東大阪市、神戸市、尼崎市、西宮市、芦屋市又は名古屋市の区域をいう。

買換資産の取得価額が見積額より低かった場合の手続

> 甲は令和元年、店舗の用に供していた土地及び建物を5,000万円で譲渡しましたが、その代金（5,000万円）で翌年12月31日までに賃貸用住宅を取得する予定であるとして、取得価額の見積額により措置法第37条の適用を受けました。しかし、結果的に賃貸アパートの取得費は、4,000万円で済み、令和2年10月から建物を賃貸の用に供しています。
>
> この場合には、当初より買換資産の取得費が過少となったため修正申告が必要と思いますがその手続きを教えてください。

Answer

　甲は、当初の確定申告では、買換資産の見積額を5,000万円として、譲渡所得の計算をしていましたが、実際には、見積額より低い金額で買換資産を取得していることから譲渡所得の金額が増えるため、修正申告をしなければなりません。

　この場合の修正申告の期限は買換資産の取得期限の経過（令和2年12月31日）後4か月以内（4月30日）です。

解　説

　買換資産の実際の取得価額が確定申告時において申請した取得価額の見積額と異なることとなった場合には、事業用資産を譲渡した年分の所得税の確定申告について、更正の請求又は修正申告をする必要があります（措法37の2）。

　この場合、更正の請求又は修正申告書を提出すべき期限は、買換資

産を取得した日から４か月以内とされていますが、実際に取得した買換資産の取得価額が確定申告で申請した買換資産の取得価額の見積額に満たない場合の修正申告書の提出期限は、買換資産の取得期限（原則として、譲渡した年の翌年の12月31日、取得期限の延長が認められた場合には税務署長が承認した期限まで）を経過する日から４か月以内とされています（措通37の３－１の２）。

　なお、修正申告書を提出期限内に税務署長に提出し、かつ、納付も済ませた場合には過少申告加算税及び延滞税は課されません。

　また、買換資産の実際の取得価額が取得価額の見積額を超えるときは、その買換資産を取得した日から４か月以内に更正の請求をすることができますが、買換資産を２つ以上取得する場合における、その買換資産を取得した日とは、その買換資産のうち最も遅く取得した資産の取得日をいいます（措通37の３－１の２）。

申告手続 Q92 買換資産の地域区分が当初と異なることとなった場合

措置法第37条第1項六号《所有期間が10年を超える国内にある資産の買換え》の譲渡所得の計算では、譲渡資産が集中地域以外にあり、買換資産が東京23区又は集中地域内にある場合には、譲渡所得の計算において、課税繰延割合を70％又は75％として計算するとされています。例えば、東京23区内にある買換資産を取得予定として確定申告をしていたところ、実際は、集中地域外の買換資産を取得した場合の手続を教えてください。

Answer

買換資産の所在する地域が取得見込地域と異なることとなったこと、若しくは買換資産の東京23区、集中地域（東京23区を除く）、集中地域以外の地域区分が、買換資産を取得し、事業の用に供する見込みであった資産のこれらの地域の区分と異なることになったことにより、譲渡所得金額が増える場合には、修正申告をしなければなりません。

ちなみに、買換資産に該当するか否かは、買換資産を取得する時の現況により判断するとされています（措通37－8）。例えば、実際に買換資産を取得した土地等の時点が措置法第37条第1項各号に定める地域内に所在している場合には、確定申告時期において地域指定の変更があったことにより、所定の地域要件を満たさなくなっても、その取得した土地等は、本件特例の対象となる買換資産に該当します。

なお、取得した時がいつであるかは所得税法基本通達33－9《資産の取得の日》により判定します。

申告手続 Q93　買換資産を取得した日から1年以内に事業の用に供しなくなった場合

　甲は、平成30年6月に事業用資産を譲渡しましたが、翌年に買換資産を取得する見込みであるとして見積額により特定の事業用資産の買換えの特例の適用を受けました。その後、令和元年5月11日に買換資産である土地及び建物を取得し、事業の用に供していましたが、同年11月20日に近隣住民の反対運動にあってその事業を廃止せざるを得なくなりました。

　この場合、買換取得した日から1年以内に事業の用に供しなくなった場合に該当するので、修正申告をする必要がありますか。

Answer

　措置法第37条の適用を受けて取得した買換資産を取得し、いったんは事業の用に供したものの、その取得の日から1年以内に事業の用に供しなくなった場合には、本件特例の適用を受けることができなくなります。したがって、この場合には、事業の用に供しなくなった日から4か月以内に修正申告書を提出しなければなりません。

解説

　特定の事業用資産の買換えの特例の適用要件の一つに買換資産は、その取得の日から1年以内に事業の用に供しないこととされており、当該期間に事業の用に供しなかった場合はもちろんのこと、当該期間内にその買換資産を事業の用に供した場合であっても当該期間内に事業の用に供しなくなった場合には、本件特例の適用を受けることはできません。したがって、このような場合には、これらの事情に該当す

ることとなった日から、4か月以内に譲渡の日の属する年分の所得税
について修正申告書を提出し、その期限内にその申告書の提出により
納付すべき税額を納付しなければならないとされています（措法37の
2①）。

　ご質問の場合は、いったんは事業の用に供しながらも、買換資産を
取得した日である5月11日から1年以内の11月20日に事業の用に供し
なくなったということですので、この場合には、事業を廃止した日で
ある11月20日から4か月以内に修正申告書を税務署長に提出する必要
があります。

　なお、1年以内に事業の用に供することができない事情が収用、災
害、その他その者の責に帰せられないやむを得ない事由の場合には
「買換資産を事業の用に供しない（供しなくなった）場合」に該当し
ないものとすることができます（措通37の2－1）。

申告手続 Q94　やむを得ない事情により1年以内に事業の用に供することができない場合

　甲は、平成30年に事業用資産を譲渡しましたが翌年に買換資産を取得する見込みであるとして見積額により特定事業用資産の買換の特例の適用を受けました。その後、令和元年6月10日に買換資産（土地及び建物）を取得し事業の用に供していましたが、7月の集中豪雨により、建物が損壊し事業の用に供することができなくなりました。

　こうした場合にも、1年以内に事業の用に供しなくなったことから、修正申告をする必要がありますか。

Answer

　買換資産を取得した日から1年以内に事業の用に供することができなくなった事由が、収用、災害、その他その者の責に帰せられない場合には、たとえ買換資産を取得した日から1年以内に事業の用に供することとなったとしても、「買換資産を事業の用に供しない（供しなくなった）場合」に該当しないものとして取り扱うことができます（措通37の2－1）。

　なお、この取扱いは、所定の期間内に適格な買換資産を現実に取得している場合に限り適用されるので、所定の期間内に買換資産を取得していない場合又は買換資産が不適格な場合には適用されません。

　また、この取扱いは、取得期間の延長申請により、取得期限が延長された場合において、同期限までに買換資産を取得した後、災害等が生じたことにより事業の用に供することができなくなった場合も同様と考えられます。

買換資産の取得者が1年以内に死亡し、事業の用に供しなくなった場合

私の父は、平成30年中に事業用資産を譲渡し、同代金で買換資産を取得して措置法第37条の適用をして確定申告を済ませました。買換資産を取得（平成30年12月）後は、買換資産を事業の用に供していましたが、令和元年8月に突然亡くなり、その後は、私（長男）が事業を続けています。

このような場合、取得した日から1年以内に買換資産を事業の用に供しなくなったとして、措置法第37条の適用ができなくなるのでしょうか。

Answer

特定の事業用資産の買換えの特例の適用を受けた者が、買換資産を取得した日から1年以内に死亡し、結果として買換資産の取得後1年以内に事業の用に供することができなくなった場合でも、これらの事由が取得した買換資産について収用、災害その他責めに帰せられないやむを得ない事情に基づき生じた場合には、特定の事業用資産買換えの特例の適用を受けることができます。

ご質問の場合、買換資産を取得し、かつ、事業の用に供していた事実があり、その取得の日から1年以内に譲渡人が死亡したものの、あなた（長男）が事業を続けていることから、やむを得ない事情に該当すると思われますのでそのまま措置法第37条の適用は可能と考えます。

解説

　特定の事業用資産の買換えの特例の適用は、その取得した買換資産を、その取得の日から１年以内に事業の用に供した場合に限り適用を受けることができるとされています（措法37①）。

　したがって、本件特例の適用を受けた買換資産について、その取得をした日から１年以内にその買換資産を事業の用に供しない場合又は供しなくなった場合には、これらの事情に該当することとなった日から４か月以内にその譲渡に係る年の所得税について修正申告書を提出して、その期限内に納付すべき税額を納付しなければならないこととされています（措法37の２①、②二）。

　ところで、買換資産を取得した日から１年以内に事業の用に供しない（供しなくなった）場合には、それが収用、災害、その他譲渡者の責任にすべきでない事由に基づき生じたものであっても、一律に本件特例の適用が受けられないとするのは適正な取扱いではないと考えられます。そこで個人の事業の用に供しない場合又は供しなくなった場合であっても、これらの規定に該当する事情が、その取得した買換資産について収用、災害その他その者の責めに帰せられないやむを得ない事情に基づき生じたものであるときは、「買換資産を事業の用に供しない（供しなくなった）場合」に該当しないものとして取り扱うことができるとされています（措通37の２－１）。

　したがって、ご質問の場合、所定の期間内に買換えの特例の適用のある買換資産を取得し、かつ、事業の用に供していた事実があり、その取得の日から１年以内に父が死亡したとしても、上記のやむを得ない事情があると認められますから、そのまま特定の事業用資産の買換えの特例の適用を受けることができると考えます。

申告手続
Q 96 | 買換資産を取得しないまま死亡した者に係る修正申告書の提出期限

　私の父は、平成30年8月に事業用資産を譲渡しましたが、令和元年中に買換資産を取得する予定であるとして確定申告書に「買換（代替）資産の明細書」を添付して措置法第37条の適用を受けました。

　ところが、父は令和元年4月、買換資産を取得する前（契約もしていません。）に死亡してしまいました。ただし、相続人が亡父の意思を継いで翌年中に買換資産を取得しています。

　この場合、父は買換資産を取得できなかったため父の平成30年の確定申告についての修正申告が必要になりますか。

Answer

　父が買換資産を取得しないまま急に死亡してしまったため、当初申告した措置法第37条の適用が困難となるため修正申告が必要です。

　この場合には、亡父の相続人は亡父の相続開始のあったことを知った日の翌日から4か月以内に平成30年分の所得税の確定申告書の修正申告を提出しなければなりません。

解 説

　譲渡者が買換資産の引渡しを受ける前に死亡した場合であっても、譲渡者の死亡前に、取得する買換資産を具体的に確定させていた場合など、一定の要件を満たす場合には、特定の事業用資産の買換えの特例の適用があることは、Q70で既に説明したところです。

　一方、譲渡者が死亡した場合において死亡前までに買換資産が具体

286

的に確定していない場合には、本件特例を適用することはできません。

　このような場合には、譲渡者が死亡のときに本件特例が適用される余地は全くなくなったということができますので、その死亡のときに修正申告書を提出すべき事情が生じたものと考えるのが相当です。

　したがって、通常の準確定申告書と同様、相続人が譲渡人の相続開始があったことを知った日の翌日から４か月以内に修正申告書を提出しなければなりません。

　ちなみにご質問のケースは、翌年中に買換資産を取得する予定の申告を行い、翌年中に買換資産を取得する前に譲渡者が死亡したとのことですが、仮に、翌年中に買換資産を取得する契約を締結し、その後、死亡した場合には、措置法第37条の適用は可能と考えます。

Q97 特定の事業用資産の買換えの特例の適用を受けた場合の買換資産の取得価額（引継価額）の計算

特定の事業用資産の買換えの特例の適用を受けた買換資産の取得価額は、実際に要した金額ではなく譲渡資産の取得価額を引き継ぐとされていますが、具体的に教えてください。

Answer

特定の事業用資産の買換えの特例の適用を受けた場合の買換資産の取得価額（引継価額）は、買い換えた資産の実際の取得金額ではなく、譲渡資産の取得価額が引き継がれます。

したがって、買換資産として建物等を取得したとしても、減価償却費の計算の基となる取得価額は、旧譲渡資産の取得費となります。

この場合の引き継がれる譲渡資産の取得価額とは、買換資産の実際の取得金額と譲渡資産の譲渡対価の額の大小によりそれぞれ次の算式によって求めます。

(1) **譲渡資産の譲渡価額 ＞ 買換資産の取得価額**

$$\left(\begin{array}{l}\text{譲渡資産の取得費}\\+\text{譲渡費用}\end{array}\right) \times \frac{\text{買換資産の取得価額} \times 80\%}{\text{譲渡資産の譲渡価額}} + \text{買換資産の取得価額} \times 20\%$$

(2) **譲渡資産の譲渡価額 ＝ 買換資産の取得価額**

$$\left(\begin{array}{l}\text{譲渡資産の取得費}\\+\text{譲渡費用}\end{array}\right) \times 80\% + \text{譲渡資産の譲渡価額} \times 20\%$$

(3) **譲渡資産の譲渡価額 ＜ 買換資産の取得価額**

$$\left(\begin{array}{l}\text{譲渡資産の取得費}\\+\text{譲渡費用}\end{array}\right) \times 80\% + \text{買換資産の取得価額} - \text{譲渡資産の譲渡価額} \times 80\%$$

　なお、課税繰延割合（80％）は、平成27年及び令和２年の税制改正により一部の譲渡事業用資産について変更（75％又は70％）されていますが、次のとおりです。

〔平成27年の改正〕

　平成27年に改正された措置法第37条第１項六号（改正当時は九号）の規定《所有期間が10年超の事業用資産を譲渡した場合》を適用する場合において、譲渡資産及び買換資産が次表の地域内にある場合には、課税繰延割合が次表のとおりに置き換えられることになりました。

　なお、この改正は平成27年８月10日以後の譲渡に関して適用されます。

〔現行六号買換えの課税繰延割合〕

譲渡資産	買換資産	変更点
地域再生法第５条第４項第四号に規定する集中地域以外^(注)にある資産	東京23区を除く集中地域内にある資産	「80％」→「75％」 「20％」→「25％」
	東京23区内にある資産	「80％」→「70％」 「20％」→「30％」

(注)　集中地域とは、地方活力向上地域（産業及び人口の過度の集中を防止する必要がある地域及びその周辺地域）であって地域再生法の施行令第３条で定めるものをいいますが、具体的には、平成27年８月１日における次に掲げる区域をいいます。
　⑴　首都圏整備法第２条第３項に規定する既成市街地
　　　東京都の特別区の存する区域及び武蔵野市の区域並びに三鷹市、横浜市、川崎市及び川口市の区域のうち首都圏整備法施行令別表に掲げる区域を除く区域（巻末資料497ページ参照）
　⑵　首都圏整備法第２条第４項に規定する近郊整備地帯
　　　首都圏整備法第24条第１項の規定により指定された区域（巻末資料506ページ参照）
　⑶　近畿圏整備法第２条３項に規定する既成都市区域
　　　大阪市の区域及び近畿圏整備法施行令別表に掲げる区域（巻末資料500ページ参照）

(4) 首都圏、近畿圏及び中部圏の近郊整備地帯等の整備のための国の財政上の特別措置に関する法律施行令別表に掲げる区域（名古屋市の一部、巻末資料504ページ参照）

〔令和２年の改正〕

令和２年度の税制改正により、令和２年４月１日以後に措置法第37条第１項二号《航空機騒音障害区域の内から外への買換え》の規定を受ける場合には譲渡資産、次の区域内にある場合には、課税繰延割合が70％になり、前掲の算式の80％を70％とし、20％を30％として計算します（措法37①、37の３②、措令25④⑤、25の２②⑥）。

① 令和２年４月１日前に特定空港周辺航空機騒音対策特別措置法第４条第１項に規定する航空機騒音障害防止特別地区となった区域

② 令和２年４月１日前に公共用飛行場周辺における航空機騒音による障害の防止等に関する法律第９条第１項に規定する第二種区域となった区域

③ 防衛施設周辺の生活環境の整備等に関する法律第５条第１項に規定する第二種区域

また、特定の事業用資産の買換えの特例の適用を受けた場合、買換資産の取得価額は譲渡資産の取得価額を引き継ぐことになりますが、取得時期は、譲渡資産の取得時期を引き継がずに買換資産の実際の取得日となります。

引継価額 Q98　買換資産の取得価額（引継価額）の計算（買換資産の取得価額 ＝ 譲渡収入金額）

　甲は、令和元年に事業用資産（土地及び建物）を5,000万円で譲渡し、その代金で新たに事業用資産（建物）を建築しました。

　譲渡した事業用資産及び新たに購入した買換資産が、措置法第37条に規定する特例要件を満たしていることを前提に買換資産の取得価額（引継価額）の計算の仕方を教えてください。

　なお、課税繰延割合は80％を前提とします。

(1)　事業用資産の譲渡収入金額　　　5,000万円

(2)　譲渡費用（仲介料）　　　　　　100万円

(3)　譲渡資産の取得費　　　　　　　1,000万円

　　（土地の取得費及び建物の未償却残高）

(4)　買換資産の購入金額　　　　　　5,000万円（建物の建築費）

Answer

　特定の事業用資産の買換えの特例の適用を受けた場合には、買い換えた事業用資産の取得価額は、実際の取得金額ではなく譲渡した事業用資産の取得費を引き継ぐことになります。

　ご質問のケースは、買換資産の取得金額が譲渡資産の譲渡対価の額と同額であることから、次のように計算して求めます。

〔買換資産の取得価額（引継価額）〕

$$\overset{\left(\substack{譲渡資産の取得費\\+譲渡費用の額}\right)}{(1,000万円＋100万円)}\times80\%＋\overset{\left(\substack{譲渡資産の\\収入価額}\right)}{5,000万円}\times20\%＝1,880万円$$

　上記より、将来において、買換資産（建物）を譲渡した場合の取得価額は、1,880万円から減価償却費の額を控除した価額となります。

Q99 買換資産の取得価額（引継価額）の計算
（買換資産の取得価額 ＜ 譲渡収入金額）

　甲は、令和元年に事業用資産（土地及び建物）を8,000万円で譲渡し、その代金の一部（4,000万円）で新たに事業用資産（土地及び建物）を購入しました。

　これらの譲渡した事業用資産及び新たに購入した買換資産が、措置法第37条に規定する特例要件を満たしていることを前提に買換資産の取得価額（引継価額）の計算の仕方を教えてください。

　なお、課税繰延割合は80％を前提とします。

(1)　事業用資産の譲渡収入金額　　8,000万円

(2)　譲渡費用（仲介料）　　　　100万円

(3)　譲渡資産の取得費　　　　2,000万円

　　（土地の取得費及び建物の未償却残高）

(4)　買換資産の購入金額　　　4,000万円（土地2,500万円、建物1,500万円）

Answer

　特定事業用資産の買換えの特例の適用を受けた場合には、買い換えた事業用資産の取得価額は、実際の取得金額ではなく、譲渡した事業用資産の取得費を引き継ぐことになります。

　ご質問のケースは、譲渡資産の譲渡対価の額が買換資産の取得価額を上回っていることから、次のように計算して求めます。

(1)　買換資産の取得価額（引継価額）

$$\overset{\left(\substack{\text{譲渡資産の取得費}\\+\text{譲渡費用の額}}\right)}{(2{,}000\text{万円}+100\text{万円})} \times \frac{\overset{\left(\substack{\text{買換資産の}\\\text{取得価額}}\right)}{4{,}000\text{万円}\times80\%}}{\underset{\left(\text{譲渡資産の収入金額}\right)}{8{,}000\text{万円}}} + \overset{\left(\substack{\text{買換資産の}\\\text{取得価額}}\right)}{4{,}000\text{万円}\times20\%}$$

$$=1{,}640\text{万円}$$

(2)　取得価額の土地及び建物への配分

買換資産は土地及び建物であるので前記(1)で計算した取得価額を次のとおり、土地と建物に配分します。

〔土地〕

$$1{,}640\text{万円}\times\frac{2{,}500\text{万円（土地の取得価額）}}{4{,}000\text{万円（一体としての取得価額）}}=1{,}025\text{万円}$$

〔建物〕

$$1{,}640\text{万円}\times\frac{1{,}500\text{万円（建物の取得価額）}}{4{,}000\text{万円（一体としての取得価額）}}=615\text{万円}$$

　上記より、将来において、買換資産（土地及び建物）を譲渡した場合の取得価額は、実際の取得金額ではなく、土地は1,025万円、建物については615万円から減価償却費の額を控除した価額となります。

買換資産の取得価額（引継価額）の計算
（買換資産の取得価額 ＞ 譲渡収入金額）

　甲は、令和元年に事業用資産（土地及び建物）を5,000万円で譲渡し、その代金と手元資金を合わせ6,000万円で、新たな事業用資産（土地及び建物）を購入しました。

　これらの譲渡した事業用資産及び新たに購入した買換資産が措置法第37条に規定する特例要件を満たしていることを前提として買換資産の取得価額（引継価額）の計算の仕方を教えてください。

　なお、課税繰延割合は80％を前提とします。

(1)　事業用資産の譲渡収入金額　　5,000万円

(2)　譲渡費用（仲介料）　　　　　100万円

(3)　譲渡資産の取得費　　　　　　1,000万円

　　（土地の取得費及び建物の未償却残高）

(4)　買換資産の購入金額　　　　　6,000万円（土地4,200万円、

　　　　　　　　　　　　　　　　　建物1,800万円）

Answer

　特定の事業用資産の買換えの特例の適用を受けた場合には、買い換えた事業用資産の取得価額は、実際の取得価額ではなく譲渡した事業用資産の取得費を引き継ぐことになります。

　ご質問のケースは、買換資産の取得価額が譲渡資産の譲渡対価の額を上回っていることから、次のように計算して求めます。

(1)　買換資産の取得価額（引継価額）

$$\underset{\substack{\text{譲渡資産の取得費}\\\text{+譲渡費用の額}}}{(1,000万円＋100万円)}\times80\%＋\underset{\substack{\text{買換資産の}\\\text{取得金額}}}{6,000万円}－\underset{\substack{\text{譲渡資産の}\\\text{収入金額}}}{5,000万円}\times80\%$$

$$＝2,880万円$$

(2)　取得価額の土地及び建物への配分

　買換資産は土地及び建物であるので前記(1)で計算した取得価額を次のとおり、土地と建物に配分します。

〔土地〕

$$2,880万円\times\frac{4,200万円（土地の取得価額）}{6,000万円（一体としての取得価額）}＝2,016万円$$

〔建物〕

$$2,880万円\times\frac{1,800万円（建物取得価額）}{6,000万円（一体としての取得価額）}＝864万円$$

　上記より、将来において、買換資産（土地及び建物）を譲渡した場合の取得価額は、実際の取得金額ではなく、土地は2,016万円、建物については864万円から減価償却費を控除した価額となります。

Q101 5倍の面積制限を超えて取得した土地等に付すべき取得（引継）価額(1)

買換資産として取得した土地等の面積が譲渡した土地等の面積の5倍を超えている場合における当該土地等に付すべき取得価額（引継価額）を教えてください。なお、課税繰延割合は80％とします。

(1) 譲渡資産（措法37①六適用）

① 面積　　　　200㎡

② 譲渡価額　　2,000万円

③ 所有期間　　10年超

④ 取得費　　　150万円

⑤ 譲渡費用　　50万円

(2) 買換資産

① 面積　　　　1,600㎡

② 取得価額　　3,000万円

Answer

買換資産のうちに土地等がある場合には、買換土地等の面積は譲渡土地等の面積の5倍までとされており、それを超える部分の面積に相当する価額は、買換資産に該当しないものとして扱われます。

この買換土地の面積制限の適用を受けた土地等の取得価額（引継価額）は次のとおりです。

(1) **買換資産（土地）のうち譲渡土地等の面積の5倍までの金額**

$$3{,}000万円 \times \frac{200㎡ \times 5}{1{,}600㎡} = 1{,}875万円$$

⑵　買換資産に相当する引継価額（譲渡価額 ＞ 買換資産の価額）

$$（150万円＋50万円）\times \frac{1,875万円 \times 0.8}{2,000万円} ＋ 1,875万円 \times 0.2$$

$$＝ 525万円$$

⑶　買換資産の対象から外れた取得土地の価額

$$3,000万円 \times \frac{1,600㎡ － 200㎡ \times 5}{1,600㎡} ＝ 1,125万円$$

⑷　買換土地に付すべき取得価額（引継価額）

⑵ ＋ ⑶ ＝ 1,650万円

５倍の面積制限を超えて取得した土地等に付すべき取得（引継）価額⑵

買換資産として取得した土地等の面積が、譲渡した土地等の面積の５倍を超えている場合における当該土地等に付すべき取得（引継）価額を教えてください。なお課税繰延割合は80％とします。

(1) 譲渡資産（措法37①六適用）

  ① 面積　　　　300㎡

  ② 譲渡価額　3,000万円

  ③ 所有期間　10年超

  ④ 取得費　　200万円

  ⑤ 譲渡費用　100万円

(2) 買換資産

イ　Ａ市所在の土地及び建物　　　ロ　Ｂ市所在の土地

  ① 面積　　　　　　800㎡　　　　① 面積　　　　1,200㎡

  ② 土地の取得費　　800万円　　　② 取得費　1,200万円

  ③ 建物の取得価額　500万円

Answer

買換資産のうちに土地等がある場合には、買換土地等の面積は譲渡土地等の面積の５倍までとされており、それを超える部分の面積に相当する価額は、買換資産に該当しないものとして扱われます。

この買換土地の面積制限の適用を受けた土地等の取得価額（引継価額）は、次のとおりです。

(1)　土地に付すべき引継価額

①　買換資産（土地）のうち譲渡土地の面積の５倍までの金額

$$(800万円 + 1,200万円) \times \frac{300㎡ \times 5}{800㎡ + 1,200㎡} = 1,500万円$$

②　土地に係る引継価額（譲渡価額 ＞ 買入価額）

$$\left\{ \overset{取得費}{(200万円} + \overset{譲渡費用}{100万円)} \times \frac{\overset{(土地)}{(1,500万円} + \overset{(建物)}{500万円) \times 0.8}}{3,000万円} \right.$$

$$\left. + \overset{(土地)}{(1,500万円} + \overset{(建物)}{500万円)} \times 0.2 \right\} \times \frac{1,500万円}{1,500万円 + 500万円}$$

$$= 420万円$$

③　買換対象から外れた取得土地の価額

$$\overset{A土地}{(800万円} + \overset{B土地}{1,200万円)} \times \frac{(800㎡ + 1,200㎡) - 300㎡ \times 5}{800㎡ + 1,200㎡}$$

$$= 500万円$$

(2)　A土地及び建物の付すべき引継価額

①　買換資産（A土地）に付すべき引継価額

$$(420万円 + 500万円) \times \frac{800万円}{800万円 + 1,200万円} = 368万円$$

②　A市の建物に付すべき引継価額

$$(200万円 + 100万円) \times \frac{(1,500万円 + 500万円) \times 0.8}{3,000万円}$$

$$+ (1,500万円 + 500万円) \times 0.2 \times \frac{500万円}{1,500万円 + 500万円}$$

$$= 140万円$$

(3)　B市の土地に付すべき引継価額

$$（420万円 + 500万円）× \frac{1,200万円}{800万円 + 1,200万円} = 552万円$$

措法37条の4
Q103　5倍の面積制限を超えて取得した土地等に付すべき取得（引継）価額(3)

　買換資産として取得した土地等の面積が譲渡した土地等の面積の5倍を超えている場合における当該土地等に付すべき取得（引継）価額を教えてください。

　なお、譲渡に際し、A区の土地、建物に対する譲渡部分の金額を8,000万円（土地面積400㎡）、B市の宅地の金額を2,000万円（土地面積100㎡）と選択しています。

(1)　譲渡資産（措法37①六適用）

　　①　所在　　　　集中地域外

　　②　面積　　　　500㎡

　　③　譲渡価額　　1億円

　　④　所有期間　　10年超

　　⑤　取得価額　　2,500万円

　　⑤　譲渡費用　　500万円

(2)　買換資産

イ　A区所在の土地及び建物　　　　ロ　B市所在の土地

　　①　所在　東京23区　　　　　　　　①　所在　集中地域外

　　②　面積　　　　　　200㎡　　　　②　面積　　　　　　4,000㎡

　　③　土地の取得価額　6,000万円　　③　取得価額　4,000万円

　　④　建物の取得価額　2,000万円

Answer

　ご質問の買換資産（土地及び建物）に付すべき取得価額は、次のとおりです。

(1)　A区の土地に付すべき引継価額（譲渡価額 ＝ 買入価額）

$$\left\{\underset{取得費}{(2,500万円} + \underset{譲渡費用}{500万円)} \times \underset{\underset{譲渡土地面積}{400㎡}}{\overset{\overset{A土地面積}{400㎡}}{500㎡}} \times 0.7 + \underset{譲渡価額}{8,000万円} \times 0.3 \right\}$$

$$\times \ \frac{6,000万円}{8,000万円} \ = \ 3,060万円$$

※　A区の宅地に係る面積制限は2,000㎡（400㎡×5）です。

---

(2)　A区の建物に付すべき引継価額（譲渡価額 ＝ 買入価額）

$$\left\{\underset{取得費}{(2,500万円} + \underset{譲渡費用}{500万円)} \times \underset{\underset{譲渡土地面積}{500㎡}}{\overset{\overset{A土地面積}{400㎡}}{}} \times 0.7 + 8,000万円 \times 0.3 \right\}$$

$$\times \ \frac{2,000万円}{8,000万円} \ = \ 1,020万円$$

(3)　B市の土地に付すべき引継価額（譲渡価額 ＞ 買入価額）

①　買換土地のうち譲渡土地等の面積の５倍までの金額

$$4,000万円 \ \times \ \frac{100㎡ \times 5}{4,000㎡} \ = \ 500万円$$

②　買換資産（B土地）のうちの引継価額

$$\left\{\underset{取得費}{(2,500万円} + \underset{譲渡費用}{500万円)} \times \underset{\underset{譲渡土地面積}{500㎡}}{\overset{\overset{B土地面積}{100㎡}}{}} \times \frac{500万円 \times 0.8}{2,000万円} + 500万円 \times 0.2 \right\}$$

$$= \ 220万円$$

③　買換対象から外れたB土地の価額

$$4,000万円 \ \times \ \frac{4,000㎡ - 100㎡ \times 5}{4,000㎡} = \ 3,500万円$$

④　買換資産（B土地）に付すべき引継価額

220万円 ＋ 3,500万円 ＝ 3,720万円

措法37条六号関係 Q104　所得税法及び措置法等により取得時期を引き継ぐもの

措置法第37条第1項六号の特例は、譲渡の日の属する年の1月1日において、所有期間が10年を超えることが要件とされていますが、譲渡資産が交換や収用代替によって取得されたものである場合の所有期間の計算について教えてください。

Answer

措置法第37条第1項六号に規定する譲渡資産は、所得税法第58条《固定資産の交換の場合の譲渡所得の特例》の規定の適用を受けて取得した資産、所得税法第60条第1項各号に規定する贈与、相続、遺贈等により取得した資産及び措置法第33条《収用等に伴い代替資産を取得した場合の課税の特例》、第33条の2《交換処分等に伴い財産を取得した場合の課税の特例》又は第33条の3《換地処分等に伴い資産を取得した場合の課税の特例》の適用を受けて取得した同法第33条の6《収用交換等により取得した代替資産等の取得価額の計算》に規定する代替資産等及び措置法第37条の6《特定の交換処分により土地等を取得した場合の課税の特例》の適用を受けて取得した交換取得資産のうち、その譲渡の日の属する年の1月1日において所有期間が10年を超える事業用資産が対象となりますが、所得税法、措置法等の規定により旧資産の取得時期を引き継ぐこととされているものについては、それに従って所有期間の判定を行います。

解　説

措置法第37条第1項六号の買換えの特例の適用対象となる譲渡資産

は、国内にある事業の用に供されている土地等、建物又は構築物で、個人が当該資産を譲渡した日の属する年の1月1日において所有期間が10年を超えるものに限られています。

この場合の「所有期間」とは、措置法第31条第2項に規定する所有期間をいいますので、措置法第37条第1項六号の譲渡資産には、①所得税法第58条第1項の規定の適用を受けて取得した資産、②所得税法第60条第1項各号に規定する贈与、相続、遺贈又は譲渡（著しく低い対価の額により譲渡したことにより譲渡損が生じた場合で譲渡損がなかったものとされる場合）により取得した資産のうち、その譲渡の日の属する年の1月1日において所有期間が10年を超える資産が含まれることとなります。

また、買換取得資産の取得時期が措置法の規定により旧資産の取得時期を引き継ぐこととされている③措置法第33条、第33条の2第1項若しくは第2項又は第33条の3の規定の適用を受けて取得した措置法第33条の6第1項に規定する代替資産等、④措置法第37条の6第1項の規定の適用を受けて取得した同条第4項に規定する交換取得資産を譲渡する場合についても、その譲渡の日の属する年の1月1日において所有期間が10年を超えていなければなりません。

ところで、特例の適用対象が所有期間が10年を超えるものに限られていることからして、上記①から④までの取得事由が重ねて発生することも考えられますが、この場合においても取得時期を引き継ぐかどうかについては明文上必ずしも明らかではありません。

しかしながら、この場合であっても、その取得資産の取得時期は、所得税法及び措置法の規定により旧資産の取得時期を引き継ぐこととされていることから、同様に取り扱うのが相当と考えられます。

具体的には次のとおりですが、譲渡資産は措置法第37条第1項六号

の買換えの特例要件を満たしていることが前提となります（ただし、乙又は丙が資産を譲渡した日の属する年の1月1日において、甲がA資産を取得した日からの所有期間が10年を超えている場合に限ります。）。

(1)　2回以上の相続等を経て当該個人が取得している事業用資産を譲渡するケース

(2)　相続した資産が収用等により買い取られ、収用等の代替の特例の適用を受けて取得した事業用資産を譲渡するケース

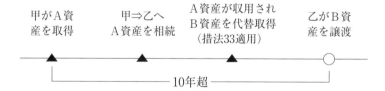

(3)　交換により取得した資産が収用等により買い取られ、収用等の代替の特例の適用を受けて取得した事業用資産を譲渡するケース

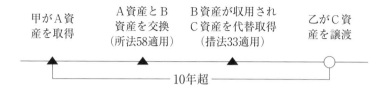

所有期間が10年を超える資産と超えない資産とを一括譲渡した場合の特例の適用

甲は、平成20年より所有するＡ土地上に商業施設を建築し、賃貸していますが、平成25年中に商業施設の利用者のため、駐車場（Ｂ土地）を買い増ししています。

令和２年に入り甲は、この商業施設を譲渡し、その対価で新たに店舗及び敷地を取得するつもりです。

ところで、本年の１月１日において、Ａ土地及び商業施設の所有期間は10年を超えていますが、Ｂ土地の所有期間は10年未満です。

この場合、Ｂ土地についても特定の事業用資産の買換えの特例（措法37①六）を適用することができますか。

Answer

Ａ土地、Ｂ土地及び商業施設の譲渡による収入金額のうち、Ａ土地及び商業施設の対価に対応する部分の収入金額については、特定の事業用資産の買換えの特例（措法37①六）の適用を受けることができますが、Ｂ土地の対価に対応する部分の収入金額については特例の適用を受けることはできません。

解 説

建物が事業の用に供されている場合には、その建物の敷地となっている土地も事業の用に供されている資産に該当することとされています（措通37-21(1)）。したがって、ご質問のケースでは、Ａ土地だけではなく商業施設に係る事業の遂行上、必要な駐車場であるＢ土地も

含まれると考えられます。

　そうすると、商業施設の敷地となっていたＡ土地及びＢ土地は、事業の用に供されていた資産に該当することとなりますが、Ａ土地及び商業施設は、譲渡の日の属する年の１月１日において所有期間が10年を超える資産なので、措置法第37条第１項六号に規定する譲渡資産に該当することとなります。

　したがって、Ａ土地に対応する部分及び商業施設に係る譲渡収入金額について特定事業用資産の買換えの特例の適用を受けることができます。

　一方で、Ｂ土地は、事業用資産に該当しているとはいえ、譲渡の日の属する年の１月１日において所有期間が10年を超えていないので、措置法第37条第１項六号に規定する要件を充たさないこととなり、同号の規定による特定事業用資産の買換えの特例の適用を受けることはできません。

Q 106　土地等と建物の所有期間が異なる場合

　措置法第37条第1項六号の特例は、国内にある土地等、建物又は構築物で、譲渡の日の属する年の1月1日において所有期間が10年を超えるものに限るとされていますが、土地等の所有期間は10年を超えているものの、建物（事業用として使用）等については所有期間が10年を超えていない場合、特例の適用はどうなりますか。

Answer

　個人がその譲渡の日の属する年の1月1日において所有期間が10年を超える土地等とともに当該土地等の上に建築された建物（その譲渡の日の属する年の1月1日において所有期間が10年を超えていないもの）で事業の用に供されているものを譲渡する場合、当該建物は、所有期間要件を満たしていないため六号の適用を受けることはできません。

　ただし、建物の敷地である土地等は所有期間が10年を超えているため土地等については同号の適用をすることは可能です。

　なお、措置法第37条第1項六号は、所有している期間が10年を超えていることが要件とされており、事業期間が10年ではありません。

解　説

　措置法第37条第1項六号で規定する事業用資産の所有期間の要件は、事業所として使用されている建物及びその敷地の用にされている土地等のいずれもの所有期間が10年を超えていなければ適用することはで

きないのかという疑問が生じますが、事業所として使用されている建物と、その敷地の用に供されている土地等は個別に所有期間の判定を行うとされています（措通37−11の9）。

　ご質問のケースは、事業用資産について土地等の所有期間が10年を超えていますので措置法第37条第1項六号の適用対象となりますが、建物等は、所有期間が10年を超えていませんので対象から外れます。

　また、例えば、10年前に取得した借地権付建物を事業所として継続して使用してきて、最近その底地を取得したような場合において、土地と建物を一括して譲渡した場合には、その底地は、所有期間が10年を超えていないので本件特例の対象にはなりません。

　一方で、事業所として使用していた建物とその敷地である借地権については、所有期間が10年を超えていますので六号の適用が可能です。

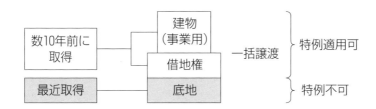

Q107 買換えに係る事業用資産を譲渡した場合の取得時期

甲は、平成21年11月に契約を締結し、平成22年2月に引渡しを受けた商業ビル及びその敷地を令和2年6月に譲渡しました。

ところで、甲は、この商業ビルの譲渡については、措置法第37条第1項六号《所有期間が10年を超える資産》の適用を考えていますが、取得日を引渡しを受けた平成22年2月とした場合には、所有期間10年超の要件を満たさなくなるため、契約日に取得したものとして申告するつもりです。

措置法第37条第1項六号の適用にあたり、取得日を契約締結日とすることは認められますか。

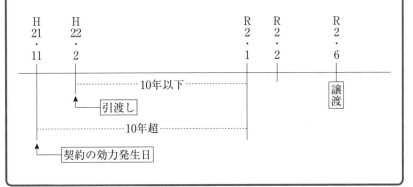

Answer

ご質問の場合には、納税者の選択した契約効力発生日において事業用資産を取得したとすることを認め、事業用資産を10年を超える期間所有していたとして措置法第37条第1項六号の適用を認めて差し支えないと考えます。

解　説

　措置法第37条第1項六号の適用にあたっては、事業用資産を譲渡した年の1月1日において、所有期間が10年を超えていることが要件とされていますが、この所有期間の計算について、措置法関係通達等で明確に定めているものはありませんが、所得税基本通達では次のように定めています（所基33-9）。

（参考）所基通33-9《資産の取得の日》

　所得税法第33条第3項第1号に規定する取得の日は、次による。
(1)　他から取得した資産については、36-12に準じて判定した日とする。
(2)　自ら建設、製作又は製造（以下この項において「建設等」という。）をした資産については、当該建設等が完了した日とする。
(3)　他に請け負わせて建設等をした資産については、当該資産の引渡しを受けた日とする。

　譲渡所得は譲渡資産の所有期間中に発生した資産の値上がりによる増加益が、譲渡により実現した時に所得として課税の対象とされるものです。

　そして、譲渡所得に対する課税は、譲渡資産の取得をした日から譲渡をした日までの保有期間に応じて、長期譲渡所得と短期譲渡所得に区分して行われます。

　そこで、譲渡した資産の取得日が重要となりますが、上記通達では、この場合の資産の取得とは、いかなる事実又は行為があった時をもって資産の取得があったというのかを明らかにしています。すなわち、

他から取得した資産の取得の日については、所得税基本通達36－12
《山林所得又は譲渡所得の総収入金額の収入すべき時期》（206ページ
参照）の判定に準じ、その資産の引渡しを受けた日を原則とし、納税
者がその資産の取得に関する契約効力発生日（農地等については、農
地等の取得に関する契約の締結をした日）を取得の日として申告があ
った場合には、これを認める取扱いとなっています。

　ただし、取得に関する契約締結日に存在しない資産又は売主が所有
していない資産については、その契約締結日を取得に関する契約効力
発生日とすることはできません。

　なお、契約の効力発生日基準を採用するにあたっては、取得日は契
約の効力発生日基準により、譲渡日は引渡し日基準によるというよう
に、取得の日と譲渡の日との判定基準が異なっても差し支えないと考
えます。

措法37条六号関係
Q108 面積の判定（共有の場合）

　措置法第37条第１項六号の買換特例では、買換資産は特定の施設等の用に供されるもので、かつ、その敷地の面積が300㎡以上とされています。

　この場合、買い換える土地等を他の者と共有で取得する場合には面積はどのように計算しますか。

Answer

　措置法第37条第１項六号の通用を受ける場合において、買換資産のうち、共有で取得する土地等が含まれている場合の面積は、買換え取得した土地等の全体の面積にその者の共有持分の割合を乗じて計算した面積（当該土地等が独立部分を有する区分所有する建物（特定施設）の敷地の用に供するものである場合には、当該土地等の総面積に当該特定施設に係る建物の独立部分の総床面積のうちに占めるその者が区分所有する独立部分の床面積の割合を乗じて計算した面積）を、その者が取得した土地等の面積として計算します（措通37－11の14(1)）。

解 説

　特定の事業用資産の買換えの特例には、土地の仮需要の抑制という土地政策の目的から買換資産として取得する土地等について面積制限（通常の場合は譲渡土地等の５倍まで）が設けられており、その面積制限を超える部分に対応する部分については買換資産に該当しないこととされています（措法37②、措令25⑯、措通37－11の４）。

　さらに、措置法第37条第１項六号《当時は九号、所有期間が10年を

313

超える土地等、建物又は構築物から国内にある一定の土地等、建物又は構築物への買換え》では、平成24年度税制改正により適用要件の見直しが行われ、買換資産のうち土地等については、①特定施設の敷地の用に供される土地等であること又は②土地等の面積は、300㎡以上であることの要件が付加されました。

ところで、買換資産として土地等の共有持分を取得した場合の土地等の面積要件（300㎡以上とする）の判定については、土地等の共有持分の効果は、その共有地の全体に及ぶものであることから、共有地の全体の面積を基礎としてその者の持分割合を乗じて計算した面積により判定するとされています。

措法37条六号関係

Q109　特定施設用地とその他の部分がある場合の土地の面積

措置法第37条第1項六号の買換えの特例では、買換資産に土地等がある場合には、特定の施設等の用に供されるもので、かつ、その敷地の面積が300㎡以上のものに限るとされています。

例えば、買い換える土地等が区分所有している商業施設の敷地である場合にはその施設（商業施設）の用に供にされている面積は、どのように計算しますか。

Answer

買換資産のうちに土地等があり、その土地等が区分所有する特定施設の敷地の用に供されている場合には、当該土地等の総面積に当該特定施設に係る建物の独立部分の総床面積のうちその者が取得した独立部分の床面積の割合を乗じて計算した面積をその者が取得した土地等の面積とします。

具体的には、次の算式により計算した面積となります（措通37−11の14(2)）。

〔算式〕

その土地等のうち特定施設の敷地の用に専ら供される部分の面積 ＝ （その土地等のうち特定施設の敷地として使用される部分とその他の部分とに併用される部分の面積の合計） × （当該施設のうち特定施設として専ら使用される部分の床面積(A) ＋ 当該施設のうち特定施設として使用される部分とその他の部分とに併用される部分の床面積 × (A) / ((A)＋当該施設のうちその他の部分として専ら使用される部分の床面積)） / 当該施設の床面積

(注)　取得した土地等が特定施設の「敷地」に該当するかどうかは、社会通念に従い、当該土地等が当該施設と一体として利用されるものであるかどうかにより判定します。

解 説

　買換えの対象となる土地等の面積の判定において敷地の上の建物が区分所有建物であった場合又は１棟の建物の一部を事業所などの特定施設として使用しその他の部分を特定施設とは異なる用途（例えば、居住用）に使用する場合、買換対象となる土地等の面積をどのように計算すべきかという問題があります。

　このように１棟の建物の全てが一人の所有でない場合又は事業の用に供されていない場合に「特定の事業用資産の買換えの特例」の適用対象となる買換資産（土地等）の面積要件（300㎡以上）の判定を行う場合には、前記算式に基づいて算定した面積により買い換え対象となる土地等（特定施設の敷地として使用されている部分）の面積を計算します。

　この考え方は、措置法通達37−11の８《「工場等として使用されている建物の敷地の用に供されている土地等」》の判定と同様です。

措法37条六号関係

Q110 買換資産の対象となる土地等の用途

　措置法第37条第1項六号では、買換資産として土地等、建物又は構築物などが対象となりますが、土地等については、その面積が300㎡以上のもので①事務所、事業所その他の施設の用に供されるもの又は②施設の用に供されないことについてやむを得ない事情がある場合の駐車場の用に供されるものが対象となると聞きました。

　この①及び②の場合の土地等の用途について教えてください。

Answer

　措置法第37条第1項六号では、買換資産としての土地等は面積が300㎡以上のもので、次のいずれかの用途に供されているものとされています。

1　特定施設の用に供されている土地等

　買換資産の対象となる土地等は、事務所、事業所、工場、作業場、研究所、営業所、店舗、倉庫、住宅その他これらに類する施設（福利厚生施設に該当するものを除きます。以下六号において「特定施設」といいます。）の敷地の用に供されるもの（その特定施設に係る事業の遂行上必要な駐車場の用に供されるものを含みます。）とされています（措法37①六、措令25⑬）。

2　駐車場の用に供されている土地等

　駐車場の用に供される土地は、原則として買換資産の対象（特定施

設に係る事業の遂行上、必要な駐車場は除きます。）になりません。
ただし、開発行為の許可の手続きその他の行為が進行中であり、やむ
を得ない事情があることが一定の書類により明らかにされたものにつ
いては、買換資産として認められます（措規18の5⑤七）。

解 説

　措置法第37条第1項六号の買換えの特例については、買換資産であ
る土地等の用途に限定がなく、政策目的が曖昧であるという指摘があ
り、より付加価値の高い資産への買換えを促進し、経済の活性化を図
るとの政策目的を明確化する観点からの平成24年度の税制改正で見直
しが行われました。その結果、措置法第37条1項六号（当時九号）買
換特例に係る買換資産のうち土地等については、次の用途に供される
土地等でその面積が300㎡以上のものに限定されました。

(1)　特定施設の敷地の用に供される土地等

　特定施設とは、事務所、工場、作業場、研究所、営業所、店舗、倉
庫、住宅その他これらに類する施設をいい、福利厚生施設に該当する
ものは除くこととされています（措令25⑬）。

　なお、この土地等には、その特定施設に係る事業の遂行上必要な駐
車場の用に供されるものを含むとされています。

(2)　駐車場の用に供される土地等で建物又は構築物の敷地の用に供さ
　　れていないことについてやむを得ない事情があるもの

　この「やむを得ない事情」とは、次の①から④までの手続きその他
の行為が進行中であることにつき、その手続きの区分に応じ、それぞ
れ次の①から④までの書類により明らかにされた事情をいいます（措

令25⑬、措規18の5①、平24.4.27国土交通省告示507号）。

① 都市計画法第29条第1項又は第2項の規定による許可（いわゆる開発許可）の手続き

その許可に係る同法第30条第1項の申請書の写し又は同法第32条第1項若しくは第2項の協議に関する書類の写し

② 建築基準法第6条第1項に規定する確認（いわゆる建築確認）の手続き

その確認に係る同項の申請書の写し

③ 文化財保護法第93条第2項に規定する発掘調査

同項の規定によるその発掘調査の実施の指示に係る書類の写し

④ 建築物の建築に関する条例の規定に基づく手続

建物又は構築物の敷地の用に供されていないことがその手続きを理由とするものであることにつき国土交通大臣が証明したもの

国土交通大臣が証明をしたことを証する書類の写し

> （注）　これら上記書類は、この措置の適用を受けるために確定申告書に添付する書類とされています（措規18の5⑤七）。

Q111 土地等の用途（ゴルフ練習場）

甲は、10年超所有していた牧場地を譲渡し、その代金で郊外に9ホールのコースを備えたゴルフ練習場を取得したいと思っています。

この牧場地の譲渡申告にあたって措置法第37条第1項六号の適用を考えていますが、買換資産としての土地等は特定施設の用に供されることが要件とされていますが、このようなコースを備えたゴルフ練習場の敷地は、建物や構築物がありませんが対象となりますか。

また、ゴルフ練習場に来るお客用の駐車場はどうでしょうか。

Answer

ご質問については、買換えにより取得する土地はゴルフ練習場の施設の用に供されていますので、フロント等がある建物等の敷地だけでなく、ゴルフ練習場全体の敷地が買換対象になると考えられます。

また、お客用の駐車場については、事業の遂行上、必要不可欠と思われますのでこれも買換資産の対象になると思われます。

ただし、買換えの対象となる土地等は、譲渡した土地等（事業用資産）の面積の5倍までの面積に相当する価額までとされています。

解 説

措置法第37条第1項六号の買換えでは、買換資産としての土地等は事務所、事業所、工場、作業場、研究所、営業所、店舗、倉庫、住宅その他これに類する施設（以下「特定施設」といいます。）をいい、

福利厚生施設に該当するものを除くとされています。

　ご質問の場合には、コースを備えたゴルフ練習場がこれらの特定施設の用に供されている土地と同視できるかということが問題ですが、買換取得する土地はゴルフ練習場にとって不可欠であり、かつ、十分な資本投下が行われると認められること、また、特定施設について具体的に規定する措置法施行令第25条第13項が「その他これに類する施設」と規定していることからすれば、ゴルフ練習場は「店舗」又は「営業所」に類する施設ともいえると考えられるので、結果としてゴルフ練習場全体が買換えの対象になると思われます。

　また、ゴルフ練習場に来るお客のための専用駐車場は、ゴルフ練習場の事業遂行上必要不可欠と考えられますので同様に買換資産の対象となると考えられます。

　ただし、ゴルフ練習場の規模からみて不相当に大きな駐車場部分（例えば、近隣の住民に駐車場として貸付けている部分がある場合など）があれば、その部分は買換対象から除かれることになります。

Q112 買換資産（事業の用に供している底地）

甲は、10年超所有した事業用不動産（土地及び建物）を 2 億円で譲渡しましたが、この譲渡申告では、措置法第37条第 1 項六号の適用を考えています。買換資産としては息子が代表者を務める Ａ社の借地権設定地（底地）を考えております。

Ａ社は、この借地上で店舗を開いて事業を続けており、また、地代についても土地所有者に適正に支払っています。

このような前提において、甲が買換取得を考えている底地は買換資産として認められますか。

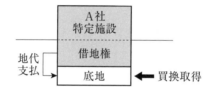

Answer

ご質問のとおり、土地（底地）を買い換えた場合、土地の所有者と土地の上にある特定施設（店舗）の所有者が異なることになりますが、措置法第37条第 1 項六号の規定において、取得する土地の上にある特定施設の所有者と土地の所有者が同一でなければならないとされているわけではありません。

したがって、買換取得する土地が底地であっても、面積が300㎡以上あり、かつ、特定施設の敷地の用に供されていて、地代収入も適正に収受しているのであれば買換資産の対象になると思われます。

措法37条六号関係

Q113　買換資産（事業の遂行上必要な駐車場）

　甲は、10年超所有した事業用不動産（土地及び建物）を1億円で譲渡しましたがこの譲渡申告では措置法第37条第1項六号の適用を考えています。

　買換資産としては、息子が代表を務めるA社が営業している商業施設の隣地（a土地）を取得し、これをA社に貸付ける計画でいますが、このような場合、a土地は商業施設の事業の遂行上必要な駐車場として買換資産の対象とすることができるでしょうか。

Answer

　商業施設の隣にあるa土地が特定施設（商業施設）に係る事業の遂行上必要な駐車場の用に供されるのであれば、買換資産の対象とすることができると考えます。

　この場合、a土地を単独で取得するか、又は特定施設（商業施設）と一緒に取得するかによって買換資産として認められるか否かの判定に影響を及ぼすことはないと考えます。

解 説

　措置法第37条第1項六号では、駐車場であっても特定施設に係る事業の遂行上必要なものであれば、特定施設の敷地の用に供されるものとして買換資産の対象とすることができる旨規定しています。

　例えば、駐車場が「特定施設に係る事業の遂行上必要なもの」に該当していても、特定施設に係る事業の遂行上必要な駐車場の土地として単独で取得した土地が常に買換資産として認められるかについては

判断が難しいところです。

　ところで、措置法第37条第１項六号では「当該特定施設に係る事業の遂行上必要な駐車場の用に供されているものを含む」と規定していますが、「当該特定施設」とは、事務所、事業所、工場、作業場、研究所、営業所、店舗、倉庫、住宅その他これに類する施設（福利厚生施設に該当するものを除きます。）に供されている施設のことを指しており、この規定だけで単独で土地を取得した場合には買換資産に該当しないと断定するのは困難です。

　したがって、買換資産（駐車場）については、文字どおり、特定施設に係る業務の遂行上必要なものであればよく、特定施設の敷地の用に供される駐車場が特定施設と一緒に取得しなければならないということはないと考えられます。

　なお、むしろ重要な点は単独で取得した土地が真に特定施設に係る業務の遂行上、必要なものであるか否かであり、措置法第37条の規定の適用を受けるために一時的に駐車場にしたものや特定施設の規模から不必要と考えられるもの、また、青空駐車場などのように舗装等がされていないものなどは、事業の遂行上必要なものといえないと考えられているので、それらの事実について客観的に判断する必要があります。

措法37条六号関係

Q114 他の者が建築する倉庫の敷地の用に供される見込みでの土地

甲は、令和１年12月に10年超所有していた事業用資産を譲渡しましたが、新たに300㎡以上の事業用地を取得する予定であり、措置法第37条第１項六号の適用を受けることを検討しています。

ところで、甲が取得する予定地は、相当地代方式によりＡ社に賃貸し、Ａ社が簡易倉庫を建築する予定です。措置法第37条第１項六号の適用に当たっては、買換資産が土地等である場合、「特定施設の用に供される」ことが要件とされていますが、土地等の上に建築される特定施設の所有者が第三者であっても本件土地は、買換資産に該当しますか。

Answer

買換資産である土地の上に建築される特定施設の所有者は、土地所有者に限定されているわけではないので、ご質問のケースでは、特定施設の用に供されている土地と判定することができます。

解　説

措置法第37条第１項六号の適用上、買換資産が土地等である場合には、「事務所、事業所その他政令で定める施設（以下、「特定施設」といいます。）の敷地の用に供されるもの……」と規定されていますが、この特定施設の所有者は、土地を取得した者に限るとされているわけではありません。

したがって、取得した土地を賃貸し、賃借人が特定施設を建築する場合でも、特定施設の敷地の用に供される土地等であることには変わ

りがありませんので、本件土地は買換資産に該当します。

　この場合の特定施設の敷地の用に供される土地等とは、土地又は土地の上に存する権利を取得したときにおいて、現に特定施設の敷地の用に供されているもの（当該施設に係る事業の遂行に必要な駐車場等を含みます。）及び特定施設の敷地の用に供されることが確実であると認められるものをいいます。

　なお、土地等を取得してから1年以内に敷地上の倉庫が事業の用に供されない場合には、この土地を買換資産とすることはできませんので、1年を経過した日から4か月以内に修正申告をする必要があります。

Q115　買換資産（超高層マンション）

甲は、10年超所有した事業用資産（土地及び建物）を1億円で譲渡しましたが、この譲渡申告では、措置法第37条第1項六号の適用を考えています。買換資産としては、次のような超高層マンションを購入し、賃貸マンションとして利用するつもりです（マンションは既に完成しており、いつでも入居できる状況にあります。）。

ところで、買換資産としての土地等は、面積が300㎡以上のものでなければならないとされていますが、このマンションの敷地全体は600㎡あるため買換の対象となりますか。

〔マンション概況〕

- ・分譲価格　　　　1億円（建物6,000万円、土地4,000万円）
- ・40階建　　　　　20階部分
- ・専有面積　　　　82㎡
- ・敷地面積　　　　600㎡
- ・土地の持分　　　12/1,000

Answer

事業用資産を1億円で譲渡し、その対価で賃貸業の用に供する超高層マンションの取得を考えているようですが、措置法第37条第1項六号の買換特例では買換資産としての土地等はその面積が300㎡以上のものに限られています。

ところで、買換えの対象土地等の面積要件の判定に当たって、土地等が独立部分を有するマンション等（区分所有建物及びその敷地）の

用に供されている場合には、当該土地等の総面積に当該特定施設に係る建物の独立部分の総床面積のうちに占めるその者の区分所有する独立部分の床面積の割合を乗じて計算するとされています（措通37－11の14(2)）。

　ご質問のケースで、購入を考えている超高層マンションの専有部分に相応する敷地の面積を計算すると7.2㎡（600㎡×$\frac{12}{1,000}$）となり、面積要件（300㎡）を満たしていないことから土地の価額については買換資産とすることはできません。

　なお、建物については、面積制限等がありませんので他の特例要件を満たしていれば建物価額6,000万円は、買換資産とすることができます。

措法37条六号関係

Q116 買換資産（期限までに土地等のみを取得した場合）

　甲は、事業用資産を7,000万円で譲渡しましたが、この譲渡申告では、措置法第37条第1項六号を適用して、翌年中に買換資産を取得する旨の「買換（代替）資産の明細書」を添付して申告を済ませています。その後、翌年の年末に、賃貸アパートに適した土地等（面積は380㎡）が7,000万円で売りに出されたことから、この土地を買換資産として取得しました。

　この土地は現在、更地（未利用地）ですが、取得後1年以内に賃貸アパートを建築し、賃貸業を開始するつもりです。このような前提でこの土地は買換資産として認められますか。

　ちなみに、アパートの建築代金については、翌年中に取得できなかったため買換資産とするつもりはありません。

Answer

　ご質問によると甲は、買換資産の取得期限までに（譲渡した年の翌年末）、面積が300㎡以上の土地を取得するとしていますので、とりあえずはこの土地は買換資産の対象とすることができます。

　ただし、現在、更地（未利用）であるということですので事業の用に供する必要がありますが、この期限は取得の日から1年以内とされています。

　したがって、土地の取得の日から1年以内に事業の用に供すれば買換資産として認められることになりますので、買換資産を取得したことを証明するための書類（土地の売買契約書の写し及び登記事項証明書など）を税務署に提出する際に「1年以内に事業の用に供する旨」

329

を記載した誓約書等を同時に提出する必要があります。

　なお、仮に１年以内に事業の用に供さなかった場合又は１年以内に事業の用に供するのをやめた場合には当該事由が生じた日から４か月以内に修正申告する必要があります。

措法37条六号関係

Q117　買換資産である土地等が複数ある場合

　甲は、令和元年６月中に10年超所有していた事業用資産を譲渡し、同年中に下記のような土地をまとめて取得しそれぞれに建物等を建築する予定です。

　この事業用不動産の譲渡に関して措置法第37条第１項六号の適用を受けることを検討していますが、買換資産が土地等の場合、その面積が300㎡以上であることが要件とされています。買換資産として取得する予定の土地（Ａ〜Ｄ）は各土地ごとで面積判定した場合は300㎡未満ですが、互いに隣接し、いずれも特定施設の用に供されていますので、一体として面積要件を判定してもよいのでしょうか。

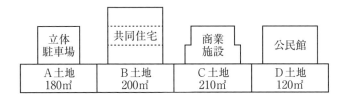

立体駐車場	共同住宅	商業施設	公民館
Ａ土地 180㎡	Ｂ土地 200㎡	Ｃ土地 210㎡	Ｄ土地 120㎡

Answer

　ご質問のケースは、これらの取得した土地の面積の合計額により300㎡以上であるかを判定するのが相当です。

解　説

　措置法第37条第１項六号の適用上、買換資産が土地等である場合には、取得した土地等ごとに特定施設の敷地の用に供されているかを判定する必要がありますが、面積判定においても、原則として、取得し

たそれぞれの土地等ごとに判定することが相当です。

　ただし、①隣接する複数の土地等をまとめて取得し、これらの土地等を一の特定施設の敷地の用に供する場合や、②隣接する複数の土地等をまとめて取得し、これらの土地等がそれぞれ複数の特定施設の敷地の用に供される場合で、これらの特定施設を一体として事業の用に供すると認められるときには、これらの土地等の合計面積をもって面積要件の判定をすることが相当です。

　ご質問のケースでは、互いに隣接する土地及びその土地の上にある特定施設を一体として事業の用に供するために取得するということですので、この場合の面積要件は、それらの取得した土地の合計面積をもって判定することとなります。

措法37条六号関係

Q118　新たな賃借建物に造作を加えた場合

　措置法第37条《特定の事業用資産の買換えの場合の譲渡所得課税の特例》の規定の適用上、他人から賃借した建物に造作した場合、その造作を買換資産とすることができますか。

　また、原則として、改良・改造当は買換資産とすることができないことと規定している措置法通達37－15《資本的支出》との関係はどうなりますでしょうか。

Answer

　ご質問について、新たに賃借した建物について自己の事業の用に供するために行った造作（耐用年数の適用等に関する取扱通達1－1－3）は、実質的に新たな資産を取得したと認められますので買換資産として認められます。

　一方で、現に使用又は賃借している賃借建物について行った改良・改造等については、原則として、買換資産として認められません。

Q119 埋立地を買換資産とする場合の取得日

甲は、10年超所有していた倉庫施設及びその敷地を譲渡し、その対価で湾岸の埋立地を取得し、そこに倉庫施設を建設する予定です。

ところで措置法第37条の適用上、埋立地を買換資産として取得するとき、取得時期はいつと判定されますか。また、埋立地の地盤が軟弱のため地盤改良を必要とし、倉庫等の建設着手まで1年ないし2年かかる場合、その間に保管物の野積場所として使用したときは、その使用をもって事業の用に供したと認められますか。

Answer

埋立地の取得時期としては、①埋立竣工認可の時又は②事実上土地として使用できる状態が考えられますが、措置法第37条の適用上、埋立地の取得については②の事実上土地として使用できる状態になった時と考えるのが相当です。

また、買換資産が土地等である場合には、その上に建物、構築物等を建設しただけでは事業の用に供したことにはならず、当該建物等を実際に事業の用に供する必要があります。

ご質問のケースでは、埋立地の上に建築する予定の倉庫の建築に着手してから3年以内に建築等を完了して事業の用に供することが確実であるなら建築等に着手した日をもって事業の用に供した日とすることができます。

なお、土地等の取得日から建物等の建築開始までの期間が1年以上ある場合には、建物等の建築開始時をもって土地等の事業の用に開始

した日とする旨の規定はありますが、土地等の取得後、直ちに建物の建設に着手していないため、結果として、取得日から1年以上経過してしまうことになり、土地等については、買換資産とすることはできません。

　ご質問のケースでは、埋立地の取得後、倉庫の建築開始まで1年〜2年かかるとのことですが、その点から言えば、埋立地を買換資産とすることはできません。

　また、倉庫着手までの期間において、埋立地を野積場所として使用した場合には、倉庫業の性質上、野積場所として使用することはあり得ることですから、合理的と認められる程度の使用状態であれば、その時に事業の用に供したものと認められると考えます。

調整区域内の土地を取得後、土地の造成工事に多額の費用を要した場合

甲は、令和元年8月、10年以上所有した農地（約7,000㎡）を不動産業者に10億円で譲渡しましたが、この代金で市街化調整区域内の山を取得し、さらに造成工事を行ってゴルフ練習場を建設しようと考えています。そこで令和元年の譲渡申告では、措置法第37条第1項六号の適用を受けて、買替資産については、取得期限の延長承認申請書を提出し、令和4年12月31日までの延長が認められました。

その後、甲は令和2年2月に調整区域内の山を取得した後、開発許可を得て宅地造成工事を行っていますが、ゴルフ練習場建設のための宅地造成費用も買換資産の取得原価に含めることができますか。

Answer

宅地の造成工事の内容ががけ地を切り崩して平坦にするなど大がかりなもので、金額が相当に嵩み実質的に新たに土地を取得したものと同様の事情にある場合には、造成工事完成時に新たな土地の取得があったものとし、その当該宅地造成費を買換資産の取得原価に含めることができます（措通37−16(2)）。

ご質問からすると、支出する宅地造成費は、ゴルフ練習場の施設建設に必要不可欠なもので、山を切り崩して平坦にするなど実質的に新たに土地を取得したものと同様であるので当該宅地造成費を買換資産の取得原価に含めることができると考えます。

解 説

　既に有する資産について改良・改造等を行った場合には、原則として、措置法第37条第1項に規定する買換資産にあたりませんが、新たに取得した買換資産について事業の用に供するためにする改良・改造等でその取得の日から1年以内に行われるものについては、買換資産の取得にあたるものとして扱われます（措通37－15）。

　ご質問の場合には、宅地造成費の支出が新たな資産（山）を取得してから1年以内に行われていることからこの要件に該当します。

　さらに、土地に係る造成費については、次に掲げるような造成費用でその金額が相当の額に上り、実質的に新たに土地を取得したことと同様の事情があるものと認められるときは、その完成の時に新たな土地の取得があったものとし、当該費用の額をその取得価額として措置法第37条第1項に規定する買換資産の取得価額に含めることができます（措通37－16）。

⑴　自己の有する水田、池沼の土盛り等をして宅地等の造成をするための費用

⑵　自己の有するいわゆるがけ地の切土をして宅地等の造成をするための費用

⑶　公有水面の埋立てをして宅地等を造成するための費用

　ご質問の場合は、上記⑵に該当すると思われますので、宅地造成費の完成時に新たな土地の取得があったものとして買換資産の取得原価に含めることができます。

　したがって、甲は、宅地造成工事の完成後、1年以内に土地等の上に特定施設を設け、事業の用に供することにより措置法37条の適用が

可能と考えます。

　なお、仮に土地等の上に建設されるゴルフ練習場の施設の建設期間が1年を超えるような場合には、土地の造成工事の完成後速やかに当該施設（ゴルフ練習場等）の建設等に着手し、当該着手した日から3年以内に施設（ゴルフ練習場）の建設を完了させ事業の用に供することが確実であるならば、施設（ゴルフ練習場）の建設等に着手した日をもって事業の用に供したとみなすことができます。

措法37条の4 Q121 特定の事業用資産を交換した場合の課税の特例

　市街化区域内にある甲が所有するＡ農地と同様に市街化区域内にある乙が所有する農地とを交換をしました。甲の農地の時価は4,000万円、乙の農地の時価は3,000万円であったので、甲は乙よりその差額1,000万円を現金受領しました。

　この場合の課税関係はどうなりますか。

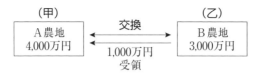

Answer

　ご質問のケースでは、甲は乙との土地の交換に際し、交換差金を1,000万円受領しているため所得税法第58条の規定は受けられませんが（交換差金の金額が交換資産の高い方の価額の20％を超えているため）、特定の事業用資産の交換の特例の適用（措法37条の４）は可能と考えます。この場合の譲渡所得の計算は、特定事業用資産の買換えの特例（措法37）の場合と同様に行います。

解　説

　ご質問の場合は、交換譲渡資産の価額と交換取得資産の価額との差額が、これらの資産の価額のうちいずれか高い方の金額の100分の20を超えています（4,000万円×20％＝800万円）ので、所得税法第58条の交換の特例は適用できないことになります。

　しかし、甲が所有していた交換譲渡したＡ農地の所有期間が10年超

で、乙より交換取得した資産が買換資産の要件を満たしていれば、措置法第37条第1項六号《所有期間が10年を超える国内にある土地等、建物又は構築物から国内にある一定の土地等、建物又は構築物の買換え》の適用要件を満たすことになるので、措置法第37条の4の特定の事業用資産の交換の特例の適用を受けることができます。

　この場合の課税関係は、所得税法の交換の場合のように、交換差金の額によって適用関係が制限されることはなく、交換譲渡資産の時価及び交換取得資産の時価に基づいて譲渡収入金額等を計算することになります。

　なお、ご質問の場合について特定の事業用資産の交換を適用した場合の譲渡収入金額を計算しますと、交換譲渡資産の価額の方が交換取得資産の価額より大きいことから次のようになります。

$$\underset{(交換譲渡資産)}{4{,}000万円} - \underset{(交換取得資産)}{3{,}000万円} \times 80\% = \underset{\binom{譲特例適用に係}{る譲渡収入金額}}{1{,}600万円}$$

措法37条の４

Q 122　固定資産の交換の特例との関係

　甲は、鎌倉市内に居住し、横浜市内で飲食店を営んでいました。この度、自宅（鎌倉）の近くで飲食店を開業しようと決意し、隣りの乙に相談したところこの横浜市の土地と隣接地を等価で交換することになりました（建物は別途売買契約を締結します。）。

　甲は、この交換による譲渡所得については、特定の事業用資産の交換の特例（措法37の４）ではなく固定資産の交換の特例（所法58）の適用を考えていますが可能ですか。

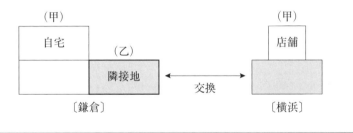

Answer

　交換した土地及び交換により取得した土地の双方について、所得税法第58条の固定資産の交換及び措置法第37条の４の特定の事業用資産の交換の特例のいずれの適用要件を満たしているときは、そのいずれの適用を受けるかは譲渡者の選択に委ねられています。

　したがって、所得税法第58条の要件を満たしているのであれば固定資産の交換の特例を選択することは可能です。

解 説

　所得税法第58条の固定資産の交換の特例と措置法第37条の４の特定

の事業用資産の交換の特例のいずれの適用が認められる場合には、そのいずれの特例を受けるかはその者の選択に委ねられています。ただし、両方の特例を併せて受けることはできません。

　なお、特定の事業用資産の交換の特例（措法37の３）の適用を受けた場合には、交換取得資産を取得後、短期間（譲渡の年の１月１日現在で所有期間が５年以内）で譲渡するときの譲渡所得は、全て短期譲渡所得として課税され（措置法第37条の４では取得時期を引き継ぎません。）ますので、この点からいえば交換譲渡資産の取得時期がそのまま引き継がれる所得税法第58条の固定資産の交換の特例を受けた方が有利であるといえます。

　また、固定資産の交換を行った場合において所得税法第58条の適用を受ける場合には、仮に、交換に伴って受け取った交換差金があり、その交換差金により買換資産を取得しても、当該差金について特定の事業用資産の買換えの特例の適用を受けることはできません（措通37の４−１）。

措法37条の4

Q123　所得税法第58条と措置法第37条の4

　所得税法上の交換の特例（所法58）と特定の事業用資産の交換の特例（措法37の4）との相違について教えてください。

Answer

　所得税法第58条で規定する固定資産の交換の特例と、措置法第37条の4で規定する特定の事業用資産の交換の特例の相違点は、次のとおりです。

1　適用要件

(1)　所得税法第58条の交換の特例では、交換譲渡資産も交換取得資産もともに固定資産でなければその適用がありませんが、特定の事業用資産の交換の特例の場合には、交換譲渡資産が固定資産であることは要件とされていますが、交換取得資産が固定資産である必要はなく、不動産業者等が棚卸資産として所有している資産を交換によって取得する場合で適用が認められます。

(2)　所得税法第58条の交換の特例では、土地は土地、建物は建物といったようにその交換特例の対象財産は同種の資産に限られますが、特定の事業用資産の交換の特例の場合には、交換譲渡資産が措置法第37条第1項各号の上欄に掲げてある資産であり、かつ、交換取得資産がその各号の下欄に掲げてある資産であれば特例の適用があり、必ずしも同種の資産同士の交換である必要はありません。

(3) 所得税法第58条の交換の特例では、交換譲渡資産及び交換取得資産はいずれも交換当事者が1年以上所有していたものでなければ特例の適用はありませんが、特定の事業用資産の交換の特例においては、原則として、譲渡の年の1月1日における所有期間が5年超所有していなければなりません。ただし、平成10年1月1日から令和5年3月31日までの間に行われる譲渡については、このような所有期間の制限はありません（措置法第37条第1項の表の各号に掲げてある資産に取得時期、所有期間が定められているものを除きます。）。

(4) 所得税法第58条の交換の特例では、交換による差金は、交換譲渡資産又は交換取得資産のいずれか高い方の価額の20%以内でなければなりませんが、特定の事業用資産の交換の特例ではこのような制限はありません。

(5) 所得税法第58条の交換の特例では、交換取得資産は交換譲渡資産の譲渡直前の用途と同一用途に供さなければならないとされていますが、特定の事業用資産の交換の特例では、事業用の用に供すればよく、例えば、農業に供していた農地を交換譲渡してアパートを交換取得としたような場合でも適用が認められます。

2 計算方法等

(1) 所得税法第58条の交換の特例では、その特例の適用を受けた交換譲渡資産の譲渡については、取得した交換差金に係る部分を除き譲渡がなかったものとみなされますが、特定の事業用資産の交換の特例の場合には、特定の事業用資産の買換えの特例の場合と同じように課税繰延割合を除く部分について課税関係が生じます。

(2)　所得税法第58条の交換の特例の適用を受けた交換取得資産の取得時期は、交換譲渡資産の取得時期を引き継ぎますが、特定の事業用資産の交換の特例の適用を受けた交換取得資産は取得時期を引き継がず、実際の取得時期になります。

(3)　所得税法第58条の交換では、特例で取得した交換取得資産の取得価額は、交換譲渡資産の取得価額をそのまま引き継ぎますが、特定の事業用資産の交換の特例の場合には、交換譲渡資産の取得価額を基に課税繰延割合を考慮して計算した金額が引き継がれます。

所得税法第58条の交換の特例	特定の事業用資産の交換の特例
①　交換譲渡資産と交換取得資産は同種の資産でなければなりません。	①　事業の用に供していた特定資産と事業の用に供するための特定資産を交換すればよく、同種の資産に限定されていません。
②　交換譲渡資産は１年以上所有していたものでなければなりません。	②　国等に譲渡する場合等、一定の場合を除き、交換譲渡資産は、原則として５年を超えて所有していたものでなければなりません。 　　ただし、平成10年１月１日から令和５年３月31日までの間の譲渡については、所有期間の制限はありません（一部を除きます。）。
③　交換取得資産は相手方も１年以上所有していたもので、交換のために取得したものでないこととされています。	③　相手方の所有期間及び取得目的の制限はありません。
④　交換取得資産は、相手方が販売の目的で所有していた資産（棚卸資産）でないこととされています。	④　交換取得資産は、不動産業者などが販売目的で所有している資産であっても、特定の事業用資産の要件を満たすものであればよいとされています。
⑤　交換取得資産は交換譲渡資産の譲渡直前の用途と同じ用途に供されなければなりません。	⑤　事業要件を満たしていることが必要であり、例えば、農地とアパートの交換でもよいこととされています。

⑥　交換差金が交換譲渡資産及び交換取得資産のいずれか高い価額の20％を超えないこととされています。	⑥　交換差金が20％を超えていても適用できます。
⑦　交換譲渡資産の取得価額と取得時期がそのまま交換取得資産に引継がれます。	⑦　取得価額は引継がれますが、取得時期は引継がれず、実際に交換により取得した日が取得日となります。

措法37条の4

Q124 交換取得資産の土地等の面積制限

　甲は、東京都港区で20年間開業医（内科）をしてきましたが、外科医の息子（福岡市在住）と同じ場所で開業することを考え、この病院の敷地100㎡と不動産業者が所有する福岡市内の土地760㎡とを交換することにしました。この場合、特定の事業用資産の交換の特例の適用を受けることが可能でしょうか。

Answer

　措置法第37条の４の「特定の事業用資産の交換の特例」についても、措置法第37条の「特定の事業用資産の買換えの特例」と同様に交換取得資産のうち土地等があった場合には面積制限の規定の適用があります。したがって、甲が交換により取得した土地760㎡のうち譲渡土地等の面積の５倍（500㎡）を超える160㎡については買換資産とすることができません。

解　説

　措置法第37条の４の「特定の事業用資産の交換の特例」は、事業用資産を交換取得した場合において措置法第37条第１項各号に掲げる買換えの組合わせに合致する交換をしたときは、措置法第37条の「特定の事業用資産の買換えの特例」の適用をするというものです。

　したがって、措置法第37条の４「特定の事業用資産の交換の特例」の適用を受ける場合においても、譲渡した土地等の面積の５倍（原則）を超える土地等を交換により取得したときは、その超えた部分の面積については買換資産に該当しないものとされています。

交換差金を受領した場合の措置法第37条の４の適用

　甲は、不動産業者乙社の申出により、10年以上所有する事業用のＡ土地（時価２億円、所有期間10年超）と乙社が既成市街地に商品として所有していたＢ土地（時価１億2,000万円）とを交換しました（所得税法第58条は適用できません。）。

　この交換にあたって、甲は乙社より8,000万円の交換差金を取得しました。甲は、この交換差金で交換により取得したＢ土地の上にアパートを建築し賃貸するつもりです。

　このような場合に、受領した交換差金によって建築する予定のアパートについて、買換資産として特定の事業用資産の買換えの特例の適用を受けられるでしょうか。

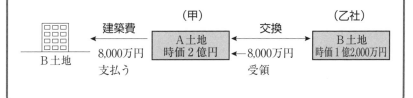

Answer

　甲がＡ土地とＢ土地の交換に伴って受領した交換差金でアパートを建築した場合において、当該アパートを買換資産として選択した場合において、措置法第37条第１項各号に規定する要件を満たしていれば、Ａ土地の譲渡について措置法第37条第１項の特定の事業用資産の買換えの特例の適用を受けることができます。

解　説

　特定の事業用資産の交換の特例（措置法第37条の４）は、措置法第37条第１項の各号に掲げる資産と当該各号に掲げる資産とを交換した場合に、その交換に係る交換譲渡資産は、その交換の日において、その時価で措置法第37条第１項の譲渡があったものとみなし、その交換取得資産は、その交換の日において、時価で取得をしたものとみなして特定の事業用資産の買換えの特例を適用するというものです。

　この場合に、その交換に際し交換差金を取得し、当該交換差金によって資産を取得している場合には、当該資産についても特定の事業用資産の買換え対象とすることができます。

　したがって、ご質問の場合には、既成市街地等内にあるＡ土地を２億円で譲渡し、そのうち１億2,000万円で既成市街地等外にあるＢ土地を交換取得し、さらにＢ土地の上に交換差金8,000万円でアパートを建築したことになりますから、措置法第37条第１項六号の規定にも該当し、特定の事業用資産の交換の特例及び特定事業用資産の買換えの特例の適用を受けることができ、この結果、譲渡収入金額と同額の買換資産を取得したことになります。

Q126 交換差金を支払っている場合の買換資産

甲は、10年超所有していた事業用土地（時価１億円、100㎡）と乙が所有するＡ土地（時価１億2,500万円、310㎡）を交換し、その際、交換差金として乙に2,500万円を支払いました（この申告については、措置法第37条の４の適用を考えています。）。

また、甲は、上記資産のほか、郊外にある10年超所有していた農地を2,500万円で譲渡しましたが、この農地の買換資産として、Ａ土地（2,500万円）を選択することは認められますか。

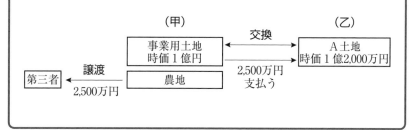

Answer

措置法第37条の４《特定の事業用資産を交換した場合の譲渡所得の課税の特例》の適用を受けた事業用資産の交換取得資産は、Ａ土地であり、農地はＡ土地との交換の対象に含まれていないので措置法第37条の４の交換の特例の適用に当たり農地を交換取得資産に含めることはできません。

また、農地の譲渡が措置法第37条第１項の譲渡資産要件を満たしているとしても、Ａ土地（2,500万円）は、措置法第37条の４の交換によって取得していますので、同法の買換資産とすることもできません。

解　説

　措置法第37条第１項各号に掲げる事業用資産と同号に掲げる資産を交換した場合（交換差金の授受がある場合を含みます。）には、「特定の事業用資産の買換えの特例」（措法37）の適用上、交換譲渡資産又は交換取得資産は、それぞれ次のようにみなされることとされています（措法37の４）。

⑴　交換譲渡資産は、その交換の日において、同日における時価に相当する金額によって、「特定の事業用資産の買換えの特例」の適用がある譲渡をしたものとみなすこと。

⑵　交換取得資産は、その交換の日において、同日における時価に相当する金額によって、「特定の事業用資産の買換えの特例」の適用がある取得をしたものとみなすこと。

　このため、「特定の事業用資産の交換の特例」の適用上、交換譲渡資産は当該特例の適用対象となる譲渡資産に該当し、また、交換取得資産は当該特例の適用対象となる買換資産に該当することとなりますが、両者の関係は、常にひもつき関係にあるとみるのか、ないとみるのかは、条文上必ずしも明確ではありません。

　課税庁では、この点に関して、交換譲渡資産は常に交換取得資産とひもつき関係にあること、すなわち、①交換取得資産は交換譲渡資産との関係においてのみ、交換譲渡資産の買換資産に該当し、交換譲渡資産以外の譲渡資産の買換資産とはなり得ないこと及び②交換譲渡資産のうち交換差金に対応する部分以外の部分は、交換取得資産を買換資産とする場合に限って「特定の事業用資産の交換の特例」が適用されるとしています（措通37の４－２）。交換による取得は、「特定の事業用資産の買換えの特例」の適用上、原則として、資産の取得に該当

しないこととされていること及び交換による譲渡については、原則として、当該特例の適用がある譲渡から除かれていることの趣旨に照らし、このことは当然のことと考えられます。

したがって、交換譲渡資産と交換取得資産の交換については、「特定の事業用資産の買換えの特例」の適用上、交換譲渡資産のうち交換差金に対する部分を除き、翌年以後に取得する予定の資産をもって当該特例の適用を受けるために必要な税務署長の承認（措法37④かっこ書）ということはあり得ないことになります。

ご質問のケースでいえば、Ａ土地は、交換譲渡した事業用資産の交換取得資産に該当するため、交換譲渡資産と常にひもつき関係にあり、この交換とは埒外にある農地を交換取得資産とすることはできません。

また、甲が支払った2,500万円相当額を農地の買換資産（措置法第37条第１項の適用を前提としたもの）とすることが認められるか否かですが、仮に、農地の譲渡が同法第１項の譲渡資産のいずれかの要件を満たしていたとしても措置法第37条第１項の適用を受けるために取得する買換資産の取得方法には制限があり、交換により取得した買換資産については適用から除かれているため、Ａ土地の取得に係る2,500万円相当額を農地の譲渡に係る買換資産とすることもできません。

ちなみに、Ａ土地（2,500万円相当額）を譲渡した農地の買換資産とするためには、事業用土地とＡ土地の交換に際して、措置法第37条の４及び所得税法第58条の適用を受けないことが要件となります。

措法37条の4 Q127 交換差金を支払った場合の措置法第37条の4の適用

　甲は、乙社からの申し出により、甲が10年以上所有する既成市街地外にあるＡ土地（時価1億円）と乙社が既成市街地等以外にあるＢ土地（時価1億4,000万円、200㎡）を交換し、その際交換差金として4,000万円を乙社に支払いました。なお、この交換は買換土地の面積が300㎡未満であるため、措置法第37条第1項六号の適用要件を満たしていません。また、所得税法第58条の要件も交換差金が20％を超えているため適用できません。

　一方で、甲は、同年中に10年超所有していた既成市街地内の事業用Ｃ土地を丙に2億円で譲渡しています。この譲渡に際して、Ｂ土地との交換の際に支払った交換差金を買換資産とすることはできますか（Ｂ土地は、措置法第37条第1項一号の買換資産要件を満たしています。）。

(1)　交換により譲渡した土地

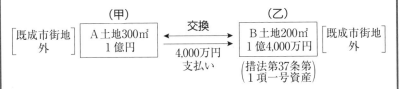

(2)　売買により譲渡した土地（措法第37条第1項一号資産）

Answer

　資産を交換した場合（措置法第37条の4《特定の事業用資産を交換した場合の譲渡所得の課税の特例》又は所得税法第58条《固定資産の交換の場合の譲渡所得の特例》の規定の適用を受ける場合を除きます。）において、当該交換に伴い交換差金を支出したときは、当該交換により取得した資産（以下、「交換取得資産」といいます。）のうち、当該交換差金に対応する部分は、買換えにより取得した資産として取り扱うことができます。

　ご質問のケースでは、売買により譲渡したC土地の譲渡代金2億円に係る譲渡所得の計算は、交換により取得したB土地のうち支出した交換差金4,000万円に対応する部分を買換資産とすることができます。

解　説

　措置法第37条第1項の表の各号の上欄に掲げる資産に該当する資産（以下、「交換譲渡資産」といいます。）と当該各号の下欄に掲げる資産に該当する資産（交換取得資産）とを交換した場合には、当該交換取得資産は、「特定の事業用資産の買換えの特例」の適用対象資産となります（措法37の4二）が、これに該当しない交換により取得した資産は、「特定の事業用資産の買換えの特例」の適用上、買換資産とすることができません（措法37①）。

　したがって、交換譲渡資産と交換取得資産との交換を行ったとしても要件を満たしていなければ、その交換に際し交換差金を支出していても、その交換取得資産はその全部が買換資産とならないことになります。しかし、交換に際して交換差金を支出しているにもかかわらず、その支出した交換差金部分について買換資産の適格性を全て否認する

ことは実情に即しません。

　一方で、事業用資産の交換に伴い交換差金を受領している場合において、その交換が措置法第37条第１項の要件を満たしていなくてもその交換差金で適格な買換資産を取得すれば、その交換差金受領部分については特例の適用があるとされており（措法37の４一）、措置法第37条第１項の要件を満たす交換以外の交換について、交換差金を支払ったケースと受領した交換差金で買換資産を取得したケースに「特定の事業用資産の買換えの特例」の適用上アンバランスが生じることになります。

　このような事業から、資産の交換（措置法第37条の４又は所得税法第58条の規定の適用を受ける場合を除きます。）に伴って交換差金を支払っている場合には、その交換取得資産のうち交換差金に対応する部分は、買換えによって取得したものとして取り扱い、これに見合う適格な他の譲渡資産がある場合には、その譲渡資産の買換資産とすることができるものとされています。

　ご質問のケースでは、①交換譲渡資産（A土地）と交換取得資産（B土地）は、措置法第37条第１項一号及び六号の適用要件を充たしていないので特定の事業用資産の買換えの特例の適用はできません（所得税法第58条の要件も充たしていません。）。②しかし、売買により譲渡した事業用土地（C土地）と交換取得したB土地は、同表一号の要件を充たしているので、売買により譲渡した事業用土地２億円に係る譲渡所得については、交換により取得した資産１億4,000万円のうち、支出した交換差金4,000万円に対応する部分を買換資産として「特定の事業用資産の買換えの特例」の適用を受けることができます。

第3編

既成市街地等内にある土地等の中高層耐火建築物等の建設のための買換え（交換）の特例制度の概要

III 既成市街地等内にある土地等の中高層耐火建築物等の建設のための買換えの特例

1 はじめに

　既成市街地等内にある土地等の中高層耐火建築物等の建設のための買換え等の特例（措法37の5）は、三大都市圏（首都圏、近畿圏及び中部圏）の既成市街地等内にある土地等の立体利用を推進させるため、昭和55年の税制改正において創設されたものです。

　その後の昭和58年の税制改正では、既成市街地等に隣接する市で人口集中地区に該当し、中高層住宅の建設が必要な区域として指定された市の市街化区域（既成市街地に準ずる区域）が追加されました。更に、昭和59年の税制改正では、既存の立体買換制度はそのまま残した上で、新たに特定民間再開発事業のために土地等を譲渡し、その再開発事業により建築された中高層耐火建築物及びその敷地の共有持分を取得する場合にも立体買換えの特例が適用できることになりました。これらの立体買換え制度のメリットとして、土地所有者は建物建築費の負担なしで敷地の上に建築される建物の一部（マンション）を取得することができること及びデベロッパーは、建物建築のために必要な土地等の取得をすることなく、建物等を建築し、これを譲渡して利益を得られることが挙げられます。

　また、税法面での譲渡所得の計算は、個人が三大都市圏の既成市街地等（これに準ずる一定の地域を含みます。）内にある土地等、建物又は構築物をデベロッパーに譲渡し、その後の一定期間内にその土地等又は建物等の敷地の上にデベロッパーが建築した中高層の耐火建築物を取得し、かつ、その取得後1年以内に自己の居住用又は事業（賃

貸業を含みます。）用に供した場合、譲渡収入金額が買換資産の取得価額以下であるときには譲渡がなかったものとし、譲渡収入金額が当該買換資産の取得価額を超える場合にあっては、その超える金額に相当する部分の譲渡があったものとして扱われます。

　なお、税法上で、立体買換えの特例として課税の繰延べが認められているのは、前述した次の(1)及び(2)の立体買換え（以下、２つの立体買換えを合わせて「立体買換えの特例」といいます。）の場合です。

(1)　特定民間再開発事業の施行地区内における土地等の中高層耐火建築物の買換えの特例（措法37の５①一）

(2)　既成市街地等内における中高層の耐火共同住宅建設のための買換えの特例（措法37の５①二）

　なお、(1)については、譲渡した資産が事業の用に供している場合には除かれています。また、譲渡資産が居住の用に供している建物等（土地等を含みます。）である場合において、特定民間再開発事業により建築された中高層耐火建築物を取得できない特別な事情があるため、その中高層耐火建築物を取得しないで地区外に転出する場合には、一定の要件により所有期間が10年以下である場合でも同号「居住用財産を譲渡した場合の長期譲渡所得の税率の特例」を適用することができます（措法37の５⑤）。

　さらに、(1)及び(2)に該当する資産の譲渡及び取得が交換の方法で行われた場合には、その資産の交換した日の時価により譲渡又は取得したものとして同様の特例（以下、２つの交換特例を合わせて「中高層耐火建築物等の建設のための交換の特例」といいます。）を適用することができます（措法37の５④）。

　ちなみに、本件特例の適用を受ける場合には、「優良住宅地の造成

等のために土地等を譲渡した場合の長期譲渡所得の課税の特例（措法31の2）」の適用を受けることができません（措法31の2④）。

(1) 措置法第37条の5の適用要件

　次のイ及び口に掲げる全ての要件を満たす場合には、措置法第37条の5で規定する2つの特例、すなわち、立体買換えの特例を受けることができます。

　なお、棚卸資産又は雑所得の基因となるものは、本件特例の対象となる譲渡資産に該当しません。

イ　所有期間

　立体買換えの特例は、譲渡資産が既成市街地等の一定の地域内にあれば、所有期間については制限がなく短期所有の土地等、建物又は構築物でも適用が受けられます。

　したがって、第1編で述べた特定の事業用資産の買換えの特例のように、譲渡した年の1月1日における所有期間が5年を超えていなければならないというような要件はありません（なお、特定の事業用資産の買換えの特例についても実際は、令和5年3月31日までに行われる譲渡については、所有期間が5年以内でも適用が認められます。）。

口　立体買換えの特例の適用が可能な事業

(イ)　特定民間再開発事業のための買換えの特例（措法37の5①一）

譲　渡　資　産	要　件　等
譲渡資産は、次に掲げる区域又は地区内にある土地等、建物（その付属設備を含みます。以下同じです。）又は構築物で、その土地等又はその建物若しくは構築物の敷地の用に供されている土地等の上に地上4階以	平成23年6月30日以後の譲渡にあっては事業の用に供

上の中高層の耐火建築物の建築をする特定民間再開発事業の用に供するために譲渡されるものに限ります（措法37の5①一、措令20の2⑮二〜五、25の4③）。

① 措置法第37条第1項一号に規定する既成市街地等

② 都市計画法第4条第1項に規定する都市計画に都市再開発法第2条の3第1項二号に掲げる地区として定められた地区

③ 都市計画法第8条第1項三号に掲げる高度利用地区

④ 都市計画法第12条の4第1項二号に掲げる防災街区整備地区計画及び同項四号に掲げる沿道地区計画の区域のうち、次の要件に該当する区域（措令20の2⑮二）

（i） 建築物等の高さの最低限度又は建築物の容積率の最低限度が定められていること

（ii） 前記(i)の制限を条例として定めていること

⑤ 都市再生特別措置法第2条第3項に規定する都市再生緊急整備地域（措令20の2⑮三）

⑥ 都市再生特別措置法第99条に規定する認定誘導事業計画の区域（措令20の2四）

⑦ 都市の低酸素化の促進に関する法律第12条に規定する認定集約都市開発事業計画の区域のうち次の要件に該当する区域（措令20の2⑮五）

（i） 集約都市開発事業（社会資本整備総合給付金の交付を受けるものに限ります。）の施行される土地の区域の面積が2,000㎡以上であること

（ii） 特定公共施設の整備がされること

しているものを除きます。

買 換 資 産

買換資産は、次の①又は②とされています（措法37の5①一、措令25の4④）。

① 特定民間再開発事業の施行により、譲渡した土地等の上に建築された中高層耐火建築物（その敷地を含みます。）又はそれに係る構築物の全部又は一部

② 特定民間再開発事業の施行される地区内（上記②〜⑦地区内に限ります。）で行われる他の特定民間再開発事業等（地上4階以上の中高層の耐火建築物の建築を行う事業、第一種市街地再開発事業又は第二種市街地再開発事業）の施行によりその地区内に建築された中高層の耐火建築物で建築後使用されたことのないもの（その敷地を含みます。）又はそれに係る構築物

㈠　中高層の耐火共同住宅建設のための買換えの特例（措法37の5
①二）

譲　渡　資　産

　譲渡資産は、次に掲げる区域内にある土地等、建物又は構築物で、その土地等又は建物若しくは構築物の敷地の用に供されている土地等の上に地上３階以上の中高層の耐火共同住宅（主として住宅の用に供されるもの）の建築をする事業の用に供するために譲渡されるもの（措法37の5①二）

　ただし、当該事業の施行される区域内にあるものに限り、前号に定める特定民間再開発事業により建築される建物等は除かれます。

①　措置法第37条第１項一号に規定する既成市街地等

②　首都圏整備法第２条第４項に規定する近郊整備地帯、近畿圏整備法第２条第４項に規定する近郊整備区域又は中部圏開発整備法第２条第３項に規定する都市整備区域のうち、①の既成市街地等に準ずる区域（注）

③　中心市街地の活性化に関する法律第12条第１項に規定する認定基本計画に基づいて行われる中心市街地共同住宅供給事業の区域

（注）　既成市街地等に準ずる区域とは、既成市街地等と隣接して既に市街地を形成していると認められる市の区域のうち、市街化区域でその区域の相当部分が最近の国税調査による人口集中地区に該当し、かつ、都市計画その他の土地利用に関する計画に照らし、中高層住宅の建設が必要である区域として国土交通大臣が財務大臣と協議して指定した区域をいいます（措令25の4⑥）。

買　換　資　産

　上記の事業の施行によりその土地等の上に建築された地上３階以上の中高層耐火共同住宅（その敷地を含みます。）又はそれに係る構築物の全部又は一部

2　特定民間再開発事業の施行地区内にある土地等及び建物等から中高層耐火建築物への買換えの特例（措法37の5①一）

　措置法第37条の5第1項一号（以下「本件特例」といいます。）で規定する既成市街地等内にある土地等の中高層耐火建築物等の建設のための買換えの課税の特例については、特定民間再開発事業のためのものと（一号）、中高層の耐火共同住宅建設のためのもの（二号）とがあることは前記1で述べたとおりですが、本章では一号で定める中高層の耐火建築物を建設する特定民間再開発事業の用に供するために譲渡する場合の買換えの特例について詳しく確認していきます。

(1)　特例の適用要件

　特定民間再開発事業の措置法第37条の5第1項一号《特定民間再開発事業の用に供するための買換えの特例》は、次のイからへの全ての要件を満たす場合に限り適用が認められます。なお、後記4の中高層の耐火共同住宅のための買換の特例と同様、所有期間による制限はありません（措法37の5①）。

イ　譲渡資産の要件

　譲渡資産は、次の1から8までに掲げる区域又は地区内のいずれかに存する土地若しくは土地の上に存する権利（以下「土地等」といいます。）、建物（附属設備を含みます。）又は構築物（以下、建物と構築物を合わせて「建物等」といいます。）が該当します。

　ただし、棚卸資産又は棚卸資産に準ずる資産（雑所得の基因となる土地及び土地の上に存する権利）は、特例の対象から除かれています（措通37の5-10）。

　なお、譲渡した土地等、建物等の所有期間は問われませんが、事業

の用に供されているものは対象から除かれています（平成23年6月30日以後の譲渡より適用）（措法37の5①、措令20の2⑮二〜五、25の4③）。

1	既成市街地等の区域（措法37の5①イ） 措置法第37条で規定する既成市街地等と同じです。		
		都府県名	既成市街地等
	首都圏 （首都圏 整備法 2③）	東京都	23区・武蔵野市の全域 三鷹市の特定の区域
		神奈川県	横浜市及び川崎市の特定の区域
		埼玉県	川口市の特定の区域
	近畿圏 （近畿圏 整備法 2③）	大阪府	大阪市の全域 守口市・東大阪市・堺市の特定の区域
		京都府	京都市の特定の区域
		兵庫県	神戸市・尼崎市・西宮市・芦屋市の特定の区域
	中部圏(※)	愛知県	名古屋市の特定の区域（旧名古屋市の区域）
	※ 首都圏、近畿圏及び中部圏の近郊整備地帯等の整備のための国の財政上の特別措置に関する法律施行令別表		
2	1の区域外の区域で、都市計画に都市再開発法第2条の3第1項二号に掲げる地区として定められた地区（以下、「二号地区」といいます。） （措法37の5①ロ）		
	「二号地区」とは、人口の集中の特に著しい一定の大都市(注)を含む都市計画区域で、特に一体的かつ総合的に市街地の再開発を促進すべき相当規模の地区として定められた地区をいいます。 (注)「人口の集中の特に著しい一定の大都市」とは、<u>東京23区、大阪市、名古屋市、京都市、横浜市、神戸市</u>、北九州市、札幌市、<u>川崎市</u>、福岡市、広島市、仙台市、<u>川口市</u>、さいたま市、千葉市、船橋市、立川市、<u>堺市、東大阪市、尼崎市及び西宮市</u>の21都市（都市再開発法施行令1条の2）をいいますがこれらの都市のうち、12都市（アンダーライン）については、その区域の全部又は一部が上記1(1)の既成市街地等に該当しています。したがって、「二号地区」として該当とするのは、北九州市、札幌市、福岡市、広島市及び仙台市、さいたま市、千葉市、船橋市、立川市となります。		
3	都市計画に高度利用地区として定められた地区（以下、前記1及び2の区域を除きます。） （措令20の2⑮二イ）		

	「高度利用地区」とは、用途地域内の市街地における土地の合理的かつ健全な高度利用と都市機能の更新とを図るため、建築物の容積率の最高限度と最低限度、建ぺい率の最高限度、建築物の建築面積の最低限度及び壁面の位置の制限が定められる地区をいいます（都計法9⑱）。
4	都市計画法上の防災街区整備地区計画及び沿道地区計画の区域として定められた地区（措令20の2⑮ニロ）
	上記に掲げる都市計画区域において建築基準法第68条の2第1項の規定により、条例により、これらの計画の内容として各々の制限が定められている地区をいいます。 ① 「防災街区整備地区計画が定められた地区」とは、密集市街地における防災街区の整備の促進に関する法律（以下、「市街地密集法」といいます。）第32条第2項一号の「特定建築物地区整備計画」又は同項二号の「防災街区整備計画」において、建築物の高さの最低限度又は建築物の容積率の最低限度が定められている地区をいいます。 ② 「沿道地区計画が定められた地区」とは、幹線道路の沿道の整備に関する法律（以下、「幹線道路整備法といいます。）第9条第2項一号の「沿道地区整備計画」において建築物の高さの最低限度又は建築物の容積率の最低限度が定められている地区をいいます。
5	都市計画に認定中心市街地の区域として定められた一定の区域
	「認定中心市街地の区域」とは、中心市街地の活性化に関する法律第16条第1項に規定する地区をいいます（措令20の2⑮ニ）。
6	都市再生特別措置法第2条第3項に規定する都市再生緊急整備地域（措令20の2⑮三）
	「都市再生緊急整備地域」とは、都市の再生の拠点として、都市開発事業等を通じて緊急、かつ重点的に市街地の整備を推進すべき地域として定める地域をいいます。
7	都市再生特別措置法第99条に規定する認定誘導事業計画の区域（措令20の2⑮四）
	「認定誘導事業計画の区域」とは、立地適正化計画に記載された都市機能誘導区域内における都市開発事業で、当該都市開発事業を施行する土地（水面を含みます。）の面積が一定規模以上（事業により500㎡又は0.1ha以上）のもののうち（誘導施設等整備事業）国土交通大臣の認定を受けた民間誘導施設等整備事業計画が定められた区域をいいます。
8	都市の低炭素化の促進に関する法律第12条に規定する認定集約都市開発事業計画が定められた区域のうちの一定の区域（措令20の2⑮五）

（前記1の区域を除きます。）

「認定集約都市開発事業計画の区域」とは、低炭素まちづくり計画に係る計画区域内における病院、共同住宅などの整備に関する事業等のうち、都市機能の集約を図るための拠点に資するもので市町村長の認定を受けた集約都市開発事業計画が定められた区域をいいます。

また、認定集約都市開発事業計画が定められた区域のうちの一定の区域とは、次に掲げる事項が当該計画に定められている区域をいいます。

(1) 集約都市開発事業（社会資本整備統合給付金の交付を受けるものに限ります。）の施行される土地の区域の面積が2,000㎡以上であること

(2) 当該計画に係る集約都市開発事業により同法第9条第1項に規定する特定公共施設の整備がされること

□ 買換資産の要件

買換資産は、譲渡の日の属する年の12月31日までに次の①又は②の資産を取得し、かつ、取得の日から1年以内に取得した資産を譲渡者の居住の用（譲渡者の親族の居住の用を含みます。）に供したとき又は居住の用に供する見込みであることが要件です（措法37の5①、措令25の4③④）。

① 特定民間再開発事業の施行により、譲渡した土地等の上に建築された地上4階以上の中高層耐火建築物（その敷地の用に供されている土地等を含みます。）

② 特定民間再開発事業の施行される次に掲げる地区内で行われる他の特定再開発事業のほか、措置法第31条の2第2項十二号に規定する事業又は第1種及び第2種市街地再開発事業によりその地区内に建築された地上4階以上の中高層の耐火建築物でその建築後使用されたことのないもの（その敷地の用に供されている土地等を含みます。）又はその建築物に係る構築物

	事業が施行される地区	中高層の耐火建築物を建築する事業
買換資産	都市計画に都市再開発法第2条の3第1項二号に掲げる地区として定められた地区（以下、「二号地区」）	その地区内で施行される特定民間再開発事業
	都市計画に高度利用地区として定められた地区	措置法第31条の2第2項十二号に規定する事業（地上4階以上の中高層の耐火建築物の建築をする政令で定める事業）
	都市計画に、防災街区整備地区計画及び沿道地区計画の区域として定められた地区	
	認定中心市街地の区域として定められた一定の地区	都市再開発法による第1種市街地再開発事業又は第2種市街地再開発事業
	認定中心市街地の区域として定められた一定の区域	
	都市再生緊急整備地域として定められた地域	
	認定誘導事業計画の区域として定められた一定の区域	
	認定集約都市開発事業計画の区域として定められた一定の区域	

八　特定民間再開発事業の範囲

　本件の特例の対象となる特定民間再開発事業は、民間が行う再開発事業のうち、次の(イ)から(ニ)までに掲げる要件の全てを満たし、その満たすことについて、その事業に係る中高層耐火建築物の建築主の申請に基づき、都道府県知事（当該事業が都市再生特別措置法第25条に規定する認定計画に係る都市再生事業又は同法第99条に規定する認定誘導事業計画に係る誘導施設等整備事業の場合は、国土交通大臣）の認定を受けたものをいいます（措令25の4②）。

〔特定民間再開発事業の範囲〕

(イ)	前記イの1 ～ 8の区域又は地区内で施行される事業であること。
(ロ)	その事業の施行される土地の区域（以下、「施行地区」といいます。）の面積が1,000㎡以上であること。
(ハ)	その事業の施行地区内において都市計画施設等の用に供される土地又は空き地が確保されていること。
(ニ)	その事業の施行地区内の土地利用の共同化に寄与するものとして一定の要件を満たしていること。

(イ)　前記イの1から8の区域又は地区内で施行される事業であること。

(ロ)　その事業の施行される土地の区域（施行地区）の面積が1,000㎡

以上であること（措令25の4②一）。

> (注1)　この施行地区の面積には、施行地区に接する現況道路の面積は含まれませんが、施行地区内の土地につき、既に都市計画決定された道路等の公共施設の用に供されることになる土地をこの事業の施行地区として一体開発する場合には、その面積は含まれます。
>
> (注2)　認定集約都市開発事業計画が定められた区域において施行される集約都市開発事業については、社会資本整備総合交付金（予算の目的である社会資本整備総合交付金の経費の支出による給付金をいいます。）の交付を受けて行われるものに限り、かつ、施行される土地の区域が2,000㎡以上でなければなりません。

(ハ)　その事業の施行地区内において、都市計画法に定める都市計画施^(注1)設又は地区施設^(注1)の用に供される土地又は建築基準法施行令第136条第1項で規定する空地^(注2)が確保されていること（措令25の4②二）。

> (注1)　「都市計画施設」とは、都市計画において定められた都市計画道路、公園等をいい（都計法4⑥）、また、「地区施設」とは、比較的狭い地区において良好な街区の整備保全を図るための地区計画（都市計画の一種）において定められた細街路や小公園で都市計画施設以外のものをいいます（都市計画法4⑥、12の5②一）。

（注2）　建築基準法においては、敷地内に一定の空地があり、かつ、敷地面積が一定面積以上の建築物で特定行政庁の許可を受けたものは、いわゆる容積率の制限の限度を超えてもよいこととされていますが、「この一定の空地」は、いわゆる建ぺい率の最高限度に応じて、空地面積の敷地面積に対する割合が一定の割増加算された数値以上であるものとされています（建築基準法59の2①、建築基準法施行令136①）。

ここでいう「建築基準法で規定する空地」とは、仮に、事業により建築される中高層耐火建築物が、この容積率の制限の緩和措置の適用を受けたとした場合に必要とされる規模の空地をいいます。

なお、その事業の施行される地区が次に掲げる区域の場合、都市計画施設又は当該区域の区分に応じて次に定める施設の用に供される土地の確保が必要となります。

地　　　　区	施　　　　設
再開発等促進地区（注1）及び開発整備促進地区（注2）（都計法12の5③④）	地区施設又は施設（都計法12の5②一、⑤一）
防災街区整備地区計画の区域（都計法12の4①二）	地区防災施設又は地区施設（密集市街地法32②一、二）
沿道地区計画の区域（都市法12の4①④）	沿道地区施設（幹線道路沿道法9②一）事業の施行地区が沿道開発等促進地区内にある場合には、道路公団等の施設（同法9④一）

（注1）　再開発等促進地区とは、次に掲げる土地の区域で土地の合理的かつ健全な高度利用と都市機能の増進を図るため、一体的かつ総合的な市街地の再開発又は開発整備を実施すべき区域をいいます（都市計画法12の5③）。
　一　現に土地の利用状況が著しく変化しつつあり、又は著しく変化することが確実であると見込まれる土地の区域であること。
　二　土地の合理的かつ健全な高度利用を図るため、適正な配置及び規模の公共施設を整備する必要がある土地の区域であること。
　三　当該区域内の土地の高度利用を図ることが、当該都市の機能の増進に貢献することとなる土地の区域であること。

四　用途地域が定められている土地の区域であること。
(注２)　開発整備促進区とは、次に掲げる土地の区域で劇場、店舗、飲
　　　食店その他これらに類する用途に供する大規模な建築物（以下
　　　「特定大規模建築物」といいます。）の整備による商業その他の業
　　　務の利便の増進を図るため、一体的かつ総合的な市街地の開発整
　　　備を実施すべき区域をいいます（都市計画法12の５④）。
　　一　現に土地の利用状況が著しく変化しつつあり、又は著しく変
　　　化することが確実であると見込まれる土地の区域であること。
　　二　特定大規模建築物の整備による商業その他の業務の利便の増
　　　進を図るため、適正な配置及び規模の公共施設を整備する必要
　　　がある土地の区域であること。
　　三　当該区域内において特定大規模建築物の整備による商業その
　　　他の業務の利便の増進を図ることが、当該都市の機能の増進に
　　　貢献することとなる土地の区域であること。
　　四　第２種住居地域、準住居地域若しくは工業地域が定められて
　　　いる土地の区域又は用途地域が定められていない土地の区域
　　　（市街化調整区域を除きます。）であること。

㈡　その事業の施行地区内の土地利用の共同化に寄与するものとして、
　次のいずれの要件をも満たしていること（措令25の４②三、措規18
　の６①）。

　ⅰ　事業施工前の要件

　　　その事業の施行地区内の土地（建物又は構築物の所有を目的と
　　する地上権又は賃借権（以下「借地権」といいます。）の設定さ
　　れている土地を除きます。）につき所有権を有する者又はその施
　　行地区内の土地につき借地権を有する者（以下「施行前判定対象
　　者」といいます。）の数が２人以上であること。

　ⅱ　事業施行後の要件

　　　その中高層耐火建築物の建築後におけるその施行地区内の土地
　　に係る所有権又は借地権が、施行前判定対象者又は施行前判定対

象者及びその中高層耐火建築物を所有することとなる者の2人以
上の者により共有されることになること。

　本件特例は細分化された土地を集約し中高層の建物に建替える観点
から事業施行前の土地の所有者又は借地権者は2人以上いることが要
件とされています。したがって、借地権が設定されている土地の所有
権（いわゆる底地権者）は共同化に係る人員のカウントから除外され
ます。また、区画された土地に係る所有権又は借地権が2人以上の者
に共有されている場合でも、そのカウントは「1人」とします。
　次に、事業施行後の中高層耐火建築物の敷地は、その施行地区の従
前の土地の所有権者又は借地権者のみにより共有される場合又はこれ
らの者と中高層の耐火建築物を所有することとなる者とにより共有さ
れている場合が該当します。なお、この場合の共有関係（分有と共有
とは異なります。）は、敷地の所有権に限らず、借地権（共同地上権
設定方式）でもよいとされています。
　なお、①及び②の関係について図示すると次のようになります。

(従前の土地の利用状況)　　　　　　　　(事業施行後の土地の利用状況)

左上ボックス：
A　B
A　B
又は
A　B
A　B／A

右側：
X
B
A
A・B・X　（土地共有）
又は

X
B
A
A・B・X　（借地権共有）
A・B　　　（底地共有）
又は

X
B
A
A・B・X　（借地権共有）
A　　B　（底地分有）
又は

X
B
A
A・B・X　（借地権共有）
A　B　X　（底地分有）

X
B
A
A・X　（借地権共有）
A　　（底地単有）

左中ボックス：
B
B
A
借地権が設定されている土地の所有権者（いわゆる底地権者）は、共同化に係る人員のカウントから除外されます。
又は
C
C
A　B
所有権又は借地権の共有関係にある者についても、そのカウントにあたっては、「1人」とみなされます（措規18の6①）。

右下ボックス：
X
B
A
A　B　X　（土地分有）
所有権又は借地権の共有関係にならなければならないので分有する場合は適用になりません（措規18の6①）。

X
A
X
A　　B　（借地権単有）（底地分有）
借地権が設定されている土地の所有権者（いわゆる底地権者）は、共同化に係る人員のカウントから除外されます。

○……共同化に寄与するものと認められるもの
×……共同化に寄与するものとは認められないもの

372

二　譲渡の形態

　土地等、建物又は構築物等の譲渡が次に掲げる法形式により行われた場合又は次の特例の適用を受ける場合には、措置法第37条の5第1項一号の適用を受けることはできません（措法37の5①）。

〔本件特例の適用ができない譲渡〕

法形式	①	贈与による譲渡
	②	交換による譲渡（注1）
	③	出資による譲渡
右の特例の適用を受ける場合（注2）	④	収用等に伴い代替資産を取得した場合の課税の特例（措法33）
	⑤	交換処分等に伴い資産を取得した場合の課税の特例（措法33の2）
	⑥	換地処分等に伴い資産を取得した場合の課税の特例（措法33の3）
	⑦	収用交換等の場合の譲渡所得等の特別控除（措法33の4）
	⑧	特定土地区画整理事業等のために土地等を譲渡した場合の譲渡所得の特別控除（措法34）
	⑨	特定住宅地造成事業等のために土地等を譲渡した場合の譲渡所得の場合の特別控除（措法34の2）
	⑩	農地保有の合理化等のために農地等を譲渡した場合の譲渡所得の場合の特別控除（措法34の3）
	⑪	居住用財産の譲渡所得の特別控除（措法35）
	⑫	特定の土地等の長期譲渡所得の特別控除（措法35の2）
	⑬	低未利用地等を譲渡した場合の長期譲渡所得の特別控除（措法35の3）
	⑭	特定の居住用財産の買換えの場合の長期譲渡所得の課税の特例（措法36の2）
	⑮	特定の事業用資産の買換えの特例（措法37）

(注1) 交換（措法第33条の2又は所得税法第58条の規定を受けるもの
　　　を除きます。）の場合には、本件立体買換えの特例の適用に際し、
　　　別途規定（措法37の5④）が設けられています。
(注2) 譲渡資産の譲渡につき、上記④〜⑮までに掲げる特例の適用を
　　　受ける場合には、本件特例は受けられません。

ホ　買換（取得）の形態

　本件特例の対象となる買換資産の取得は、売買の方法により中高層
の耐火建築物を取得する場合が原則ですが、次の①から③の場合には、
本件特例を適用することはできません（措法37の5①）。

① 贈与による取得

② 交換による取得

③ 所有権移転外リース

　なお、立体買換えの方法が「交換」により行われた場合には、措置
法第37条の5第4項において別途、交換の特例が設けられています。

ヘ　買換資産の取得期限

　買換資産は、資産を譲渡した年又は譲渡した年の翌年中に取得しな
ければならないとされています（なお、翌年中に買換資産を取得する
場合には、取得価額の見積額により本件特例の適用を受けることにな
ります。）。

　ただし、買換資産である中高層耐火建築物の建築に要する期間が通
常1年を超えると認められる事情、その他これに準ずるやむを得ない
事情があり、翌年中に買換資産を取得することが困難であると認めら
れる場合には、譲渡した年の翌年の12月31日後2年以内において税務
署長が認定した日まで、買換資産の取得期間が延長されます（以下、
延長された取得期間を「取得指定期間」といいます。）。

　このやむを得ない事情による取得期間の延長を希望する者は、次に掲げる事項を記載した「やむ得ない事情がある場合の買換資産の取得期限承認申請書」（44ページ参照）をあらかじめ納税地の所轄税務署長に提出し、承認を得なければなりません。

① 　申請者の氏名及び住所

② 　やむを得ない事情の詳細

③ 　中高層耐火建築物の全部又は一部を取得することができると見込まれる年月日及び取得期限として認定を受けようとする年月日

④ 　その他参考となるべき事項

　なお、この場合の「やむを得ない事情」とは、建物又は構築物等の敷地の用に供するための造成並びに建物等の建設期間が、通常1年を超えると認められる事情をいい（措令25⑰）、措置法第37条の特定の事業用資産の買換えの特例と同様ですので、42ページを参照してください。

　また、特定非常災害として指定された非常災害に基因するやむを得ない事情により、買換資産を取得指定期間内に取得することが困難となった場合において、税務署長の承認を受けたときは、その取得指定期間を、その取得指定期間の末日から2年以内の日で税務署長が認定した日まで延長されます（措法37の5②、措令25の4⑩）。

　なお、税務署長の承認申請は、取得指定期間の末日の属する年の翌年の3月15日（同日が租税特別措置法第37条の2第2項に規定する提出期限後である場合には、当該提出期限）までに行わなければなりません（措規18の6③）。

　この取扱いは、取得指定期間の末日が平成29年4月1日以後である買換資産について適用されます（平成29年改正法附則51⑲）。

　ちなみに、本件特例は、措置法第37条の「特定の事業用資産の買換

えの特例」と異なり先行取得制度はありません。

〔立体買換えの特例に係る取得期限〕

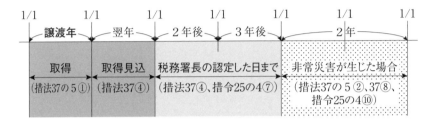

ト　買換資産の使用すべき期限

　買換資産は、その取得の日から１年以内に譲渡した個人の居住の用
（譲渡した個人の親族の居住の用を含みます。）に供した場合に限り適
用されます。

　なお、譲渡の日から１年以内にいったん居住の用に供しても、譲渡
の日から１年以内に居住の用に供しなくなったときは、要件を満たさ
ないことになります（措法37の５②、37の２①）。

> (注)　買換資産について、その取得の日から１年以内に供しなくなった
> 　　場合においても、それが収用、災害、その他その者の責に帰せられ
> 　　ないやむを得ない事情に基づき生じたものであるときは、「買換資
> 　　産を居住の用に供しない（供しなくなった場合を含みます。）」場合
> 　　に該当しないものとして取り扱われます（措通37の２－１）。
> 　　なお、この取扱いは、所定の期間に現実に取得した場合に限って
> 　　適用されるものですので、所定の期間内に買換資産を取得していな
> 　　い場合、又はその買換資産が不適格なものである場合には、この取
> 　　扱いは適用されません。

(2)　譲渡所得の計算方法

　本件特例の適用を受けた場合の「譲渡所得金額の計算方法」は、措
置法第37条の「特定の事業用資産の買換えの特例」と異なり、買換資

産の取得金額を圧縮（70%～80%）する必要はありません。

　したがって、譲渡資産の譲渡対価の額と買換資産の取得対価の額が同額か又は買換資産の取得対価の額が譲渡資産の譲渡対価の額より大きい場合には、譲渡所得は算出されません。

　また、譲渡資産の対価の額が買換資産の取得対価の額より大きい場合には、次の算式によって計算した金額が譲渡所得金額となります。

イ　譲渡資産の譲渡価額 ＞ 買換資産の取得価額

①	譲渡収入金額	譲渡資産の譲渡価額－買換資産の取得価額
②	必要経費の額	$\left(\dfrac{譲渡資産}{の取得費}+譲渡費用\right) \times \dfrac{①の金額}{譲渡資産の譲渡価額}$
③	譲渡所得の金額	①譲渡収入金額－②必要経費の額

ロ　譲渡資産の譲渡価額 ≦ 買換資産の取得価額

譲渡所得は生じません。

(3)　申告手続

　特定民間再開発事業の施行地の上に建築された「中高層耐火建築物」を取得する場合で本件特例の適用を受けようとするときには、譲渡した年の年分の所得税の確定申告書第三表（分離課税用）の「特例適用条文」欄に「措法37条の5」と記載するとともに、次の書類を確定申告書に添付して申告しなければなりません（措法37の5②、措令25の4⑨、措規18の6②一イ）。

		所得税の確定申告書第三表の「特例適用条文」欄に「措法37条の5①」と記載する	
申告手続	添付する書類	①	譲渡所得の内訳書（確定申告書付表兼計算明細書）〔土地・建物用〕
		②	譲渡資産の所在地において行われる事業が、特定民間再開発事業として認定されたものである旨の都道府県知事（中高層耐火建築物を建築する事業が「都市再生事業」又は「誘導施設等整備事業」に該当する場合には国土交通大臣）の証明書^(注)
		③	買換資産として取得した土地、建物等に関する登記事項証明書その他これらの資産を取得した旨を証する書類

(注)　買換資産が特定民間再開発事業以外（他の特定民間再開発事業、措置法第31条の2第2項十二号に規定する事業又は第1種及び第2種市街地再開発事業）の施行により建築された中高層の耐火建築物及び附随する構築物である場合には、上記②の書類に代えて都道府県知事の次に掲げる事項を証明する書類を提出する必要があります（措規18の6②一ロ）。

都道府県知事の、①特定民間再開発事業として認定した旨、②取得する中高層の耐火建築物が特定民間再開発事業の施行される地区内にある旨、及び③中高層の耐火建築物を建築する事業の区分に応じてそれぞれ次の旨を証する書類

i　その地区で施行される他の特定民間再開発事業
　　特定民間再開発事業として認定をした旨

ii　措置法第31条の2第2項十二号に規定する事業
　　措置法施行令第20条の2第14項に規定する認定をした旨

iii　第1種市街地再開発事業又は第2種市街地再開発事業
　　中高層の耐火建築物がこれらの事業の施行により建築されたものである旨

　なお、確定申告書の提出がなかった場合又は本件特例の適用を受ける旨の記載若しくは書類等の添付がない確定申告書の提出があった場合でも、その提出又は記載若しくは書類の添付がなかったことについて税務署長がやむを得ない事情があると認めるときは、後から本件特例の適用を受ける旨を記載した書類並びに必要な添付書類を提出した

場合に限り本件特例を適用することができます（措法37の5②、37⑦）。

　また、本件特例の適用にあたっては、次の点に留意してください。

①　本件特例の適用を受けた場合には、買換資産の取得時期は、譲渡資産の取得時期を引き継がず、取得価額だけ引き継ぐことになります。

②　本件特例の適用を受けた場合には、買換資産については、措置法第19条各号に定める新築住宅等の割増償却や特別償却などの特例は適用できません（措法37の5②、37の3③）。

(4)　更正の請求及び修正申告

　本件特例の適用を受けた後、本件特例の適用要件に該当しなくなった場合、又は取得すると予定していた買換資産の実際の取得価額が見積額と異なることとなった場合には、本件特例の適用を受けて申告した所得税の確定申告について、更正の請求又は修正申告をすることになります。

イ　更正の請求

　買換資産を資産を譲渡した翌年以降に取得する見込みであるとして、本件特例の適用を受けていた場合において、買換資産の「実際の取得価額」が「取得価額の見積額」を上回った場合には、買換資産を取得した日（取得した資産が2つ以上ある場合には、最後に取得した買換資産の取得日）から4か月以内に「更正の請求書」を提出して所得税の還付を受けることができます（措法37の5②、37の2②）。

ロ　修正申告

　買換資産を譲渡年分の翌年以降に取得する見込みであるとして、本

件特例の適用を受けていた場合において、①確定申告の際には特例適用要件に該当するものを取得するとしていたが、実際に取得した買換資産は要件に該当しなかった場合、②買換資産の「実際の取得価額」が「取得価額の見積額」を下回った場合、③取得指定期間内に買換資産を取得しなかったこと又は④買換資産の取得日から1年以内に居住の用に供しない場合（供しなくなった場合も含みます。）には、買換資産の取得期限又は居住の用に供しなくなった日から4か月以内に「修正申告書」を提出しなければなりません（措法37の5②、37の2①②）。

> (注)　買換資産について、その取得の日から1年以内に居住の用に供しない場合又は供しなくなった場合においても、それが収用、災害、その他その者の責に帰せられないやむを得ない事情に基づき生じたものであるときは、「買換資産を居住の用に供しない（供しなくなった場合を含みます。）」場合に該当しないものとして取り扱われます（措通37の2－1）。
> 　なお、この取扱いは、所定の期間に現実に取得した場合に限って適用されるものですので、所定の期間内に買換資産を取得していない場合、又はその買換資産が不適格なものである場合には、この取扱いは適用されません。

(5)　買換資産の取得価額

　措置法第37条の5第1項一号の特例の適用を受けて、買換資産を取得した場合の税法上の取得価額（買換資産をその後、譲渡した場合の取得費の計算）は、実際の取得価額によるのではなく、譲渡資産の取得価額を引き継ぐことになります（措法37の5③、措令25の4⑫⑬）。

　なお、上記特例の適用を受けた場合の買換資産の取得価額の計算方法は、措置法第37条の「特定の事業用資産の買換えの特例」と異なり、

買換資産の取得価額を圧縮（70％～80％）する必要はありません。

　具体的には、次のとおりです。

イ　譲渡資産の譲渡価額 ＞ 買換資産の取得価額

$$\left(\begin{array}{l}譲渡資産の取得費\\+譲渡費用\end{array}\right) \times \frac{買換資産の取得価額}{譲渡資産の譲渡価額}$$

ロ　譲渡資産の譲渡価額 ＝ 買換資産の取得価額

　譲渡資産の取得費　＋　譲渡費用

ハ　譲渡資産の譲渡価額 ＜ 買換資産の取得価額

$$\left(\begin{array}{l}譲渡資産の取得費\\+譲渡費用\end{array}\right) + \begin{array}{l}買換資産の\\取得価額\end{array} - \begin{array}{l}譲渡資産の\\譲渡価額\end{array}$$

3 やむを得ない事情により特定民間再開発事業の施行地区外に転出する場合の居住用財産の特例（措法37の5⑤）

　特定民間再開発事業の用に供するため資産（土地等及び建物等）を譲渡し、当該事業の施行により当該土地等の上に建築された地上4階以上の中高層耐火建築物又は当該建築物に係る構築物（以下「中高層耐火建築物等」といいます。）を買換取得した場合の課税の特例は前記2のとおりですが、中高層耐火建築物等を取得することが困難な特別の事情があって、そのために施行地区外に転出したときは、一定の条件のもと、居住用財産の譲渡所得の軽減税率の特例（措法31の3）の適用を受けることができます。

(1) 特例の概要

　既成市街地等内又はこれに類する一定の地域内において、地上4階以上の中高層の耐火建築物の建設をする「特定民間再開発事業等」の用に供するために、個人が建物、構築物及び土地等を譲渡した場合において、当該事業の施行により建築された中高層の耐火建築物等を取得することが困難である特別な事情があるため、その事業の施行地区外に転出する場合には、その譲渡した居住用不動産の所有期間が10年以下であっても居住用財産の軽減税率の特例（措法31の3）の適用を受けることができます（以下、「本件特例」といいます。）（措法37の5⑤）。

(2) 譲渡資産の範囲

　本件特例の適用を受けるためには、譲渡資産について次のイからハの要件を満たす必要があります。
イ　譲渡資産は、特定民間再開発事業等の施行地区内にあって、その

事業の用に供するために譲渡されたものであること（措法37の5
①）。

ロ　譲渡資産は、措置法第31条の3第2項に規定する居住用財産のう
　ち、譲渡した年の1月1日において所有期間が10年以下であるもの
　〔措置法第31条の3第2項に規定する要件〕
　①　譲渡した者の居住の用に供している家屋
　②　譲渡した者が居住の用に供していた家屋で、その者の居住の用
　　に供されなくなった日から同日以後3年を経過する日の属する年
　　の12月31日までの間に譲渡されるもの
　③　上記①又は②の家屋の敷地の用に供されている土地等

ハ　資産の譲渡が特定民間再開発事業により建築される中高層耐火建
　築物に係る建築基準法第6条第4項又は第6項の2第1項の規定に
　よる確認済証の交付（同法第18条第3項の確認済証の交付を含みま
　す。）のあった日の翌日から6か月を経過する日までの間に行われ
　たものであり、かつ、その譲渡について措置法第37条の5第1項
　（同条第2項を含みます。）の規定の適用を受けないこと（措法25の
　4⑳）。

(3)　中高層耐火建築物の取得が困難である特別な事情

　「中高層耐火建築物の取得が困難である特別な事情」とは、前記(2)
に該当する資産を譲渡した者及び中高層耐火建築物の建築主の申請に
基づき、都道府県知事が認定した場合をいいます（措法37の5⑤、措
令25の4⑰、措規18の6⑤）。

　具体的には、資産を譲渡をした者に次のイからハのいずれかに該当
する事情があるため、特定民間再開発事業により建築される中高層耐

火建築物等を取得して、これに引き続いて居住の用に供することが困難である事情のことをいいます。

イ　資産の譲渡者又は譲渡者と同居を常況とする者が老齢又はそれらの者に身体上の障害があること。

ロ　特定民間再開発事業により建築される中高層耐火建築物の用途が専ら業務の用に供する目的で設計されたものであること。

ハ　中高層耐火建築物が住宅の用に供するのに不適当な構造、配置及び利用状況にあると認められるものであること。

(4)　本件特例の内容

本件特例の適用がある場合の措置法第31条の3《居住用財産を譲渡した場合の長期譲渡所得の課税の特例》譲渡所得の金額の税額等の計算方法は、次のとおりです。

課税長期譲渡所得金額＝A	所得税額	住民税
6,000万円以下	A × 10%（注）	A × 4%
6,000万円超	（A－6,000万円）×15% ＋600万円（注）	（A－6,000万円）×5% ＋240万円

(注)　平成25年から令和19年までは、復興特別所得税として各年分の基準所得税額の2.1%の所得税負担が生じます。

なお、措置法第31条の3《居住用財産を譲渡した場合の長期譲渡所得の軽減税率の特例》は、一般的には居住用財産の3,000万円控除の特例（措法35）の適用後の課税長期譲渡所得に対して適用されますが、措置法第37条の5第5項の規定により第31条の3第1項の規定の適用を受ける場合であっても、同条と措置法第35条《3,000万円控除の特例》は重複適用できないこととされています（措法37の5①）。

(5)　申告手続等

　措置法第37条の5第5項の適用を受ける場合には、対象となる資産を譲渡した年の年分の所得税の確定申告書第三表（分離課税用）の「特例適用条文」欄に「措法37の5第5項」と記載するとともに、次の書類を確定申告書に添付しなければなりません（措法37の5⑥、措令25の4⑱、18の6⑥）。

申告手続			所得税の確定申告書第三表の「特例適用条文」欄に「措法37の5⑤」と記載します。
	添付する書類	①	譲渡所得の内訳書（確定申告書付表兼計算明細書）〔土地・建物用〕
		②	譲渡資産に関する登記事項証明書（この登記事項証明書に記された事項で措置法第31条の3第2項に規定する譲渡資産に該当するかどうかが明らかでないときは、閉鎖登記簿謄本などの書類で譲渡資産に該当することを明らかにするもの）
		③	譲渡に係る契約を締結した日の前日においてその譲渡をした者の住民票に記載されていた住所とその譲渡をした土地建物等の所在地とが異なる場合その他これに類する場合には、その登記事項証明書及び戸籍の附票の写し、削除された戸籍の附票の写しその他これらに類する書類でその譲渡をした者がその土地建物等を居住用に供していたことを明らかにするもの
		④	譲渡資産の所在地において行われる事業が、特定民間再開発事業として認定されたものである旨の都道府県知事の証明書（その事業の施行により建築される中高層耐火建築物に係る建築確認済証の交付のあった年月日が記載されたものに限ります。）
		⑤	その譲渡者について(3)の特別の事情があるとして認定したものである旨の都道府県知事の証明書

　なお、本件特例は、期限に確定申告書の提出がなかった場合又は同項の記載若しくは書類の添付がない場合には適用ができませんが、税務署長がその提出又は記載若しくは添付がなかったことについてやむを得ない事情があると認めるときは、当該記載した書類及び必要書類の提出があった場合に限り適用することができます（措法37の5⑲）。

4　中高層の耐火共同住宅建設のための買換えの特例（措法37の5①二）

　措置法第37条の5で規定する「既成市街地等内にある土地等の中高層耐火建築物等の建設のための買換えの譲渡所得の課税の特例」は、2つの立体買換えを定めていますが一つは、前記2で述べた特定民間再開発事業のための立体買換えの特例で、もう一つが、「中高層の耐火共同住宅建設のための買換え特例」（措法39の5①二）です。

　本章では、この「中高層の耐火共同住宅建設のための買換えの特例」の適用要件等について詳しく確認していきます。

(1)　特例の適用要件

　措置法第37条の5第1項二号《中高層の耐火共同住宅建設のため立体買換えの特例》は、次のイからハの全ての要件を満たす場合に限り適用が受けられます。なお、前記の2の特定民間再開発事業のための買換えと同様、所有期間による制限はありません（措法37の5①）。

イ　譲渡資産の要件

　譲渡資産は、次の(イ)、(ロ)又は(ハ)に掲げる区域内にある土地等、建物又は構築物（棚卸資産又は棚卸資産に準ずる資産は除きます。）であることが必要です（措通37の5－10）。

　なお、中高層の耐火共同住宅建設のための買換えの特例（措法37の5①二）は、特定民間再開発事業のための買換えの特例（措法37の5①一）と異なり譲渡資産の用途についての制限がないので、個人が譲渡資産を事業の用又は居住の用に供していた場合のほか、個人がその適用対象地域内に有していた「空閑地」を譲渡し、一定の買換資産（地上3階以上の耐火共同住宅）を取得して居住の用又は事業の用に

供したような場合も適用があります（措通37の5－1）。

(イ)　既成市街地等の区域

「既成市街地等」とは、措置法第37条《特定の事業用資産の買換えの特例》で定める既成市街地等と同じです。

ただし、譲渡のあった日の属する年の10年前の年の翌年1月1日以後に公有水面埋立て法第22条の竣功認可のあった区域は、既成市街地等の区域から除かれます（措令25⑥）。

〔既成市街地等の範囲表〕

	都府県名	既成市街地等
首都圏 （首都圏 整備法 2③）	東京都	23区及び武蔵野市の全域 三鷹市の特定の区域
	神奈川県	横浜市及び川崎市の特定の区域
	埼玉県	川口市の特定の区域
近畿圏 （近畿圏 整備法 2③）	大阪府	大阪市の全域 守口市・東大阪市及び堺市の特定の区域
	京都府	京都市の特定の区域
	兵庫県	神戸市・尼崎市・西宮市・芦屋市の特定の区域
中部圏(※)	愛知県	名古屋市の特定の区域（旧名古屋市の区域）

> ※　首都圏、近畿圏及び中部圏の近郊整備地帯等の整備のための国の財政上の特別措置に関する法律施行令別表

(ロ)　既成市街地等に準ずる区域として指定された区域

「既成市街地等に準ずる区域」とは、首都圏整備法第2条4項に規定する「近郊整備地帯」、近畿圏整備法第2条4項に規定する「近郊整備区域」又は中部圏開発整備法第2条3項に規定する「都市整備区域」のうち都市計画法第7条第1項の市街化区域として定められている区域でその区域の相当部分が最近の国税調査の結果に

よる人口集中地区に該当し、かつ、土地利用計画に照らし中高層住宅の建設が必要であるとして国土交通大臣が財務大臣と協議した区域をいいます（措令25の4⑥）。

〔近郊整備地帯〕

都道府県	市　名
埼玉県	川口市、さいたま市、所沢市、春日部市、上尾市、草加市、越谷市、蕨市、戸田市、朝霞市、志木市、和光市、新座市、八潮市、富士見市、三郷市
千葉県	千葉市、市川市、船橋市、松戸市、野田市、佐倉市、習志野市、柏市、流山市、八千代市、我孫子市、鎌ケ谷市、浦安市、四街道市
東京都	八王子市、立川市、三鷹市、青梅市、府中市、昭島市、調布市、町田市、小金井市、小平市、日野市、東村山市、国分寺市、国立市、西東京市、福生市、狛江市、東大和市、清瀬市、東久留米市、武蔵村山市、多摩市、稲城市、羽村市
神奈川県	横浜市、川崎市、横須賀市、平塚市、鎌倉市、藤沢市、茅ケ崎市、逗子市、相模原市、厚木市、大和市、海老名市、座間市、綾瀬市

〔都市整備区域〕

愛知県	名古屋市、春日井市、小牧市、尾張旭市、豊明市

〔近郊整備区域〕

京都府	京都市、宇治市、向日市、長岡京市、八幡市
大阪府	堺市、岸和田市、豊中市、池田市、吹田市、泉大津市、高槻市、貝塚市、守口市、枚方市、茨木市、八尾市、泉佐野市、富田林市、寝屋川市、河内長野市、松原市、大東市、和泉市、箕面市、柏原市、羽曳野市、門真市、摂津市、高石市、藤井寺市、東大阪市、四条畷市、交野市、大阪狭山市
兵庫県	神戸市、尼崎市、西宮市、芦屋市、伊丹市、宝塚市、川西市

(ハ)　中心市街地共同住宅供給事業の区域

中心市街地の活性化に関する法律第12条第1項に規定する認定基

本計画に基づいて行われる同法第7条第6項に規定する中心市街地共同住宅供給事業の区域。

　ただし、同条第4項に規定する都市福利施設の整備を行う事業と一体的に行われるものに限られます。

□　買換資産の要件

　買換資産は、その譲渡した土地等又は建物若しくは構築物の敷地の用に供されていた土地等の上に建築された地上3階以上の主として住宅の用に供される中高層の耐火共同住宅（その敷地の用に供されている土地等を含みます。）及びそれに係る構築物で、次に掲げる全ての要件を満たす必要があります。

　また、譲渡資産を譲渡した者は、買換資産を取得した日から1年以内にその者の事業の用（生計を一にする親族の事業の用を含みます。）、若しくは居住の用（その者の親族の居住の用を含みます。）に供しなければ、本件特例の適用を受けることができません（措令25の4⑤、措通37の5-2、5）。

〔買換資産の要件〕

①	中高層の耐火共同住宅は、譲渡資産を取得した者又は譲渡資産を譲渡した者が建築したものであること。(注)
②	中高層の耐火共同住宅は、耐火建築物又は準耐火構築物であること。
③	その中高層の耐火共同住宅の床面積の1/2に相当する部分が、専ら居住の用（居住の用に供される部分に係る廊下、階段その他その共用に供されるべき部分を含みます。）に供されるものであること。

(注)　譲渡資産を取得した者（個人）が当該共同住宅を建築する場合において、取得者が死亡した場合には、その個人の死亡によりその建築物の建築に関する事業を承継したその個人の相続人又は包括受遺者が含まれ、その取得をした者が法人である場合には、その法人の合併によりその建築物の建築に関する事業を引き継いだ合併法人及びその法人

の分割によりその建築物の建築に関する事業を引き継いだその分割に
係る分割承継法人が含まれます。

八　譲渡の形態

　土地等、建物又は構築物等の譲渡が次に掲げる法形式により行われ
た場合又は次の特例の適用を受ける場合には、本件特例を適用するこ
とはできません（措法37の5①）。

〔本件特例の適用ができない譲渡〕

法形式	①	贈与による譲渡
	②	交換による譲渡^(注1)
	③	出資による譲渡
右の特例の適用を受ける場合 (注2)	④	収用等に伴い代替資産を取得した場合の課税の特例（措法33）
	⑤	交換処分等に伴い資産を取得した場合の課税の特例（措法33の2）
	⑥	換地処分等に伴い資産を取得した場合の課税の特例（措法33の3）
	⑦	収用交換等の場合の譲渡所得の特別控除（措法33の4）
	⑧	特定土地区画整理事業等のために土地等を譲渡した場合の譲渡所得の特別控除（措法34）
	⑨	特定住宅地造成事業等のために土地等を譲渡した場合の譲渡所得の場合の特別控除（措法34の2）
	⑩	農地保有の合理化等のために農地等を譲渡した場合の譲渡所得の特別控除（措法34の3）
	⑪	居住用財産の譲渡所得の特別控除（措法35）
	⑫	特定の土地等の長期譲渡所得の特別控除（措法35の2）
	⑬	低未利用地等を譲渡した場合の長期譲渡所得の特別控除（措法35の3）

	⑭	特定の居住用財産の買換えの場合の長期譲渡所得の課税の特例（措法36の２）
	⑮	特定の事業用資産の買換えの場合の譲渡所得の課税の特例（措法37）

(注１)　交換の場合には、本件立体買換えの特例の適用に際し、別途規定（措法37の５④）が設けられています。

(注２)　譲渡資産の譲渡につき、上記④〜⑮までに掲げる特例の適用を受ける場合には、本件特例は受けられません。

　　　したがって、これらの特例と本件買換えの特例のいずれか一方を選択することとなります（措法37の５①）。

二　買換（取得）の形態

　本件特例の対象となる買換資産の取得は、売買の方法により中高層の耐火共同住宅を取得する場合のほか、譲渡者自らが同共同住宅を建設した場合が含まれますが、次の①〜③により資産を取得した場合には、本件特例を適用することはできません。

①　贈与による取得

②　交換による取得

③　所有権移転リース

　なお、立体買換えの方法が「交換」により行われた場合には、措置法第37条の５第４項において別途、交換規定が設けられています。

ホ　買換資産の取得期限

　買換資産は、資産を譲渡した年中又は譲渡した年の翌年中に取得しなければならないとされています（なお、翌年中に買換資産を取得する場合には、取得価額の見積額により本件特例の適用を受けることになります。）。

ただし、買換資産である中高層の耐火共同住宅の建築に要する期間が通常１年を超えると認められる事情、その他これに準ずるやむを得ない事情があり、翌年中に買換資産を取得することが困難であると認められる場合には、譲渡した年の翌年の12月31日後２年以内において税務署長が認定した日まで、買換資産の取得期間が延長されます（以下、延長された取得期間を「取得指定期間」といいます。）。

　このやむを得ない事情による取得期間の延長を希望する者は、次に掲げる事項を記載した「やむ得ない事情がある場合の買換資産の取得期限承認申請書」（44ページ参照）をあらかじめ納税地の所轄税務署長に提出し、承認を得なければなりません。

① 　申請者の氏名及び住所

② 　やむを得ない事情の詳細

③ 　中高層の耐火共同住宅の全部又は一部の取得をすることができると見込まれる年月日及び取得期限として認定を受けようとする年月日

④ 　その他参考となるべき事項

　なお、この場合の「やむを得ない事情」とは、建物又は構築物等の敷地の用に供するための造成並びに建物等の建設期間が、通常１年を超えると認められる事情をいい（措令25⑰）、措置法第37条の特定の事業資産の買換えの特例の場合と同様ですので42ページを参照してください。

　また、特定非常災害として指定された非常災害に基因するやむを得ない事情により、買換資産を取得指定期間内に取得することが困難となった場合において、税務署長の承認を受けたときは、その取得指定期間を、その取得指定期間の末日から２年以内の日で税務署長が認定した日まで延長されます（措法37の５②、措令25の４⑩）。

　なお、税務署長の承認申請は、取得指定期間の末日の属する年の翌年の3月15日（同日が租税特別措置法第37条の2第2項に規定する提出期限後である場合には、当該提出期限）までに行わなければなりません（措規18の6③）。

　この取扱いは、取得指定期間の末日が平成29年4月1日以後である買換資産について適用されます（平成29年改正法附則51⑲）。

　ちなみに、本件特例は、措置法第37条の「特定の事業用資産の買換えの特例」と異なり先行取得制度はありません。

〔立体買換の特例に係る取得〕

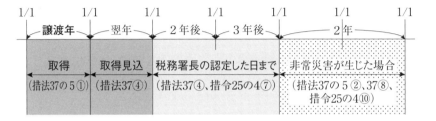

ヘ　買換資産の使用すべき期限

　買換資産は、その取得の日から1年以内に譲渡した個人の事業の用（生計を一にする親族の事業の用を含みます。）、若しくは居住の用（譲渡した個人の親族の居住の用を含みます。）に供した場合に限り適用されます（措通37の5－5）。

> (注)　買換資産について、その取得の日から1年以内に事業の用に供しない場合又は供しなくなった場合においても、それが収用、災害、その他その者の責に帰せられないやむを得ない事情に基づき生じたものであるときは、「買換資産を居住の用に供しない（供しなくなった場合を含みます。）」場合に該当しないものとして取り扱われます（措通37の2－1）。
> 　なお、この取扱いは、所定の期間に現実に取得した場合に限って

適用されるものですので、所定の期間内に買換資産を取得していない場合、又はその買換資産が不適格なものである場合には、この取扱いは適用されません。

(2) 譲渡所得の計算方法

本件特例の適用を受けた場合の「譲渡所得の計算方法」は、措置法第37条の「特定の事業用資産の買換えの特例」とは異なり、買換資産の取得価額を圧縮（70%～80%）する必要はありません。

したがって、譲渡資産の譲渡対価の額と買換資産の取得対価の額が同額か又は買換資産の取得対価の額の方が譲渡資産の譲渡対価の額より大きい場合には、譲渡所得は算出されません。

また、譲渡資産の対価の額が買換資産の取得対価の額より大きい場合には、次の算式によって計算した金額が譲渡所得金額となります。

イ 譲渡資産の譲渡価額 ＞ 買換資産の取得価額

①	譲渡収入金額	譲渡資産の譲渡価額 － 買換資産の取得価額
②	必要経費の額	$\left(\begin{array}{c}\text{譲渡所得}\\\text{の取得費}\end{array}+\text{譲渡費用}\right) \times \dfrac{\text{①の金額}}{\text{譲渡資産の譲渡価額}}$
③	譲渡所得の金額	①譲渡収入金額 － ②必要経費の額

ロ 譲渡資産の譲渡価額 ≦ 買換資産の取得価額

譲渡所得は生じません。

(3) 申告手続等

本件特例の適用を受ける場合には、対象となる資産を譲渡した年分の所得税の確定申告書第三表（分離課税用）の「特例適用条文」欄に「措法37条の5」と記載するとともに、次の書類を確定申告書に添付しなければなりません（措法37の5②、措令25の4⑨、措規18の6②二）。

申告手続			所得税の確定申告書第三表「特例適用条文」欄に「措法37の5」と記載します。
	添付する書類	①	譲渡所得の内訳書（確定申告書付表兼計算明細書）〔土地・建物用〕
		②	譲渡資産の所在地を管轄する市町村長のその譲渡資産の所在地が既成市街地等内である旨を証する書類（東京都の特別区の存する区域、武蔵野市の区域又は大阪市の区域内にあるものを除きます。）又は、中心市街地共同住宅供給事業の区域内である旨、中心市街地共同住宅供給事業の実施に関する計画を認定した旨及び同事業が都市福利施設の整備を行う事業を一体として行うものである旨を証する書類
		③	買換資産に該当する中高層の耐火共同住宅に係る建築基準法第7条第5項に規定する検査済証の写し
		④	中高層の耐火共同住宅に係る事業概要書又は各階平面図その他の書類でその中高層の耐火共同住宅が耐火建築物等であること及び床面積の1/2以上が専ら居住用とされることを明らかにする書類
		⑤	登記事項証明書その他の買換資産の取得を証する書類

　なお、確定申告書の提出がなかった場合又は本件特例の適用を受ける旨の記載若しくは書類等の添付がない確定申告書の提出があった場合でも、その提出又は記載若しくは書類の添付がなかったことについて税務署長がやむを得ない事情があると認めるときは、後から本件特例の適用を受ける旨を記載した書類並びに必要な添付書類を提出した場合に限り、本件特例を適用することができます（措法37の5②、37⑦）。

　また、本件特例の適用にあたっては、次の点に留意してください。

①　本件特例の適用を受けた場合は、買換資産の取得時期は、譲渡資産の取得時期を引き継がず、取得価額だけ引き継ぐことになります。

②　本件特例の適用を受けた場合には、買換資産については、措置法第19条各号に定める新築住宅等の割増償却や特別償却などの特例は適用できません（措法37の5②、37の3③）。

(4)　更正の請求及び修正申告

　本件特例の適用を受けた後、本件特例の適用要件に該当しなくなっ
た場合、又は取得すると予定していた買換資産の実際の取得価額が見
積額と異なることとなった場合には、本件特例の適用を受けて申告し
た所得税の確定申告について、更正の請求又は修正申告をすることに
なります。

イ　更正の請求

　買換資産を資産を譲渡した翌年以降に取得する見込みであるとして、
本件特例の適用を受けていた場合において、買換資産の「実際の取得
価額」が「取得価額の見積額」を上回った場合には、買換資産を取得
した日（取得した資産が２つ以上ある場合には、最後に取得した買換
資産の取得日）から４か月以内に「更正の請求書」を提出して所得税
の還付を受けることができます（措法37の５②、37の２②）。

ロ　修正申告

　買換資産を譲渡年分の翌年以降に取得する見込みであるとして、本
件特例の適用を受けていた場合において、①確定申告の際には特例の
適用要件に該当するものを取得するとしていたが、実際に取得した買
換資産は要件に該当しなかった場合、②買換資産の「実際の取得価
額」が「取得価額の見積額」を下回った場合、③取得指定期間内に買
換資産を取得しなかったこと又は④買換資産の取得日から１年以内に
居住の用又は事業の用に供しない場合（供しなくなった場合も含みま
す。）には、買換資産の取得期限又は居住用若しくは事業用に供しな
くなった日から４か月以内に「修正申告書」を提出しなければなりま
せん（措法37の５④、37の２①②）。

(注)　買換資産について、その取得の日から1年以内に居住の用又は事業の用に供しない場合又は供しなくなった場合においても、それが収用、災害、その他その者の責に帰せられないやむを得ない事情に基づき生じたものであるときは、「買換資産を居住又は事業の用に供しない（供しなくなった場合を含みます。）」場合に該当しないものとして取扱われます（措通37の2－1）。

　　なお、この取扱いは、所定の期間に現実に取得した場合に限って適用されるものですので、所定の期間内に買換資産を取得していない場合、又はその買換資産が不適格なものである場合には、この取扱いは適用されません。

(5)　買換資産の取得価額

　措置法第37条の5第1項二号の特例の適用を受けて買換資産を取得した場合の税法上の取得価額（買換資産を事業の用に供した場合の減価償却費の計算や買換資産をその後、譲渡した場合の取得費の計算）は、実際の取得価額によるのではなく、譲渡資産の取得価額を引き継ぐことになります。なお、上記特例の適用を受けた場合の買換資産の取得価額の計算方法は、措置法第37条の「特定の事業用資産の買換えの特例」と異なり、買換資産の取得価額を圧縮（70％～80％）する必要はありません。

　具体的には、次のとおりです。

イ　譲渡資産の譲渡価額 ＞ 買換資産の取得価額

$$\left(\begin{array}{c}\text{譲渡資産の取得費}\\ \text{＋譲渡費用}\end{array}\right) \times \frac{\text{買換資産の取得価額}}{\text{譲渡資産の譲渡価額}}$$

ロ　譲渡資産の譲渡価額 ＝ 買換資産の取得価額

譲渡資産の取得費　＋　譲渡費用

ハ　譲渡資産の譲渡価額 ＜ 買換資産の取得価額

$$\left(\begin{array}{c}\text{譲渡資産の取得費}\\ \text{＋譲渡費用}\end{array}\right) + \text{買換資産の取得価額} - \text{譲渡資産の譲渡価額}$$

〔所得税の確定申告書の記載例（措置法第37条の5第1項一号）〕

　私（古賀　健二）は、福岡市中央区天神に土地及び建物を所有しそこに住んでいましたが、そこで行われる中高層ビルを建設する特定民間再開発事業のために同不動産を譲渡し、その代わりとして、同事業によって建築される建物の1室（土地及び建物）を取得することとしました。

　この不動産の譲渡申告にあたっては、措置法第37条の5第1項一号《特定民間再開発事業の施行により建築された中高層耐火建築物を取得した場合の買換の特例》の適用を考えていますが、この場合の「確定申告書第三表」及び「譲渡所得の内訳書」の記載の仕方を教えてください。

　また、買換資産の引継価額についても教えてください。

(1)　譲渡資産の価額：1億2,000万円

(2)　譲渡日：令和元年8月10日

(3)　譲渡資産の取得日：平成27年8月3日

(4)　譲渡資産の取得費：土地（8,000万円、建物2,000万円）

(5)　譲渡費用：384万円（仲介料＋印紙代）

(6)　買換資産の取得日（予定）：令和2年11月30日

(7)　買換資産の取得費：1億1,000万（土地9,200万円、建物1,800万円）

2　面		名簿番号	

1　譲渡（売却）された土地・建物について記載してください。

（1）どこの土地・建物を譲渡（売却）されましたか。

所在地	所在地番	福岡市中央区天神4－○－○
	（住居表示）	

（2）どのような土地・建物をいつ譲渡（売却）されましたか。

土地	☑宅　地　□田 □山林　□畑 □雑種地　□借地権 □その他（　　　）	（実測）250　㎡ （公簿等）　　　㎡	利用状況	売買契約日
			☑自己の居住用 （居住期間　　年　月～　年　月） □自己の事業用 □貸付用 □未利用 □その他（　　　）	令和 元年8月10日
建物	☑居　宅　□マンション □店　舗　□事務所 □その他 （　　　）	90　㎡		引き渡した日
				令和 元年8月10日

○　次の欄は、譲渡（売却）された土地・建物が共有の場合に記載してください。

あなたの持分		共有者の住所・氏名		共有者の持分	
土地	建物			土地	建物
100	100	（住所）　　　　　（氏名）			
100	100	（住所）　　　　　（氏名）			

（3）どなたに譲渡（売却）されましたか。

買主	住所（所在地）	福岡市博多区祇園町○－○	
	氏名（名称）	中洲土地建物㈱	職業（業種）

（4）いくらで譲渡（売却）されましたか。

①　譲渡価額
120,000,000　円

【参考事項】

代金の受領状況	令和 元年8月10日 1回目 　　　円	2回目 　年　月　日 　　　円	3回目 　年　月　日 　　　円	令和 2年11月30日（予定） 未収金 120,000,000円

お売りになった理由	□買主から頼まれたため ☑他の資産を購入するため □事業資金を捻出するため	□借入金を返済するため □その他（　　　）

　「相続税の取得費加算の特例」や「保証債務の特例」の適用を受ける場合の記載方法

○　「相続税の取得費加算の特例」の適用を受けるときは、「相続財産の取得費に加算される相続税の計算明細書」（国税庁ホームページ【www.nta.go.jp】からダウンロードできます。なお、税務署にも用意してあります。）で計算した金額を3面の「2」の「②取得費」欄の上段に「㊞×××円」と二段書きで記載してください。
○　「保証債務の特例」の適用を受けるときは、「保証債務の履行のための資産の譲渡に関する計算明細書（確定申告書付表）」（国税庁ホームページ【www.nta.go.jp】からダウンロードできます。なお、税務署にも用意してあります。）で計算した金額を3面の「4」の「B必要経費」欄の上段に「㋫×××円」と二段書きで記載してください。
○　4面を記載される方で、「相続税の取得費加算の特例」や「保証債務の特例」の適用を受ける場合には、税務署に記載方法をご確認ください。

2 譲渡（売却）された土地・建物の購入（建築）代金などについて記載してください。

(1) 譲渡（売却）された土地・建物は、どなたから、いつ、いくらで購入（建築）されましたか。

購入建築 価額の内訳	購入（建築）先・支払先 住所（所在地）	氏名（名称）	購入建築年月日	購入・建築代金又は譲渡価額の5%
土　　地	福岡市博多区博多駅前2-○-○	㈱深川不動産	平成 27・8・3	80,000,000円
			・・	円
			・・	円
		小　計		(イ)80,000,000円
建　　物	同　上	同　上	27・8・3	20,000,000円
			・・	円
			・・	円
建物の構造 ☐木造 ☑木骨モルタル ☐(鉄骨)鉄筋 ☐金属造☐その他		小　計		(ロ)20,000,000円

※ 土地や建物の取得の際に支払った仲介手数料や非業務用資産に係る登記費用などが含まれます。

(2) 建物の償却費相当額を計算します。

建物の購入・建築価額(ロ)
☐標準
20,000,000円 × 0.9 × 償却率 0.034 × 経過年数 4 = 償却費相当額(ハ) 2,448,000円

(3) 取得費を計算します。

② 取得費 (イ)＋(ロ)－(ハ) 97,552,000円

※ 「譲渡所得の申告のしかた（記載例）」を参照してください。なお、建物の標準的な建築価額による建物の取得価額の計算をしたものは、「☐標準」に☑してください。
※ 非業務用建物（居住用）の(ハ)の額は、(ロ)の価額の95%を限度とします（償却率は1面をご覧ください）。

3 譲渡（売却）するために支払った費用について記載してください。

費用の種類	支払先 住所（所在地）	氏名（名称）	支払年月日	支払金額
仲介手数料	福岡市中央区天神南○-○	㈱天神不動産	令和元・8・10	3,780,000 円
収入印紙代			・・	60,000 円
			・・	円
			・・	円
				円

※ 修繕費、固定資産税などは譲渡費用にはなりません。

③ 譲渡費用 3,840,000

4 譲渡所得金額の計算をします。

区分	特例適用条文	A 収入金額(①)	B 必要経費(②＋③)	C 差引金額(A−B)	D 特別控除額	E 譲渡所得金額(C−D)
短期・長期	所・措・震 37条の5	円	円	円	円	円
短期・長期	所・措・震 条の	円	円	円	円	円
短期・長期	所・措・震 条の	円	円	円	円	円

※ ここで計算した内容（交換・買換え（代替）の特例の適用を受ける場合は、4面「6」で計算した内容）を「申告書第三表（分離課税用）」に転記します。
※ 租税特別措置法第37条の9の特例の適用を受ける場合は、「平成21年及び平成22年に土地等の先行取得をした場合の譲渡所得の課税の特例に関する計算明細書」を併せて作成する必要があります。

整理欄

4 面

「交換・買換え（代替）の特例の適用を受ける場合の譲渡所得の計算」
この面（4面）は、交換・買換え（代替）の特例の適用を受ける場合にのみ記載します。

5　交換・買換（代替）資産として取得された（される）資産について記載してください。

物件の所在地	種類	面積	用途	契約(予定)年月日	取得(予定)年月日	使用開始(予定)年月日
福岡市中央区天神4－○－○	宅地	10 ㎡	居住用	令和 元・8・10	令和 2・11・30	令和 2・11・30
同　上	共同住宅	70 ㎡	居住用	令和 元・8・10	令和 2・11・30	令和 2・11・30

※　「種類」欄は、宅地・田・畑・建物などを、「用途」欄は、貸付用・居住用・事務所などと記載してください。

取得された（される）資産の購入代金など（取得価額）について記載してください。

費用の内容	支払先住所（所在地）及び氏名（名称）	支払年月日	支払金額
土　地	福岡市博多区祇園町○－○	令和 2・11・30	92,000,000 円
	中洲土地建物(株)	・　・	円
		・　・	円
建　物			18,000,000 円
		・　・	円
		・　・	円
④　買換(代替)資産・交換取得資産の取得価額の合計額			110,000,000 円

※　買換(代替)資産の取得の際に支払った仲介手数料や非業務用資産に係る登記費用などが含まれます。
※　買換(代替)資産をこれから取得される見込みのときは、「買換(代替)資産の明細書」(国税庁ホームページ【www.nta.go.jp】からダウンロードできます。なお、税務署にも用意してあります。)を提出し、その見込額を記載してください。

6　譲渡所得金額の計算をします。

「2面」・「3面」で計算した「①譲渡価額」、「②取得費」、「③譲渡費用」と上記「5」で計算した「④買換(代替)資産・交換取得資産の取得価額の合計額」により、譲渡所得金額の計算をします。

(1)　(2)以外の交換・買換え(代替)の場合[交換(所法58)・収用代替(措法33)・居住用買換え(措法36の2)・震災買換え(震法12)など]

区分	特例適用条文	F 収入金額	G 必要経費	H 譲渡所得金額 (F－G)
収用代替		①－③－④	$② \times \dfrac{F}{①－③}$	
上記以外		①－④	$(②+③) \times \dfrac{F}{①}$	
短期 長期	所・措・震 37条 の 5	10,000,000 円	8,449,333 円	1,550,667 円

(2)　特定の事業用資産の買換え・交換(措法37・37の4)などの場合

区分	特例適用条文	J 収入金額	K 必要経費	L 譲渡所得金額 (J－K)
①≦④		①×20%〔注〕	$(②+③) \times 20\%$〔注〕	
①＞④		$(①－④)+④ \times 20\%$〔注〕	$(②+③) \times \dfrac{J}{①}$	
短期・長期	措法 条の	円	円	円

※　上記算式の20%は、一定の場合は25%又は30%となります。

令和 $\boxed{0\,1}$ 年分の 所得税及び 復興特別所得税 の 申告書 (分離課税用)

$\boxed{\text{F A 0 0 3 7}}$

第三表 (令和元年分以降用)

○ 第三表は、申告書Bの第一表・第二表と一緒に提出してください。

住所 福岡市中央区天神
屋号 4-〇-〇
フリガナ コガ ケンジ
氏名 古賀 健二

整理番号 □□□□□□□□ 一連番号 □

特 例 適 用 条 文				
法		条	項	号
所法 震法 措法 ○ 旧措法	〇	37 条の 5	1	一
所法 旧措法 震法		条の	項	号
所法 旧措法 震法		条の	項	号

(単位は円)

収入金額

分離課税					
短期譲渡	一般分	㋛		1 0 0 0 0 0 0 0	
	軽減分	㋜			
長期譲渡	一般分	㋝			
	特定分	㋞			
	軽課分	㋟			
一般株式等の譲渡		㋠			
上場株式等の譲渡		㋡			
上場株式等の配当等		㋢			
先物取引		㋣			
山 林		㋤			
退 職		㋥			

所得金額

分離課税				
短期譲渡	一般分	59	1 5 5 0 6 6 7
	軽減分	60	
長期譲渡	一般分	61	
	特定分	62	
	軽課分	63	
一般株式等の譲渡		64	
上場株式等の譲渡		65	
上場株式等の配当等		66	
先物取引		67	
山 林		68	
退 職		69	

税金の計算

総合課税の合計額 (申告書B第一表の⑨)	⑨	0
所得から差し引かれる金額 (申告書B第一表の㉕)	㉕	3 8 0 0 0 0

課税される所得金額	⑨ 対応分	70	0 0 0
	⑤⑥対応分	71	0 0 0
	61 62 63 対応分	72	1 1 7 0 0 0 0
	64 65 対応分	73	0 0 0
	66 対応分	74	0 0 0
	67 対応分	75	0 0 0
	68 対応分	76	0 0 0
	69 対応分	77	0 0 0

税金の計算

税 額	70 対応分	78	0
	71 対応分	79	
	72 対応分	80	3 5 1 0 0 0
	73 対応分	81	
	74 対応分	82	
	75 対応分	83	
	76 対応分	84	
	77 対応分	85	
78から85までの合計 (申告書B第一表の㉛に転記)		86	3 5 1 0 0 0

その他

株式等	本年分の64、65から差し引く繰越損失額	87	
	翌年以後に繰り越される損失の金額	88	
配当	本年分の66から差し引く繰越損失額	89	
先物取引	本年分の67から差し引く繰越損失額	90	
	翌年以後に繰り越される損失の金額	91	

○ 分離課税の短期・長期譲渡所得に関する事項

区分	所得の生ずる場所	必要経費	差引金額 (収入金額-必要経費)	特別控除額
短期一般	福岡市中央区天神4-〇-〇	8,449,333 円	1,550,667 円	円

差引金額の合計額	92	1,550,667
特別控除額の合計額	93	

○ 上場株式等の譲渡所得等に関する事項

上場株式等の譲渡所得等の源泉徴収税額の合計額	94	円

○ 分離課税の上場株式等の配当所得等に関する事項

種目・所得の生ずる場所	収入金額	配当所得に係る負債の利子	差引金額
	円	円	円

○ 退職所得に関する事項

所得の生ずる場所	収入金額	退職所得控除額
	円	円

整理欄	A	B	C	申告等年月日		
	D	E	F	通算		
	異動 整理 資産			特例期間		
		入力		申告区分		

..................................税務署
令和......年......月......日提出

名簿番号 [   ]

買 換 （ 代 替 ） 資 産 の 明 細 書

住　　　所	福岡市中央区天神4-〇-〇		
フリガナ	コガ ケンジ	電話番号	（092）
氏　　　名	古賀 健二		737-〇〇〇〇

　　交換・買換え（代替）の特例（租税特別措置法第33条、第36条の2、第37条、第37条の5又は震災特例法第12条）を受ける場合の、譲渡した資産の明細及び取得される予定の資産の明細について記載します。

1　特例適用条文
（租税特別措置法）
　震災特例法　　第 37 条の 5 第 1 項

2　譲渡した資産の明細

所　在　地	福岡市中央区天神4-〇-〇		
資産の種類	土地及び建物	数　量	土地　250㎡ 建物　90
譲渡価額	120,000,000 円	譲渡年月日	令和元年 8 月 10 日

3　買い換える（取得）予定の資産の明細

資産の種類	区分所有建物及び敷地	数　量	建物の専有面積 70㎡ 土地の面積　　10
取得資産の該当条項	1　租税特別措置法 　(1)　第37条第1項の表の 　(2)　第37条の5第1項の表の 2　震災特例法 　・　第12条第1項の表の	第......号 第 7 号（23区・23区以外の集中地域・集中地域以外の地域） 第 1 号（中高層耐火建築物・中高層の耐火建築物） 第 2 号（中高層の耐火共同住宅） 第......号（　　　　　　　　　　　　）	
取得価額の見積額	110,000,000 円	取得予定年月日	令和2年 11 月 30 日
付記事項			

(注)　3に記載した買換（取得）予定資産を取得しなかった場合や買換（代替）資産の取得価額が見積額を下回っている場合などには、修正申告が必要になります。

関与税理士	松本好正	電話番号	03-〇〇〇-〇〇〇〇

（資6-8・4-A4統一）
R1.11

┌─ (参考)　買換資産の引継価額 ──────────────────

買換資産の引継価額は、次のとおりになります。

1　買換資産の引継価額

(1)　譲渡資産の譲渡対価の額

1億2,000万円

(2)　譲渡資産の取得費及び譲渡費用

97,552,000円 ＋ 3,840,000円 ＝ 101,392,000円

(3)　買換資産の取得費

1億1,000万円

(4)　引継価額の算定（譲渡収入金額＞買換資産の取得費）

〔算式〕

$$\underset{(101,392,000円)}{\overset{取得費＋譲渡費用}{}} \times \frac{\overset{買換資産の取得費}{1億1,000万円}}{\underset{譲渡収入金額}{1億2,000万円}} = 92,942,666円$$

2　引継価額の土地と建物への配分

$$土　地：92,942,666円 \times \frac{92,000,000円}{110,000,000円} = 77,733,866円$$

$$構築物：92,942,666円 \times \frac{18,000,000円}{110,000,000円} = 15,208,800円$$

既成市街地等内にある土地等の中高層耐火建築物等の建設のための交換の特例

1　はじめに

　前記Ⅲの2の「特定民間再開発事業の施行地区内における土地等及び建物等から中高層耐火建築物への買換えの特例」及び4の「中高層の耐火共同住宅建設のための買換えの特例」に該当する資産の譲渡及び取得が交換の方法で行われた場合で、次の(1)又は(2)に該当するときは、前記Ⅲの2及び4の「特定民間再開発事業の施行市区内における土地等及び建物等から中高層耐火建築物への買換えの特例（措法37の5①一）」及び「中高層の耐火共同住宅建設のための買換えの特例（措法37の5①二）」が適用されます（措法37の5④）。

(1)　所有していた土地等及び建物等と中高層耐火建築物又は中高層の耐火共同住宅と交換した場合

　交換譲渡資産は、その交換の日において、その日における時価相当額で譲渡があったものとし、また、交換取得資産は、その交換の日において、その交換日における時価相当額で取得したものとして、措置法第37条の5第1項一号及び二号の立体買換の特例が受けられます。

(2)　上記(1)以外の場合で、その交換により交換差金（金銭）を取得し、その交換差金で「買換資産」を取得した場合

　本件特例対象とならない買換資産を交換により取得し、かつ、交換差金を受領した場合において、その交換差金で一定の要件に該当する中高層耐火建築物（共同住宅）を取得した場合には、交換日において、

交換差金に相応するものとして計算した金額により譲渡があったこととし、交換差金で取得した新資産の取得価額（その取得価額が交換差金を超える場合には交換差金）を買換資産の取得価額として立体買換えの特例が受けられます。

　なお、譲渡資産の交換につき、次の①から④までの特例の適用を受ける場合には、この交換の特例は適用されません。

　したがって、これらの特例と、この交換の特例のいずれか一方を選択することとなります（措令24の4①、25の4⑮、25の6②）。

① 　所得税法第58条の交換の場合の課税の特例

② 　措置法第37条の4の特定の事業用資産の交換の特例

③ 　措置法第36条の5の特定の居住用財産を交換した場合の長期譲渡所得の課税の特例

④ 　措置法第37条の8の普通財産とその隣接する土地等の交換の場合の譲渡所得の課税の特例

2　その他

　①譲渡所得の金額の計算、②交換取得資産の取得価額の計算及び③申告手続等については、Ⅲの「既成市街地等内における土地等の中高層耐火建築物等の建設のための買換えの特例（措法37の5）」と同じです。

第4編

既成市街地等内にある土地等の中高層耐火建築物等の建設のための買換え（交換）の特例実務Q＆A

譲渡資産に係る要件

措置法第37条の5《既成市街地等内にある土地等の中高層耐火
建築物等の建設のための買換え及び交換の場合の譲渡所得の課税
の特例》で規定する2つの立体買換えの特例の適用にあたり、譲
渡資産について所有期間、用途、種類などの適用要件について教
えてください。

Answer

措置法第37条の5の対象となる譲渡資産とは、既成市街地等内で行
われる土地若しくは土地の上に存する権利（以下「土地等」といいま
す。）、建物（その附属設備を含みます。）又は構築物で棚卸資産及び
棚卸資産に準ずる資産を除く資産をいいます。

なお、譲渡した土地等、建物及び構築物の用途について、措置法第
37条の5第1項一号に規定する特定民間再開発事業の用に供するため
の譲渡については、事業の用に供されていた資産は対象から除かれて
おり、同項二号に規定する中高層の共同住宅の用に供するための譲渡
は、用途について特に制限はありません。

また、所有期間に制限はなく、短期所有（譲渡した年の1月1日で
所有期間が5年以内のもの）の資産についても適用の対象となります
（措法37の5②、37①⑤⑫、措令25①）。

措法37の5共通

Q129　譲渡の形態と他の特例との関係

措置法第37条の特定の事業用資産の買換えの特例では、事業用資産の譲渡であっても一定の形態の譲渡については特例の適用ができませんが、措置法第37条の5の既成市街地等内にある土地等の中高層耐火建築物等の買換えの特例でも同様な規定はありますか。

Answer

措置法第37条の5《既成市街地等内にある土地等の中高層耐火建築物等の建設のための買換え及び交換の場合の譲渡所得の課税の特例》が適用される資産の譲渡についても、措置法第37条に規定する特定の事業用資産の買換えの特例と同様の規定があります。

すなわち、次の形態による譲渡及び次の特例の適用を受ける場合には、本件立体買換えの特例の適用を受けることはできません（措法37の5①）。

なお、措置法第37条で規定する特定の事業用資産の買換えの場合、買換資産の取得に当たり代物弁済による取得は除外されていますが、本件特例では除外されていません。

1　譲渡の形態

(1)　贈与による譲渡

(2)　交換による譲渡 ^(注)

(3)　出資による譲渡

2 他の特例との関係

⑴ 収用等に伴い代替資産を取得した場合の課税の特例（措法33）

⑵ 交換処分等に伴い資産を取得した場合の課税の特例（措法33の2）

⑶ 換地処分等に伴い資産を取得した場合の課税の特例（措法33の3）

⑷ 収用交換等の場合の譲渡所得等の特別控除の特例（措法33の4）

⑸ 特定土地区画整理事業等のために土地等を譲渡した場合の譲渡
所得の特別控除の特例（措法34）

⑹ 特定住宅地造成事業等のために土地等を譲渡した場合の譲渡所
得の特別控除の特例（措法34の2）

⑺ 農地保有の合理化等のために農地等を譲渡した場合の譲渡所得
の特別控除（措法34の3）

⑻ 居住用財産の譲渡所得の特別控除の特例（措法35）

⑼ 特定の土地等の長期譲渡所得の特別控除（措法35の2）

⑽ 低未利用地等を譲渡した場合の長期譲渡所得の特別控除（措法
35の3）

⑾ 特定の居住用財産の買換えの場合の長期譲渡所得の課税の特例
（措法36の2）

⑿ 特定の事業用資産の買換えの場合の譲渡所得の課税の特例（措
法37）

措法37の5共通

Q130　買換資産の取得期限と使用期限

措置法第37条の5《既成市街地等内にある土地等の中高層耐火建築物等の建設のための買換え及び交換の場合の譲渡所得の課税の特例》で規定する2つの立体買換え（交換）の特例の適用を受ける場合には、譲渡された土地等の上に建築された中高層の耐火（共同）建築物をいつまでに取得し、いつまでに使用しなければなりませんか。

Answer

措置法第37条の5で規定する2つの立体買換えの特例の適用を受けるためには、譲渡した土地等の上に建築された中高層の耐火（共同）建築物を買換資産として取得しなければなりませんが、その取得期限及び使用期限は次のとおりです。

なお、措置法第37条の5の立体買換えの特例は、措置法第37条の特定の事業用資産の買換えの特例と異なり、買換資産の先行取得制度は認められていません。

1　取得制限

買換資産の取得期間は、次のとおりです（措法37の5②）。

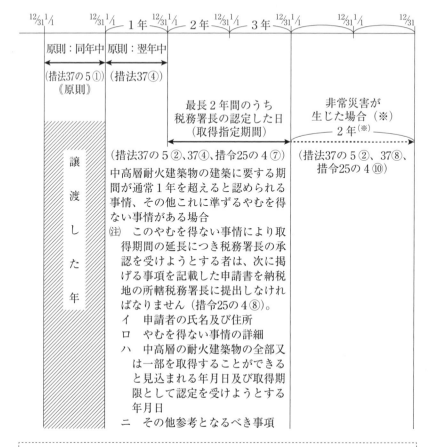

（※）　特定非常災害による期間の延長

　　　特定非常災害として指定された非常災害に起因するやむを得ない事情により、買換資産を取得指定期間に取得することが困難となった場合において税務署長の承認を受けたときは、その取得指定期間内の末日から2年以内の日で税務署長が認定した日まで延長されます（措法37の5②、措令25の4⑩）。

　　　なお、税務署長の承認申請は、取得指定期間の末日の属する年の翌年3月15日（同日が措置法第37条の2第2項で規定する提出期限後である場合には、当該提出期限）までに行わなければなりません（措規18の5⑦）。

　　　また、この取扱いは、取得指定期間の末日が平成29年4月1日以後である買換資産について適用されます。

2　買換資産の用途及び使用期限

　使用期限については、一号を適用するか二号を適用するかによって異なります。すなわち、一号を適用する場合には、取得の日から1年以内に当該個人（当該個人の親族を含みます。）の居住用に供しなければならず、また、その期間に居住しても、1年を経過するまでの間に居住の用に供しなくなった場合には、本件特例は受けられなくなります。

　また、二号を適用する場合には、取得の日から1年以内に当該個人の事業又は居住の用（当該個人の親族の居住の用を含みます。）に供しなければならず、また、その期間に事業又は居住しても、1年を経過するまでの間にこれらの用に供しなくなった場合には、本件特例は受けられなくなります。

Q131 | 中高層の耐火建築物等（共同住宅）の取得期間

措置法第37条の5第1項一号及び二号で規定する中高層耐火建築物（共同住宅）の建設のための買換えの特例の適用に当たっては、買換えの対象となる資産は、翌年までに取得しなければならないと聞いていますが、中高層ビルの建設に時間を要し、翌年中に取得できない場合はどうなりますか。

Answer

措置法第37条の5第1項《既成市街地等内にある土地等の中高層耐火建築物等の建設のための買換え及び交換の場合の譲渡所得の課税の特例》の対象となる買換資産は、原則として、譲渡した年の翌年12月31日までに中高層耐火建築物（共同住宅）が建築され、かつ、その引渡しを受けなければなりません。

ただし、買換資産である中高層耐火建築物（共同住宅）の建築に要する期間が通常1年を超えると認められる事情その他これに準ずるやむを得ない事情がある場合には、譲渡した年の翌年以後2年以内において税務署長が認定した日まで、買換資産の取得期限が延長されます。

解 説

措置法第37条の5の立体買換えの特例に係る買換資産は、原則として、譲渡資産の譲渡の年又はその翌年中に取得する必要があります。

そして、買換資産を譲渡した年の翌年中に取得する見込みであるときは、取得する資産の取得予定日及び取得価額の見積書による明細書（「買換（代替）資産の明細書」）（40ページ参照）を添付して申告する必

要があります。

　ただし、中高層の耐火建築物（共同住宅）の建築に要する期間が通常１年を超えると認められる事情その他これに準ずるやむを得ない事情があるため、譲渡した年の翌年中までに買換資産の取得をすることが困難である場合には、譲渡の年の翌年の12月31日以後２年以内の範囲内で、税務署長が承認した日まで買換資産の取得期間の延長がされます（措法37④かっこ書、37の５②、措令25の４⑦、措通37－27の２）。

　この場合のやむを得ない事情とは、次のものをいいます。

(1)　法令の規制等によりその取得に関する計画の変更を余儀なくされたこと。

(2)　売主その他の関係者との交渉が長引き容易にその取得ができないこと。

(3)　(1)又は(2)に準ずる特別な事情があること。

　なお、取得期間の延長について税務署長の承認を受けようとするときは、原則として確定申告の際に次の事項を記載した「やむを得ない事情がある場合の買換資産の取得期限承認申請書」（44ページ参照）を提出しなければなりません（措令25の４⑧）。

①　申請者の氏名及び住所

②　通常の取得期間内に取得することが困難であることについてのやむを得ない事情の詳細

③　買換資産の取得見込年月日及びその取得期間延長について承認を受けようとする日

④　その他参考となるべき事項

措法37の5共通

Q132　地上4階又は地上3階の判定

　措置法第37条の5の第1項一号で規定する特定民間再開発事業
の用に供するための立体買換えの特例は、譲渡した土地等の上に
地上4階以上の耐火建築物の建築することが要件とされ、また、
二号で規定する中高層の耐火共同住宅を建築するための立体買換
えでは、譲渡等した土地の上に地上3階以上の耐火共同住宅を建
築することが要件とされています。

　この場合において、3階以上又は4階以上であるかの判定の仕
方について教えてください。

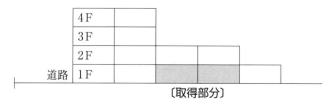

Answer

　中高層耐火建築物等が地上4階以上である建物かどうかを判定する
場合、その建築物の一部分が、日照権やその建築物に面する道路幅等
の制限から部分的に2階又は3階とされているときであっても、その
建築物の他の部分が地上4階以上であれば、その建築物の全部を地上
4階以上の建築物に該当するものとして取り扱うこととされています
（措通37の5－2）。

　なお、この取扱いは二号で規定する中高層の耐火共同住宅の建設の
ための買換えの場合の特例（措法37の5①二）の地上3階以上の判定
においても同様に取り扱うとされています。

　したがって、一部でも４階又は３階以上の建物であれば、その取得部分が仮に１階であっても立体買換の特例の適用は可能です。

解　説

　措法第37条の５第１項一号に規定する特定民間再開発事業の用に供するための立体買換えの特例の適用を受けることができる買換資産とは、譲渡資産の上に建築された地上４階以上の中高層の耐火建築物（その敷地の用に供されている土地等を含みます。）の全部又は一部と定められています（措法37の５①一）。

　ところで、これらの要件を満たす中高層の耐火建築物が地上４階以上である建物であるかどうかを判断する場合、一つの建築物であっても、その建築物の一部分が日照権やその建築物に接する道路幅員等の制限などから部分的に２階とされているときには、その建物の全部を本件特例の適用を受けることができる地上４階以上の中高層の建築物と見るべきかどうか疑問があるところです。

　措置法では、このように建築物の一部分が地上４階以上に満たない場合であっても、その建築物の他の部分に地上４階以上の部分があれば、その建築物の全部を地上４階以上の建築物に該当するものとして取り扱うこととされています（措通37の５−２）。

　なお、この取扱いは、二号で規定する中高層の耐火共同住宅の建設のための買換えの特例で規定する地上３階以上の判定においても同様です。

Q133 措置法第37条の5の創設の経緯

措置法第37条の5には2つの立体買換えが規定されていますが、創設の経緯について教えてください。

Answer

措置法第37条の5《既成市街地等内にある土地等の中高層耐火建築物等の建設のための買換え及び交換の場合の譲渡所得の課税の特例》は、三大都市圏（首都圏、中部圏及び近畿圏）の既成市街地等内にある土地等の立体的有効利用を図るため、昭和55年度の税制改正において創設されたものです。

その後、昭和58年度の税制改正において、この特例の適用対象地域として、既成市街地等に隣接する市で人口集中地区に該当し、中高層住宅の建設が必要な区域として指定された市の市街化区域（以下「既成市街地等に準ずる区域」といいます。）が追加されました。

さらに、昭和59年度の税制改正においては、既存制度は残したままで新たに特定民間再開発事業のために土地等を譲渡し、その再開発事業により建築された中高層耐火建築物又はその敷地の共有持分を取得する場合にも買換えの特例が適用できることとされました。この特定民間再開発事業の施行のための買換えの特例は、既存の制度と比べ、①買換資産となる中高層耐火建築物は、その床面積の1／2以上が居住用でなければならないという条件がなく、かつ、地上階数が4階以上とされていること（既存制度は3階以上）、②制度の適用地域は、既成市街地等のほか、都市再開発方針においていわゆる2号地区として定められている地区や都市計画において高度利用地区として定めら

れた地区などが含まれること（既存制度では、都市名は告示指定）、
③やむを得ない理由で買換資産を取得できない場合は、その年の１月
１日現在における所有期間が10年以下の居住用不動産であっても、居
住用財産を譲渡した場合の長期譲渡所得の課税の特例（措法31の３、
ただし、3,000万円特別控除は不適用）、又は特定の事業用資産の買換
えの特例（買換資産を取得した場合）が適用されることなど柔軟性に
富んだものになりました。

　また、平成３年の改正では、上記②の２号地区、高度利用地区、再
開発地区計画の区域（既成市街地等以外の地域に限ります。）内で行
われる特定民間再開発事業の用に供するために土地建物等を譲渡した
場合には、買換取得する中高層耐火建築物は譲渡した土地等の上に建
築されるものに限定せず、その事業施行地区内で行われる他の特定民
間再開発事業や第１種又は第２種市街地再開発事業等により建築され
る中高層の耐火建築物を買換取得してもこの特例を適用できることと
されました。

　上記のとおり措置法第37の５《既成市街地等内にある土地等の中高
層耐火建築物等の建設のための買換及び交換の場合の譲渡所得の課税
の特例》は、まず、中高層の共同住宅のための買換え規定が創設され、
その後、特定民間再開発事業の施行のための買換えが創設されて現在
に至っています。

　最近の改正としては、一号の特定民間再開発事業の施行のための買
換えの特例において、譲渡資産が事業の用に供されているものは除く
こととされました。

Q134 2つの立体買換えの特例の比較

措置法第37条の5《既成市街地等内にある土地等の中高層耐火建築物等の建設のための買換え及び交換の場合の譲渡所得の課税の特例》には、2つの立体買換えの特例が規定されていますがそれぞれの特徴及び相違点について教えてください。

Answer

措置法第37条の5に規定している既成市街地等内にある土地等の中高層の耐火建築物等の建設のための買換え等の特例は一号及び二号があり、一号が地上4階以上の耐火建築物を建築する特定民間再開発事業の用に供するための立体買換え、二号が地上3階以上の耐火共同住宅を建築する事業の用に供するための立体買換えをいいますが、具体的には次のとおりです。

		措法37の5①一	措法37の5①二
1	譲渡資産	(1) 土地若しくは土地の上に存する権利（以下、「土地等」といいます。） (2) 建物（その附属設備を含みます。） (3) 構築物 　なお、平成23年6月30日以後の譲渡にあっては、個人の事業の用に供されているものは除かれます。	(1) 土地等 (2) 建物（その附属設備を含みます。） (3) 構築物
2	地区及び地域要件	(1) 既成市街地等 (2) 二号地区（都再開法2の3①二） (3) 高度利用地区 (4) 防災街区整備地区計画及び沿道地区計画の区域	(1) 既成市街地等 (2) 既成市街地等に準ずる区域 　近郊整備地帯（首都圏整備法2④） 　近郊整備区域（近畿圏

		の内の一定の地区 (5)　認定市街地の区域の内の一定の区域（中心市街地活性化法16①） (6)　都市再生緊急整備地域（都市再生特措法2③） (7)　認定誘導事業計画区域（都市再生特措法99） (8)　認定集約都市開発事業計画の定められた区域の内の一定の区域（都市低炭素化法12）	整備法2④) 　都市整備区域のうち、一定の区域（中部圏開発整備法2③） (3)　中心市街地共同住宅供給事業の区域（中心市街地活性化法12①）
3	買換資産	建築物（建築物の敷地の用に供されている土地等を含みます。）及び構築物 なお、建物は、 (1)　地上4階以上のもの (2)　構造は耐火構造であること。 (3)　用途の制限はありません。	共同住宅（共同住宅の敷地の用に供される土地等を含みます。）及び構築物 なお、共同住宅は、 (1)　地上3階以上のもの (2)　構造は耐火構造又は準耐火構造であること。 (3)　建物の全体の1／2以上が住宅であること。
4	所有期間	所有期間の制限はありません。	
5	建築場所	原則として、譲渡した土地等と同一敷地に建築したもの 　例外として、他の敷地上の一定の地区及び特定の事業により施行された建築物等も認められます。	譲渡した土地等と同一敷地に建築したもの
6	敷地について	(1)　施行地区の面積が1,000㎡以上であること。 (2)　都市施設等の用地や空地が確保されていること。 (3)　その土地の利用の共同化に寄与するものであること。	左記のような制限はありません。
7	譲渡資産の用途	譲渡者の事業の用に供されているものを除きます。	譲渡者の用途制限はありません。
8	買換資産の用途	自己又は親族の居住の用	(1)　自己又は親族の居住用 (2)　自己の事業用・貸付用

		(3) 自己と生計を一にする 親族の事業用・貸付用
9　買換資産 　を建築する 　者	都道府県知事の認定を受け た者	(1)　譲渡資産を取得した者 (2)　譲渡資産を譲渡した者
10　転出者へ 　の特例	転出者に特別の事情（都道 府県知事が認定したものに 限ります。）がある場合に は居住用財産の軽減税率の 特例（措法31の3）があり ます。	転出者に対する特例はあり ません。

措法37の5共通

Q135 措置法第37条の5の譲渡所得の計算

　措置法第37条の5で規定する2つの立体買換えの特例を適用した場合の譲渡所得の計算方法は、措置法第37条で規定する特定の事業用資産の買換えの特例と異なると聞きましたが、具体的に教えてください。

Answer

　措置法第37条の5で規定する2つの立体買換えの特例の適用を受けた場合の譲渡所得の計算方法は、措置法第37条の特定の事業用資産の買換えの特例と異なり100%の課税の繰延べができます。

　具体的には、次のとおりです。

1　譲渡資産の譲渡価額 ≦ 買換資産の取得価額

資産の譲渡はなかったものとして譲渡所得は生じません。

2　譲渡資産の譲渡価額 ＞ 買換資産の取得価額

①	譲渡収入金額	譲渡資産の譲渡価額 − 買換資産の取得価額
②	必要経費の額	(譲渡資産の取得費 + 譲渡費用) × $\dfrac{①の金額}{譲渡資産の譲渡価額}$
③	譲渡所得の金額	①の金額 − ②の金額

Q136 措置法第37条の5の譲渡所得の計算の具体例

> 甲は、次のとおり既成市街地等内にある土地を譲渡し、その上に建築されたマンションの一室及び金銭4,000万円を取得しました。
>
> この場合、措法第37条の5第1項一号の特例の適用を受けた場合の譲渡所得の金額はいくらになるのでしょうか。
>
> (1) 譲渡した土地　　　取得時期　　平成10年
>
> 　　　　　　　　　　　取得価額　　4,000万円
>
> 　　　　　　　　　　　時価　　　　2億円
>
> (2) 取得したマンション　　　　1億6千万円
>
> (3) 取得した交換差金　　　　　4,000万円

Answer

措置法第37条の5第1項一号を適用を受けた場合の譲渡所得の金額は3,200万円となります。

なお、措置法第37条の5は、一号及び二号ともに買い換えた資産の取得金額の全てを用いて計算するもので措置法第37条の特定の事業用資産の買換えの特例のように買換資産の取得価額を20%（25%又は30%）圧縮する必要はありません（措法37の5④）。

(1) **譲渡収入金額**

土地の譲渡対価の額が買換取得したマンションの価額を上回りますので譲渡収入金額は次のとおりになります。

（譲渡価額）　（マンションの取得価額）　（譲渡収入金額）

2億円　　－　　1.6億円　　＝　　4,000万円

(2)　取得費

　土地の譲渡価額が買換資産のマンションの取得金額を上回る場合の取得費の計算は次のとおりです。

$$4{,}000万円 \times \underset{\text{（譲渡価額）}}{\frac{\overset{\text{（譲渡価額）}}{2億円} - \overset{\text{（マンションの取得価額）}}{1.6億円}}{2億円}} = 800万円$$

(3)　譲渡所得の金額

$$\underset{\text{（譲渡収入金額）}}{4{,}000万円} - \underset{\text{（取得費）}}{800万円} = \underset{\text{（譲渡所得）}}{3{,}200万円}$$

Q137　措置法第37条の5の買換資産の取得価額（引継価額）

> 措置法第37条の5で規定する既成市街地等内での立体買換えの特例（一号及び二号）を適用した場合の買換資産の取得価額（引継価額）の計算方法は、措置法第37条で規定する特定の事業用資産の買換えの特例と異なると聞きましたが具体的に教えてください。

Answer

措置法第37条の5の既成市街地等内にある土地等の中高層耐火建築物等の建設のための買換えの特例（一号及び二号）の適用を受けた場合の買換資産の取得価額は、従前の譲渡資産の取得価額を引き継ぎますが、その計算方法は、措置法第37条の特定の事業用資産の買換えの特例の適用と異なり、課税繰延割合を考慮する必要がありません。

これは、措置法第37条が譲渡収入の金額の一定の割合（70％～80％）を繰り延べるのに対して、措置法第37条の5は、買換資産の100％を繰り延べることができるからです。具体的には、次のとおりです。

1　譲渡資産の譲渡価額　＜　買換資産の取得価額

$$（譲渡資産の取得費＋譲渡費用）＋ 買換資産の取得価額 － 譲渡資産の譲渡価額$$

2　譲渡資産の譲渡価額　＝　買換資産の取得価額

譲渡資産の取得費＋譲渡費用

3　譲渡資産の譲渡価額 ＞ 買換資産の取得価額

$$\left(譲渡資産の取得費 ＋ 譲渡費用\right) \times \frac{買換資産の取得価額}{譲渡資産の譲渡価額}$$

Q138 特例の対象が2か所ある場合の譲渡所得の計算

甲は、新宿区の土地と杉並区の土地を所有していますが、それぞれの土地を譲渡して、その土地の上に建築される建物の一部（敷地の共有持分を含みます。）を取得する予定でいます。この申告には、措法37の5の適用を考えていますが、譲渡所得の計算を教えてください。

(1) 新宿区の土地を7,000万円で譲渡、5,000万円のマンションを取得

(2) 杉並区の土地を4,000万円で譲渡、6,000万円のマンションを取得

Answer

「既成市街地等内にある土地等の中高層耐火建築物等の建設のための買換えの特例（措法37の5）」は、譲渡した土地等の上に建築された建物（その敷地の用に供されている土地等を含みます。）を取得した場合に適用される制度ですので、例えば、新宿区にある土地を譲渡して、杉並区に建築されたマンションを購入したような場合には、この特例の適用はありません。

次に、例えば、①新宿区の土地を7,000万円で譲渡し、その土地の上に建築された措置法第37条の5第1項の規定に該当するマンションを5,000万円で購入し、また、②杉並区の土地を4,000万円で譲渡し、その土地の上に建築された同項の規定に該当するマンションを6,000万円で購入した場合において、措置法第37条の5の譲渡所得の計算は、次の(1)又は(2)のいずれによるべきか疑義が生じます。

(1)　譲渡資産がいずれも既成市街地等内にあり、取得資産も譲渡した土地の上に建築された建物であることから、措置法令第25条の4第1項の規定により、「譲渡があったもの」とされる部分の収入金額は、その譲渡資産の譲渡収入金額の合計額から買換資産の取得価額の合計額を控除した金額とする。

　　この場合の「譲渡があった」ものとされる収入金額は、0円となります。

　　（7,000万円＋4,000万円）－（5,000万円＋6,000万円）＝0

(2)　買換えの特例は、譲渡土地の上に建築された建物のみを買換資産とすることができることから、「譲渡があった」ものとされる部分の収入金額の計算は、場所を異にする譲渡土地ごとに、その譲渡収入金額から、譲渡土地の上に建築された建物の取得価額を控除して計算する。

　　この場合の「譲渡があった」ものとされる収入金額は、新宿区の土地の譲渡について算出されます。

■　新宿区の土地：7,000万円 － 5,000万円 ＝ 2,000万円

■　杉並区の土地：4,000万円 － 6,000万円 ＝ △2,000万円 ⇒ 0

　措置法通達37の5－3では、買換資産の場所を異にする2以上の買換えがあった場合における譲渡所得の計算は、場所を異にする買換えごとに行うこと、すなわち、(2)の方法により行うとされています。

　なお、ご質問とは異なり、同一の買換資産の敷地となる土地の譲渡が2以上ある場合又は譲渡した土地等の上に建設された建物が2以上ある場合で、そのいずれの資産についても本件特例（同号）の適用を受けるときは、その譲渡資産の譲渡収入金額の合計額又は買換資産の取得価額の合計額を基として譲渡所得を計算することになります。

措法37の5共通

Q139 等価交換契約書において譲渡価額の定めがない場合

　甲は、港区内に所有する土地をＡ社に譲渡し、その対価としてＡ社が譲渡した土地の上に建築する建物の一部（区分所有権）を取得する等価交換契約を締結しました。

　しかし、甲とＡ社の間で締結した交換契約書には、譲渡価額及び建物の取得価額について明示されていません。

　このような場合、譲渡所得の計算にあたって土地の譲渡収入金額は、どのようにして求めるのでしょうか。

Answer

　ご質問のケースは、等価交換契約書において譲渡資産の譲渡価額を定めていませんので、原則として、取得する買換資産（マンション一室）の取得時の時価に相当する金額を譲渡収入金額として申告することになります。

解　説

　既成市街地等内にある土地等、建物、構築物（以下「譲渡資産」という。）を譲渡し、その土地等の上に建築される中高層の耐火建築物等を取得する契約書には、完成後の建物等の価額が未確定であること等から譲渡価額又は取得価額を記載しないものも見受けられます。

　しかし、こうした場合でも取引当事者間では、譲渡資産の時価及び買換資産の時価を見積って合意したからこそ等価交換契約を締結したと考えることができます。

　したがって、等価交換方式によるマンション等の建設が措置法第37

条の5に規定する要件を満たす場合における譲渡所得の計算は、同条第4項の規定によりその交換時における交換譲渡資産及び交換取得資産の価額（時価）を基として計算することにより、課税上の問題は比較的少ないものと考えます。

これに対し、土地等の所有者が建築業者にいったん土地等を譲渡し、建物の完成時にその建物の一部（又はその敷地の共有部分）を取得する場合には、譲渡土地の譲渡価額を定めて契約する場合と譲渡土地等の譲渡価額を定めず、建築された建物の部分を土地等の譲渡の対価として取得することを約する場合があり、この場合の譲渡所得の計算は少々複雑になります。すなわち、前者は契約金額により申告すればいいのですが、後者は所得税法第36条の規定により、交換取得する建物の価額に相当する金額を当該土地等の譲渡による収入金額として譲渡所得の計算をする必要があります。

しかし、取得する建物の価額が確定しない限り譲渡収入金額を算定することができないため、事実上、契約ベースによる申告ができないことになります。

しかし、このような買換えの場合であっても、地主にとっては、譲渡土地等の契約時における価額でいったん譲渡したという認識が極めて強いので、契約時における譲渡土地等の価額に相当する金額を譲渡収入金額として申告があったとき、その算定に合理性がある限り、契約ベースでの申告を認めるとされています（措通37の5－7）。

1　交換契約において譲渡価額及び取得価額を定めている場合

契約において定められた譲渡価額（適正な取引価額）が収入金額となります。

また、買換資産の取得価額も契約において定められた金額により確

定します。

2 契約で譲渡価額を定めていない場合の譲渡収入金額

(1) 買換え資産の取得価額が算定できる場合

契約で譲渡価額を定めていない場合の譲渡収入金額は、交換取得する建物（土地の一部移転型）又は建物とそれに対応する敷地の時価によることになります（措法36①②）が、具体的には次の方法により算定することが相当です。

イ　売買事例がある場合

建物の完成後、他の共有者が建物の一部及びそれに対応する敷地を譲渡している場合又は近隣で同様なマンションの売買実例がある場合には、その譲渡価額（売買実例価額）を基として算定した買換資産の時価

ロ　イ以外の場合

売買実例がない場合の買換資産の時価は、取得した土地等の価額及び建物の価額（一般に建物の建築価額等に建設業者等の適正利潤相当額を加算した金額を基として計算されます。）を基に算定された金額によることになります。

(2) 買換え資産の取得価額が確定していない場合

契約ベースで申告する場合には、未だ買換資産が完成していないことから、原則として、当該買換資産の価額より譲渡収入金額を算定することは困難です。

しかし、譲渡資産のその契約時における価額に相当する金額を基に譲渡収入金額を算定しているときは、その価額がその譲渡をするに至った事情等に照らし合理的に算定していると認められる限り、その申告を認めることとされています。

3　買換資産の価額

　前記2⑵に従って、譲渡収入金額を把握することができるとしても、交換契約時には、建物が完成前であるため、その取得価額が確定していないことから買換えの譲渡所得の計算ができません。ただし、この場合であっても契約時における譲渡資産の価額を基に計算した価額が譲渡に至った事情等に照らして合理的と認められる場合には、交換契約で金銭その他資産を交付するときは、当該譲渡土地等の価額に加算した価額又は同契約で金銭等を受領するときは、当該譲渡価額から控除した価額をもって買換資産の価額として申告することも認められるとされています。

　なお、ご質問の場合にも契約の効力発生の日の属する年分で申告することも認められますが、その場合の譲渡収入金額は、上記2⑵のとおり、譲渡に至った事情等に照らし合理的に算定されていることが必要です。

Q140 特例の適用が認められる特定民間再開発事業の施行される区内

措置法第37条の5の第1項一号で規定する特定民間再開発事業の用に供するための土地等、建物及び構築物の譲渡は、一定の区域（地区）で行われることが要件とされていますが具体的に教えてください。

Answer

中高層耐火建築物を建設するための特定民間再開発事業の用に供するための土地等、建物又は構築物の譲渡は、次に掲げる区域（地区）で行われることが要件とされています（措令20の2⑮二～五、25の4③）。

	区域（地区）	具 体 例
1	既成市街地等の区域 ただし、譲渡のあった年の10年前の年の翌年1月1日以後に公有水面埋立て法第22条の竣功認可のあった区域は除きます。	(1) 首都圏の既成市街地（東京都の特別区及び武蔵野市の全部、三鷹市、横浜市、川崎市及び川口市の区域の一部の区域）（首都圏整備法2③、巻末資料497ページ参照） (2) 近畿圏の既成都市区域（大阪市の全部、京都市、守口市、東大阪市、堺市、神戸市、尼崎市、西宮市及び芦屋市の区域の一部の区域）（近畿圏整備法2③、巻末資料500ページ参照） (3) 中部圏の名古屋市の区域（旧名古屋市区域）（首都圏、近畿圏及び中部圏の近郊整備地帯等の整備等の施行令別表、巻末資料504ページ参照）
2	1の区域外の区域で、都市計画に都市再開発法第2条の3第1項第二号に掲げる地区として定められた地区（い	(1) いわゆる「二号地区」とは、人口の集中の特に著しい一定の大都市を含む都市計画区域で計画的再開発が必要な市街地のうち、特に一体的かつ総合的に市街地の再開発を促進すべき相当規模の地区と

	わゆる二号地区）	して定められた地区をいいます。 (注)　「人口の集中の特に著しい一定の大都市」とは、東京都の特別区、大阪市、名古屋市、<u>京都市</u>、<u>横浜市</u>、<u>神戸市</u>、<u>北九州市</u>、<u>札幌市</u>、<u>川崎市</u>、<u>福岡市</u>、<u>広島市</u>、<u>仙台市</u>、<u>川口市</u>、さいたま市、<u>千葉市</u>、<u>船橋市</u>、<u>立川市</u>、<u>堺市</u>、<u>東大阪市</u>、尼崎市及び西宮市の21都市をいいますが、これらの都市のうちアンダーラインを付した12都市については、その区域の全部又は一部の区域が上記1の既成市街地等の区域に該当します。
3	都市計画に高度利用地区として定められた地区（前記1の区域を除きます。）	「高度利用地区」とは、用途地域内の市街地における土地の合理的かつ健全な高度利用と都市機能の更新とを図るため、容積率の最高限度と最低限度、建ぺい率の最高限度、建築物の建築面積の最低限度及び壁面の位置の制限が定められる地区をいいます（都計法9⑱）。
4	都市計画に防災街区整備地区計画及び沿道地区計画の区域として定められた地区（前記1の区域を除きます。）	次に掲げる都市計画の区域において建築基準法第68条の2第1項の規定により、条例で、これらの計画の内容として各々の制限が定められている地区をいいます。 (1)　「防災街区整備地区計画の区域」とは、密集市街地における防災街区の整備の促進に関する法律に規定する建築物の高さの最低限度又は建築物の容積率の最低限度が定められている地区をいいます。 (2)　「沿道地区計画の地域」とは、幹線道路の沿道の整備に関する法律に規定する建築物の高さの最低限度又は建築物の容積率の最低限度が定められている地区をいいます。
5	都市計画に認定中心市街地の区域として定められた一定の地区（前記1の区域を除きます。）	「認定中心市街地の区域」とは、中心市街地の活性化に関する法律第16条第1項に規定する地区をいいます。
6	都市再生特別措置法第2条第3項に規定する都市再生緊急整備地域（前記1の区域を除きます。）	「都市再生緊急整備地域」とは、都市の再生の拠点として、都市開発事業等を通じて緊急、かつ重点的に市街地の整備を推進すべき地域として定める地域をいいます。

7	都市再生特別措置法第99条に規定する認定誘導事業計画の区域（前記1の区域を除きます。）	「認定誘導事業計画の区域」とは、立地適正化計画に記載された都市機能誘導区域内における都市開発事業で、国土交通大臣の認定を受けた誘導施設等整備事業に関する計画に係る整備事業区域（面積が一定以上であることが定められているものに限ります。）をいいます。
8	都市の低炭素化の促進に関する法律第12条に規定する認定集約都市開発事業計画の区域のうちの一定の区域（前記1の区域を除きます。）	「認定集約都市開発事業計画の区域」とは、低炭素まちづくり計画に係る計画区域内における病院、共同住宅などの整備に関する事業等であって、都市機能の集約を図るための拠点に資するもので市町村長の認定を受けた集約都市開発事業計画の区域をいいます。 　また、認定集約都市開発事業計画の区域のうちの一定の区域とは、次に掲げる事項が当該計画に定められているものをいいます。 (1) その計画に係る同法第9条第1項に規定する集約都市開発事業（社会資本整備総合給付金の交付を受けるものに限ります。）の施行される土地の区域の面積が2,000㎡以上であること。 (2) その計画に係る集約都市開発事業により同法第9条第1項に規定する特定公共施設の整備がされること。

措法37の5一号関係

Q141　事業用資産が除外される理由

> 措置法第37の5第1項一号の特定民間再開発事業の施行により建築される中高層耐火建築物への買換えの特例は、対象となる譲渡資産は、事業の用に供するものは除くとされていますが、なぜでしょうか。

Answer

　既成市街地等内における土地等に中高層耐火建築物等の建設のための買換えの特例（措法37の5①）は、個人の場合には、事業の用に供されていない土地等（居住用の土地等）についても適用が認められるため、特定の事業用資産の買換えの特例（措法37）とは別にこの特例が定められています。

　他方、法人の場合には、居住用又は事業用といった概念がないため、個人の事業用資産の買換えの特例（措法37）に相当する「特定の資産の買換えの場合の課税の特例」（措法65の7）（以下、「特定資産の買換えの特例」といいます。）の中に本件特例と同様の買換え特例の規定が設けられていましたが、平成23年度の税制改正において、法人の特定資産の買換えの特例の見直しが行われ、この特定民間再開発事業の施行による中高層耐火建築物への買換えが特例の対象から除外されました。これにより個人についても措置法37の5の規定のうち、法人の買換えの特例との均衡から特定民間再開発事業の施行による中高層耐火建築物への買換えについて、譲渡資産が個人の事業の用に供する場合には、除外されることになりました（措法37の5①）。

Q 142 特例の対象となる特定民間再開発事業の事業の範囲

措置法第37条の5の第1項一号で規定する特定民間再開発事業とは、どのような事業をいうのか教えてください。

Answer

本件特例の対象となる特定民間再開発事業は、民間が行う再開発事業のうち、次の(1)から(4)までに掲げる要件すべてを充たすもので、その事業に係る中高層耐火建築物の建築主の申請に基づき、都道府県知事（その事業が都市再生特別措置法第25条に規定する認定計画に係る都市再生事業又は同法第99条に規定する認定誘導事業計画に係る誘導施設等整備事業の場合は、国土交通大臣）の認定を受けたものをいいます（措令25の4②、措規18の6①）。

〔特定民間再開発事業の範囲〕

(1) 施行地区	Q140の1から8の地域又は地区内で施行されるものであること。 なお、8の都市の低炭素化の促進に関する法律第12条に規定する認定集約都市開発事業計画の区域の一定の地域で施行される事業は、集約都市開発事業に限ります。
(2) 施行面積要件	その事業の施行される土地の区域（以下「施行地区」といいます。）の面積が1,000㎡以上であること（措令25の4②一）。 なお、8の認定集約都市開発事業計画の区域については、集約都市開発事業の施行される面積が2,000㎡以上とされています。

		① その事業の施行地区内において、都市計画法に定める都市計画施設又は地区施設の用に供される土地（その事業の施行地区が次に掲げる区域内である場合には、当該都市計画施設又は当該区域の区分に応じ、それぞれ次に定める施設の用に供される土地）が確保されていること。

区　分	施　設
再開発促進地域又は開発整備促進地区	主として街区内の居住者等の利用に供される道路・公園などの地区施設
防災街区整備地区計画の区域	特定防災機能を確保するための防災公共施設（地区防災施設）又は道路・公園などの地区施設
沿道地区計画の区域	緑地その他の緩衝空地及び主として当該区域内の居住者等の利用に供される道路その他の沿道地区施設又は道路・公園などの施設

(3) 都市施設又は空地確保要件

(注)　「都市計画施設」とは、都市計画において定められた都市計画道路、公園等をいい（都計法4⑥）、また、「地区施設」とは、比較的狭い地区において良好な街区の整備保全を図るための地区計画（都市計画の一種）において定められた細街路や小公園で都市計画施設以外のものをいいます（都市計画法12の5②一）。

② 建築基準法施行令第136条第1項に定める空地が確保されていること（措令25の4②二）。

(注)　建築基準法においては、敷地内に一定の空地があり、かつ、敷地面積が一定面積以上の建築物で特定行政庁の許可を受けたものは、いわゆる容積率の制限の限度を超えてもよいこととされていますが、「この一定の空地」は、いわゆる建ぺい率の最高限度に応じて、空地面積の敷地面積に対する割合が一定の割増加算された数値以上であるものとされています（建基法59の2①、建基令136①）。

また、「建築基準法の定めによる規模の空地」とは、仮に、この事業により建築される中高層耐火建築物が、この容積率の制限の緩和措置の適用を受けるとした場合に必要とされる割増加算された空地面積割合に相当する規模の空地をいいます。

(4) 共同化要件	その事業の施行地区内の土地の利用の共同化に寄与するものとして、次のいずれの要件をも充たすものであること（措令25の4②三、措規18の6①）。 ① その事業の施行地区内の土地につき所有権を有する者（借地権が設定されている土地の底地権者は除きます。）又はその施行地区内の土地につき借地権を有する者の数が2以上であること。 ② その中高層耐火建築物の建築後におけるその施行地区内の土地に係る所有権又は借地権が、①の所有権者若しくは借地権者又はこれらの者及びその中高層耐火建築物を所有することとなる者の2人以上の者により共有されるものであること。	

措法37の5一号関係 Q143	土地利用の共同化に寄与するものであるかどうかの判定

甲は既成市街地に1,100㎡の土地を所有していましたが（事業の用には供していません。）、建設会社から再開発事業の話があり、その土地を譲渡してその土地の上に建築される建物と土地の一部を取得することになりました。

この事業の施行地内に土地等を有する者は、甲だけですが、特定民間再開発事業の施行地区内における中高層耐火建築物への買換えの特例の適用（措法37の5①一）を受けることができるでしょうか。

Answer

ご質問の場合は、土地の所有者が1名ですから土地利用の共同化に寄与していることになりませんので、措置法37条の5第1項一号の立体買換えの特例の適用を受けることはできません。

解　説

特定民間再開発事業の施行地区内における中高層耐火建築物への買換えの特例は、①既成市街地等内、②それ以外の区域で都市計画法第4条第1項に規定する都市計画に都市再開発法第2条の3第1項二号に掲げる地区として定められている地区その他これに類する地区として政令で定める地区内において、地上4階以上の耐火建築物を建築する民間再開発事業のうち、その事業に係る建築主の申請に基づき都道府県知事（その事業が都市再生特別措置法第25条に規定する認定計画に係る都市再生事業又は都市再生特別措置法第99条に規定する認定誘

導事業計画に係る誘導施設等整備事業の場合には国土交通大臣）の認定を受けた事業のために土地等又は建物等を譲渡した場合について適用があります。

　この場合、都道府県知事の認定を受けるためには、次に掲げる要件の全てを満たす必要があります（措令25の4②三、措規18の6①）。

(1)　その事業の施行される土地の区域の面積が、1,000㎡以上であること。

(2)　その事業の施行地区内において都市施設又は地区施設の用に供される土地又は建築基準法施行令第136条第1項に規定する空地が確保されていること。

(3)　その事業の施行地区の土地利用の共同化に寄与するものとして次のいずれかの要件を満たしていること。

　　①　その事業の施行地区内の土地につき所有権を有する者（借地権の設定の目的となっている土地のうち、いわゆる底地権者は除かれます。）又は借地権を有する者が2人以上いること（区画された一つの土地に係る所有権又は借地権が2人以上の者により共有されていたとしてもカウントにあたっては「1人」とみなすこととされています。）。

　　②　中高層耐火建築物の建築後における施行地区内の土地に係る所有権又は借地権が、①の所有権者若しくは借地権者又はこれらの者及び中高層耐火建築物を所有することとなる者の2人以上の者により共有されるものであること。

　　(注)　その事業の施行後の中高層耐火建築物の敷地については、その施行地区内の従前の土地の所有権者若しくは借地権者のみにより共有されるもの又は従前の土地の所有権者若しくは借地権者と中高層耐火建築物を所有することとなる者とにより共有さ

　れるものであることが必要です。
　　ただし、この場合における共有関係は、敷地の所有権そのものに限らず、その敷地に係る借地権（いわゆる共同地上権設定方式）でもよいこととされています。

　したがって、ご質問の場合には、土地の所有者は甲だけですから前記(3)の要件に該当しませんので、この特例の適用を受けることはできません。なお、前記(3)の要件については、370ページを参照ください。

特定民間再開発事業の共同化要件（平成23年7月1日 文書回答事例）

　下記の特定民間再開発事業の施行地区には地下鉄が通っているため、地下鉄会社が民法第269条の2《地下又は空間を目的とする地上権》の地上権（以下「区分地上権」といいます。）を設定し権利を有しています。この事実関係からすると、譲渡資産の所有権等に係る共同化要件を判定する場合、Ａ土地には、区分地上権といういわば借地権が設定されているため、所有者のＡではなく、区分地上権（借地権）者である地下鉄会社を施行前の判定対象者として共同化要件の判定を行うことになると思います。

　この場合、地下鉄会社は特定民間再開発事業による影響がないため区分地上権を譲渡しませんが、区分地上権が設定されているＡ土地の所有者は、土地を譲渡することになります。このＡ土地は、共同化要件を充たしているといえるでしょうか。

〔事業施行前〕　　　　　　　　　　　　　　〔事業施行後〕

甲所有	甲所有	乙所有	→	甲・乙共有	
A土地 甲所有	B土地 甲所有	C土地 乙所有		A土地 甲・乙共有	B及びC土地 甲・乙共有

区分地上権　　　　　　　　　　　　　　　区分地上権
〔地下鉄会社〕　　　　　　　　　　　　　〔地下鉄会社〕

Answer

　ご質問のＡ土地は、借地権（区分地上権）が設定されていることから、借地権（区分地上権）を有する地下鉄会社をＡ土地に係る施行前

判定対象者として共同化要件を判定することとした場合、譲渡資産についてはＡ土地に係る借地権者である地下鉄会社、Ｂ土地を所有する甲及びＣ土地を所有する乙という３者が施行前判定対象者として存することから、譲渡資産の共同化要件は充たすこととなります。

　一方、買換資産については、Ａ土地に係る借地権は地下鉄会社の単独所有のままであることから、買換資産の所有権等に係る要件を充たさないこととなってしまいます。

　しかしながら、次の理由から、Ａ土地は、借地権者である地下鉄会社ではなく、底地権者である甲を施行前判定対象者として、共同化要件を判定することが相当です。

〔理由〕

　譲渡資産の共同化要件については、その判定の対象となる土地の所有権者から、借地権が設定されている土地の所有権者である底地権者が除かれています。したがって、共同化要件は、事業の施行地区内の土地の所有者の全てが、その権利を譲渡することまでは求めていないと考えることができます。

　一方、借地権については底地権者のような除外規定は存在しないため、事業の施行地区内の借地権者の全てが借地権を譲渡しなければ、譲渡資産の所有権等に係る要件を充たしていないことになるとも考えられます

　しかしながら、施行地区内の土地に借地権を設定している土地（以下「底地」といいます。）が含まれている場合において、その借地権が事業の施行による中高層耐火建築物の建築に影響しない区分地上権のような借地権であるときには、その借地権を譲渡することなく、その底地を譲渡し、合わせて、施行地区内の他の土地が譲渡されれば、

その施行地区内の土地の利用の共同化を図ることができることとなります。

この点、法令上、「その事業の施行地区内の土地の利用の共同化に寄与するものとして、財務省令で定める要件」（措令25の4②三）との政令を受け、財務省令で共同化要件（措規18の6①）が定められていることからすれば、この共同化要件にいう「借地権」は、土地の利用の共同化に影響する借地権に限定されることになると解されます。

したがって、土地の利用の共同化に影響する借地権が設定されている場合（共同化に借地権の譲渡が必要な場合）には、その借地権者を施行前判定対象者とし、土地の利用の共同化に影響しない借地権が設定されている場合（共同化に借地権の譲渡が必要でない場合）には、底地権者を施行前判定対象者として、共同化要件の判定を行うとすることが相当と考えます。

結果として、地下鉄会社の有するＡ土地に対する借地権（区分地上権）は、事業の施行による中高層耐火建築物の建築に影響しない借地権ですから、共同化要件の判定に当たっては、借地権者である地下鉄会社ではなく、底地権者である甲をＡ土地に係る施行前判定対象者として、その判定を行うことが相当です。

したがって、ご質問のケースは共同化要件を充たしているといえます。

(注)　ご質問では、買換資産は１筆の土地ではなくＡ土地とＢ及びＣ土地の２筆になりますが、中高層建築物の敷地を１筆とすることは本特例制度の適用要件とされていませんので、このことが本特例制度の適用に影響を与えることはありません。

措法37の5一号関係 Q145	譲渡した土地等の上に中高層の耐火建築物が建築されない場合

措置法第37条の5で定める中高層耐火建築物等の建設のための買換え（交換）の特例は、原則として譲渡した土地等及び建物等の敷地の上に建築する建物等を取得することとされていますが、特定民間再開発事業のための立体買換えの特例は、この要件が緩和されていると聞きました。詳しく教えてください。

Answer

措置法第37条の5第1項一号では、特定民間再開発事業の用に供するため土地等又は建物等を譲渡した場合の課税の特例について規定していますが、この場合の買換資産は、原則として譲渡した土地等（譲渡した資産が建物又は構築物である場合には、その敷地の用に供されていた土地等）の上に特定民間再開発事業により建築された地上4階以上の中高層耐火建築物（その敷地の用に供されている土地等を含みます。）又はその建築物に係る構築物の全部又は一部を取得することが要件とされています。

したがって、買換え対象となる中高層の耐火建築物等は、譲渡された土地等又は建物等の敷地の上に建てられた建築物等ということになりますが、次に掲げる地区又は区域内で施行される特定民間再開発事業のために土地等又は建物等を譲渡した場合において、次表に掲げる事業の施行により同地区で建築された地上4階以上の中高層の耐火建築物（これらの建築物の敷地の用に供されている土地等を含みます。）又は構築物を取得する場合には、それも買換資産として認められます（措法37の5①、措令25の4③④）。

ただし、これら中高層の耐火建築物は、建築後、使用されたことの
ないものとされています。

〔他の敷地上の中高層の耐火建築物等が買換資産と認められるケース〕

	特定民間再開発事業が 施行される地区	左記の地区で行われる中高層の 耐火建築物を建築する事業
買換資産	都市計画に都市再開発法第2条の3第1項二号に掲げる地区として定められた地区	その地区内で施行される他の特定民間再開発事業 措置法第31条の2第2項十二号に規定する事業（地上4階以上の中高層の耐火建築物の建築をする政令で定める事業） 都市再開発法による第1種市街地再開発事業又は第2種市街地再開発事業
	都市計画に高度利用地区として定められた地区	
	都市計画に、防災街区整備地区計画及び沿道地区計画の区域として定められた地区	
	認定中心市街地の区域の一定の地区	
	都市再生緊急整備地域として定められた地域	
	認定誘導事業計画の区域として定められた一定の区域	
	認定集約都市開発事業計画の区域として定められた一定の区域	

〔具体例〕

　例えば、従前の土地の所有者（A～D）が次の⑴のようなケースで
特定民間再開発事業の用に供するためにこれらの土地を譲渡し、特定
民間再開発事業等の施行により次の⑵のような2棟の中高層の耐火建
物が建築された場合、所有者A、Cは、譲渡した土地の上に建てられ
た中高層の耐火建物を取得しているのに対し、B及びDは、第1種市
街地再開発事業により建築された譲渡した土地の上にない耐火建築物
を取得しています。

　このような場合でもB及びDは、もともと特定民間再開発事業の用

のために土地を譲渡しており、また、同地区で施行された第1種市街地再開発事業により建築された中高層の耐火建築物を取得していますので本件特例の適用が認められることになります。

　この取扱いは、位置的に離れた別の施行地区で建築された中高層の耐火建築物であっても、前記の事業の施行により同一の地域又は地区で建築されたものであれば買換資産の対象として認めるというものです。

(1)　従前土地の利用状況

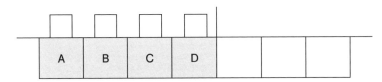

(2)　建物完成後の利用状況

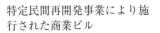

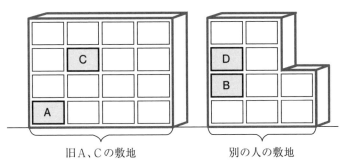

| 特定民間再開発事業により施行された商業ビル | 第1種市街地再開発事業により施行された住宅用マンション |

　旧A、Cの敷地　　　　　　　　別の人の敷地

> ※　A〜Dは、それぞれ建築物の敷地に係る共有持合を取得しています。

措法37の5一号関係
> ## Q146 買換資産として認められる中高層耐火建築物が存する地区

次の(1)～(4)の場合、特定民間再開発事業の用に供するために譲渡するものとして、それぞれ措置法第37条の5第1項一号の適用を受けることができますか。

(1) A事業のために土地を譲渡し、同事業によりその譲渡された土地等の上に建築された中高層耐火建築物等を取得する場合

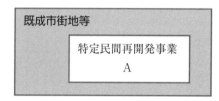

(2) A事業のために土地等を譲渡し、同一の高度利用地区内で行われるB事業により建築された中高層の耐火建築物等を取得する場合

(3) A事業のために土地等を譲渡し、同一の既成市街地等内で行われるB事業により建築された中高層の耐火建築物等を取得する場合

(4)　Ａ事業のために土地等を譲渡し、別の高度利用地区内で行われるＢ事業により建築された中高層の耐火建築物等を取得する場合

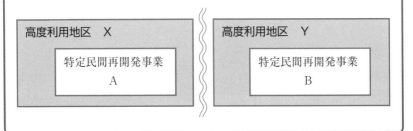

Answer

ご質問については、次のとおりです。

(1)　適用することができます。

　　既成市街地等内で施行される特定民間再開発事業の用に供するために土地等を譲渡し、譲渡した土地等の上にその特定民間再開発事業により建築された中高層耐火建築物等を取得する場合には、特例を適用することができます。

　　なお、既成市街地等以外では次に掲げる地区内において施行される特定民間再開発事業の用に供するために土地等を譲渡した場合も同様です（措令25の4④）。

①　都市計画に都市再開発法第2条の3第1項二号に掲げる地区として定められた地区

②　都市計画に高度利用地区として定められた地区

③　都市計画に防災街区整備地区計画及び沿道地区計画の区域として定められた区域のうち一定の要件を充たすもの

④　都市計画に認定市街地の区域として定められた一定の地区

⑤　都市再生特別措置法第2条第3項に規定する都市再生緊急整備

区域

⑥　都市再生特別措置法第99条に規定する認定誘導事業計画の区域

⑦　都市の低炭素化の促進に関する法律第12条に規定する認定集約都市開発事業計画の区域として定められた一定の区域

(2)　適用することができます。

前記(1)のなお書きに掲げる地区内で施行される特定民間再開発事業の用に供するために土地等を譲渡し、その特定民間再開発事業の施行される地区内で行われる次に掲げる事業によりその地区内に建築された中高層の耐火建築物等を取得する場合にも特例を適用することができることとされています（措令25の4④）。

①　他の特定民間再開発事業

②　措置法第31条の2第2項十二号に規定する事業（地上4階以上の中高層の耐火建築物を建築する事業）

③　第1種市街地再開発事業又は第2種市街地再開発事業

(3)　適用することができません。

取得する中高層の耐火建築物等が譲渡の目的となる特定民間再開発事業以外の事業により建築されたものである場合に、本件特例が適用できるのは、前記(1)のなお書きに掲げる地区内で施行される特定民間再開発事業の用に供するために土地等を譲渡し、その特定民間再開発事業が施行される地区内において施行される他の特定民間再開発事業により建築される中高層の耐火建築物等を取得するときに限られています。

したがって、ご質問のケースは、譲渡に係る特定民間再開発事業が既成市街地等内で行われているため、譲渡等した土地等の上に建

築される中高層の耐火建築物のみが買換えの対象となります。

(4)　適用することができません。

　　取得する中高層の耐火建築物等が譲渡に係る特定民間再開発事業の施行される地区以外の地区内に建築されたものである場合には、特例を適用することができません。

　　ご質問のＸ地区とＹ地区は、同一の地域又は地区とみることはできません。

居住用財産を譲渡した場合の特例の適用が可能な場合

甲は、平成24年より渋谷区内の居住用家屋（敷地を含みます。）に住んでいましたが、令和２年２月に特定民間再開発事業のためにこの不動産を譲渡することにしました。

しかし、甲は身体上の障害があるため、この事業により施行される中高層耐火建築物は取得しないつもりでいますが、課税上の特例はありますか。

Answer

甲が譲渡する居住用不動産は、特定民間再開発事業のために譲渡するものであり一定の要件を満たす場合には、所有期間が10年を超えていなくても居住用不動産の軽減税率の特例（措法31の３）の適用を受けることができます。

解説

既成市街地等又はこれに準ずる一定の地域内において、中高層の耐火建築物の建設をする特定民間再開発事業の用に供するために、個人が自己の居住用家屋又はその敷地である土地等を譲渡した場合において、その譲渡の年の１月１日現在においてこの不動産の所有期間が10年以下のものであっても、その特定民間再開発事業の施行により建築された中高層耐火建築物を取得することが困難な特別な事情があるため、その事業の施行地区外に転出する場合には、措置法第31条の３第２項に規定する居住用財産に該当する資産について、居住用財産の軽減税率の特例（措法31の３）の適用を受けることができます（措法37

の5⑤)。

　なお、この特例の適用を受けるためには、資産の譲渡が特定民間再開発事業により建築される中高層耐火建築物の建築に係る確認済証の交付があった日の翌日から同日以後6か月を経過する日までに行われた場合に限り適用することができます（措令25の4⑰）。

　また、この特例の適用によって措置法第31条の3《居住用不動産の軽減税率》の適用を受ける場合には、措置法第37条の5第1項において同条と措置法第35条は適用できないとされているので「3,000万円控除の特例」は適用できないことになります。

〔居住用不動産（措法31の3②）〕

①	国内にある譲渡した者の居住の用に供している家屋
②	①の家屋で、その者の居住の用に供されなくなったもので居住の用に供されなくなった日から同日以後3年を経過する日の属する年の12月31日までの間に譲渡されるもの
③	上記①又は②の家屋の敷地の用に供されている土地等

Q148 中高層耐火建築物を取得できない特別の事情

特定民間再開発事業の買換えの特例では、所有期間が10年以下の居住用不動産を譲渡した場合であっても、やむを得ない事情により、特定民間再開発事業の施行により建築された中高層の耐火建築物を取得できない場合には、措置法第31条の3《居住用不動産の軽減税率の特例》の適用が認められると聞いています。

この場合の「やむを得ない特別の事情」について教えてください。

Answer

特定民間再開発事業の施行により建築される中高層耐火建築物等の取得が困難である特別の事情とは、譲渡資産の譲渡者及び中高層耐火建築物の建築主の申請に基づき、都道府県知事が認定した場合に限り適用されることになります。この場合の「特別の事情」とは、次のいずれかの事情に該当するため、特定民間再開発事業により建築される中高層耐火建築物等を取得して、居住の用に供することが困難である場合をいいます（措法37の5⑤、措令25の4⑰、措規18の6⑤）。

(1) 譲渡者又は譲渡者と同居を常況とする者が老齢であるか又はその者に身体上の障害があること（措令25の4⑰）。

(2) 特定民間再開発事業により建築される中高層耐火建築物の用途が専ら業務の用に供する目的で設計されたものであること（措規18の6⑤）。

(3) 中高層耐火建築物が住宅の用に供するのに不適当な構造、配置及び利用状況にあると認められるものであること（措規18の6⑤）。

措法37の5二号関係	中高層の耐火共同住宅の建設のための買
Q149	換えの特例

　既成市街地等内にある土地等の中高層の耐火共同住宅の建設の
ための買換えの特例（措法37の5①二）の適用にあたり、譲渡資
産の要件を教えてください。

Answer

　既成市街地等内にある土地等の中高層の耐火共同住宅の建設のため
の買換えの特例は、次の1及び2のいずれの要件を満たす場合に限り
適用を受けることができます（措法37の5①二）。

1　譲渡資産の対象

　譲渡資産は、次の2に掲げる区域内にある土地等、建物又は構築物
（棚卸資産又は棚卸資産に準ずる資産を除きます。）であることが必要
です。

　なお、本件特例は、特定民間再開発事業のための買換えと異なり譲
渡資産について、用途は要件とされていませんので事業の用又は居住
の用に供されていたもののほか「空閑地」を譲渡したような場合も対
象に含まれます。

　また、短期譲渡所得（所有期間が5年以下）となる場合であっても
適用の対象となります（措法37の5①二、措通37の5-1）。

2　地域要件

　譲渡資産は、次の(1)既成市街地等、(2)既成市街地に準ずる区域とし
て指定された区域又は(3)中心市街地の活発化に関する法律に規定する

中心市街地共同住宅供給事業の区域に存することが必要です。

(1) 既成市街地等の区域

　既成市街地等とは、措置法第37条《特定事業用資産の買換えの特例》で定める既成市街地等と同じです。

　ただし、譲渡があった年の10年前の前の翌年1月1日以後に公有水面埋立法第22条の竣工認可のあった埋立地の区域は、既成市街地等から除かれます。

〔既成市街地等の範囲表〕

	都府県名	既成市街地等
首都圏（首都圏整備法2③）	東京都	23区・武蔵野市の全域 三鷹市の特定の区域
	神奈川県	横浜市及び川崎市の特定の区域
	埼玉県	川口市の特定の区域
近畿圏（近畿圏整備法2③）	大阪府	大阪市の全域 守口市・東大阪市・堺市の特定の区域
	京都府	京都市の特定の区域
	兵庫県	神戸市・尼崎市・西宮市・芦屋市の特定の区域
中部圏(※)	愛知県	名古屋市の特定の区域（旧名古屋市の区域）

　※　首都圏、近畿圏及び中部圏の近郊整備地帯等の整備のための国の財政上の特別措置に関する法律施行令別表

(2) 既成市街地等に準ずる区域として指定された区域

　首都圏整備法第2条第4項に規定する「近郊整備地帯」、近畿圏整備法第2条第4項に規定する「近郊整備区域」又は中部圏開発整備法第2条第3項に規定する「都市整備区域内」のうち、既成市街地等に準ずる区域^(注)として国土交通大臣が指定した区域。

　具体的には、次の表の各市のうち、都市計画法第7条第1項市街化区域として定められている区域で、その区域の相当部分が最近の国税調査の結果による人口集中地区に該当し、かつ、土地利用計画に照らし中高層住宅の建設が必要であるとして国土交通大臣が財務大臣と協議して定めた区域をいいます（措令25の4⑥）。

〔近郊整備地帯（首都圏整備法2④）〕

埼玉県	川口市、さいたま市、所沢市、春日部市、上尾市、草加市、越谷市、蕨市、戸田市、朝霞市、志木市、和光市、新座市、八潮市、富士見市、三郷市
千葉県	千葉市、市川市、船橋市、松戸市、野田市、佐倉市、習志野市、柏市、流山市、八千代市、我孫子市、鎌ヶ谷市、浦安市、四街道市
東京都	八王子市、立川市、三鷹市、青梅市、府中市、昭島市、調布市、町田市、小金井市、小平市、日野市、東村山市、国分寺市、国立市、西東京市、福生市、狛江市、東大和市、清瀬市、東久留米市、武蔵村山市、多摩市、稲城市、羽村市
神奈川県	横浜市、川崎市、横須賀市、平塚市、鎌倉市、藤沢市、茅ヶ崎市、逗子市、相模原市、厚木市、大和市、海老名市、座間市、綾瀬市

〔都市整備区域（中部圏開発整備法2③）〕

愛知県	名古屋市、春日井市、小牧市、尾張旭市、豊明市

〔近畿圏整備区域（近畿圏整備法2④）〕

京都府	京都市、宇治市、向日市、長岡京市、八幡市
大阪府	堺市、岸和田市、豊中市、池田市、吹田市、泉大津市、高槻市、貝塚市、守口市、枚方市、茨木市、八尾市、泉佐野市、富田林市、寝屋川市、河内長野市、松原市、大東市、和泉市、箕面市、柏原氏、羽曳野市、門真市、摂津市、高石市、藤井寺市、東大阪市、四条畷市、交野市、大坂狭山市
兵庫県	神戸市、尼崎市、西宮市、芦屋市、伊丹市、宝塚市、川西市

(3) 中心市街地共同住宅供給事業の区域

　中心市街地の活性化に関する法律第12条第1項に規定する認定基本計画に基づいて行われる中心市街地共同住宅供給事業の区域で、同法に規定する都市福利施設の整備を行う事業を一体的に行われるものに限られます。

措法37の5二号関係	買換資産となる中高層の耐火共同住宅の
Q150	要件

中高層の耐火共同住宅の建設のため買換え（交換）の適用にあたっては、買換資産は、その譲渡した土地等又は建物等の敷地の上に建築された地上3階以上の中高層の耐火共同住宅とされていますが具体的な要件について教えてください。

Answer

買換資産となる中高層の耐火共同住宅の要件は、次のとおりです（措令25の4⑤）。

1　中高層の耐火共同住宅は、譲渡した資産を取得した者又は譲渡資産を譲渡した者が建築したものであること。

2　中高層の耐火共同住宅は、耐火建築物（建基法2⑨二）又は準耐火建築物（建基法2⑨三）であること。

3　中高層の耐火共同住宅の床面積の1/2に相当する部分が専ら居住の用（居住の用に供される部分に係る廊下、階段その他その共用に供される部分を含みます。）に供されるものであること。

> （注）　中高層の耐火共同住宅の全床面積の1/2以上が居住用であることを要件としているもので、買換取得した部分の全部又は一部分が店舗又は事務所として使用される場合でも構いません。

4　取得後、1年以内に事業（生計を一にする親族の事業の用を含みます。）又は居住の用（その者の親族の居住の用を含みます。）に供すること。

Q151 中高層の耐火共同住宅の意義

　甲は東京都中央区に所有する土地について、建築業者から中高層の耐火共同住宅の建築のために譲渡してほしいと言われています。

　ところで、中高層の耐火共同住宅の建築のために土地等を譲渡する場合には、立体買換特例の適用ができると聞きましたが、「中高層の耐火共同住宅」とは、１棟の建物を構造上区分し、独立して居住の用又は事業の用に供することができる建物（区分所有建物）でなければならないのでしょうか。

Answer

　措置法第37条の５第１項二号で規定する中高層の耐火共同住宅とは、分譲マンションのように構造上区分され、独立して居住の用又は事業の用に供することができるいわゆる区分所有建物に限定されるわけではありません。

　したがって、建物の区分所有等に関する法律の対象とならない建物であっても地上３階以上の耐火共同住宅であれば該当します。

解説

　措置法第37条の５第１項二号の規定では、「中高層の耐火共同住宅」とは、次の４つの要件をすべて満たす必要があるとされています（措法37の5①二、措令25の4⑤）。

(1)　中高層の耐火共同住宅は、譲渡資産の取得者、又は譲渡者が建築したものであること。

⑵　中高層の耐火共同住宅は、譲渡した土地の上に建築される地上３
　階以上の建築物であること。

⑶　中高層の耐火共同住宅は、耐火建築物又は準耐火建築物であるこ
　と。

⑷　中高層の耐火共同住宅の建築物の床面積の２分の１以上に相当す
　る部分が専ら居住の用（居住の用に供される部分に係る廊下、階段
　その他その共用に供されるべき部分を含みます。）に供されるもの
　であること。

　したがって、その建築される建物は、分譲マンションのように区分
所有建物にしなければならないとされているわけではないので、建物
の区分所有等に関する法律の対象とならない建物であっても上記の⑴
から⑷の要件を満たせば、本件特例の適用対象となります。

譲渡する土地のうち、中高層の耐火共同住宅の敷地の用に供されない部分がある場合

甲は、中高層の耐火共同住宅を建設する事業のため土地等を建設会社に譲渡し、その対価として建設会社が建築する中高層の耐火共同住宅の一部を取得する予定です。ところで、この事業施行地は、防災上等の観点から、市道の拡張が要件とされ、建設会社は甲から譲り受けた土地を市道用地として市に寄付することにしました。

この場合、甲が譲渡した土地は、事業施行後、市道として利用されることになりますが、それでも中高層の耐火共同住宅の建設のための買換えの特例の適用を受けることができますか。

Answer

譲渡した土地が中高層の耐火共同住宅を建築する事業の施行区域内にあると認められる場合には、事業の施行後、譲渡した土地が市道用地となる場合であっても、中高層の耐火共同住宅の建設のための買換えの特例の適用を受けることができます。

解 説

中高層の耐火共同住宅の建設のための買換えの特例（措法37の5①二）は、土地等又は建物等の譲渡をし、その土地の上に建築された中高層の耐火共同住宅を取得することを特例の適用要件にしています。

したがって、譲渡される土地等は、原則として、当該中高層の耐火共同住宅の敷地として利用されることが必要になります。

しかし、市の開発指導要綱等により、公共施設や公益的施設の設置

が開発許可等の要件とされる場合も多く、譲渡した土地の全部又は一部がたまたま、中高層の耐火共同住宅の敷地の用に供されない場合において当該共同住宅の敷地の用に供されていないことだけをもって特例の適用が認められないとするのは実情に則したものとはいえません。

　したがって、譲渡した土地が中高層の耐火共同住宅を建築する事業の施行される区域内にあって、当該事業によって建築された中高層の耐火共同住宅の一部を取得していれば譲渡した土地が事業の施行後に道路用地となったとしても特例の適用が受けられると考えられます。

Q153 自己建設に係る立体買換えの特例

甲は、東京都世田谷区で先祖代々農業を営んでいますが、所有する農地の一部について建築会社からそこに地上5階建ての共同住宅を建築し、そのうちの2/3の部屋を分譲して建築費に充て、残り1/3を賃貸にしたらどうかという提案を受けました。

このような場合、分譲する2/3の部屋に相応する敷地の譲渡代金で残りの1/3相当の建物を買換えたとして、措置法第37条の5第1項二号の適用を受けることはできますか。

Answer

固定資産である不動産の譲渡であっても営利を目的として継続的に行われるものである場合には、その譲渡による所得は事業所得又は雑所得となります。ただし、固定資産が極めて長期間（おおむね10年以上）所有されていた場合には、その譲渡が継続的に行われていても譲渡所得として取り扱うとされています（所基通33−3）。また、この取扱いにより譲渡所得として課税されるとしても、その土地に建物を建設して譲渡した場合には、当該譲渡による所得は棚卸資産又はこれに準ずる資産の譲渡による所得としてその全てが事業所得又は雑所得として課税されることになります（所基通33−4）。

一方で、土地、建物等の譲渡による所得が事業所得又は雑所得として扱われる場合であっても、その土地の区画形質の変更若しくは施設の設置又は建物の建設（以下「区画形質の変更等」といいます。）に係る土地が極めて長期間引き続き所有されていたものであるときは、前記取扱いにかかわらず、当該土地の譲渡による所得のうち、区画形

質の変更等による利益に対応する部分は事業所得又は雑所得とし、その他の部分は譲渡所得として差し支えないとされています（この場合において、譲渡所得に係る収入金額は、区画形質の変更等の着手直前における当該土地の価額としますが、ご質問のケースは、世田谷区内の市街地農地ですので建物を建てる直前の土地の時価相当額までの利益は譲渡所得として課税されることになると考えます。）。

そして、その農地の譲渡のうち譲渡所得に対応する部分については、措置法第37条の5第1項の表の第二号の適用を受けることができると考えます（措通37の5－10、37－18）。

ご質問の場合のように、自己が所有する土地の上に自らが耐火共同住宅を建築し、一部の部屋（敷地も含みます。）を譲渡する場合のその土地の譲渡による所得のうち譲渡所得とされる部分については、自己が分譲せずに所有することとなる耐火共同住宅を買換資産（自己建設に係る耐火共同住宅の取得が土地の譲渡より先行するものである場合には、分譲販売した年の1月1日以降に取得したものに限られます。）として措置法第37条の5第1項二号の適用を受けることができます（措通37の5－4、37の5－4の2）。

土地等の所有者自らが共同住宅を建築し、先行取得している場合

　甲は、既成市街地内に所有する土地の上に、銀行からの借入金により地上８階建ての共同住宅（区分所有建物）を建築し、令和元年７月に引渡しを受けました。その後、11月に共同住宅の一部を譲渡し、借入金の返済にあてています。このようなケースは、中高層の共同住宅を先行取得しているとみることができますが、措置法第37条の５第１項二号の適用が受けられるでしょうか。

Answer

　中高層の耐火共同住宅を自ら建設して譲渡する場合、当該共同住宅に係る敷地の所有期間が極めて長期間の場合、当該土地の譲渡による所得は譲渡所得として課税されます。この土地等の譲渡について、措置法第37条の５第１項二号の適用が可能かどうかという質問ですが、措置法第37条の５《既成市街地等内にある土地等の中高層耐火建築物等の建設のための買換え及び交換の場合の譲渡所得の課税の特例》は、原則として、買換資産の先行取得を認めていませんが、譲渡と取得が同年中の場合には、買換資産の取得が先であっても同法の適用は可能です。

解　説

　措置法第37条の５第１項二号は、原則として、土地及び建物等を譲渡した日の属する年の12月31日までに、買換資産を取得した場合に限り適用されるとされており、譲渡の年の前年の買換資産の先行取得は認められていません。したがって、資産の譲渡が買換資産を取得した

年中に行われている場合において、買換資産の引渡し日よりも後に資産の譲渡が行われた場合には、事実上、買換資産を先行取得したことになり、本件特例が適用されるか疑問が生じます。

　ところで、自己の有する既成市街地等内の土地等の上に、例えば、地上3階以上の耐火共同住宅を建築し、その建築（取得）した日（建築業者からその住宅の引渡しを受けた日）後に、その共同住宅の一部及びそれに対応する敷地の用に供される土地等の共有持分を譲渡した場合において、「中高層の耐火共同住宅の建設のための買換えの特例（措法37の5①二）」の適用ができないとすることは、通常の取引の順序から考えてもそれに反することになり、また、既成市街地等内にある土地の高度利用の促進を図ることを目的とする立法趣旨にも悖ることになります。さらに、共同住宅の建築完成前に譲渡した場合との税負担の公平も失することになります。

　そこで、譲渡資産の譲渡をした日の属する年中に買換資産を取得した場合（建築業者から住宅の引渡しを受けた場合）には、仮にその取得の日が譲渡の日より前であっても（自己建設の場合、取得の方が先になるケースが多いと思われます。）、「中高層の耐火共同住宅の建設のための買換えの特例（措法37の5①二）」を適用することができることとされています。

　ただし、譲渡資産の譲渡をした日の属する年の前年に買換資産を取得しているような場合（先行取得のケース）には、本件買換えの特例は適用できません（措法37の5①）。

Q155　中高層の耐火共同住宅を取得した年の翌年に譲渡した場合

甲は、所有している東京都港区内の土地の上に、銀行からの借入金で中高層の耐火共同住宅（マンション）を建築し、その一部（建物区分所有権及びその敷地）を譲渡して、その譲渡代金で銀行からの借入金を弁済するつもりです。このような場合、一定の要件を満たせば立体買換えの特例の適用があると聞きましたが、マンションが完成した年の翌年以降に譲渡する予定のマンションについても、同法の規定の適用を受けることができますか。

Answer

自らが建築した中高層の耐火共同住宅を譲渡した場合で、当該譲渡の申告にあたり措置法第37条の５第１項二号の規定の適用を受けるためには、中高層の耐火共同住宅が完成した（引渡しを受けたもの）年中に譲渡するもののみが対象となります。したがって、中高層の耐火共同住宅が完成（取得）した年の翌年以降に譲渡するものについては買換特例の適用はできません。

解　説

措置法第37条の５第１項の規定は、一定の地区又は区域内にある土地等及び建物等を譲渡し、その譲渡した土地等の上に建築された中高層の耐火建築物等又は耐火共同住宅等の一部又は全部を一定の期間内に取得し、その取得の日から１年以内にその者の事業の用又は居住の用に供し又は供する見込みである場合に適用があります。

そして、措置法第37条の５第１項二号の適用にあたっては、買換資

産の取得が譲渡資産の譲渡よりも先行する場合には、譲渡した年中に買換資産を取得したとき以外は買換資産とすることができないとされています。

　したがって、建築後完成し引き渡しを受けたマンションのうち、その年の年末までに譲渡するものについては本件特例を適用することができますが、その年の翌年以後に譲渡されるものについては、措置法第37条の5の特例には買換資産の先行取得制度がないため本件特例を適用することはできません。

　そもそも本件特例は、土地の有効利用を図るために譲渡された土地等の上に中高層の耐火建築物等又は耐火共同住宅等を建築することを促進するために設けられたものであり、譲渡した年の前年以前に買換資産を先行して取得する場合までも特例の対象に含めていません。

中高層の耐火共同住宅を建築する者の要件

中高層の耐火共同住宅の建設のための買換え（交換）の特例にあたっては、その中高層の耐火共同住宅は、①譲渡資産を取得した者（買主）のほかに、②譲渡資産を譲渡した者（売主）が建築したものでなければならないとされていますが、買主が死亡してしまったようなケースについて教えてください。

Answer

中高層の耐火共同住宅の建設のための買換え（交換）の特例の適用にあたっては、買換えにより取得する耐火共同住宅は、譲渡資産の取得者（買主）又は譲渡資産を譲渡した者（売主）が建築したものでなければならないと規定しています。

ただし、譲渡資産を取得した者（買主）については、次の例外が認められており、それぞれ承継した者が建築した場合を含むとされています。

⑴ **譲渡資産を取得した者（買主）が個人でその人が死亡した場合**

その譲渡資産を取得した者（買主）の死亡により当該建築物の建築に関する事業を承継した相続人又は包括受遺者

⑵ **譲渡資産を取得した者（買主）が法人でその法人が合併等をした場合**

譲渡資産を取得した法人の合併又は分割後、中高層の耐火建築物の建築に関する事業を引き継いだ合併法人又は分割承継法人

　したがって、不動産業者が地上げのためにいったん自分で取得した土地をマンション業者に転売しマンション業者が建築したような場合には、本件特例は適用できません。

　また、建築業者が土地等を買収し、それをマンション業者に転売し、建築工事を請け負うという場合も、本件特例の適用は受けられません。なぜならば、ここでいう建物を建築するというのは、建築主として建築するということであって、請負業者として施工するという意味ではないので該当しないことになります。

Q157 中高層の耐火共同住宅の建築主の変更

　甲は、建築業者Ａ社から土地の有効活用の提案を受け、土地を譲渡する代わりとして、その土地上に建築される建物の一部を取得するいわゆる等価交換契約を同社と締結しました。その後、Ａ社からその権利がＢ社に転売されて、建築主がＡ社からＢ社に変更されました。

　最終的に、甲はＡ社との等価交換契約に基づいて、Ｂ社が建てた建物を取得しましたが、甲はこの土地の譲渡については、中高層の耐火共同住宅の建設のための買換えの特例を適用を考えています。ところで、甲は等価交換契約の当事者ではないＢ社から買換資産を取得していることになりますが、本件特例の適用は可能でしょうか。

Answer

　ご質問の場合は、甲との等価交換の契約により土地等を取得するとしていたのはＡ社であり、一方で、実際に中高層の耐火共同住宅を建設したのはＢ社です。すると、土地等の取得者が中高層の耐火共同住宅を建築していないことになるため、中高層の耐火共同住宅の建設のための買換えの特例の適用を受けることができません。

解　説

　措置法第37条の5第1項二号に規定する買換資産（中高層の耐火共同住宅）は、譲渡した土地等又は建物若しくは構築物の敷地の用に供されている土地等の上に、その譲渡資産を取得した者（買主）又は、

その譲渡資産を譲渡した者（売主）が建築した建築物であることが要件とされています（措令25の4⑤）。

したがって、甲がB社から取得した建物（中高層の耐火共同住宅）は、土地の取得者であるA社が建築したものではなく、等価交換契約を転得（承継）したB社が建築主として建築したものですから、買換資産としての要件を満たしているものとはいえません。

したがって、甲はB社が建築した中高層の耐火共同住宅を取得しても措置法第37条の5第1項二号の適用を受けることはできません。

ただし、次のようなケースは、買主と建築主が一致しない場合でも特別に買換特例の適用が認められます。

(1)　譲渡資産を取得した者が個人でその人が死亡した場合

その譲渡資産を取得した人の死亡により当該建築物の建築に関する事業を承継した相続人又は包括受遺者

(2)　譲渡資産を取得した者が法人でその法人が合併等をした場合

譲渡資産を取得した法人の合併又は分割後、中高層の耐火建築物の建築に関する事業を引き継いだ合併法人又は分割承継法人

買換資産である中高層の耐火共同住宅を転得した者から取得した場合

甲は、既成市街地内に土地を所有していましたが、その土地を中高層の耐火共同住宅の建設のために不動産業者Ａ社に譲渡し、Ａ社が建築した建築物を取得する等価交換契約を締結しました。

不動産業者Ａ社は、甲の所有していた土地の上に中高層の耐火共同住宅を建築したものの、資金の早期回収及び販売等の都合により完成した中高層耐火共同住宅をＢ社に譲渡しました。

その結果、甲は、Ｂ社から買換資産を取得することになりますが、措置法第37条の5第1項二号の適用を受けることは可能でしょうか。

Answer

ご質問は、甲から土地を取得したＡ社がその土地の上に建築物等を建築しており、取得者と中高層の耐火共同住宅の建築者が一致していますので、適用要件を満たしていることになります。

措置法第37条の5では、買換資産は、譲渡資産を取得した者が建築した建物とされており、買換資産の取得先について特に定めがあるわけではありません。

したがって、本件特例の適用を受けることができます。

解 説

措置法第37条の5第1項二号によれば、①譲渡資産が既成市街地等の区域又は既成市街地等に準ずる区域として指定された区域にあり、②買換資産（中高層の耐火共同住宅）は、その譲渡した土地等又は建

物若しくは構築物の敷地の用に供されている土地等の上に建築された地上３階以上の中高層の耐火共同住宅の全部又は一部で、③その中高層の耐火共同住宅は、耐火建築物又は準耐火建物で、④譲渡資産を取得した者又は譲渡資産を譲渡した者が建築し、⑤床面積の２分の１に相当する部分が専ら居住の用に供されるもの等でなければならないこととされていますが、買換資産の取得先は、譲渡資産の取得者（又は管理者）だけを定めているだけで事業施行者に限るなどの要件は定められていません。

　したがって、ご質問の場合は、これらの要件等を満たしている限り、買換資産である建物を転得した者から取得することになったとしても措置法第37条の５第１項二号の規定の適用を受けることは可能と考えます。

Q159 買換資産がメゾネットタイプのマンションのケース

買換対象となる建築物が次の図のような構造の建物（いわゆるメゾネットタイプのマンション）だった場合において、措置法第37条の5第1項二号に規定する「中高層の耐火共同住宅」に該当しますか。

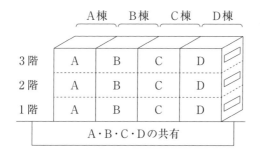

Answer

ご質問のメゾネットタイプの建物であっても、措置法第37条の5第1項二号の規定要件を満たしていれば「中高層の耐火共同住宅」に該当すると考えます。

解 説

措置法第37条の5第1項二号に規定する「中高層の耐火共同住宅」とは、次の要件を満たす建築物をいうとされています（措法37の5①二、措令25の4⑤）。

(1) 譲渡した土地の上に建築される地上3階以上の建築物であること。

(2) 耐火建築物（建築基準法第2条九号の2）又は準耐火建築物（九号の3）であること。

(3)　建築物の床面積の1/2以上が居住の用（居住の用に供される部
　　分に係る廊下、階段その他その共用に供されるべき部分を含みま
　　す。）に供されるものであること。

(4)　譲渡資産の取得者か譲渡者自身が建築したものであること。

　ご質問のいわゆるメゾネットタイプ（1つの住戸が2層以上にわた
るもの）のマンションは、一般的なマンション（1つの住戸が1層だ
けのもの）とは異なり実態的には3階建ての一軒家の集合体といえる
ことから、措置法第37条の5第1項二号に規定する「中高層の耐火共
同住宅」に該当するか疑義が生じますが、前記(1)～(4)の要件を形式的
に満たすものであれば「中高層の耐火共同住宅」に該当すると考えま
す。

Q160 床面積の1／2以上が専ら居住用であるかどうかの判定(1)

甲は既成市街地等内にある土地を、中高層の耐火共同住宅の建設のための事業に譲渡し、買換資産として中高層の耐火共同住宅の一部を取得する予定ですが、中高層の耐火共同住宅はその床面積の1／2以上が専ら居住の用に供されるものでなければならないと聞いています。

この床面積の1／2以上が居住の用に供されているかの判定にあたっては、居住用部分に係るバルコニーの面積も居住用部分の床面積に含めることができるでしょうか。

Answer

居住の用に供されている床面積の判定は、建築基準法施行令第2条第1項三号に規定する床面積とされており、建物の壁の中心線で囲まれた壁芯面積により計算することになるので、バルコニー部分の面積は、居住用の床面積として含めて計算することはできません。

解 説

中高層の耐火共同住宅建設のための買換えの特例では、買換資産は、床面積の1／2以上を専ら居住の用に供されることが要件の一つとなっていますが、この場合の床面積の判定は、一般には、建築基準法施行令第2条第1項三号に規定する床面積によることとされています。

同施行令に規定されている床面積は、壁芯面積といわれるもので、登記事項証明書に記載される内法面積とは異なります。壁芯面積と内法面積の違いは、前者が建物の設計図の壁の中心線で囲まれた部分の

面積をいうのに対し、内法面積とは、壁の内側、つまり実際に利用できる部屋の広さをいいます。

　このように、両者の面積は異なりますが、いずれにしてもバルコニー部分は床面積にカウントされないことになります。

　なお、居住の用に供される部分に係る廊下、階段、その他の共用に供される部分は居住用の面積に含まれるとされています。

（参考）　建築基準法施行令第2条第1項三号

　床面積は、建築物の各階又はその一部で壁その他の区画の中心線で囲まれた部分の水平投影面積による。

**床面積の１／２以上が専ら居住用である
かどうかの判定⑵**

　甲は、既成市街地等内にある土地を譲渡し、その土地の上に買
主（Ａ社）が建設した地上階数８階のマンションの一部を取得し
ました。

　このマンションの構造は、１階から２階が店舗用で３階から８
階は住宅用であり、その住宅用部分の各区画（それぞれ60から70
㎡です。）にはすべて台所・風呂場・便所等の設備が設けられて
います（住宅用部分の床面積は全床面積の75%にあたります。）。

　甲もＡ社もこのマンションを全てを賃貸の用に供していますが、
３階から８階を賃借した者の８割近くの者が居住用としてではな
く事務所として使用しています。

　中高層の耐火共同住宅の建設のための買換えの特例の対象とな
る建物は、その床面積の１／２以上が居住用でなければならない
ということですが、このように住宅用として賃貸した建物が事務
所用として使用されている場合にも、この特例の適用が受けられ
ますか。

Answer

　買換資産として取得した中高層の共同住宅の構造が主として居住用
（その床面積の２分の１以上が居住用）であれば足り、その中高層の
共同住宅の利用者が居住用以外の用に供していても、それは主として
居住用であるかの判定に影響を及ぼしません。

解　説

　措置法第37条の5第1項二号に規定する中高層の耐火共同住宅の建設のための買換えの特例の対象となる「中高層の耐火共同住宅」とは、①中高層の耐火共同住宅は、譲渡資産の取得者又は譲渡者が建築したものであること、②譲渡した土地の上に建築される地上3階以上の建築物であること、③耐火建築物又は準耐火建築物であること、④その建物の床面積の1／2以上に相当する部分が専ら居住用として使用されるものであること、という4つの要件のすべてを満たす建築物であればよいこととされています（措法37の5①二、措令25の4⑤）。

　この場合の④の「床面積の1／2以上に相当する部分が専ら居住の用として使用されるものであること」とは、その構造が居住の用に供するものであれば足り、中高層の共同住宅の利用者が都合により事務所として使用したとしても、この要件を欠くことにはならないと考えられます。

　したがって、ご質問の場合にも他の要件を満たす限り特例の適用が可能と考えます。

Q162 生計を一にする親族の事業の用に供する中高層の耐火共同住宅

甲は、渋谷区内にある居住用家屋とその敷地を譲渡して、その土地の上に建築される3階建の耐火共同住宅15戸のうち3戸を取得し、1戸は自己の居住の用に供して、残りの2戸は妻の事業の用に供する予定です。

この場合、妻の事業の用に供される2戸の耐火共同住宅についても、中高層の耐火共同住宅の建築のための買換えの特例の買換資産として認められるでしょうか。

Answer

自己の居住の用に使用する1戸ほか、生計を一にする妻の事業の用に供される2戸についても、中高層の耐火共同住宅の建築のための買換えの特例の買換資産に該当します。

解 説

措置法第37条の5第1項二号で規定する中高層の共同住宅建設のための買換えの特例では、譲渡資産に用途制限はありませんが、買換資産については、買換資産をその取得の日から1年以内に譲渡した者の事業の用又は居住の用（譲渡者の親族の居住用を含みます。）に供しなければならないとされています。

この場合、譲渡した者の親族が事業用の供する買換資産も適用対象となるのかという疑問が生じますが、例えば、「収用等の代替資産を取得した場合の課税の特例（措法33）」又は「特定の事業用資産の買換えの場合の譲渡所得の課税の特例（措法37）」の適用上、生計を一

にしている親族の事業の用に供していればその資産の所有者にとって
も事業の用に供されているものとして取り扱う（措通33－43、37－
22）ことから、ご質問の場合も同様に妻が事業の用に供している２戸
部分も本件特例の適用が認められると考えます（措通37の５－５）。

中高層の耐火共同住宅の建設のための買換えの特例と措置法第35条との併用適用（二つの譲渡）

甲は、２年前まで自己の居住の用に供していたＡ土地（家屋を含みます。）と現に居住の用に供しているＢ土地（家屋を含みます。）を同じ街区（共に既成市街地です。）に所有しています。

この度、Ａ土地及びＢ土地を中高層の耐火建築物の建築のため譲渡することを考えています。

この場合、Ａ土地等の譲渡については措置法第31条の３《居住用財産を譲渡した場合の長期譲渡所得の課税の特例》及び第35条《居住用財産の課税の特例》適用を考えており、また、Ｂ土地等の譲渡については、同法第37条の５の適用を考えていますが、このように居住用財産の譲渡が２つある場合には、それぞれの譲渡ごとに異なる特例の適用を受けることができるでしょうか。

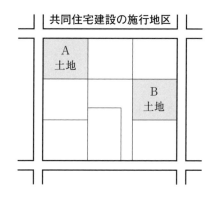

共同住宅建設の施行地区

Answer

ご質問の場合には、Ａ土地及びＢ土地はそれぞれ別の資産として扱われますので、それぞれ特例を選択して適用を受けることができます。

解 説

　措置法第37条の5第1項の規定では、その譲渡について同法第35条の適用を受けた場合には、その譲渡について重ねて同法第37条の5第1項の適用はできないこととされています。この規定の趣旨は、譲渡資産が1つである場合、その譲渡について措置法第35条と同法第37条の5を重複して適用することができないということです。

　したがって、A土地及びB土地がそれぞれ独立していて、別個の資産であるのであれば、その譲渡ごとに特例を選択することができます。

中高層の耐火共同住宅の建設のための買換えの特例と措置法第35条との併用適用（一つの譲渡）

甲は、中高層の耐火共同住宅の建設のために店舗併用住宅（１階は店舗、２階は居住用）及びその敷地を譲渡しました。

この場合、店舗併用住宅の１階部分とそれに対応する敷地については措置法第37条の５第１項二号の適用を、２階部分とそれに対応する敷地については同法第35条《居住用財産の譲渡所得の特別控除》の適用を併せて受けることができるでしょうか。

居　住
店　舗

Answer

措置法第37条の５と同法第35条の適用を併せて受けることはできません。

解　説

措置法第37条の５第１項二号の適用対象となる譲渡資産については、その用途を問わないとされていますので、譲渡資産のその一部についてのみ、その規定の適用を受けるということはできません。

したがって、甲の店舗併用住宅及びその敷地の全部が措置法第37条の５第１項二号の対象となりますので同法第35条との併用適用は認められません（措法37の５①）。

ただし、次のいずれか一つの特例を選択することは可能です。

〔措置法第37条の５①二の適用を受ける場合〕

・譲渡価額の全て……………………………………措置法第37条の５①二

〔居住用財産の特例を併用する場合〕

・２階の居住部分とそれに対応する敷地部分の譲渡価額……措置法第

　35条

・１階の店舗部分とそれに対応する敷地部分の譲渡価額……措置法第

　37条

Q165 隣接する2棟以上の建物を一括して譲渡した場合

中高層耐火共同住宅の建設事業のために居住用、貸家及びその他の建物各1棟の合計3棟と、これらの敷地を一括してA社に譲渡し、その土地上に建築される建物の一部と差金(居住用部分に相当する額)を取得しましたが、居住用部分については措法35条を適用し、貸家部分については措法37の5《中高層耐火共同住宅の建設のための買換えの特例》の適用を受けることは可能ですか。

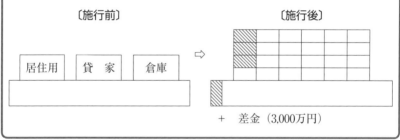

〔施行前〕　　　　　　　　　　　　　　　　〔施行後〕

居住用　貸　家　倉　庫

+　差金(3,000万円)

Answer

ご質問の譲渡した資産については、次のいずれかの方法を選択すべきものと考えます。

(1)　譲渡資産の全て(差金部分も含めて)について措置法第37条の5第1項二号の適用を受ける。

(2)　譲渡資産のうち、居住用部分について措置法第35条の適用を受け、事業用部分については措置法37条の適用を受ける。なお、その他の部分は一般譲渡所得になります。

解 説

中高層耐火共同住宅の建設事業のために土地建物等を譲渡した場合

に、譲渡資産が２以上あるときは、譲渡資産のうち譲渡者が同条の規定の適用を受ける旨の申告をした譲渡資産について、同条の適用を受けることができるとされています（措通37の５－10、37－19を準用）。

　一方で、措置法通達37－19の注書において「措置法第37条第１項の規定の対象となる一の譲渡資産又は買換資産の一部分のみを譲渡資産又は買換資産として同項の規定を適用することはできないことに留意する。」と規定しているため、例えば、店舗兼用住宅等のように用途が明確に区分できるものの、一の資産であるものについては、その一部分（居住用部分）について措置法第35条、その他の部分について同法第37条の５を適用することは認められていません。

　そうすると、ご質問の場合のように隣接する２以上の資産を一括して譲渡（契約）し、それらの土地の上に建設される建物を取得（いわゆる立体買換え）する場合に、同法第37条の５の特例の適用上、それらは一見「譲渡資産が２以上」あるとして各資産ごとに措置法第35条又は同法37条の５の規定の適用ができるのではないかとの疑念が生じます。

　しかし、措置法第37条の５では、「個人が、その有する資産…の譲渡（…第33条から第33条の４まで、第34条から第35条の３まで、第36条の２若しくは第37条の規定の適用を受けるもの……を除く……。）をした場合に…」適用があるものと規定しています。すなわち、その譲渡（の一部又は全部）についてこれら上記の他の特例の適用を受けるときは、当該譲渡資産（の譲渡）については、措置法第37条の５の特例の適用を受けることはできないということになります。言い換えれば、その譲渡、つまり一の譲渡について、措置法第37条の５又は上記のいずれかの特例の選択をするということになります。

　「一の譲渡」について、通達上、特に規定されてはいませんが、複

数の土地、建物からなる譲渡であっても、その1つが欠けていたら成立しなかったと認められる譲渡（契約）、若しくは一連の目的のためにした譲渡（契約）を「一の譲渡」と解すべきものと考えます。なお、複数物件の譲渡が、「一の譲渡」であるか、「複数の（独立した）譲渡」であるかは、事実認定の問題ですが、その目的、譲渡に至った経緯、その他物理的位置関係や契約形態、代金の受領の状況等を総合的に判断すべきです。

　そうすると、ご質問のように一連の目的（中高層耐火共同住宅の建設事業）のために資産を譲渡する場合には、登記上の物件の数や形式的な契約形態に関わらず、譲渡の目的とされている資産の全部を「一の譲渡」と解することが相当です。さらに、措置法第37条の5は、単にその土地を譲渡し、別の物件を取得するだけでは足りず、ある一定の目的（中高層耐火共同住宅の建設若しくは、特定民間再開発事業）のために資産が譲渡され、かつ、（原則として）その譲渡した土地の上に建設された建物を取得している場合について適用があるとされており、措置法第37条の5の特例のそのような特質からも、譲渡した資産の全部が「一の譲渡」というべきです。

　したがって、ご質問の場合には、当該譲渡資産全部について措置法第37条の5の適用を受けるか、又は、居住用部分について措置法第35条を適用し、事業用部分について措置法第37条を適用するという選択をすることになります。

措法37の5共通

Q166 交換差金で買換資産を取得した場合

　甲は、既成市街地内にある自己所有の非事業用の資産であるＡ宅地（時価8,000万円）とＳ社（不動産販売業者）が所有している棚卸資産であるＢ宅地（時価3,000万円）とを交換しましたが、その差額（交換差金）については、Ｓ社が交換後のＡ宅地上に新築する５階建マンションの５階部分とその敷地の持分（時価5,000万円）を取得することにしました。この場合、甲は、譲渡所得の金額の計算上、措置法第37条の５適用を受けることができますか。

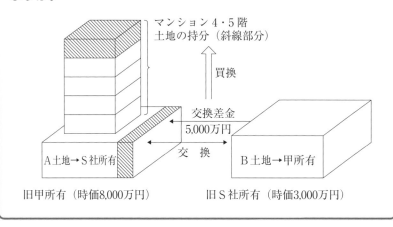

Answer

　甲が所有していたＡ宅地とＳ社が所有していたＢ宅地の交換については、固定資産と棚卸資産との交換となりますし、価額差も低い方の価額の20％を超えていますので、所得税法第58条第１項に規定する固定資産の交換の場合の譲渡所得の特例の適用はありません。

　次に、甲が譲渡したＡ宅地は、事業の用に供されていた資産には該

当しませんので、措置法第37条第1項《特定の事業用資産の買換えの場合の譲渡所得の課税の特例》及び同法第37条の4《特定の事業用資産を交換した場合の譲渡所得の課税の特例》の適用もありません。

　ご質問のケースは、交換譲渡資産と買換資産に該当する資産以外の資産と交換し、交換差金を取得して当該交換差金で買換資産（譲渡資産を取得した者が建築している中高層の耐火建築物）を取得していることから、措置法第37条の5第4項の適用を受けることは可能と考えられます。

　したがって、Ａ宅地のうち、交換差金の5,000万円に対応する部分として次の算式で計算される部分については5,000万円で譲渡したものとみなされますので、取得するマンションが措置法第37条の5《既成市街地等内にある土地等の中高層耐火建築物等の建設のための買換え及び交換の場合の譲渡所得の課税の特例》第1項に規定する買換資産に該当する場合には、甲は、措置法第37条の5の適用を受けることができます（措法37の5④、措令25の4⑯）。

$$
\underset{(\text{Ａ宅地の価額})}{8{,}000\text{万円}} \times \frac{\overset{(\text{交換差金})}{5{,}000\text{万円}}}{\underset{(\text{交換差金})}{5{,}000\text{万円}} + \underset{(\text{Ｂ宅地の価額})}{3{,}000\text{万円}}} = \underset{(\text{交換差金に対応する部分})}{5{,}000\text{万円}}
$$

　この結果、Ａ宅地の譲渡価額のうち、措置法第37条の5の適用を受ける5,000万円に相当する部分は同額のマンションを取得することから譲渡がなかったものとみなされますが、3,000万円については、一般譲渡所得として申告が必要です。

第5編

指定地域一覧表

〔措置法第37条関係〕

第一号関係（既成市街地等の内から外への買換え）

1　既成市街地（首都圏整備法2③）

　首都圏整備法第2条第3項で定める既成市街地とは、東京23区及び武蔵野市の全て並びに三鷹市、横浜市、川崎市及び川口市のうち、下記の別表に掲げる区域を除く区域をいいます（首都圏整備法施行令2）。

（別表）

市　名	区　　　　域
三鷹市	北野1丁目から4丁目まで、新川1丁目、中原1丁目、2丁目及び4丁目並びに大沢2丁目から6丁目までの区域並びに新川4丁目、中原3丁目及び大沢1丁目のうちそれぞれ国土交通大臣が定める区域
横浜市	神奈川区（菅田町及び羽沢町のうちそれぞれ国土交通大臣が定める区域） 港南区（野庭町及び日野町のうちそれぞれ国土交通大臣が定める区域） 保土ケ谷区（新井町及び上菅田町の区域並びに今井町のうち国土交通大臣が定める区域） 旭区（今宿西町、大池町、金が谷、上川井町、上白根町、川井宿町、川井本町、桐が作、笹野台、下川井町、善部町、都岡町、中尾町、中希望が丘、東希望が丘、南希望が丘及び矢指町の区域並びに今川町、今宿町、今宿東町、柏町、さちが丘、白根町、中沢町、二俣川1丁目及び南本宿町のうちそれぞれ国土交通大臣が定める区域） 磯子区（氷取沢町及び峰町の区域並びに上中里町及び栗木町のうちそれぞれ国土交通大臣が定める区域） 金沢区（野島町の区域並びに朝比奈町、乙艫町、釜利谷町及び六浦町のうちそれぞれ国土交通大臣が定める区域） 港北区（牛久保町、大棚町、勝田町、北山田町、すみれが丘、茅ケ崎町、中川町、東山田町及び南山田町の区域並びに新吉田町及び新羽町のうちそれぞれ国土交通大臣が定める区域） 緑区（青砥町、青葉台1丁目及び2丁目、市ケ尾町、美しが丘1丁目から5丁目まで、梅が丘、荏田町、榎が丘、大熊町、大場町、折本町、恩田町、上山町、上谷本町、鴨志田町、川和町、北八朔町、鉄町、黒須田町、小山町、桜台、さつきが丘、寺家町、下谷本町、

	しらとり台、台村町、田奈町、たちばな台1丁目及び2丁目、千草台、つつじが丘、寺山町、十日市場町、長津田町、中山町、奈良町、成合町、新治町、西八朔町、白山町、藤が丘1丁目及び2丁目、松風台、三保町、もえぎ野、元石川町並びに若草台の区域並びに池辺町、鴨居町、川向町、佐江戸町及び東方町のうちそれぞれ国土交通大臣が定める区域) 戸塚区（飯島町、和泉町、岡津町、影取町、笠間町、鍛治ケ谷町、桂町、金井町、上飯田町、上郷町、公田町、小菅ケ谷町、小雀町、下飯田町、新橋町、田谷町、長尾台町、中野町、原宿町、東俣野町、深谷町及び俣野町の区域並びに上矢部町、川上町、汲沢町、品濃町、下倉田町、戸塚町、中田町、長沼町及び名瀬町のうちそれぞれ国土交通大臣が定める区域) 瀬谷区
川崎市	高津区（鷺沼2丁目及び4丁目の区域並びに菅生、平、長尾、向ケ丘、土橋、有馬、野川、宮崎、鷺沼1丁目及び3丁目並びに久末のうちそれぞれ国土交通大臣が定める区域) 多摩区（寺尾台1丁目及び2丁目、三田1丁目から5丁目まで、高石、百合丘1丁目から3丁目まで、細山、千代ケ丘1丁目から7丁目まで、金程、上麻生、片平、五力田、古沢、万福寺、栗木、黒川、下麻生、王禅寺、早野並びに岡上の区域並びに菅、上布田、登戸、宿河原及び生田のうちそれぞれ国土交通大臣が定める区域)
川口市	上青木町2丁目から5丁目まで、前川町1丁目から4丁目まで、赤井、東本郷、蓮沼、江戸袋、前野宿、東貝塚、大竹、峯、新堀、榛松、根岸、在家、道合、神戸、木曾呂、東内野、源左衛門新田、石神、赤芝新田、西新井宿、新井宿、赤山、芝中田町1丁目及び2丁目、芝新町、芝、伊刈、柳崎、小谷場、安行原、安行領家、安行慈林、安行、安行吉岡、安行藤八、安行吉蔵、安行北谷、安行小山、安行西立野、戸塚、西立野、長蔵新田、久左衛門新田、藤兵衛新田、行衛並びに差間の区域

備考　この表に掲げる区域は、それぞれ昭和47年9月1日における行政区画その他の区域によって表示してあります。同日以降の区域等の変更については、関係地方公共団体等で確認してください。

※1　横浜市戸塚区について

戸塚区は昭和61年11月に、栄区・泉区・戸塚区に分区していますが、3区とも一部が既成市街地に含まれています。

※2　川崎市の高津区と多摩区について

昭和57年7月に高津区は高津区と宮前区に、多摩区は多摩区と麻生

区に分区していますが、麻生区が全域既成市街地外。その他の区は一部が既成市街地に含まれています。

※3　横浜市緑区と港北区について

　　平成 6 年11月に緑区と港北区は一部が青葉区と都筑区に分区しています。

2 既成都市区域（近畿圏整備法 2 ③）

　近畿圏整備法第 2 条第 3 項で定める既成都市区域とは、大阪市の区域及び下記の別表に掲げる区域をいいます（近畿圏整備法施行令 1 ）。

（別表）

市　名	区　　　域
京都市	市道白川通と府道高野修学院山端線との交会点を起点とし、順次同府道、府道上賀茂山端線、市道北山通、都市計画街路北山通、府道杉坂西陣線、市道京都環状線、市道衣笠宇多野線、府道花園停車場御室線、府道花園停車場広隆寺線、日本国有鉄道山陰本線、御室川右岸線、府道宇多野嵐山樫原線、桂川左岸線、日本国有鉄道東海道本線、市道京都環状線、府道伏見港京都停車場線、濠川左岸線、宇治川派流右岸線、京阪電気鉄道宇治線、一般国道二十四号線、日本国有鉄道奈良線、一般国道一号線、市道京都環状線、市道丸太町通及び市道白川通を経て起点に至る線で囲まれた区域（右京区鳴滝音戸山町の区域並びに同区太秦中山町、太秦三尾町、嵯峨広沢北下馬野町、嵯峨広沢池下町、音戸山山ノ茶屋町及び山越中町の区域のうち国土交通大臣が定める区域を除く。）並びにこの区域に属さない次の区域 北区衣笠西馬場町、衣笠総門町及び平野宮敷町の区域並びに同区衣笠馬場町及び平野上柳町の区域のうち国土交通大臣が定める区域 右京区常盤柏ノ木町、常盤古御所町、常盤神田町、常盤音戸町、龍安寺塔ノ下町、花園内畑町、宇多野法安寺町及び鳴滝桐ケ淵町の区域並びに同区常盤御池町、常盤山下町、花園岡ノ本町、花園段ノ岡町、御室岡ノ裾町、御室双岡町、宇多野長尾町、宇多野福王子町、宇多野御屋敷町及び鳴滝本町の区域のうち国土交通大臣が定める区域 伏見区深草秡川町、深草一ノ坪町、深草下横縄町、深草正覚町、深草開土町、深草稲荷榎木橋町及び深草稲荷中之町の区域並びに同区深草願成町、深草薮之内町、深草稲荷御前町及び深草直違橋十一丁目の区域のうち国土交通大臣が定める区域 東山区五軒町、石橋町、柚之木町、定法寺町、堀池町、石泉院町、東姉小路町、梅宮町、西小物座町、中之町、夷町、西町、大井手町、今小路町、西海子町、分木町、南西海子町、進之町、土居之内町、堤町、唐戸鼻町、古川町、八軒町、北木之元町、南木之元町、稲荷二丁目、清水四丁目、上弁天町、星野町、月見町、毘沙門町、下弁町北組、稲荷町南組、清井町、遊行前町、梅林町、清水天町、玉水

	町、上田町、辰巳町、月輪町、慈法院庵町、常盤町、東音羽町、下馬町、上馬町、瓦役町、今熊野池田町、今熊野椥ノ森町、泉涌寺雀ケ森町、泉涌寺東林町、泉涌寺門前町、本町十九丁目、本町二十丁目、本町二十一丁目、本町二十二丁目、本町十四丁目及び今熊野宝蔵用の区域並びに同区妙法院前側町、松原町、東分木町、今道町、粟田口華頂町、東町、粟田口三条坊町、谷川町、祇園町北側、祇園町南側、林下町、五条橋東六丁目、白糸町、清水三丁目、下河原町、南町、鷲尾町、金園町、八坂上町、桝屋町、清閑寺下山町、清閑寺池田町、清閑寺山ノ内町、今熊野泉山町、泉涌寺山内町、本町十五丁目、今熊野阿弥陀ケ峯町、本町十七丁目、本町十八丁目、本町十六丁目、今熊野剣ノ宮町、今熊野南日吉町、東瓦町、今熊野日吉町及び今熊野北日吉町の区域のうち国土交通大臣が定める区域 左京区岡崎入江町、岡崎東天王町、岡崎天王町、岡崎法勝寺町、岡崎成勝寺町、岡崎最勝寺町、岡崎西天王町、岡崎徳成町、岡崎円勝寺町、岡崎南御所町、岡崎北御所町、聖護院円頓美町、聖護院山王町、東門前町、北門前町、南門前町、粟田口鳥居町、永観堂西町、鹿ケ谷寺ノ前町、鹿ケ谷西寺ノ前町、鹿ケ谷高岸町、鹿ケ谷上宮ノ前町、鹿ケ谷法然院西町、銀閣寺前町、浄土寺上南田町、浄土寺下南田町、浄土寺馬場町、浄土寺東田町、浄土寺石橋町、北白川上池田町、北白川東久保田町、北白川大堂町、北白川上別当町及び北白川下別当町の区域並びに同区南禅寺北ノ坊町、南禅寺下河原町、南禅寺草川町、南禅寺福地町、若王子町、鹿ケ谷宮ノ前町、鹿ケ谷下宮ノ前町、鹿ケ谷桜谷町、鹿ケ谷法然院町、銀閣寺町、浄土寺南田町、北白川仕伏町、北白川下池田町、北白川上終町、北白川丸山町、北白川山田町及び北白川山ノ元町の区域のうち国土交通大臣が定める区域
守口市	八雲南、八雲旧南十番、八雲旧北十番、八雲旧八番、八雲旧下島、大庭七番、大庭、大日、佐太、大日旧大庭六番、大日旧大庭四番、大日旧大庭三番、佐太旧大庭五番、佐太旧大庭二番、佐太旧大庭一番、佐太西町二丁目、佐太中町四丁目から七丁目まで、佐太東町一丁目及び二丁目、金田、金田町一丁目から六丁目まで、梶、梶町一丁目から四丁目まで、北、大久保町一丁目及び三丁目、東、藤田、藤田町一丁目、藤田浮田通、藤田天社通、藤田東通、藤田東中央通、藤田小金通、藤田大蔵通、藤田桜通、淀川河川区域並びに一般国道163号線以南を除く区域
布施市	長瀬川左岸線と日本国有鉄道東海道本線貨物支線との交会点を起点とし、順次同貨物支線、大阪市との境界線、市道長瀬三百七十四号線、市道衣摺東西線、府道大阪八尾線、八尾市との境界線、府道堺

	布施豊中線、府道大阪枚岡奈良線及び長瀬川左岸線を経て起点に至る線で囲まれた区域（日本国有鉄道東海道本線貨物支線から大阪市との境界線に移るには、その最初の交会点から移るものとする。）
堺市	日本国有鉄道阪和線以西の区域（石津川左岸線以西の区域を除く。）
神戸市	東灘区の区域のうち京阪神急行電鉄神戸本線以南の区域 灘区の区域のうち水車新田、高羽（東灘区、兵庫区並びに灘区水車新田、土山町、桜ケ丘町、一王山町、六甲台町及び篠原で囲まれた区域に限る。）、土山町、桜ケ丘町、一王山町、六甲台町、八幡、篠原、畑原、原田及び岩屋の区域並びに同区大石、五毛及び上野の区域（国土交通大臣が定める区域を除く。）を除く区域 葺合区の区域のうち中尾町及び葺合町の区域（国土交通大臣が定める区域を除く。）を除く区域 生田区の区域のうち神戸港地方の区域（国土交通大臣が定める区域を除く。）を除く区域 兵庫区の区域のうち平野町、烏原村、石井村、清水町（国土交通大臣が定める区域を除く。）、鵯越筋、里山町、天王町三丁目及び四丁目、有馬町、有野町二郎、有野町有野、有野町唐櫃、山田町上谷上、山田町下谷上、山田町原野、山田町福地、山田町中、山田町東下、山田町西下、山田町衝原、山田町小河、山田町坂本、山田町藍那、山田町小部、山田町与左衛門新田、道場町生野、道場町塩田、道場町道場、道場町日下部、道場町平田、八多町中、八多町下小名田、八多町上小名田、八多町吉尾、八多町柳谷、八多町附物、八多町深谷、八多町屏風、八多町西畑、大沢町神付、大沢町上大沢、大沢町中大沢、大沢町日西原、大沢町簾、大沢町市原、長尾町上津、長尾町宅原、淡河町神田、淡河町野瀬、淡河町神影、淡河町中山、淡河町東畑、淡河町北畑、淡河町行原、淡河町木津、淡河町北僧尾、淡河町南僧尾、淡河町萩原、淡河町淡河並びに淡河町勝雄の区域を除く区域 長田区の区域のうち鶯町四丁目、源平町、滝谷町一丁目から三丁目まで、大日丘町一丁目から三丁目まで、萩乃町一丁目から三丁目まで、雲雀ケ丘一丁目から三丁目まで及び一里山町の区域並びに同区鹿松町一丁目から三丁目まで、長者町、林山町、西山町五丁目、池田宮町及び高取山町の区域（国土交通大臣が定める区域を除く。）を除く区域 須磨区の区域のうち板宿、多井畑、妙法寺、車及び白川の区域並びに同区東須磨、西須磨、大手、明神町三丁目から五丁目まで、禅昌寺町一丁目及び二丁目、須磨寺町三丁目及び五丁目、高倉町一丁目及び二丁目並びに一ノ谷町一丁目から四丁目までの区域（内閣総理

502

	大臣が定める区域を除く。）を除く区域
尼崎市	京阪神急行電鉄神戸本線以南の区域
西宮市	京阪神急行電鉄神戸本線以南の区域
芦屋市	京阪神急行電鉄神戸本線以南の区域

備考　この表に掲げる区域は、京都市及び神戸市については昭和四十四年四月十一日、その他の市については昭和四十年五月十五日における行政区画その他の区域又は道路、河川若しくは鉄道によつて表示されたものとする。

3 中部圏の区域

前記１及び２に類する区域として措置法施行令第25条第８項で定める区域とは、首都圏、近畿圏及び中部圏の近郊整備地帯等の整備のための国の財政上の特別措置に関する法律施行令で定める区域のうち下記の別表に掲げる区域をいいます。

（別表）

市　名	区　　　　域	
名古屋市	千種区	猪高町の区域を除く区域
	東区	全域
	北区	西区との区界線と都市計画街路中小田井味鋺線との交会点から順次同中小田井味鋺線、県道名古屋小牧線及び新地蔵寺川右岸線を経て春日井市との境界線に至る線以北の区域を除く区域
	西区	山田町の区域を除く区域
	中村区	全域
	中区	全域
	昭和区	天白町、一つ山、久方一丁目、久方二丁目、山郷町、大根町、高坂町及び御前場町の区域を除く区域
	瑞穂区	全域
	熱田区	全域
	中川区	富田町及び七反田町の区域を除く区域
	港区	南陽町の区域を除く区域
	南区	全域
	守山区	春日井市との境界線と日本国有鉄道中央本線との交会点を起点とし、順次同中央本線、都市計画街路山の手通線、同小幡西山線、千種区との区界線、東区との区界線、北区との区界線及び春日井市との境界線を経て起点に至る線で囲まれた区域
	緑区	南区との区界線と都市計画街路天白橋公園線との交会点を起点とし、順次同天白橋公園線、同彌富鳴海線、同星崎白土線、同鳴子団地大高線、国道一号線及び南区との区界線を経て起点に至る線で囲まれた区域

> 備考　この表に掲げる区域は、昭和四十五年三月一日における行政区画その他
> の区域又は道路、河川若しくは鉄道によつて表示されたものとする。

4　一号の適用に関して、譲渡資産の対象から除外される工場、作業場その他これらに類する施設が相当程度集中している区域として国土交通大臣が指定する区域（令2.3国土交通告491）

東 京 都	大田区
神奈川県	横浜市、川崎市
大 阪 府	大阪市、堺市
兵 庫 県	神戸市、尼崎市及び西宮市の一部

5　一号の適用に関して買換資産の対象となる資産のうち農業及び林業以外の事業の用に供されるものは、既成市街地等以外にある次の区域のものに限るとされています。

(1)　都市計画法第7条第1項ただし書きにより区域区分を定めるとされている区域

都市計画法第7条第1項のただし書きにより区域区分を定めるとされているのは次の区域です。

---

①　既成市街地（首都圏整備法2③）

②　近郊整備地帯（同法2④）

③　既成都市区域（近畿圏整備法2③）

④　近郊整備区域（同法2④）

⑤　都市整備区域（中部圏開発整備法2③）

⑥　大都市に係る都市計画区域として政令で定める区域（都計法令3）

上記区域のうち既成市街地等（①及び③）は、そもそも対象から除かれていますのでそれ以外の次の区域が対象となります。

〔近郊整備地帯（平成28年4月1日現在）〕

都 県 名		市 　 町 　 村 　 名
近郊整備地帯	茨城県	龍ケ崎市、常総市のうち旧水海道市の区域、取手市、坂東市、牛久市、つくばみらい市、五霞町、境町、守谷市、利根町
	埼玉県	川口市、川越市、さいたま市、行田市、所沢市、飯能市のうち旧名栗村の区域を除く区域、加須市、東松山市、春日部市、狭山市、羽生市、鴻巣市、上尾市、草加市、越谷市、蕨市、戸田市、志木市、和光市、桶川市、新座市、朝霞市、入間市、久喜市、北本市、ふじみ野市、富士見市、八潮市、蓮田市、三郷市、坂戸市、幸手市、鶴ヶ島市、日高市、吉川市、伊奈町、三芳町、

		毛呂山町、越生町、滑川町、嵐山町、川島町、吉見町、鳩山町、熊谷市のうち旧大里町の区域、宮代町、白岡市、杉戸町、松伏町
	東 京 都	三鷹市、八王子市、立川市、青梅市、府中市、昭島市、調布市、町田市、小金井市、小平市、日野市、東村山市、国分寺市、国立市、福生市、多摩市、稲城市、狛江市、武蔵村山市、東大和市、清瀬市、東久留米市、西東京市、羽村市、瑞穂町、日の出町、あきる野市
	千 葉 県	千葉市、市川市、船橋市、木更津市、松戸市、野田市、成田市、佐倉市、習志野市、柏市、市原市、君津市、富津市、八千代市、鎌ケ谷市、流山市、我孫子市、四街道市、浦安市、袖ケ浦市、酒々井町、富里市、白井市、印西市、栄町
	神奈川県	横浜市、川崎市、横須賀市、平塚市、鎌倉市、藤沢市、小田原市、茅ケ崎市、逗子市、相模原市、三浦市、秦野市、厚木市、大和市、海老名市、座間市、伊勢原市、南足柄市、綾瀬市、葉山町、寒川町、大磯町、二宮町、中井町、大井町、松田町、開成町、愛川町

(注)　アンダーラインを引いた市町村は、行政区画の一部が近郊整備地帯に該当する市町村です。

〔近郊整備区域（平成30年4月1日現在）〕

府　県　名		市　　町　　村　　名
近郊整備区域	大 阪 府	堺市、岸和田市、豊中市、池田市、吹田市、泉大津市、高槻市、貝塚市、守口市、枚方市、茨木市、八尾市、泉佐野市、富田林市、寝屋川市、河内長野市、松原市、大東市、和泉市、箕面市、柏原市、羽曳野市、門真市、摂津市、高石市、藤井寺市、東大阪市、泉南市、四条畷市、交野市、大阪狭山市、阪南市、島本町、豊能町、能勢町、忠岡町、熊取町、田尻町、岬町、太子町、河南町、千早赤阪村
	京 都 府	京都市、宇治市、亀岡市、城陽市、向日市、長岡京市、八幡市、京田辺市、南丹市、木津川市、大山崎町、久御山町、井出町、精華町
	兵 庫 県	神戸市、尼崎市、西宮市、芦屋市、伊丹市、宝塚市、川西市、三田市、猪名川町

県　　名	市　　町　　村　　名
奈良県	<u>奈良市</u>、大和高田市、<u>大和郡山市</u>、<u>天理市</u>、橿原市、桜井市、五條市、御所市、生駒市、<u>香芝市</u>、葛城市、宇陀市、平群町、三郷町、斑鳩町、安堵町、川西町、三宅町、田原本町、高取町、明日香村、上牧町、王寺町、広陵町、河合町、<u>吉野町</u>、大淀町、下市町

（注）　アンダーラインを引いた市町村は、行政区域の一部が近郊整備区域に該当する市町村です。

〔都市整備区域（平成30年4月1日現在）〕

	県　　名	市　　町　　村　　名
都市整備区域	愛知県	名古屋市、<u>岡崎市</u>、一宮市、瀬戸市、半田市、春日井市、津島市、<u>碧南市</u>、刈谷市、豊田市、安城市、西尾市、犬山市、常滑市、江南市、小牧市、稲沢市、東海市、大府市、知多市、知立市、尾張旭市、高浜市、岩倉市、豊明市、日進市、愛西市、清須市、北名古屋市、弥富市、みよし市、あま市、長久手市、東郷町、豊山町、大口町、扶桑町、大治町、蟹江町、阿久比町、東浦町、南知多町、美浜町、武豊町、幸田町、飛島村
	三重県	四日市市、桑名市、<u>いなべ市</u>、木曽岬町、東員町、朝日町、川越町

（注）　アンダーラインを引いた市町村は、行政区域の一部が近郊整備区域に該当する市町村です。

〔大都市に係る都市計画区域として都市計画法施行令で定める区域〕

地方自治法第252条の19第1項の指定都市（政令指定都市）の全部又は一部を含む都市計画区域

平成28年10月26日現在

都　　市	人　　口[※1]	移行年月日	指定政令[※2]
大阪市	2,691,185人	昭和31年9月1日	昭和31年政令第254号
名古屋市	2,295,638人	昭和31年9月1日	
京都市	1,475,183人	昭和31年9月1日	
横浜市	3,724,844人	昭和31年9月1日	
神戸市	1,537,272人	昭和31年9月1日	

北九州市	961,286人	昭和38年 4 月 1 日	昭和38年政令第10号
札 幌 市	1,952,356人	昭和47年 4 月 1 日	昭和46年政令第276号
川 崎 市	1,475,213人	昭和47年 4 月 1 日	
福 岡 市	1,538,681人	昭和47年 4 月 1 日	
広 島 市	1,194,034人	昭和55年 4 月 1 日	昭和54年政令第237号
仙 台 市	1,082,159人	平成元年 4 月 1 日	昭和63年政令第261号
千 葉 市	971,882人	平成 4 年 4 月 1 日	平成 3 年政令第324号
さいたま市	1,263,979人	平成15年 4 月 1 日	平成14年政令第319号
静 岡 市	704,989人	平成17年 4 月 1 日	平成16年政令第322号
堺　　市	839,310人	平成18年 4 月 1 日	平成17年政令第323号
新 潟 市	810,157人	平成19年 4 月 1 日	平成18年政令第338号
浜 松 市	797,980人	平成19年 4 月 1 日	
岡 山 市	719,474人	平成21年 4 月 1 日	平成20年政令第315号
相模原市	720,780人	平成22年 4 月 1 日	平成21年政令第251号
熊 本 市	740,822人	平成24年 4 月 1 日	平成23年政令第323号

※ 1　人口は、平成27年国勢調査（確定値）である。

※ 2　地方自治法第252条の19第 1 項の指定都市の指定に関する政令（北九州市の指定からは同政令の一部を改正する政令による。）

(2) 首都圏整備法第2条第5項又は近畿圏整備法第2条第5項又は中部関係整備法第2条第4項に規定する都市開発区域

〔首都圏の都市開発区域（平成28年4月1日現在)〕

県　名		市　　区　　町　　村　　名
都市開発区域	埼玉県	
	熊谷・深谷地区	熊谷市、深谷市
	本庄地区	本庄市
	秩父地区	秩父市、横瀬町、皆野町
	茨城県	
	水戸・日立地区	水戸市、日立市、ひたちなか市、常陸太田市、那珂市、茨城町、大洗町、東海村
	鹿島地区	鹿嶋市、神栖市
	石岡地区	石岡市
	土浦・阿見地区	土浦市、かすみがうら市、阿見町
	茨城県	
	古河・総和地区	古河市
	筑波地区	つくば市
	下館・結城地区	結城市、筑西市、桜川市
	栃木県	
	宇都宮地区	宇都宮市、鹿沼市、真岡市、さくら市、下野市、上三川町、芳賀町、壬生町、高根沢町
	佐野・足利地区	足利市、佐野市
	栃木地区	栃木市
	小山地区	小山市、下野市、野木町
	大田原地区	大田原市、那須塩原市
	群馬県	
	前橋・高崎地区	前橋市、高崎市、伊勢崎市、藤岡市、玉村町
	太田・館林地区	太田市、館林市、板倉町、明和町、千代田町、大泉町、邑楽町
	桐生地区	桐生市、太田市、みどり市
	山梨県	
	甲府地区	甲府市、甲斐市、中央市、昭和町

(注) アンダーラインを引いた市町村は、行政区画の一部が都市開発区域に該当する市町村です。

〔近畿圏の都市開発区域（平成30年4月1日現在）〕

府　県　名		市　町　村　名
都市開発区域	福　井　県　福井敦賀区域	福井市、敦賀市、鯖江市、あわら市、越前市、坂井市、永平寺市町、南越前町、越前町
	三　重　県　伊賀区域	名張市、伊賀市
	滋　賀　県　琵琶湖東部区域	大津市、彦根市、長浜市、近江八幡市、草津市、守山市、栗東市、甲賀市、野洲市、湖南市、東近江市、米原市、日野町、竜王町、愛荘町、豊郷町、甲良町
	京　都　府　京都中丹波区域	福知山市、舞鶴市、綾部市、宮津市
	兵　庫　県　播磨区域	姫路市、明石市、相生市、加古川市、赤穂市、西脇市、三木市、高砂市、小野市、加西市、宍粟市、加東市、たつの市、稲美町、播磨町、福崎町、太子町、上郡町
	和歌山県　和歌山区域	和歌山市、海南市、橋本市、有田市、御坊市、紀の川市、岩出市、かつらぎ町、九度山町、湯浅町、広川町、有田川町、美浜町、日高町、由良町、日高川町

（注）　アンダーラインを引いた市町村は、行政区画の一部が都市開発区域に該当する市町村です。

〔中部圏の都市開発区域（平成30年4月1日現在）〕

県　名		市　町　村　名
都市開発区域	富　山　県　富山・高岡区域	富山市、高岡市、砺波市、小矢部市、射水市、舟橋村
	石　川　県　金沢・小松区域	金沢市、小松市、かほく市、白山市、能美市、野々市市、川北町、津幡町、内灘町
	福　井　県　福井・坂井区域	福井市、あわら市、坂井市、永平寺町
	長　野　県　長野・上田区域	長野市、上田市、須坂市、中野市、千曲市、坂城町、小布施町
	伊那谷区域	飯田市、伊那市、駒ヶ根市、宮田村
	岐　阜　県　岐阜区域	岐阜市、大垣市、多治見市、関市、中津川市、美濃市、瑞浪市、羽島市、恵那市、美濃加茂市、土岐市、各務原市、可児市、山

			県市、瑞穂市、本巣市、海津市、岐南町、笠松町、養老町、垂井町、関ヶ原町、神戸町、輪之内町、安八町、揖斐川町、大野町、池田町、北方町、坂祝町、富加町、川辺町、八百津町、御嵩町
		高山区域	高山市
	静 岡 県	東駿河湾区域	静岡市、沼津市、三島市、富士宮市、富士市、御殿場市、裾野市、伊豆の国市、函南町、清水町、長泉町、小山町
		西駿河湾区域	静岡市、島田市、焼津市、藤枝市、御前崎市、牧之原市、吉田町
		遠州区域	浜松市、磐田市、掛川市、袋井市、湖西市、御前崎市、菊川市、森町
	愛 知 県	東三河区域	豊橋市、豊川市、蒲郡市、新城市、田原市
	三 重 県	伊勢区域	津市、伊勢市、松阪市、鈴鹿市、亀山市、明和町
	滋 賀 県	琵琶湖東北部区域	彦根市、長浜市、米原市、豊郷町、甲良町、多賀町

（注） アンダーラインを引いた市町村は、行政区画の一部が都市開発区域に該当する市町村です。

第二号関係（航空機騒音障害区域の内から外への買換え）

1　航空機騒音障害防止特別地区

　特定空港周辺航空機騒音対策特別措置法により特定空港として指定された空港は、成田国際空港のみであり、同法第 4 条第 1 項に規定する航空機騒音障害防止特別地区には、成田市、山武郡芝山町、山武郡横芝光町、香取郡多古町のそれぞれ一部地域が指定されています。

2　第二種地域

　公共用飛行場周辺における航空機騒音による障害の防止等に関する法律第 9 条第 1 項に規定する第 2 種区域は、次表のとおりです。

空　港　名	適　用　区　域
成田国際空港	滑走路Aの短辺の側における滑走路Aの中心線（その延長線を含みます。以下単に「中心線」といいます。）上の滑走路Aの北側末端から滑走路Aの外側へ5,615メートルの地点において中心線と直角をなす直線上同地点から245メートルの距離を有する 2 つの地点のうち東側の地点を(イ)と、西側の地点を(ロ)とし、中心線上の滑走路Aの北側末端から滑走路Aの外側へ2,000メートルの地点において中心線と直角をなす直線上同地点から435メートルの距離を有する 2 つの地点のうち東側の地点を(ハ)と、西側の地点を(ニ)とし、中心線上の滑走路Aの北側末端の地点において中心線と直角をなす直線上同地点から540メートルの距離を有する 2 つの地点のうち東側の地点を(ホ)と、西側の地点を(ヘ)とし、中心線上の滑走路Aの南側末端の地点において中心線と直角をなす直線上同地点から540メートルの距離を有する 2 つの地点のうち東側の地点を(ト)と西側の地点を(チ)とし、中心線上の滑走路Aの南側末端から滑走路Aの外側へ2,000メートルの地点において中心線と直角をなす直線上同地点から435メートルの距離を有する 2 つの地点のうち東側の地点を(リ)と、西側の地点を(ヌ)とし、中心線上の滑走路Aの南側末端から滑走路Aの外側へ5,615メートルの地点において中心線と直角をなす直線上同地点から245メートルの距離を有する地点のうち東側の地点を(ル)と、西側の地点を(ヲ)とした場合において、(イ)、(ハ)、(ホ)、(ト)、(リ)、(ル)、(ヲ)、(ヌ)、(チ)、(ヘ)、(ニ)及び(ロ)の各

	地点を順次に結んだ線並びに(イ)と(ロ)の地点を結んだ線により囲まれる区域（公共用飛行場周辺における航空機騒音による障害の防止等に関する法律の一部を改正する法律（昭和49年法律第8号）附則第2条第1項の規定により第2種区域とみなされた区域を除きます。）
東京国際空港	滑走路Cの短辺の側における滑走路Cの中心線（その延長線を含みます。以下単に「中心線C」といいます。）上の滑走路Cの北側末端の地点において中心線Cと直角をなす直線上同地点から東側へ500メートルの距離は有する地点を(イ)と、西側に500メートルの距離を有する地点を(ロ)とし、中心線C上の滑走路Cの北側末端から滑走路Cの外側へ2,700メートルの地点を(ハ)とし、同地点において中心線Cと直角をなす直線上地点から東側へ1,550メートルの距離を有する地点を(ニ)とし、中心線C上の滑走路Cの北側末端から滑走路Cの外側へ1,000メートルの地点において中心線Cと直角をなす直線上同地点から西側へ630メートルの距離を有する地点を(ホ)とし、滑走路Bの短辺の側における滑走路Bの中心線（その延長線を含みます。以下単に「中心線B」といいます。）上の滑走路Bの西側末端の地点において中心線Bと直角をなす直線上同地点から北側へ400メートルの距離を有する地点を(ヘ)とし、中心線B上の滑走路Bの西側末端から滑走路Bの内側へ500メートルの地点において中心線Bと直角をなす直線上同地点から北側へ400メートルの距離を有する地点を(ト)とし、中心線B上の滑走路Bの西側末端から滑走路Bの外側へ800メートルの地点において中心線Bと直角をなす直線上同地点から北側へ200メートルの距離を有する地点を(チ)とした場合において、(イ)、(ニ)、(ハ)、(ホ)、(ロ)、(ト)、(ヘ)及び(チ)の各地点を順次に結んだ線、(チ)の地点から中心線Bに対し直角に同線まで引いた線、中心線B並びに(チ)の地点から中心線Cに対し平行に中心線Bまで引いた線により囲まれた区域であって第1種区域にあるもの（公併用飛行場周辺における航空機騒音による障害の防止等に関する法律の一部を改正する法律（昭和49年法律第8号）附則第2条第1項の規定により第2種区域とみなされた区域を除きます。）
新 潟 空 港	滑走路の短辺の側における滑走路の中心線（その延長線を含みます。以下単に「中心線」といいます。）上の滑走路の東側末端から滑走路の外側へ300メートルの地点を(イ)とし、同地点において中心線と直角をなす直線上同地点から南側へ285メー

トルの距離を有する地点を㈹とし、中心線上の滑走路の西側末端から滑走路の外側へ300メートルの地点において中心線と直角をなす直線上の同地点から南側へ285メートルの距離を有する地点を㈥とし、中心線上の滑走路の西側末端から滑走路の外側へ800メートルの地点を㈡とし、同地点において中心線と直角をなす直線上同地点から南側へ100メートルの距離を有する地点を㈭とした場合において、㈤、㈡、㈭、㈥及び㈹の各地点を順次に結んだ線ならびに㈤と㈹の地点を結んだ線により囲まれた区域

（注）　東京国税局及び関東信越国税局管内のみ掲載しています。

3　第二種区域

　防衛施設周辺の生活環境の整備等に関する法律第５条第１項に規定する第二種区域は次のとおりです。

イ　旧法に基づく指定区域

都県名	飛行場名	指定区域	除外区域
東京都 神奈川県	横田飛行場 厚木　〃	進入表面及び転移表面の投影面と一致する区域のうち、着陸帯の短辺の側における着陸隊の中心線の延長1,000メートルの点において中心線と直角をなす２つの平行な直線によってはさまれる区域）	当該飛行場に係る指定区域のうち、転移表面の投影面と一致する区域
千葉県 埼玉県 茨城県	木更津飛行場 入間　〃 百里　〃		指定区域のうち、着陸帯の短辺の側における着陸帯の中心線の延長500メートルの点において中心線と直角をなす一直線と着陸帯の短辺及びその延長線によってはさまれる進入表面の投影面と一致する部分以外の区域

ロ　新法に基づく指定区域

都県名	飛行場名	指定区域
東京都	横田飛行場	次に示す区域のうち横田防衛施設事務所に備え置いて縦覧に供する図面に横田飛行場に係る第２種区域として示す部分（旧法により指定されている区域を除きます。）

		立川市砂川町、昭島市拝島町並びに福生市熊川並びに東京都西多摩郡瑞穂町大字箱根ケ崎及び大字武蔵
		この表に掲げる区域は、昭和54年8月31日における行政区画によって表示されています。
神奈川県	厚木飛行場	次に示す区域のうち立川防衛施設事務所、横浜防衛施設局及び座間防衛施設事務所に備え置いて縦覧に供する図面に厚木飛行場に係る第2種区域として示す部分（旧法により指定されている区域を除きます。） 藤沢市長後 大和市上草柳、桜森1丁目、上草柳2丁目、上草柳3丁目、上草柳6丁目、上草柳8丁目、上草柳9丁目、中央3丁目、草柳1丁目、草柳2丁目、下草柳、福田、代官2丁目、代官3丁目及び代官4丁目 綾瀬市深谷、本蓼川及び蓼川
		この表に掲げる区域は、昭和59年5月31日における行政区画によって表示されています。
茨 城 県	百里飛行場	次に示す区域のうち水戸防衛施設事務所に備え置いて縦覧に供する図面に百里飛行場に係る第2種区域として示す部分（旧法により指定されている区域を除きます。） 茨城県東茨城郡旧小川町（現小美玉市）大字下吉影、大字飯前、大字上合、大字与沢、大字倉数、大字山野及び大字外之内 茨城県鹿児島郡旧鉾田町（現鉾田市）大字紅葉及び大字大和田 茨城県行方郡旧玉造町（現行方市）大字羽生
		この表に掲げる区域は、昭和59年10月31日における行政区画によって表示されています。

（注）　旧法第5条第1項の規定により指定されている区域は、第5条第1項の規定により指定された区域とみなされます。

第三号関係（過疎地域の外から内への買換え）

〔過疎地域〕

　過疎地域自立促進特別措置法第2条第1項の規定により定められた平成29年4月1日現在の過疎地域は、次表のとおりです。

都道府県名	郡 市 名	町 村 ・ 区 域 名
茨 城 県	常陸太田市	旧金砂郷町、旧水府町、旧里美村の区域
	常陸大宮市	旧御前山村、旧山方町、旧美和村、旧緒川村の区域
	東茨城郡	城里町のうち旧七会村の区域
	久慈郡	大子町
	北相馬郡	利根町
栃 木 県	日光市	旧足尾村、旧栗山村の区域
	芳賀郡	茂木町
	塩谷郡	塩谷町
	那須郡	那珂川町
群 馬 県	高崎市	旧倉渕村の区域
	桐生市	旧黒保根村の区域
	沼田市	旧利根村の区域
	藤岡市	旧鬼石町の区域
	みどり市	旧東村の区域
	多野郡	上野村、神流町
	甘楽郡	下仁田町、南牧村
	吾妻郡	中之条町、嬬恋村、東吾妻町
	利根郡	片品村、みなかみ町
埼 玉 県	秩父市	旧大滝村の区域
	秩父郡	小鹿野町、東秩父村
	児玉郡	神川町のうち旧神泉村の区域
千 葉 県	勝浦市	
	鴨川市	旧天津小湊町の区域
	南房総市	
	香取郡	東庄町
	長生郡	長南町
	夷隅郡	大多喜町

	安房郡	鋸南町
東 京 都	西多摩郡	檜原村、奥多摩町
	―	大島町、新島村、三宅村、青ヶ島村
神 奈 川 県	足柄下郡	真鶴町
新 潟 県	長岡市	旧山古志村、旧小国町、旧栃尾市、旧和島村、旧川口町の区域
	柏崎市	旧高柳町、旧西山町の区域
	十日町市	
	糸魚川市	
	妙高市	旧妙高村の区域
	上越市	旧安塚町、旧浦川原村、旧大島村、旧牧村、旧吉川町、旧板倉町、旧清里村、旧三和村、旧名立町の区域
	佐渡市	
	魚沼市	
	東蒲原郡	阿賀町
	三島郡	出雲崎町
	中魚沼郡	津南町
	岩船郡	関川村、粟島浦村
山 梨 県	甲府市	旧上九一色村の区域
	山梨市	旧牧丘町、旧三富村の区域
	南アルプス市	旧芦安村の区域
	北杜市	旧須玉町、旧白州町、旧武川村の区域
	甲州市	旧大和村の区域
	笛吹市	旧芦川村の区域
	西八代郡	市川三郷町
	南巨摩郡	富士川町のうち旧鰍沢町の区域、早川町、身延町、南部町
	南都留郡	道志村、富士河口湖町のうち旧上九一色村の区域
	北都留郡	小菅村、丹波山村
長 野 県	長野市	旧大岡村、旧戸隠村、旧鬼無里村、旧信州新町、旧中条村の区域
	松本市	旧四賀村、旧奈川村、旧安曇村の区域
	飯田市	旧上村、旧南信濃村の区域

伊那市	旧高遠町、旧長谷村の区域
大町市	旧八坂村、旧美麻村の区域
飯山市	
塩尻市	旧楢川村の区域
佐久市	旧望月町の区域
南佐久郡	小海町、南相木村、北相木村
小県郡	長和町
上伊那郡	中川村
下伊那郡	阿南町、阿智村のうち旧浪合村、旧清内路村の区域、平谷村、根羽村、売木村、天龍村、泰阜村、大鹿村
木曽郡	上松町、南木曽町、木祖村、王滝村、大桑村、木曽町
東筑摩郡	麻績村、生坂村、筑北村
北安曇郡	小谷村
下高井郡	山ノ内町、木島平村、野沢温泉村
上水内郡	信濃町、小川村
下水内郡	栄村

（注） 東京国税局及び関東信越国税局のみ掲載しています。

第四号関係（土地の計画的かつ効率的な利用の施策により買換えが行われる場合）

〔これに類する区域（措令25⑪）〕

これに類する区域とは、都市計画に都市再開発法第2条の3第1項二号に掲げる地区若しくは同条第2項に規定する地区の定められた市又は道府県庁所在地の市の区域で都市計画法第4条第2項に規定する都市計画区域の内、最近の国勢調査の結果により人口集中地区として定められた区域をいいます。ただし、既成市街地等を除きます。

1 都市再開発法第2条の3第1項第二号に掲げる地区（いわゆる2号地区）

都市再開発法第2条の3第1項二号に掲げる地区とは、人口集中の著しい大都市（都市再開発法施行令第1条の2）を含む都市計画区域の市街化区域内にあって計画的な再開発が必要な市街地（いわゆる1号市街地）のうち、特に一体的かつ総合的に市街地の再開発を促進すべき相当規模の地区をいいます。

東 京 都	23区、立川市
神 奈 川 県	横浜市、川崎市
さいたま県	さいたま市、川口市
千 葉 県	千葉市、船橋市
大 阪 府	大阪市、堺市、東大阪市
兵 庫 県	神戸市、尼崎市、西宮市
福 岡 県	福岡市、北九州市
京 都 府	京都市
愛 知 県	名古屋市
広 島 県	広島市
宮 城 県	仙台市
北 海 道	札幌市

2　都市再開発法第２条の３第２項に掲げる地区（いわゆる２項地区）

　都市再開発法第２条の３第２項に掲げる地区とは、上記１の都市計画区域以外の都市計画区域内の市街化区域にあって計画的な再開発が必要な市街地のうち、特に一体的かつ総合的に市街地の再開発を促進すべき相当規模の地区をいいます。

3　県庁所在地の市の区域で人口集中地区の区域

　県庁所在の市の区域で人口集中地区の区域とは、県庁所在の市の区域の都市計画区域のうち、最近の国勢調査の結果により人口集中地区と指定された区域をいいます（既成市街地等を除きます。）。

　なお、人口集中地区は、総務省統計局のホームページで確認することができます。

〔措置法第37条の５関係〕

二号関係（中高層の耐火共同住宅建設のための買換え）

〔既成市街地等に準ずる区域として指定された区域〕

　首都圏整備法第２条第４項に規定する近郊整備地帯、近畿圏整備法第２条第４項に規定する近郊整備区域又は中部圏開発整備法第２条第３項に規定する都市整備区域のうち、既成市街地等と連携して既に市街地を形成していると認められる市の区域のうち、区域の相当部分が最近の国勢調査の結果による人口集中地区に該当し、かつ、都市計画その他の土地利用計画に照らし中高層住宅の建設が必要である区域として国土交通大臣が財務大臣と協議して指定した区域をいい、具体的には、次の表に掲げる市のうち都市計画法第７条第１項の市街化区域として定められている区域をいいます（措令25の４⑥）。

都道府県名	市　　　名
埼　玉　県	川口市、さいたま市、所沢市、春日部市、上尾市、草加市、越谷市、蕨市、戸田市、朝霞市、志木市、和光市、新座市、八潮市、富士見市、三郷市
千　葉　県	千葉市、市川市、船橋市、松戸市、野田市、佐倉市、習志野市、柏市、流山市、八千代市、我孫子市、鎌ヶ谷市、浦安市、四街道市
東　京　都	八王子市、立川市、三鷹市、青梅市、府中市、昭島市、調布市、町田市、小金井市、小平市、日野市、東村山市、国分寺市、国立市、西東京市、福生市、狛江市、東大和市、清瀬市、東久留米市、武蔵村山市、多摩市、稲城市、羽村市
神奈川県	横浜市、川崎市、横須賀市、平塚市、鎌倉市、藤沢市、茅ヶ崎市、逗子市、相模原市、厚木市、大和市、海老名市、座間市、綾瀬市
愛　知　県	名古屋市、春日井市、小牧市、尾張旭市、豊明市
京　都　府	京都市、宇治市、向日市、長岡京市、八幡市
大　阪　府	堺市、岸和田市、豊中市、池田市、吹田市、泉大津市、高槻市、貝塚市、守口市、枚方市、茨木市、八尾市、泉佐野市、富田林市、寝屋川市、河内長野市、松原市、大東市、和泉市、箕面市、柏原市、羽曳野市、門真市、摂津市、高石市、藤井寺市、東大阪市、

		四條畷市、交野市、大阪狭山市
兵　庫　県		神戸市、尼崎市、西宮市、芦屋市、伊丹市、宝塚市、川西市

第6編

参考法令等

租税特別措置法（昭和32年 3 月31日法律第26号）

第八款　特定の事業用資産の買換えの場合等の譲渡所得の課税の特例

（最終改正：令和 2 年 6 月19日法律第58号）

（特定の事業用資産の買換えの場合の譲渡所得の課税の特例）

第37条　個人が、昭和45年 1 月 1 日から令和 5 年12月31日（次の表の第三号又は
　　　第五号の上欄に掲げる資産にあつては令和 3 年 3 月31日とし、同表の第六号の
　　　上欄に掲げる資産にあつては令和 5 年 3 月31日とする。）までの間に、その有
　　　する資産（所得税法第 2 条第 1 項第十六号に規定する棚卸資産その他これに準
　　　ずる資産で政令で定めるものを除く。以下この条、第37条の 4 及び第37条の 5
　　　において同じ。）で同表の各号の上欄に掲げるもののうち事業（事業に準ずる
　　　ものとして政令で定めるものを含む。以下第37条の 5 まで及び第37条の 9 にお
　　　いて同じ。）の用に供しているものの譲渡（譲渡所得の基因となる不動産等の
　　　貸付けを含むものとし、第33条から第33条の 3 までの規定に該当するもの及び
　　　贈与、交換又は出資によるものその他政令で定めるものを除く。以下この条に
　　　おいて同じ。）をした場合において、当該譲渡の日の属する年の12月31日まで
　　　に、当該各号の下欄に掲げる資産の取得（建設及び製作を含むものとし、贈与、
　　　交換又は法人税法第 2 条第十二号の五の二に規定する現物分配によるもの、所
　　　有権移転外リース取引によるものその他政令で定めるものを除く。同表の第一
　　　号、第二号及び第六号の上欄を除き、以下第37条の 3 までにおいて同じ。）を
　　　し、かつ、当該取得の日から 1 年以内に、当該取得をした資産（以下同条まで
　　　において「買換資産」という。）を当該各号の下欄に規定する地域内にある当
　　　該個人の事業の用（同表の第七号の下欄に掲げる船舶については、その個人の
　　　事業の用。第 3 項及び第 4 項並びに次条第 1 項において同じ。）に供したとき
　　　（当該期間内に当該事業の用に供しなくなつたときを除く。）、又は供する見込
　　　みであるときは、当該譲渡による収入金額が当該買換資産の取得価額以下であ
　　　る場合にあつては当該譲渡に係る資産のうち当該収入金額の100分の80（当該
　　　譲渡をした資産が同表の第二号の上欄に掲げる資産（令和 2 年 4 月 1 日前に同
　　　欄のイ若しくはロに掲げる区域となつた区域内又は同欄のハに掲げる区域内に

あるものに限る。第37条の3第2項において同じ。）に該当し、かつ、当該買
換資産が同号の下欄に掲げる資産に該当する場合には、100分の70。以下この
項において同じ。）に相当する金額を超える金額に相当するものとして政令で
定める部分の譲渡があつたものとし、当該収入金額が当該取得価額を超える場
合にあつては当該譲渡に係る資産のうち当該取得価額の100分の80に相当する
金額を超える金額に相当するものとして政令で定める部分の譲渡があつたもの
として、第31条若しくは第32条又は所得税法第33条の規定を適用する。

譲渡資産	買換資産
一 次に掲げる区域（政令で定める区域を除く。以下この表において「既成市街地等」という。）内にある事業所で政令で定めるものとして使用されている建物（その附属設備を含む。以下この表において同じ。）又はその敷地の用に供されている土地等（土地又は土地の上に存する権利をいう。以下この条において同じ。）で、当該個人により取得をされたこれらの資産のうちその譲渡の日の属する年の１月１日において所有期間（第31条第2項に規定する所有期間をいう。第六号及び第5項において同じ。）が10年を超えるもの イ　首都圏整備法（昭和31年法律第八十三号）第2条第3項に規定する既成市街地 ロ　近畿圏整備法（昭和38年法律第百二十九号）第2条第3項に規定する既成都市区域 ハ　イ又はロに掲げる区域に類するものとして政令で定める区域	既成市街地等以外の地域内（国内に限る。以下第三号までにおいて同じ。）にある土地等、建物、構築物又は機械及び装置（農業及び林業以外の事業の用に供されるものにあつては次に掲げる区域（ロに掲げる区域にあつては、都市計画法第七条第1項の市街化調整区域と定められた区域を除く。）内にあるものに限るものとし、農業又は林業の用に供されるものにあつては同項の市街化区域と定められた区域（以下この号及び次号において「市街化区域」という。）以外の地域内にあるものに限るものとし、都市再生特別措置法第81条第1項の規定により同項に規定する立地適正化計画を作成した市町村の当該立地適正化計画に記載された同条第2項第三号に規定する都市機能誘導区域以外の地域内にある当該立地適正化計画に記載された同号に規定する誘導施設に係る土地等、建物及び構築物を除く。） イ　市街化区域のうち都市計画法第七条第1項ただし書の規定により区域区分（同項に規定する区域区分をいう。）を定めるものとされている区域

528

	ロ　首都圏整備法第2条第5項又は近畿圏整備法第2条第5項に規定する都市開発区域その他これに類するものとして政令で定める区域
二　次に掲げる区域（以下この号において「航空機騒音障害区域」という。）内にある土地等（平成26年4月1日又はその土地等のある区域が航空機騒音障害区域となつた日のいずれか遅い日以後に取得（相続、遺贈又は贈与による取得を除く。）をされたものを除く。）、建物又は構築物でそれぞれ次に定める場合に譲渡をされるもの イ　特定空港周辺航空機騒音対策特別措置法第4条第1項に規定する航空機騒音障害防止特別地区　同法第8条第1項若しくは第9条第2項の規定により買い取られ、又は同条第1項の規定により補償金を取得する場合 ロ　公共用飛行場周辺における航空機騒音による障害の防止等に関する法律第9条第1項に規定する第二種区域　同条第2項の規定により買い取られ、又は同条第1項の規定により補償金を取得する場合 ハ　防衛施設周辺の生活環境の整備等に関する法律第5条第1項に規定する第二種区域　同条第2項の規定により買い取られ、又は同条第1項の規定により補償金を取得する場合	航空機騒音障害区域以外の地域内にある土地等、建物、構築物又は機械及び装置（農業又は林業の用に供されるものにあつては、市街化区域以外の地域内にあるものに限る。）
三　過疎地域自立促進特別措置法第2条第1項に規定する過疎地域（同項に規定する過疎地域に係る市町村の廃置分合又は境界変更に伴い同法第	過疎地域内にある特定資産（土地等、建物、構築物又は機械及び装置をいう。次号において同じ。）

33条第1項の規定に基づいて新たに同法第2条第1項に規定する過疎地域に該当することとなつた区域その他政令で定める区域を除く。以下この号において「過疎地域」という。）以外の地域内にある土地等、建物又は構築物（既成市街地等内にあるものにあつては、事務所若しくは事業所で政令で定めるものとして使用されている建物又はその敷地の用に供されている土地等に限る。）	
四　既成市街地等及びこれに類する区域として政令で定める区域内にある土地等、建物又は構築物	上欄に規定する区域内にある特定資産で、土地の計画的かつ効率的な利用に資するものとして政令で定める施策の実施に伴い、当該施策に従つて取得をされるもの（政令で定めるものを除く。）
五　密集市街地における防災街区の整備の促進に関する法律第3条第1項第一号に規定する防災再開発促進地区のうち地震その他の災害が発生した場合に著しく危険な地区として政令で定める地区（以下この号において「危険密集市街地」という。）内にある土地等、建物又は構築物で、当該土地等又は当該建物若しくは構築物の敷地の用に供されている土地等の上に耐火建築物等又は準耐火建築物等（それぞれ建築基準法第53条第3項第一号イに規定する耐火建築物等又は同号ロに規定する準耐火建築物等をいう。）で政令で定めるものを建築するために譲渡をされるもの	当該危険密集市街地内にある土地等、建物又は構築物で、密集市街地における防災街区の整備の促進に関する法律による防災街区整備事業に関する都市計画の実施に伴い、当該防災街区整備事業に関する都市計画に従つて取得をされるもの
六　国内にある土地等、建物又は構築物で、当該個人により取得をされたこれらの資産のうちその譲渡の日の	国内にある土地等（事務所、事業所その他の政令で定める施設（以下この号において「特定施設」という。）の

属する年の 1 月 1 日において所有期間が10年を超えるもの	敷地の用に供されるもの（当該特定施設に係る事業の遂行上必要な駐車場の用に供されるものを含む。）又は駐車場の用に供されるもの（建物又は構築物の敷地の用に供されていないことについて政令で定めるやむを得ない事情があるものに限る。）で、その面積が300平方メートル以上のものに限る。）、建物又は構築物
七　船舶（船舶法第一条に規定する日本船舶に限るものとし、漁業（水産動植物の採捕又は養殖の事業をいう。）の用に供されるものを除く。以下この号において同じ。）のうちその進水の日からその譲渡の日までの期間が政令で定める期間に満たないもの	船舶（政令で定めるものに限る。）

2　前項の規定を適用する場合において、その年中の買換資産のうちに土地等があり、かつ、当該土地等をそれぞれ同項の表の各号の下欄ごとに区分をし、当該区分ごとに計算した当該土地等に係る面積が、当該年中において譲渡をした当該各号の上欄に掲げる土地等に係る面積を基礎として政令で定めるところにより計算した面積を超えるときは、同項の規定にかかわらず、当該買換資産である土地等のうちその超える部分の面積に対応するものは、同項の買換資産に該当しないものとする。

3　前 2 項の規定は、昭和45年 1 月 1 日から令和 5 年12月31日（第 1 項の表の第三号又は第五号の上欄に掲げる資産にあつては令和 3 年 3 月31日とし、同表の第六号の上欄に掲げる資産にあつては令和 5 年 3 月31日とする。）までの間に同表の各号の上欄に掲げる資産で事業の用に供しているものの譲渡をした個人が、当該譲渡をした日の属する年の前年中（工場等の建設に要する期間が通常 1 年を超えることその他の政令で定めるやむを得ない事情がある場合には、政令で定める期間内）に当該各号の下欄に掲げる資産の取得をし、かつ、当該取得の日から 1 年以内に、当該取得をした資産（政令で定めるところにより納税

地の所轄税務署長にこの項の規定の適用を受ける旨の届出をしたものに限る。）を当該各号の下欄に規定する地域内にある当該個人の事業の用に供した場合（当該取得の日から1年以内に当該事業の用に供しなくなつた場合を除く。）について準用する。この場合において、第1項中「供する見込みであるときは」とあるのは、「供する見込みであるときは、政令で定めるところにより」と読み替えるものとする。

4　第1項及び第2項の規定は、昭和45年1月1日から令和5年12月31日（第1項の表の第三号又は第五号の上欄に掲げる資産にあつては令和3年3月31日とし、同表の第六号の上欄に掲げる資産にあつては令和5年3月31日とする。）までの間に同表の各号の上欄に掲げる資産で事業の用に供しているものの譲渡をした個人が、当該譲渡をした日の属する年の翌年の1月1日から同年の12月31日までの期間（前項に規定する政令で定めるやむを得ない事情があるため、同日までに当該各号の下欄に掲げる資産の取得をすることが困難である場合において、政令で定めるところにより税務署長の承認を受けたときは、当該資産の取得をすることができるものとして、同日後2年以内において当該税務署長が認定した日までの期間。次条第2項第二号において「取得指定期間」という。）内に当該各号の下欄に掲げる資産の取得をする見込みであり、かつ、当該取得の日から1年以内に当該取得をした資産を当該各号の下欄に規定する地域内にある当該個人の事業の用に供する見込みであるときについて準用する。この場合において、第1項中「取得価額」とあるのは、「取得価額の見積額」と読み替えるものとする。

5　第1項（前2項において準用する場合を含む。以下この条において同じ。）の規定は、その年1月1日において所有期間が5年以下である土地等（その年中に取得をした土地等で政令で定めるものを含む。）の譲渡（第28条の4第3項各号に掲げる土地等の譲渡に該当することにつき財務省令で定めるところにより証明がされたものを除く。）については、適用しない。

6　第1項の規定は、同項の規定の適用を受けようとする者の同項の譲渡をした日の属する年分の確定申告書に、同項の規定の適用を受けようとする旨の記載があり、かつ、当該譲渡をした資産の譲渡価額、買換資産の取得価額又はその

見積額に関する明細書その他財務省令で定める書類の添付がある場合に限り、適用する。

7　税務署長は、確定申告書の提出がなかつた場合又は前項の記載若しくは添付がない確定申告書の提出があつた場合においても、その提出又は記載若しくは添付がなかつたことについてやむを得ない事情があると認めるときは、当該記載をした書類並びに同項の明細書及び財務省令で定める書類の提出があつた場合に限り、第１項の規定を適用することができる。

8　個人が、特定非常災害の被害者の権利利益の保全等を図るための特別措置に関する法律第２条第１項の規定により特定非常災害として指定された非常災害に基因するやむを得ない事情により、第１項の表の各号の下欄に掲げる資産の第４項に規定する取得指定期間内における取得をすることが困難となつた場合において、当該取得指定期間の初日から当該取得指定期間の末日後二年以内の日で政令で定める日までの間に当該各号の下欄に掲げる資産の取得をする見込みであり、かつ、財務省令で定めるところにより納税地の所轄税務署長の承認を受けたときは、同項及び次条の規定の適用については、同項に規定する取得指定期間は、当該初日から当該政令で定める日までの期間とする。

9　第33条第６項の規定は、第６項に規定する確定申告書を提出する者について準用する。この場合において、同条第６項中「代替資産」とあるのは、「買換資産」と読み替えるものとする。

10　第１項（同項の表の第六号に係る部分に限る。）の規定を適用する場合において、個人が譲渡をした同号の上欄に掲げる資産が地域再生法第５条第４項第五号イに規定する集中地域（第二号において「集中地域」という。）以外の地域内にある資産に該当し、かつ、当該個人が取得をした、又は取得をする見込みである同表の第六号の下欄に掲げる資産（以下この項において「第六号買換資産」という。）が次の各号に規定する場合に該当するときにおける第１項の規定の適用については、当該各号に定めるところによる。

一　当該第六号買換資産が地域再生法第17条の２第１項第一号に規定する政令で定める地域内にある資産である場合には、第１項中「100分の80」とあるのは、「100分の70」とする。

二　当該第六号買換資産が集中地域（前号に規定する地域を除く。）内にある
　　資産である場合には、第1項中「100分の80」とあるのは、「100分の70五」
　　とする。

11　第2項及び第6項から前項までに定めるもののほか、第1項の譲渡をした資
　産が同項の表の二以上の号の上欄に掲げる資産に該当する場合における同項の
　規定により譲渡がなかつたものとされる部分の金額の計算その他同項の規定の
　適用に関し必要な事項は、政令で定める。

12　第5項の規定は、個人が平成10年1月1日から令和5年3月31日までの間に
　した土地等の譲渡については、適用しない。

（特定の事業用資産の買換えの場合の更正の請求、修正申告等）

第37条の2　前条第1項の規定の適用を受けた者は、買換資産の取得をした日か
　ら1年以内に、当該買換資産を同項の表の各号の下欄に規定する地域内にある
　当該個人の事業の用に供しない場合又は供しなくなつた場合には、これらの事
　情に該当することとなつた日から4月以内に同項の譲渡をした日の属する年分
　の所得税についての修正申告書を提出し、かつ、当該期限内に当該申告書の提
　出により納付すべき税額を納付しなければならない。

2　前条第4項において準用する同条第1項の規定の適用を受けた者は、次の各
　号のいずれかに該当する場合には、第一号に該当する場合で過大となつたとき
　にあつては、当該買換資産の取得をした日から4月以内に同条第4項の譲渡を
　した日の属する年分の所得税についての更正の請求をすることができるものと
　し、同号に該当する場合で不足額を生ずることとなつたとき、又は第二号に該
　当するときにあつては、当該買換資産の取得をした日又は同号に該当する事情
　が生じた日から4月以内に同項の譲渡をした日の属する年分の所得税について
　の修正申告書を提出し、かつ、当該期限内に当該申告書の提出により納付すべ
　き税額を納付しなければならないものとする。

　一　買換資産の取得をした場合において、その取得価額が前条第4項の規定に
　　より読み替えられた同条第1項に規定する取得価額の見積額に対して過不足
　　額があるとき、又はその買換資産の地域が同条第4項の地域と異なることと

なつたこと若しくはその買換資産（同条第1項の表の第六号に係るものに限る。）の同条第10項第一号に規定する地域若しくは同項第二号に規定する地域若しくはこれらの地域以外の地域の区分が、同条第4項の取得をし、事業の用に供する見込みであつた資産のこれらの地域の区分と異なることとなつたことにより同条第1項に規定する譲渡があつたものとされる部分の金額に過不足額があるとき。

二　取得指定期間内に買換資産の取得をせず、又は前条第4項の取得の日から1年以内に、買換資産を同項の事業の用に供せず、若しくは供しなくなつた場合

3　第1項若しくは前項第二号の規定に該当する場合又は同項第一号に規定する不足額を生ずることとなつた場合において、修正申告書の提出がないときは、納税地の所轄税務署長は、当該申告書に記載すべきであつた所得金額、所得税の額その他の事項につき国税通則法第24条又は第26条の規定による更正を行う。

4　第33条の5第3項の規定は、第1項又は第2項の規定による修正申告書及び前項の更正について準用する。この場合において、同条第3項第一号及び第二号中「第1項に規定する提出期限」とあるのは「第37条の2第1項又は第2項に規定する提出期限」と、同号中「第33条の5第1項」とあるのは「第37条の2第1項又は第2項」と読み替えるものとする。

（買換えに係る特定の事業用資産の譲渡の場合の取得価額の計算等）

第37条の3　第37条第1項（同条第3項及び第4項において準用する場合を含む。以下この条において同じ。）の規定の適用を受けた者（前条第1項若しくは第2項の規定による修正申告書を提出し、又は同条第3項の規定による更正を受けたため、第37条第1項の規定による特例を認められないこととなつた者を除く。）の買換資産に係る所得税法第49条第1項の規定による償却費の額を計算するとき、又は当該買換資産の取得の日以後その譲渡（譲渡所得の基因となる不動産等の貸付けを含む。）、相続、遺贈若しくは贈与があつた場合において、譲渡所得の金額を計算するときは、政令で定めるところにより、当該買換資産の取得価額は、次の各号に掲げる場合の区分に応じ当該各号に定める金額（第

37条第１項の譲渡に要した費用があるときは、政令で定めるところにより計算した当該費用の金額を加算した金額）とする。

一　第37条第１項の譲渡による収入金額が買換資産の取得価額を超える場合　当該譲渡をした資産の取得価額等のうちその超える額及び当該買換資産の取得価額の100分の20に相当する金額に対応する部分以外の部分の額として政令で定めるところにより計算した金額と当該100分の20に相当する金額との合計額

二　第37条第１項の譲渡による収入金額が買換資産の取得価額に等しい場合　当該譲渡をした資産の取得価額等のうち当該収入金額の100分の20に相当する金額に対応する部分以外の部分の金額として政令で定めるところにより計算した金額と当該100分の20に相当する金額との合計額に相当する金額

三　第37条第１項の譲渡による収入金額が買換資産の取得価額に満たない場合　当該譲渡をした資産の取得価額等のうち当該収入金額の100分の20に相当する金額に対応する部分以外の部分の額として政令で定めるところにより計算した金額と当該100分の20に相当する金額との合計額にその満たない額を加算した金額に相当する金額

2　前項の場合（第37条第１項に規定する譲渡をした資産が同項の表の第二号の上欄に掲げる資産に該当するものであり、かつ、取得をした、若しくは取得をする見込みである資産が同号の下欄に掲げる資産に該当するものである場合において同項の規定の適用を受けたとき又は同条第10項の規定により同条第１項の規定の適用を受けた場合に限る。）において、前項の買換資産が次の各号に規定する場合に該当するときにおける同項の規定の適用については、当該各号に定めるところによる。

一　当該買換資産が第37条第１項の表の第二号の下欄に掲げる資産に該当するもの又は同条第10項第一号に規定する資産である場合には、前項各号中「100分の20」とあるのは、「100分の30」とする。

二　当該買換資産が第37条第10項第二号に規定する資産である場合には、前項各号中「100分の20」とあるのは、「100分の25」とする。

3　個人が第37条第１項の規定の適用を受けた場合には、買換資産については、

第19条各号に掲げる規定は、適用しない。

（特定の事業用資産を交換した場合の譲渡所得の課税の特例）

第37条の4　個人が、昭和45年1月1日から令和5年12月31日（第37条第1項の表の第三号又は第五号の上欄に掲げる資産にあつては令和3年3月31日とし、同表の第六号の上欄に掲げる資産にあつては令和5年3月31日とする。）までの間に、その有する資産で同表の各号の上欄に掲げるもののうち事業の用に供しているもの（以下この条において「交換譲渡資産」という。）と当該各号の下欄に掲げる資産（以下この条において「交換取得資産」という。）との交換（第33条の2第1項第二号に規定する交換その他政令で定める交換を除く。以下この条において同じ。）をした場合（当該交換に伴い交換差金（交換により取得した資産の価額と交換により譲渡した資産の価額との差額を補うための金銭をいう。以下この条、次条及び第37条の8において同じ。）を取得し、又は支払つた場合を含む。）又は交換譲渡資産と交換取得資産以外の資産との交換をし、かつ、交換差金を取得した場合（第一号において「他資産との交換の場合」という。）における前3条の規定の適用については、次に定めるところによる。

一　当該交換譲渡資産（他資産との交換の場合にあつては、交換差金に対応するものとして政令で定める部分に限る。）は、当該個人が、その交換の日において、同日における当該資産の価額に相当する金額をもつて第37条第1項の譲渡をしたものとみなす。

二　当該交換取得資産は、当該個人が、その交換の日において、同日における当該資産の価額に相当する金額をもつて第37条第1項の取得をしたものとみなす。

（既成市街地等内にある土地等の中高層耐火建築物等の建設のための買換え及び交換の場合の譲渡所得の課税の特例）

第37条の5　個人が、その有する資産で次の表の各号の上欄に掲げるもの（第一号の上欄に掲げる資産にあつては、当該個人の事業の用に供しているものを除

く。以下この項及び第4項において「譲渡資産」という。）の譲渡（譲渡所得の基因となる不動産等の貸付けを含むものとし、第33条から第33条の4まで、第34条から第35条の3まで、第36条の2若しくは第37条の規定の適用を受けるもの又は贈与、交換若しくは出資によるものを除く。以下この条において同じ。）をした場合において、当該譲渡の日の属する年の12月31日までに、当該各号の下欄に掲げる資産の取得（建設を含むものとし、贈与、交換又は所有権移転外リース取引によるものを除く。以下この条において同じ。）をし、かつ、当該取得の日から1年以内に、当該取得をした資産（以下この項、第3項及び第4項において「買換資産」という。）を、第一号の買換資産にあつては当該個人の居住の用（当該個人の親族の居住の用を含む。以下この項において同じ。）に供したとき（当該期間内に居住の用に供しなくなつたときを除く。）、若しくは第二号の買換資産にあつては当該個人の事業の用若しくは居住の用に供したとき（当該期間内にこれらの用に供しなくなつたときを除く。）、又はこれらの用に供する見込みであるときは、当該譲渡による収入金額が当該買換資産の取得価額以下である場合にあつては当該譲渡資産の譲渡がなかつたものとし、当該収入金額が当該取得価額を超える場合にあつては当該譲渡資産のうちその超える金額に相当するものとして政令で定める部分の譲渡があつたものとして、第31条又は第32条の規定を適用する。

譲渡資産	買換資産
一　次に掲げる区域又は地区内にある土地若しくは土地の上に存する権利（以下この条において「土地等」という。）、建物（その附属設備を含む。以下この条において同じ。）又は構築物で、当該土地等又は当該建物若しくは構築物の敷地の用に供されている土地等の上に地上階数四以上の中高層の耐火建築物（以下この条において「中高層耐火建築物」という。）の建築をする政令で定める事業（以下この項において「特定民間再開発事業」という。）の用に供す	当該特定民間再開発事業の施行により当該土地等の上に建築された中高層耐火建築物若しくは当該特定民間再開発事業の施行される地区（都市計画法第四条第1項に規定する都市計画に都市再開発法第2条の3第1項第二号に掲げる地区として定められた地区その他これに類する地区として政令で定める地区に限る。）内で行われる他の特定民間再開発事業その他の政令で定める事業の施行により当該地区内に建築された政令で定める中高層の耐火建築物（これらの建築物の敷地の用に供さ

るために譲渡をされるもの（当該特定民間再開発事業の施行される土地の区域内にあるものに限る。） イ　第37条第1項の表の第一号の上欄に規定する既成市街地等 ロ　都市計画法第4条第1項に規定する都市計画に都市再開発法第2条の3第1項第二号に掲げる地区として定められた地区その他これに類する地区として政令で定める地区（イに掲げる区域内にある地区を除く。）	れている土地等を含む。）又はこれらの建築物に係る構築物
二　次に掲げる区域内にある土地等、建物又は構築物で、当該土地等又は当該建物若しくは構築物の敷地の用に供されている土地等の上に地上階数三以上の中高層の耐火共同住宅（主として住宅の用に供される建物で政令で定めるものに限る。以下この項において同じ。）の建築をする事業の用に供するために譲渡をされるもの（当該事業の施行される土地の区域内にあるものに限るものとし、前号に掲げる資産に該当するものを除く。） イ　前号の上欄のイに規定する既成市街地等 ロ　首都圏整備法第2条第4項に規定する近郊整備地帯、近畿圏整備法第2条第4項に規定する近郊整備区域又は中部圏開発整備法（昭和41年法律第百二号）第2条第3項に規定する都市整備区域（第37条第1項の表の第一号の上欄のハに掲げる区域を除く。）のうち、イに掲げる既成市街地等に準ずる区域として政令で定める区域 ハ　中心市街地の活性化に関する法	当該事業の施行により当該土地等の上に建築された耐火共同住宅（当該耐火共同住宅の敷地の用に供されている土地等を含む。）又は当該耐火共同住宅に係る構築物

| | 律第12条第1項に規定する認定基本計画に基づいて行われる同法第7条第6項に規定する中心市街地共同住宅供給事業（同条第4項に規定する都市福利施設の整備を行う事業と一体的に行われるものに限る。）の区域 | |

2 第37条第4項及び第6項から第9項まで、第37条の2並びに第37条の3第3項の規定は、前項の規定を適用する場合について準用する。この場合において、次の表の上欄に掲げるこれらの規定中同表の中欄に掲げる字句は、それぞれ同表の下欄に掲げる字句に読み替えるものとする。

第37条第4項	第1項及び第2項の規定は、昭和45年1月1日から令和5年12月31日（第1項の表の第三号又は第五号の上欄に掲げる資産にあつては令和3年3月31日とし、同表の第六号の上欄に掲げる資産にあつては令和5年3月31日とする。）までの間に同表の各号の上欄に掲げる資産で事業の用に供しているもの	第37条の5第1項の規定は、同項に規定する譲渡資産
	前項に規定する政令で	政令で
	までに当該各号の下欄に掲げる資産	までに同項に規定する買換資産（以下第37条の3までにおいて「買換資産」という。）
	当該資産	当該買換資産
	内に当該各号の下欄に掲げる資産	内に買換資産
	資産を当該各号の下欄に規定する地域内にある当該個人の事業の用	買換資産を当該個人の第37条の5第1項に規定する事業の用又は居住の用
	第1項中	同項中
第37条第6項	第1項の規定は、同項	第37条の5第1項（第4項において準用する場合を含

		む。以下この項及び次項並びに第37条の3第3項において同じ。）の規定は、第37条の5第1項
第37条第7項	第1項	第37条の5第1項
第37条第8項	第1項の表	第37条の5第1項の表
第37条の2第1項	前条第1項	第37条の5第1項
	同項の表の各号の下欄に規定する地域内にある当該個人の事業の用	当該個人の同項に規定する事業の用又は居住の用
第37条の2第2項	準用する同条第1項	準用する第37条の5第1項
	に同条第4項	に前条第4項
	の規定により読み替えられた同条第1項	において準用する第37条の5第1項
	とき、又はその買換資産の地域が同条第4項の地域と異なることとなつたこと若しくはその買換資産（同条第1項の表の第六号に係るものに限る。）の同条第10項第一号に規定する地域若しくは同項第二号に規定する地域若しくはこれらの地域以外の地域の区分が、同条第4項の取得をし、事業の用に供する見込みであつた資産のこれらの地域の区分と異なることとなつたことにより同条第1項に規定する譲渡があつたものとされる部分の金額に過不足額があるとき	とき
	同項の事業の用	第37条の5第1項に規定する事業の用又は居住の用
第37条の2第4項	第37条の2第1項	第37条の5第2項において準用する第37条の2第1項
第37条の3第3項	第37条第1項	第37条の5第1項

3　第1項（前項において準用する第37条第4項の規定を含む。）の規定の適用を受けた者（前項において準用する第37条の2第1項若しくは第2項の規定に

よる修正申告書を提出し、又は前項において準用する同条第3項の規定による更正を受けたため、第1項の規定による特例を認められないこととなつた者を除く。）の買換資産に係る所得税法第49条第1項の規定による償却費の額を計算するとき、又は当該買換資産の取得の日以後その譲渡（譲渡所得の基因となる不動産等の貸付けを含む。）、相続、遺贈若しくは贈与があつた場合において、譲渡所得の金額を計算するときは、政令で定めるところにより、当該買換資産の取得価額は、次の各号に掲げる場合の区分に応じ当該各号に定める金額（第1項の譲渡に要した費用があるときは、政令で定めるところにより計算した当該費用の金額を加算した金額）とする。

一　第1項の譲渡による収入金額が買換資産の取得価額を超える場合　当該譲渡をした資産の取得価額等のうちその超える額に対応する部分以外の部分の額として政令で定めるところにより計算した金額

二　第1項の譲渡による収入金額が買換資産の取得価額に等しい場合　当該譲渡をした資産の取得価額等に相当する金額

三　第1項の譲渡による収入金額が買換資産の取得価額に満たない場合　当該譲渡をした資産の取得価額等にその満たない額を加算した金額に相当する金額

4　個人が、その有する資産で譲渡資産に該当するもの（以下この項において「交換譲渡資産」という。）と買換資産に該当する資産（以下この項において「交換取得資産」という。）との交換（政令で定める交換を除く。以下この項において同じ。）をした場合（交換差金を取得し、又は支払つた場合を含む。）又は交換譲渡資産と交換取得資産以外の資産との交換をし、かつ、交換差金を取得した場合（以下この項において「他資産との交換の場合」という。）における第1項及び前項の規定並びに第2項において準用する第37条第4項、第6項、第7項及び第9項、第37条の2並びに第37条の3第3項の規定の適用については、次に定めるところによる。

一　当該交換譲渡資産（他資産との交換の場合にあつては、交換差金に対応するものとして政令で定める部分に限る。）は、当該個人が、その交換の日において、同日における当該資産の価額に相当する金額をもつて第1項の譲渡

をしたものとみなす。

　二　当該交換取得資産は、当該個人が、その交換の日において、同日における
　　当該資産の価額に相当する金額をもつて第１項の取得をしたものとみなす。

５　個人が、その有する資産で第１項の表の第一号の上欄に掲げるものの譲渡を
　した場合において、当該個人が同号の下欄に掲げる資産のうち同号の中高層耐
　火建築物又は当該中高層耐火建築物に係る構築物の取得をすることが困難であ
　る特別な事情があるものとして政令で定める場合に該当するときは、当該譲渡
　をした資産が、その年１月１日において第31条第２項に規定する所有期間が10
　年以下のもので第31条の３第２項に規定する居住用財産に該当するものである
　場合には、当該譲渡による譲渡所得は、同条第１項に規定する譲渡所得に該当
　するものとみなして、同条の規定を適用する。

６　前項の個人が同項の規定により第31条の３の規定の適用を受ける場合の確定
　申告書の記載事項その他同条の規定の適用に関し必要な事項は、政令で定める。

租税特別措置法施行令（昭和32年3月31日政令第43号）

（最終改正：令和2年9月16日政令第286号）

（特定の事業用資産の買換えの場合の譲渡所得の課税の特例）

第25条　法第37条第1項に規定する政令で定める棚卸資産に準ずる資産は、雑所得の基因となる土地及び土地の上に存する権利とする。

2　法第37条第1項に規定する事業に準ずるものとして政令で定めるものは、事業と称するに至らない不動産又は船舶の貸付けその他これに類する行為で相当の対価を得て継続的に行うものとする。

3　法第37条第1項に規定する政令で定める譲渡は、代物弁済（金銭債務の弁済に代えてするものに限る。以下この項において同じ。）としての譲渡とし、同条第1項に規定する政令で定める取得は、代物弁済としての取得とする。

4　譲渡（法第37条第1項（同条第3項及び第4項において準用する場合を含む。以下この項及び次項において同じ。）に規定する譲渡をいう。以下この条及び次条において同じ。）による収入金額が買換資産（法第37条第1項に規定する買換資産をいう。以下この条及び次条において同じ。）の取得価額以下である場合における同項に規定する政令で定める部分は、当該譲渡をした同項の表の各号の上欄に掲げる資産で同項に規定する事業の用に供しているもの（以下この条及び次条において「譲渡資産」という。）のうち、当該譲渡資産の価額の100分の20に相当する金額（当該譲渡資産及び買換資産が次の各号に掲げる場合に該当する場合には、当該譲渡資産の価額に当該各号に掲げる場合の区分に応じ当該各号に定める割合を乗じて計算した金額）に相当する部分とする。

一　当該譲渡資産が法第37条第1項の表の第二号の上欄に掲げる資産（令和2年4月1日前に同欄のイ若しくはロに掲げる区域となつた区域内又は同欄のハに掲げる区域内にあるものに限る。次項第一号並びに次条第2項及び第6項において同じ。）に該当するものであり、かつ、買換資産が同表の第二号の下欄に掲げる資産に該当するものである場合において法第37条第1項の規定の適用を受けるとき　100分の30

二　当該譲渡資産につき法第37条第10項の規定により同条第1項の規定の適用

を受ける場合において、買換資産が同条第10項第一号に規定する資産である
とき　100分の30

三　当該譲渡資産につき法第37条第10項の規定により同条第1項の規定の適用
を受ける場合において、買換資産が同条第10項第二号に規定する資産である
とき　100分の25

5　譲渡による収入金額が買換資産の取得価額を超える場合における法第37条第
1項に規定する政令で定める部分は、譲渡資産のうち、当該譲渡による収入金
額（当該譲渡の日の属する年中に2以上の譲渡資産の譲渡が行われた場合には、
これらの譲渡資産の譲渡により取得した収入金額の合計額）から買換資産の取
得価額（当該譲渡の日の属する年中に2以上の買換資産の同項に規定する取得
が行われた場合には、これらの買換資産の取得価額の合計額）の100分の80に
相当する金額（当該譲渡資産及び買換資産が次の各号に掲げる場合に該当する
場合には、当該買換資産の取得価額に当該各号に掲げる場合の区分に応じ当該
各号に定める割合を乗じて計算した金額）を控除した金額が当該収入金額のう
ちに占める割合を、当該譲渡資産の価額に乗じて計算した金額に相当する部分
とする。

一　当該譲渡資産が法第37条第1項の表の第二号の上欄に掲げる資産に該当す
るものであり、かつ、買換資産が同号の下欄に掲げる資産に該当するもので
ある場合において同項の規定の適用を受けるとき　100分の70

二　当該譲渡資産につき法第37条第10項の規定により同条第1項の規定の適用
を受ける場合において、買換資産が同条第10項第一号に規定する資産である
とき　100分の70

三　当該譲渡資産につき法第37条第10項の規定により同条第1項の規定の適用
を受ける場合において、買換資産が同条第10項第二号に規定する資産である
とき　100分の75

6　法第37条第1項の表の第一号の上欄に規定する同欄のイからハまでに掲げる
区域から除くものとして政令で定める区域は、同項の譲渡があつた日の属する
年の10年前の年の翌年1月1日以後に公有水面埋立法（大正10年法律第五十七
号）の規定による竣功認可のあつた埋立地の区域とする。

7 　法第37条第1項の表の第一号の上欄に規定する政令で定める事業所は、工場、作業場、研究所、営業所、倉庫その他これらに類する施設（工場、作業場その他これらに類する施設が相当程度集積している区域として国土交通大臣が指定する区域内にあるもの及び福利厚生施設を除く。）とする。

8 　法第37条第1項の表の第一号の上欄のハに規定する政令で定める区域は、首都圏、近畿圏及び中部圏の近郊整備地帯等の整備のための国の財政上の特別措置に関する法律施行令（昭和41年政令第三百十八号）別表に掲げる区域とする。

9 　法第37条第1項の表の第一号の下欄のロに規定する政令で定める区域は、中部圏開発整備法（昭和41年法律第百二号）第2条第4項に規定する都市開発区域とする。

10 　法第37条第1項の表の第三号の上欄に規定する政令で定める区域は、都市計画法第7条第1項の市街化調整区域と定められた区域とし、同欄に規定する政令で定める事務所又は事業所は、事務所、工場、作業場、研究所、営業所、倉庫その他これらに類する施設（福利厚生施設を除く。）とする。

11 　法第37条第1項の表の第四号の上欄に規定する政令で定める区域は、都市計画法第4条第1項に規定する都市計画に都市再開発法第2条の3第1項第二号に掲げる地区若しくは同条第2項に規定する地区の定められた市又は道府県庁所在の市の区域の都市計画法第4条第2項に規定する都市計画区域のうち最近の国勢調査の結果による人口集中地区の区域（同欄に規定する既成市街地等を除く。）とし、同表の第四号の下欄に規定する政令で定める施策は、都市再開発法による市街地再開発事業（その施行される土地の区域の面積が5,000平方メートル以上であるものに限る。）に関する都市計画とし、同欄に規定する政令で定めるものは、建物（その附属設備を含む。以下この項において同じ。）のうち次に掲げるもの（その敷地の用に供される土地等（土地又は土地の上に存する権利をいう。以下この条において同じ。）を含む。）とする。

一　中高層耐火建築物（地上階数4以上の中高層の建築基準法第2条第九号の二に規定する耐火建築物をいう。）以外の建物

二　住宅の用に供される部分が含まれる建物（住宅の用に供される部分に限る。）

12　法第37条第1項の表の第五号の上欄に規定する政令で定める地区は、地震その他の災害が発生した場合に著しく危険な地区として国土交通大臣が定める基準に該当する地区であつて国土交通大臣が指定する地区とし、同欄に規定する政令で定めるものは、同欄に規定する危険密集市街地内に建築される同欄に規定する耐火建築物等又は準耐火建築物等であることにつき、その建物の建築基準法第2条第十六号に規定する建築主の申請に基づき都道府県知事が認定したものとする。

13　法第37条第1項の表の第六号の下欄に規定する政令で定める施設は、事務所、工場、作業場、研究所、営業所、店舗、倉庫、住宅その他これらに類する施設（福利厚生施設に該当するものを除く。）とし、同欄に規定する政令で定めるやむを得ない事情は、次に掲げる手続その他の行為が進行中であることにつき財務省令で定める書類により明らかにされた事情とする。

一　都市計画法第29条第1項又は第2項の規定による許可の手続

二　建築基準法第6条第1項に規定する確認の手続

三　文化財保護法第93条第2項に規定する発掘調査

四　建築物の建築に関する条例の規定に基づく手続（建物又は構築物の敷地の用に供されていないことが当該手続を理由とするものであることにつき国土交通大臣が証明したものに限る。）

14　法第37条第1項の表の第七号の上欄に規定する政令で定める期間は、次の各号に掲げる船舶の区分に応じ当該各号に定める期間とする。

一　海洋運輸業（本邦の港と本邦以外の地域の港との間又は本邦以外の地域の各港間において船舶により人又は物の運送をする事業をいう。）又は沿海運輸業（本邦の各港間において船舶により人又は物の運送をする事業をいう。）の用に供されている船舶　25年

二　建設業又はひき船業の用に供されている船舶　35年

15　法第37条第1項の表の第七号の下欄に規定する政令で定めるものは、次に掲げる船舶とする。

一　建造の後事業の用に供されたことのない船舶のうち環境への負荷の低減に資する船舶として国土交通大臣が財務大臣と協議して指定するもの

二　船舶で、その進水の日から取得の日までの期間が耐用年数（所得税法の規定により定められている耐用年数をいう。）以下であり、かつ、その期間がその船舶に係る譲渡資産に該当する船舶（以下この号において「譲渡船舶」という。）の進水の日から当該譲渡船舶の譲渡の日までの期間に満たないもののうち環境への負荷の低減に資する船舶として国土交通大臣が財務大臣と協議して指定するもの（前号に掲げるものを除く。）

16　法第37条第2項に規定する政令で定めるところにより計算した面積は、譲渡資産である土地等に係る面積に五を乗じて計算した面積とする。

17　法第37条第3項に規定する政令で定めるやむを得ない事情は、工場、事務所その他の建物、構築物又は機械及び装置で事業の用に供するもの（以下この項において「工場等」という。）の敷地の用に供するための宅地の造成並びに当該工場等の建設及び移転に要する期間が通常一年を超えると認められる事情その他これに準ずる事情とし、同条第3項に規定する政令で定める期間は、同項に規定する譲渡の日の属する年の前年以前2年の期間とする。

18　法第37条第3項の届出は、同条第1項の表の各号の下欄に掲げる資産の取得（建設及び製作を含む。以下この条及び次条第6項において同じ。）をした日の属する年の翌年3月15日までに、当該資産につき法第37条第3項の規定の適用を受ける旨及び次に掲げる事項を記載した届出書により行わなければならない。

一　届出者の氏名及び住所

二　当該取得をした資産の種類、規模（土地等にあつては、その面積）、所在地、用途、取得年月日及び取得価額

三　譲渡をする見込みである資産の種類

四　その他参考となるべき事項

19　法第37条第3項において準用する同条第1項の規定を適用する場合において、買換資産が減価償却資産であり、かつ、当該資産につき譲渡資産の譲渡の日前に既に必要経費に算入された所得税法第49条第1項の規定による償却費の額があるときは、当該譲渡資産の収入金額のうち、当該償却費の額と当該償却費の額の計算の基礎となつた期間につき法第37条の3の規定を適用した場合に計算される同項の規定による償却費の額との差額に相当する金額については、当該

譲渡資産の譲渡があつたものとし、当該譲渡があつたものとされる金額は、不動産所得、事業所得、山林所得又は雑所得に係る収入金額とする。

20　法第37条第4項の税務署長の承認を受けようとする者は、次に掲げる事項を記載した申請書を納税地の所轄税務署長に提出しなければならない。

一　申請者の氏名及び住所

二　法第37条第4項に規定するやむを得ない事情の詳細

三　買換資産の取得予定年月日及び法第37条第4項に規定する認可を受けようとする日

四　その他参考となるべき事項

21　法第37条第5項に規定するその年1月1日において所有期間（法第31条第2項に規定する所有期間をいう。以下この項において同じ。）が5年以下の土地等に含まれるその年中に取得をした土地等で政令で定めるものは、当該個人がその年中に取得をした土地等（当該土地等が第20条第3項第一号又は第三号に掲げる土地等に該当するものである場合には、その年1月1日において所有期間が五年を超えるものを除く。）とする。

22　法第37条第6項に規定する確定申告書を提出する者は、同条第9項において準用する法第33条第6項に規定する財務省令で定める書類を、次の各号に掲げる場合の区分に応じ当該各号に定める日（法第37条第7項の規定に該当してその日後において同項に規定する書類を提出する場合には、その提出の日）までに納税地の所轄税務署長に提出しなければならない。

一　法第37条第1項（同条第3項において準用する場合を含む。）の規定の適用を受ける場合　当該確定申告書の提出の日

二　法第37条第4項において準用する同条第1項の規定の適用を受ける場合　買換資産の取得をした日から4月を経過する日

23　法第37条第8項に規定する政令で定める日は、同条第4項に規定する取得指定期間の末日の翌日から起算して2年以内の日で同条第8項に規定する資産の取得をすることができるものとして同項の所轄税務署長が認定した日とする。

24　法第37条第1項（同条第3項及び第4項において準用する場合を含む。以下この項及び次項において同じ。）の譲渡をした資産が同条第1項の表の2以上

の号の上欄に掲げる資産に該当する場合における同項の規定により譲渡がなか
つたものとされる部分の金額の計算については、当該譲渡をした資産の全部又
は一部は、当該個人の選択により、当該2以上の号のいずれかの号の上欄に掲
げる資産にのみ該当するものとして、同項の規定を適用する。

25　買換資産が法第37条第1項の表の2以上の号の下欄に掲げる資産に該当する
場合における同項の規定により譲渡がなかつたものとされる部分の金額の計算
については、当該買換資産の全部又は一部は、当該個人の選択により、同表の
第一号から第六号までのうちその該当する2以上の号のいずれかの号の下欄に
掲げる資産にのみ該当するものとして、同項の規定を適用する。

26　国土交通大臣は、第7項の規定により区域を指定したとき、第12項の基準を
定めたとき、同項の規定により地区を指定したとき、又は第15項各号の規定に
より船舶を指定したときは、これを告示する。

(買換えに係る特定の事業用資産の譲渡の場合の取得価額の計算等)

第25条の2　法第37条の3第1項に規定する買換資産について同項に規定する償
却費の額を計算する場合又は譲渡所得の金額を計算する場合には、確定申告書
に当該買換資産が同項の規定に該当するものである旨及び当該買換資産に係る
償却費又は譲渡所得の金額についてはその金額が同項の規定により計算されて
いる旨を記載するものとする。

2　法第37条第1項の表の各号のいずれかの号の下欄に掲げる買換資産（同表の
第二号の下欄に掲げる買換資産にあつては譲渡資産が同号の上欄に掲げる資産
に該当するものである場合に同項（同条第3項及び第4項において準用する場
合を含む。以下この項及び第6項において同じ。）の規定の適用を受けるとき
における同号の下欄に掲げる買換資産又は当該買換資産以外の買換資産ごとに
区分した場合の当該区分したそれぞれの買換資産とし、同表の第六号の下欄に
掲げる買換資産にあつては同条第10項の規定により同条第1項の規定の適用を
受ける場合における同条第10項第一号に規定する資産である買換資産若しくは
同項の規定により同条第1項の規定の適用を受ける場合における同条第10項第
二号に規定する資産である買換資産又はこれらの買換資産以外の買換資産ごと

550

に区分した場合の当該区分したそれぞれの買換資産とする。）が2以上ある場合には、各買換資産につき法第37条の3第1項（同条第2項の規定により読み替えて適用される場合を含む。次項において同じ。）の規定によりその取得価額とされる金額は、同条第1項各号に掲げる場合の区分に応じ当該各号に定める金額に当該各買換資産の価額がこれらの買換資産の価額の合計額のうちに占める割合を乗じて計算した金額とする。

3　法第37条の3第1項の規定により同項各号に定める金額に加算する同項に規定する費用の金額は、譲渡資産の譲渡に関する費用の金額のうち法第37条第1項、第3項又は第4項の規定による譲渡所得の金額の計算上控除されなかつた部分の金額とする。

4　法第37条の3第1項第一号に規定する超える額及び買換資産の取得価額の100分の20に相当する金額に対応する部分以外の部分の額として政令で定めるところにより計算した金額は、譲渡資産の取得価額等（当該譲渡の日の属する年中に2以上の譲渡資産の譲渡が行われた場合には、これらの譲渡資産の取得価額等の合計額。次項において同じ。）に同号に規定する買換資産の取得価額の100分の80に相当する金額が同号に規定する収入金額のうちに占める割合を乗じて計算した金額とする。

5　法第37条の3第1項第二号及び第三号に規定する収入金額の100分の20に相当する金額に対応する部分以外の部分の額として政令で定めるところにより計算した金額は、譲渡資産の取得価額等に100分の80を乗じて計算した金額とする。

6　譲渡をした資産が法第37条第1項の表の第二号の上欄に掲げる資産に該当するものであり、かつ、取得をした、若しくは取得をする見込みである資産が同号の下欄に掲げる資産に該当するものである場合において同項の規定の適用を受けたとき又は同条第10項の規定により同条第1項の規定の適用を受けた場合において、買換資産が法第37条の3第2項各号に規定する場合に該当するときにおける前二項の規定の適用については、これらの規定中「100分の80」とあるのは、買換資産が、同条第2項第一号に規定する場合に該当する場合には「100分の70」と、同項第二号に規定する場合に該当する場合には「100分の75」とする。

（特定の事業用資産を交換した場合の譲渡所得の課税の特例）

第25条の3　法第37条の4に規定する政令で定める交換は、所得税法第58条第1項の規定の適用を受ける交換とする。

2　法第37条の4第一号に規定する政令で定める部分は、同条に規定する交換譲渡資産のうち、同条に規定する交換差金の額が当該交換差金の額と同条に規定する交換により取得した資産の価額との合計額のうちに占める割合を、当該交換譲渡資産の価額に乗じて計算した金額に相当する部分とする。

（既成市街地等内にある土地等の中高層耐火建築物等の建設のための買換え及び交換の場合の譲渡所得の課税の特例）

第25条の4　法第37条の5第1項（同条第2項において準用する法第37条第4項の規定により読み替えて適用される場合を含む。）に規定する政令で定める部分は、譲渡（法第37条の5第1項に規定する譲渡をいう。以下この条において同じ。）をした同項に規定する譲渡資産（以下この条において「譲渡資産」という。）のうち、当該譲渡による収入金額（当該譲渡の日の属する年中に2以上の譲渡資産の譲渡が行われた場合には、これらの譲渡資産の譲渡により取得した収入金額の合計額）から同項に規定する買換資産（以下この条において「買換資産」という。）の取得価額（当該譲渡の日の属する年中に2以上の買換資産の同項に規定する取得が行われた場合には、これらの買換資産の取得価額の合計額）を控除した金額が当該収入金額のうちに占める割合を、当該譲渡資産の価額に乗じて計算した金額に相当する部分とする。

2　法第37条の5第1項の表の第一号の上欄に規定する中高層の耐火建築物の建築をする政令で定める事業は、地上階数四以上の中高層の耐火建築物の建築をすることを目的とする事業で、当該事業が同欄のイ又はロに掲げる区域又は地区内において施行されるもの（第20条の2第15項第五号に掲げる区域内において施行される事業にあつては、同号に規定する認定集約都市開発事業計画に係る同号イに規定する集約都市開発事業に限る。）であること及び次に掲げる要件の全てを満たすものであることにつき、当該中高層の耐火建築物の建築基準法第2条第十六号に規定する建築主の申請に基づき都道府県知事（当該事業が

都市再生特別措置法第25条に規定する認定計画に係る同条に規定する都市再生
事業又は同法第99条に規定する認定誘導事業計画に係る同条に規定する誘導施
設等整備事業に該当する場合には、国土交通大臣。第17項及び第18項において
同じ。）が認定をしたものとする。

一　その事業の施行される土地の区域（以下この項において「施行地区」とい
う。）の面積が1,000平方メートル以上であること。

二　その事業の施行地区内において都市施設（都市計画法第4条第6項に規定
する都市計画施設又は同法第12条の5第2項第一号に規定する地区施設をい
う。）の用に供される土地（その事業の施行地区が次に掲げる区域内である
場合には、当該都市計画施設又は当該区域の区分に応じそれぞれ次に定める
施設の用に供される土地）又は建築基準法施行令第136条第1項に規定する
空地が確保されていること。

　　イ　都市計画法第12条の5第3項に規定する再開発等促進区又は同条第4項
　　　に規定する開発整備促進区　同条第2項第一号に規定する地区施設又は同
　　　条第5項第一号に規定する施設

　　ロ　都市計画法第12条の4第1項第二号に掲げる防災街区整備地区計画の区
　　　域　密集市街地における防災街区の整備の促進に関する法律第32条第2項
　　　第一号に規定する地区防災施設又は同項第二号に規定する地区施設

　　ハ　都市計画法第12条の4第1項第四号に掲げる沿道地区計画の区域　幹線
　　　道路の沿道の整備に関する法律第9条第2項第一号に規定する沿道地区施
　　　設（その事業の施行地区が同条第3項に規定する沿道再開発等促進区内で
　　　ある場合には、当該沿道地区施設又は同条第4項第一号に規定する施設）

三　その事業の施行地区内の土地の利用の共同化に寄与するものとして財務省
令で定める要件

3　法第37条の5第1項の表の第一号の上欄のロ及び下欄に規定する政令で定め
る地区は、第20条の2第15項第二号から第五号までに掲げる地区又は区域とす
る。

4　法第37条の5第1項の表の第一号の下欄に規定する政令で定める事業は、次
の各号に掲げる事業とし、同欄に規定する政令で定める中高層の耐火建築物は、

当該各号に掲げる事業の施行により建築された同表の第一号の上欄に規定する中高層耐火建築物で建築後使用されたことのないものとする。

一　法第37条の5第1項の表の第一号の上欄に規定する特定民間再開発事業

二　法第31条の2第2項第十二号に規定する事業

三　都市再開発法による第一種市街地再開発事業又は第二種市街地再開発事業

5　法第37条の5第1項の表の第二号の上欄に規定する主として住宅の用に供される建築物で政令で定めるものは、同欄に掲げる資産の取得をした者が建築した建築物（当該取得をした者が個人である場合には、当該個人の死亡により当該建築物の建築に関する事業を承継した当該個人の相続人又は包括受遺者が建築したものを、当該取得をした者が法人である場合には、当該取得をした法人の合併による消滅により当該建築物の建築に関する事業を引き継いだ当該合併に係る法人税法第2条第十二号に規定する合併法人が建築したもの及び当該取得をした法人の分割により当該建築物の建築に関する事業を引き継いだ当該分割に係る同条第十二号の三に規定する分割承継法人が建築したものを含む。）又は同欄に掲げる資産の譲渡をした者が建築した建築物で、次に掲げる要件の全てに該当するものとする。

一　建築基準法第2条第九号の二に規定する耐火建築物又は同条第九号の三に規定する準耐火建築物に該当するものであること。

二　当該建築物の床面積の2分の1以上に相当する部分が専ら居住の用（当該居住の用に供される部分に係る廊下、階段その他その共用に供されるべき部分を含む。）に供されるものであること。

6　法第37条の5第1項の表の第二号の上欄のロに規定する既成市街地等に準ずる区域として政令で定める区域は、同表の第一号の上欄のイに規定する既成市街地等と連接して既に市街地を形成していると認められる市の区域のうち、都市計画法第7条第1項の市街化区域として定められている区域でその区域の相当部分が最近の国勢調査の結果による人口集中地区に該当し、かつ、都市計画その他の土地利用に関する計画に照らし中高層住宅の建設が必要である区域として国土交通大臣が財務大臣と協議して指定した区域とする。

7　法第37条の5第2項において準用する法第37条第4項に規定する政令で定め

るやむを得ない事情は、法第37条の5第1項の表の第一号の下欄に規定する中高層耐火建築物若しくは中高層の耐火建築物又は同表の第二号の下欄に規定する耐火共同住宅（これらの建築物に係る構築物を含む。）の建築に要する期間が通常1年を超えると認められる事情その他これに準ずる事情とする。

8　法第37条の5第2項において準用する法第37条第4項の税務署長の承認を受けようとする者は、次に掲げる事項を記載した申請書を納税地の所轄税務署長に提出しなければならない。

一　申請者の氏名及び住所

二　前項に規定するやむを得ない事情の詳細

三　法第37条の5第1項の表の各号の下欄に掲げる資産の取得（同項に規定する取得をいう。次項及び第10項において同じ。）をすることができると見込まれる年月日及び同条第2項において準用する法第37条第4項に規定する認定を受けようとする年月日

四　その他参考となるべき事項

9　法第37条の5第2項において準用する法第37条第6項に規定する確定申告書を提出する者は、同条第9項の規定により読み替えて適用される法第33条第6項に規定する財務省令で定める書類を、次の各号に掲げる場合の区分に応じ当該各号に定める日（法第37条の5第2項において準用する法第37条第7項の規定に該当してその日後において同項に規定する書類を提出する場合には、その提出の日）までに納税地の所轄税務署長に提出しなければならない。

一　法第37条の5第1項の規定の適用を受ける場合　当該確定申告書の提出の日

二　法第37条の5第2項において準用する法第37条第4項の規定の適用を受ける場合　買換資産の取得をした日から4月を経過する日

10　法第37条の5第2項において準用する法第37条第8項に規定する政令で定める日は、同条第4項に規定する取得指定期間の末日の翌日から起算して2年以内の日で法第37条の5第1項の表の各号の下欄に掲げる資産の取得をすることができるものとして同条第2項において準用する法第37条第8項の所轄税務署長が認定した日とする。

11 買換資産について法第37条の5第3項の規定により償却費の額を計算する場合又は譲渡所得の金額を計算する場合には、確定申告書に当該買換資産に係る償却費の額又は譲渡所得の金額が同項の規定により計算されている旨を記載するものとする。

12 買換資産が2以上ある場合には、各買換資産につき法第37条の5第3項の規定によりその取得価額とされる金額は、同項各号に掲げる場合の区分に応じ当該各号に定める金額に当該各買換資産の価額がこれらの買換資産の価額の合計額のうちに占める割合を乗じて計算した金額とする。

13 法第37条の5第3項の規定により同項各号に定める金額に加算する同項に規定する費用の金額は、譲渡資産の譲渡に関する費用の金額のうち同条第1項（同条第2項において準用する法第37条第4項の規定により読み替えて適用する場合を含む。）の規定による譲渡所得の金額の計算上控除されなかつた部分の金額とする。

14 法第37条の5第3項第一号に規定する超える額に対応する部分以外の部分の額として政令で定めるところにより計算した金額は、譲渡資産の取得価額等（当該譲渡の日の属する年中に2以上の譲渡資産の譲渡が行われた場合には、これらの譲渡資産の取得価額等の合計額）に同号に規定する買換資産の取得価額が同号に規定する収入金額のうちに占める割合を乗じて計算した金額とする。

15 法第37条の5第4項に規定する政令で定める交換は、所得税法第58条第1項又は法第37条の4の規定の適用を受ける交換とする。

16 法第37条の5第4項第一号に規定する政令で定める部分は、同項に規定する交換譲渡資産のうち、同項に規定する交換差金の額が当該交換差金の額とその交換により取得した同項に規定する交換取得資産以外の資産の価額との合計額のうちに占める割合を、当該交換譲渡資産の価額に乗じて計算した金額に相当する部分とする。

17 法第37条の5第5項に規定する政令で定める場合は、同条第1項の表の第一号の上欄に掲げる資産の譲渡をした個人及び第2項に規定する建築主の申請に基づき、都道府県知事が、当該個人につき当該個人又は当該個人と同居を常況とする者の老齢、身体上の障害その他財務省令で定める事情により、当該個人

が同号の下欄に掲げる資産のうち同号の中高層耐火建築物又は当該中高層耐火建築物に係る構築物を取得してこれを引き続き居住の用に供することが困難であると認められる事情があるものとして認定をした場合とする。

18　法第37条の5第5項の規定により法第31条の3の規定の適用を受けようとする個人は、同条第3項に規定する確定申告書に、法第37条の5第5項の規定の適用により法第31条の3の規定の適用を受ける旨を記載し、かつ、都道府県知事が前項に規定する認定をした旨を証する書類その他の財務省令で定める書類を添付しなければならない。

19　法第37条の5第5項の規定は、前項の確定申告書の提出がなかつた場合又は同項の記載若しくは添付がない確定申告書の提出があつた場合には、適用しない。ただし、税務署長は、その提出又は記載若しくは添付がなかつたことについてやむを得ない事情があると認めるときは、当該記載をした書類及び同項に規定する書類の提出があつた場合に限り、同条第5項の規定を適用することができる。

20　法第37条の5第5項の規定は、同項に規定する資産の譲渡が同条第1項の表の第一号の上欄に規定する中高層耐火建築物の建築に係る建築基準法第6条第4項又は第6条の2第1項の規定による確認済証の交付（同法第18条第3項の規定による確認済証の交付を含む。）のあつた日の翌日から同日以後6月を経過する日までの間に行われた場合で当該資産の譲渡の一部につき法第37条の5第1項（同条第2項において準用する法第37条第4項の規定により読み替えて適用される場合を含む。）の規定の適用を受けないときに限り、適用する。

21　国土交通大臣は、第6項の規定により区域を指定したときは、これを告示する。

租税特別措置法施行規則（昭和32年３月31日大蔵省令第15号）

（最終改正：令和２年９月30日財務省令第65号）

（特定の事業用資産の買換えの場合の譲渡所得の課税の特例）

第18条の５　施行令第25条第13項に規定する財務省令で定める書類は、次の各号に掲げる行為の区分に応じ当該各号に定める書類とする。

　　一　施行令第25条第13項第一号に掲げる手続　同号に規定する許可に係る都市計画法第30条第１項に規定する申請書の写し又は同法第32条第１項若しくは第２項に規定する協議に関する書類の写し

　　二　施行令第25条第13項第二号に掲げる手続　同号に規定する確認に係る建築基準法第６条第１項に規定する申請書の写し

　　三　施行令第25条第13項第三号に掲げる発掘調査　文化財保護法第93条第２項の規定による当該発掘調査の実施の指示に係る書類の写し

　　四　施行令第25条第13項第四号に掲げる手続　国土交通大臣の同号の証明をしたことを証する書類の写し

２　法第37条第１項の表（以下この条において「表」という。）の各号の上欄に掲げる資産で同項に規定する事業の用に供しているものの譲渡（同項に規定する譲渡をいう。以下この条において同じ。）をした個人が、法第37条第４項に規定する取得指定期間内に当該各号の下欄に掲げる資産の取得（同条第１項に規定する取得をいう。以下この条において同じ。）をする見込みであり、かつ、当該取得の日から１年以内に当該取得をした資産を当該各号の下欄に規定する地域内にある当該個人の事業の用に供する見込みである場合において、法第37条第４項において準用する同条第１項の規定の適用を受けるときは、取得をする予定の同項に規定する買換資産についての取得予定年月日、当該買換資産の取得価額の見積額及び当該買換資産が表の各号の下欄のいずれに該当するかの別（同条第10項の規定により同条第４項において準用する同条第１項の規定の適用を受ける場合にあつては、当該買換資産の同条第10項第一号に規定する地域若しくは同項第二号に規定する地域又はこれらの地域以外の地域の区分の別を含む。）その他の明細を記載した書類を、同条第６項の確定申告書に添付し

なければならない。

3　法第37条第5項に規定する財務省令で定めるところにより証明がされた土地等の譲渡は、法第28条の4第3項各号に掲げる土地等の譲渡の区分に応じ第11条第1項各号に定める書類を確定申告書に添付することにより証明がされた土地等の譲渡とする。

4　法第37条第6項に規定する財務省令で定める書類は、次項に規定するものを除き、次の各号に掲げる資産につき、それぞれ当該資産の所在地を管轄する市町村長又は特別区の区長の当該各号の規定に該当する旨を証する書類とする。

一　表の第一号の上欄に掲げる資産（三鷹市、横浜市、川崎市、川口市、京都市、堺市、守口市、東大阪市、神戸市、尼崎市、西宮市、芦屋市若しくは名古屋市の区域（以下この項及び次項において「三鷹市等の区域」という。）又は大田区若しくは大阪市の区域内にあるものに限る。）　次に掲げる場合の区分に応じそれぞれ当該譲渡をした資産（以下この条において「譲渡資産」という。）の所在地が次に定める地域内であること。

　　イ　当該譲渡資産の所在地が三鷹市等の区域内である場合（ロに掲げる場合を除く。）　既成市街地等（表の第一号の上欄に規定する既成市街地等をいう。以下この項及び次項において同じ。）

　　ロ　当該譲渡資産の所在地が横浜市、川崎市、堺市、神戸市、尼崎市又は西宮市の区域内である場合　施行令第25条第7項に規定する国土交通大臣が指定する区域以外の既成市街地等

　　ハ　当該譲渡資産の所在地が大田区又は大阪市の区域内である場合　施行令第25条第7項に規定する国土交通大臣が指定する区域以外の地域

二　表の第一号の下欄に掲げる資産　次に掲げる場合の区分に応じそれぞれ当該取得をした資産（以下この条において「買換資産」という。）の所在地が次に定める地域内であること。

　　イ　当該買換資産の所在地が三鷹市等の区域内である場合　次に掲げる場合の区分に応じそれぞれ次に定める地域

　　　⑴　当該買換資産が農業及び林業以外の事業の用に供されるものである場合　既成市街地等以外の地域並びに表の第一号の下欄のイ及びロに掲げ

る区域（同欄のロに掲げる区域にあつては、都市計画法第７条第１項の市街化調整区域と定められた区域を除く。ロ(1)において「特定区域」という。）

(2) 当該買換資産が農業又は林業の用に供されるものである場合　既成市街地等以外の地域及び都市計画法第７条第１項の市街化区域と定められた区域（ロ(2)において「市街化区域」という。）以外の地域

ロ　当該買換資産の所在地が三鷹市等の区域以外の地域内である場合　次に掲げる場合の区分に応じそれぞれ次に定める地域

(1) 当該買換資産が農業及び林業以外の事業の用に供されるものである場合　特定区域

(2) 当該買換資産が農業又は林業の用に供されるものである場合　市街化区域以外の地域

三　表の第三号の上欄に掲げる資産　当該譲渡資産の所在地が同欄に規定する過疎地域以外の地域内であること。

四　表の第三号の下欄に掲げる資産　当該買換資産の所在地が同号の上欄に規定する過疎地域内であること。

5　法第37条第１項の規定の適用を受ける資産が表の第二号、第四号、第五号又は第六号の下欄に掲げる資産（同欄に掲げる資産にあつては、駐車場の用に供される土地（土地の上に存する権利を含む。以下この条において「土地等」という。）で同欄に規定するやむを得ない事情があるものに限る。）に該当する場合における法第37条第６項に規定する財務省令で定める書類は、次の各号に掲げる資産の区分に応じ当該各号に定める書類とする。

一　表の第二号の上欄に掲げる資産　次に掲げる場合の区分に応じそれぞれ次に定める書類

イ　当該譲渡資産の所在地が表の第二号の上欄のイに掲げる航空機騒音障害防止特別地区内である場合　特定空港周辺航空機騒音対策特別措置法第２条第１項の規定により特定空港として指定された空港の設置者の当該譲渡資産を同法第８条第１項若しくは第９条第２項の規定により買い取つたものである旨又は当該譲渡資産に係る補償金を同条第１項の規定により支払

つたものである旨を証する書類及び当該所在地が同欄のイに掲げる航空機
騒音障害防止特別地区に該当することとなつた日を証する書類

ロ　当該譲渡資産の所在地が表の第二号の上欄のロに掲げる第二種区域内で
ある場合　公共用飛行場周辺における航空機騒音による障害の防止等に関
する法律第2条に規定する特定飛行場の設置者の当該譲渡資産を同法第9
条第2項の規定により買い取つたものである旨又は当該譲渡資産に係る補
償金を同条第1項の規定により支払つたものである旨を証する書類及び当
該所在地が同欄のロに掲げる第二種区域に該当することとなつた日を証す
る書類

ハ　当該譲渡資産の所在地が表の第二号の上欄のハに掲げる第二種区域内で
ある場合　当該譲渡資産の所在地を管轄する地方防衛局長（当該譲渡資産
の所在地が東海防衛支局の管轄区域内である場合には、東海防衛支局長）
の当該譲渡資産を防衛施設周辺の生活環境の整備等に関する法律第五条第
2項の規定により買い取つたものである旨又は当該譲渡資産に係る補償金
を同条第1項の規定により支払つたものである旨を証する書類

二　表の第二号の下欄に掲げる資産　当該買換資産の所在地を管轄する都道府
県知事又は地方航空局長若しくは地方防衛局長（当該買換資産の所在地が東
海防衛支局の管轄区域内である場合には、東海防衛支局長）の当該買換資産
の所在地が同欄に規定する航空機騒音障害区域以外の地域内である旨を証す
る書類

三　表の第四号の上欄に掲げる資産　次に掲げる場合の区分に応じそれぞれ次
に定める書類

イ　当該譲渡資産の所在地が三鷹市等の区域内の既成市街地等内である場合
当該譲渡資産の所在地を管轄する市長の当該譲渡資産の所在地が既成市街
地等内である旨を証する書類

ロ　当該譲渡資産の所在地が都市計画法第4条第2項に規定する都市計画区
域（以下この号において「都市計画区域」という。）内である場合（当該
譲渡資産の所在地が既成市街地等内である場合及びハに掲げる場合を除
く。）　当該譲渡資産の所在地を管轄する市町村長の当該譲渡資産の所在地

が都市計画区域内である旨を証する書類及び総務大臣の当該譲渡資産の所在地が施行令第25条第11項に規定する人口集中地区（ハ及び次号において「人口集中地区」という。）の区域内である旨を証する書類

　ハ　当該譲渡資産の所在地が既成市街地等以外の地域内で、かつ、その全域が都市計画区域となつている市の区域内である場合　総務大臣の当該譲渡資産の所在地が人口集中地区の区域内である旨を証する書類

四　表の第四号の下欄に掲げる資産　当該買換資産の所在地を管轄する都道府県知事の当該買換資産の所在地が当該市街地再開発事業（都市再開発法による市街地再開発事業をいう。）の施行地域内である旨を証する書類（当該買換資産の所在地が地方自治法第252条の19第１項の指定都市の区域内であり、かつ、当該市街地再開発事業（都市再開発法による第一種市街地再開発事業に限る。）の施行者が都市再開発法第７条の15第２項に規定する個人施行者、同法第８条第１項に規定する組合又は同法第50条の２第３項に規定する再開発会社である場合には、当該買換資産の所在地を管轄する市長の当該買換資産の所在地が当該市街地再開発事業の施行地域内である旨を証する書類）及び次に掲げる場合の区分に応じそれぞれ次に定める書類

　イ　当該買換資産の所在地が三鷹市等の区域内の既成市街地等内である場合　当該買換資産の所在地を管轄する市長の当該買換資産の所在地が既成市街地等内である旨を証する書類

　ロ　当該買換資産の所在地が人口集中地区の区域内である場合　総務大臣の当該買換資産の所在地が人口集中地区の区域内である旨を証する書類

五　表の第五号の上欄に掲げる資産　当該譲渡資産の所在地を管轄する都道府県知事の当該譲渡資産（当該譲渡資産が同欄の建物又は構築物である場合には、当該建物又は構築物の敷地の用に供されている土地等）の上に建築される同欄に規定する耐火建築物等又は準耐火建築物等につき施行令第25条第12項に規定する認定を受けていることを証する書類

六　表の第五号の下欄に掲げる資産　当該買換資産の所在地を管轄する都道府県知事の当該買換資産の所在地がその譲渡資産の所在地を含む同号の上欄に規定する危険密集市街地内である旨及び当該買換資産の所在地が同号の下欄

に規定する防災街区整備事業の施行地区（当該防災街区整備事業が施行される土地の区域をいう。）内である旨を証する書類

七　表の第六号の下欄に掲げる資産　同欄に規定するやむを得ない事情を明らかにする施行令第25条第13項に規定する財務省令で定める書類

6　法第37条第1項の規定の適用を受ける資産が表の第六号に掲げる資産（熊谷市、飯能市、木更津市、成田市、市原市、君津市、富津市、袖ケ浦市、相模原市、常総市、京都市、堺市、守口市、東大阪市、神戸市、尼崎市、西宮市、芦屋市又は名古屋市の区域（以下この項において「熊谷市等の区域」という。）内にあるものに限り、次の各号に掲げる場合に該当しない場合及び同条第10項に規定するときに該当する場合における当該資産を除く。）に該当する場合には、同条第6項に規定する財務省令で定める書類は、前2項の規定にかかわらず、当該各号に掲げる場合の区分に応じ当該各号に定める書類（表の第六号の下欄に掲げる資産で、駐車場の用に供される土地等で同欄に規定するやむを得ない事情があるものについては、当該書類及び前項第七号に定める書類）とする。

一　当該譲渡資産及び買換資産又は取得をする見込みである資産の所在地が熊谷市等の区域内である場合　次に掲げるいずれかの書類

　イ　当該譲渡資産の所在地を管轄する市長の当該譲渡資産の所在地が集中地域（法第37条第10項に規定する集中地域をいう。以下この項において同じ。）内である旨を証する書類

　ロ　当該買換資産の所在地を管轄する市長の当該買換資産の所在地が集中地域以外の地域内である旨を証する書類

二　当該譲渡資産の所在地が熊谷市等の区域内である場合（当該買換資産又は取得をする見込みである資産の所在地が集中地域（熊谷市等の区域を除く。次号において同じ。）内である場合に限る。）　前号イに掲げる書類

三　当該買換資産の所在地が熊谷市等の区域内である場合（第一号に掲げる場合及び当該譲渡資産の所在地が集中地域内である場合を除く。）　同号ロに掲げる書類

7　法第37条第8項に規定する所轄税務署長の承認を受けようとする個人は、同

項に規定する取得指定期間の末日の属する年の翌年3月15日（同日が法第37条の2第2項に規定する提出期限後である場合には、当該提出期限）までに、次に掲げる事項を記載した申請書に、法第37条第8項の特定非常災害として指定された非常災害に基因するやむを得ない事情により買換資産の取得をすることが困難であると認められる事情を証する書類を添付して、納税地の所轄税務署長に提出しなければならない。ただし、税務署長においてやむを得ない事情があると認める場合には、当該書類を添付することを要しない。

一　申請者の氏名及び住所

二　法第37条第8項の特定非常災害として指定された非常災害に基因するやむを得ない事情の詳細

三　取得をする予定の買換資産の取得予定年月日及び施行令第25条第23項の認定を受けようとする年月日

四　その他参考となるべき事項

8　前項に規定する個人が同項の所轄税務署長の承認を受けた場合には、施行令第25条第23項に規定する所轄税務署長が認定した日は当該承認において税務署長が認定した日とする。

9　法第37条第9項において準用する法第33条第6項に規定する財務省令で定める書類は、法第37条第1項（同条第3項及び第4項において準用する場合を含む。）に規定する買換資産に関する登記事項証明書その他これらの資産の取得をした旨を証する書類とする。

（既成市街地等内にある土地等の中高層耐火建築物等の建設のための買換え及び交換の場合の譲渡所得の課税の特例）

第18条の6　施行令第25条の4第2項第三号に規定する施行地区内の土地の利用の共同化に寄与するものとして財務省令で定める要件は、同項に規定する中高層の耐火建築物の建築をすることを目的とする事業の同項第一号に規定する施行地区内の土地（建物又は構築物の所有を目的とする地上権又は賃借権（以下この項において「借地権」という。）の設定がされている土地を除く。）につき所有権を有する者又は当該施行地区内の土地につき借地権を有する者（区画さ

れた一の土地に係る所有権又は借地権が2以上の者により共有されている場合
には、当該所有権を有する2以上の者又は当該借地権を有する2以上の者のう
ち、それぞれ一の者とする。）の数が2以上であり、かつ、当該中高層の耐火
建築物の建築の後における当該施行地区内の土地に係る所有権又は借地権がこ
れらの者又はこれらの者及び当該中高層の耐火建築物（当該中高層の耐火建築
物に係る構築物を含む。）を所有することとなる者の2以上の者により共有さ
れるものであることとする。

2　法第37条の5第2項において準用する法第37条第6項に規定する財務省令で
　定める書類は、法第37条の5第1項に規定する譲渡資産（以下この項及び次項
　において「譲渡資産」という。）の次の各号に掲げる区分に応じ当該各号に定
　める書類（法第37条の5第2項の規定により読み替えられた法第37条第4項に
　おいて準用する法第37条の5第1項の規定の適用を受ける場合には、当該書類
　並びに取得（同項に規定する取得をいう。以下この項及び次項において同じ。）
　をする予定の買換資産（同条第1項に規定する買換資産をいう。以下この項及
　び次項において同じ。）の取得予定年月日、その取得価額の見積額及びその買
　換資産が同条第1項の表の各号の下欄のいずれに該当するかの別（同表の第一
　号の下欄に該当する場合にあつては、その買換資産が同欄に規定する中高層耐
　火建築物又は中高層の耐火建築物のいずれに該当するかの別）その他の明細を
　記載した書類）とする。

一　法第37条の5第1項の表の第一号の上欄に掲げる資産　次に掲げる場合の
　区分に応じそれぞれ次に定める書類

　　イ　法第37条の5第1項の表の第一号の下欄に規定する中高層耐火建築物又
　　　は当該中高層耐火建築物に係る構築物の取得をした場合　都道府県知事
　　　（同号の上欄に規定する中高層耐火建築物の建築をする事業が都市再生特
　　　別措置法第25条に規定する認定計画に係る同条に規定する都市再生事業又
　　　は同法第99条に規定する認定誘導事業計画に係る同条に規定する誘導施設
　　　等整備事業に該当する場合には、国土交通大臣。ロ及び第6項において同
　　　じ。）の買換資産に該当する同号の上欄に規定する中高層耐火建築物の建
　　　築をする事業に係る施行令第25条の4第2項に規定する認定をした旨を証

する書類

ロ　法第37条の５第１項の表の第一号の下欄に規定する中高層の耐火建築物
又は当該中高層の耐火建築物に係る構築物の取得をした場合　都道府県知
事の譲渡資産に係る同号の上欄に規定する中高層耐火建築物の建築をする
事業につき施行令第25条の４第２項に規定する認定をした旨並びに買換資
産に該当する同号の下欄に規定する中高層の耐火建築物が当該事業の施行
される同欄に規定する地区内にある旨及び当該中高層の耐火建築物を建築
する次に掲げる事業の区分に応じそれぞれ次に定める旨を証する書類

⑴　施行令第25条の４第４項第一号に掲げる特定民間再開発事業　当該事
業につき同条第２項に規定する認定をした旨

⑵　施行令第25条の４第４項第二号に掲げる事業　当該事業につき施行令
第20条の２第14項に規定する認定をした旨

⑶　施行令第25条の４第４項第三号に掲げる第一種市街地再開発事業又は
第二種市街地再開発事業　当該中高層の耐火建築物がこれらの事業の施
行により建築されたものである旨

二　法第37条の５第１項の表の第二号の上欄に掲げる資産　買換資産に該当す
る同欄に規定する中高層の耐火共同住宅に係る建築基準法第７条第５項に規
定する検査済証の写し及び当該中高層の耐火共同住宅に係る事業概要書又は
各階平面図その他の書類で当該中高層の耐火共同住宅が施行令第25条の４第
５項各号に掲げる要件に該当するものであることを明らかにする書類並びに
次に掲げる場合の区分に応じそれぞれ次に定める書類

イ　当該資産の所在地が法第37条の５第１項の表の第二号の上欄のイ又はロ
に掲げる区域内である場合　当該資産の所在地を管轄する市町村長の当該
資産の所在地が当該区域内である旨を証する書類（東京都の特別区の存す
る区域、武蔵野市の区域又は大阪市の区域内にあるものを除く。）

ロ　当該資産の所在地が法第37条の５第１項の表の第二号の上欄のハに掲げ
る区域内である場合　当該資産の所在地を管轄する市町村長の当該資産の
所在地が当該区域内である旨並びに中心市街地の活性化に関する法律第23
条の計画の認定をした旨及び当該認定をした計画に係る同法第７条第６項

に規定する中心市街地共同住宅供給事業が同条第4項に規定する都市福利

施設の整備を行う事業と一体的に行われるものである旨を証する書類

3　法第37条の5第2項において準用する法第37条第8項に規定する所轄税務署
長の承認を受けようとする個人は、同項に規定する取得指定期間の末日の属す
る年の翌年3月15日（同日が法第37条の5第2項において準用する法第37条の
2第2項に規定する提出期限後である場合には、当該提出期限）までに、法第
37条の5第1項に規定する譲渡をした譲渡資産について同条第2項において準
用する法第37条第8項の承認を受けようとする旨、同項の特定非常災害として
指定された非常災害に基因するやむを得ない事情により買換資産の取得をする
ことが困難であると認められる事情の詳細、取得をする予定の買換資産の取得
予定年月日及びその取得価額の見積額、当該所轄税務署長の認定を受けようと
する年月日、その買換資産が法第37条の5第1項の表の各号の下欄のいずれに
該当するかの別（同表の第一号の下欄に該当する場合にあつては、その買換資
産が同欄に規定する中高層耐火建築物又は中高層の耐火建築物のいずれに該当
するかの別）その他の明細を記載した申請書に、当該非常災害に基因するやむ
を得ない事情により買換資産の取得をすることが困難であると認められる事情
を証する書類を添付して、当該所轄税務署長に提出しなければならない。ただ
し、税務署長においてやむを得ない事情があると認める場合には、当該書類を
添付することを要しない。

4　前項に規定する個人が同項の所轄税務署長の承認を受けた場合には、施行令
第25条の4第10項に規定する所轄税務署長が認定した日は当該承認において税
務署長が認定した日とする。

5　施行令第25条の4第17項に規定する財務省令で定める事情は、次に掲げるい
ずれかの事情とする。

一　法第37条の5第1項の表の第一号の下欄に規定する中高層耐火建築物（次
号において「中高層耐火建築物」という。）の用途が専ら業務の用に供する
目的で設計されたものであること。

二　中高層耐火建築物が住宅の用に供するのに不適当な構造、配置及び利用状
況にあると認められるものであること。

6 施行令第25条の４第18項に規定する財務省令で定める書類は、都道府県知事の同項に規定する個人が譲渡をした法第37条の５第１項の表の第一号の上欄に規定する資産に係る同欄に規定する中高層の耐火建築物の建築をする事業につき施行令第25条の４第２項に規定する認定をした旨を証する書類（当該中高層の耐火建築物の建築に係る同条第20項に規定する交付のあつた年月日の記載のあるものに限る。）及び当該譲渡をした資産に係る同条第17項に規定する認定をした旨を証する書類とする。

【著者紹介】

税理士・不動産鑑定士　松本　好正（まつもと　よしまさ）

　平成10年7月　東京国税局　課税第一部国税訟務官室
　平成15年7月　東京国税局　課税第一部資産評価官付
　平成17年7月　板橋税務署　資産課税部門
　平成19年8月　松本税理士・不動産鑑定士事務所設立
　現在、東京税理士会麻布支部会員及び公益社団法人 日本不動産鑑定士
協会連合会会員

〔著　書〕
『事業承継のための非上場株式等に係る納税猶予の実務と申告書の記載
例』（大蔵財務協会）
『相続財産評価マニュアル』相続財産評価実務研究会　編集（新日本法規）
『相続財産調査・算定等の実務』相続財産調査実務研究会　編集（新日
本法規）
『非上場株式の評価の仕方と記載例』（大蔵財務協会）
『「無償返還」「相当地代」「使用賃借」等に係る借地権課税のすべて』（税
務研究会）
『非上場株式評価のQ＆A』（大蔵財務協会）
『相続税法特有の更正の請求の実務』（大蔵財務協会）
『基礎控除引下げ後の相続税税務調査対策の手引』共著（新日本法規）
『Q＆A　市街地近郊土地の評価』（大蔵財務協会）

〔主な執筆〕
『平成15年版　相続税／贈与税　土地評価の実務』庄司範秋　編（大蔵
　財務協会）
『平成16年版　回答事例による資産税質疑応答集』北本高男／庄司範秋
　　共編（大蔵財務協会）
『平成17年　図解　財産評価』板垣勝義　編（大蔵財務協会）
『平成17年　株式・公社債評価の実務』板垣勝義　編（大蔵財務協会）
　　　　　　　　　　　　　　　　　　　　　（いずれも共同執筆）
「税理 2011.8 相続財産に瑕疵がある場合の実務対応」（ぎょうせい）

Q&Aと解説でわかる　立体買換と事業用資産の買換えの税務

令和3年1月18日　初版印刷
令和3年1月24日　初版発行

不許
複製

著者　　松　本　好　正

（一財）大蔵財務協会　理事長
発行者　　木　村　幸　俊

発行所　　一般財団法人　大　蔵　財　務　協　会
〔郵便番号　130-8585〕
東京都墨田区東駒形1丁目14番1号
（販　売　部）TEL03（3829）4141・FAX03（3829）4001
（出版編集部）TEL03（3829）4142・FAX03（3829）4005
http://www.zaikyo.or.jp

乱丁・落丁はお取替えいたします。　　　　　　　　印刷　恵友社
ISBN978-4-7547-2870-0